Wilhelm Rettler
Der strafrechtliche Schutz des sozialistischen Eigentums in der DDR

Juristische Zeitgeschichte
Abteilung 3, Band 40

Juristische Zeitgeschichte
Hrsg. von Prof. Dr. Dr. Thomas Vormbaum
(FernUniversität in Hagen)

Abteilung 3:
Beiträge zur modernen deutschen Strafgesetzgebung.
Materialien zu einem historischen Kommentar

Band 40

Redaktion: Zekai Dagasan, Dana Theil

De Gruyter

Wilhelm Rettler

Der strafrechtliche Schutz des sozialistischen Eigentums in der DDR

De Gruyter

ISBN 978-3-11-024855-5
e-ISBN 978-3-11-024856-2

Bibliografische Information der Deutschen Nationalbibliothek

Die Deutsche Nationalbibliothek verzeichnet diese Publikation in der Deutschen Nationalbibliografie; detaillierte bibliografische Daten sind im Internet über http://dnb.d-nb.de abrufbar.

Druck: Hubert & Co. GmbH & Co. KG, Göttingen
∞ Gedruckt auf säurefreiem Papier

Printed in Germany

www.degruyter.com

Für Lukas und Julius

Vorwort

Die vorliegende Arbeit wurde im Wintersemester 2009/2010 von der Rechtswissenschaftlichen Fakultät der FernUniversität in Hagen als Dissertation angenommen.

Mein großer Dank gilt zu allererst meinem Doktorvater, Herrn Prof. Dr. Dr. Thomas Vormbaum, für die Annahme als Doktorand, seine Anregungen und Hilfen bei der Themenwahl, und seine ständige engagierte und hervorragende fachliche Begleitung. Ebenso danke ich Herrn Vormbaum für seine großartige menschliche Unterstützung, mit der er verhinderte, dass ich nach längerer Krankheit vom Promotionsvorhaben Abstand nahm.

Für die Übernahme des Zweitgutachtens bedanke ich mich bei Herrn Prof. Dr. Dr. h.c. mult Günter Bemmann.

Weiter danke ich den Herren Dr. Clemens Deisenhammer und Bernd Schröder für die zahlreichen anregenden Gespräche, die zum Gelingen der Arbeit beigetragen haben.

Für das Lektorat danke ich Herrn Dipl. Ing. Peter Heidenreich sowie zugleich für die redaktionelle Bearbeitung Frau Anne Gipperich und Frau Dana Theil vom Institut für Juristische Zeitgeschichte der FernUniversität in Hagen.

Ich widme dieses Buch meinen Söhnen Lukas und Julius.

Wittenberg im Juni 2010 *Wilhelm Rettler*

Inhaltsverzeichnis

ZWEITER TEIL: ENTWICKLUNG 1945–1990

DRITTER TEIL: ZUSAMMENFASSUNG UND WÜRDIGUNG

ANHANG

Abkürzungsverzeichnis

a.A.	anderer Ansicht
A.a.O.	Am angegebenen Ort
Abs.	Absatz
Alt.	Alternative
Anm.	Anmerkung
AO	Abgabenordnung
Art.	Artikel
AStGB	Allgemeines Strafgesetzbuch
AStGB-E	Allgemeines Strafgesetzbuch – Entwurf
AT	Allgemeiner Teil
BG	Bezirksgericht
BGB	Bürgerliches Gesetzbuch
BRD	Bundesrepublik Deutschland
BT	Besonderer Teil
Buchst.	Buchstabe
bzw.	beziehungsweise
CSSR	Tschechoslowakische Sozialistische Republik
ders.	derselbe
DDR	Deutsche Demokratische Republik
DJV	Deutsche Justizverwaltung
DS	Der Schöffe
DVO	Durchführungsverordnung
EGStPO	Einführungsgesetz zur Strafprozessordnung
ELG	Einkaufs- und Liefergenossenschaft
FAZ	Frankfurter Allgemeine Zeitung
f.	folgende
ff.	folgende
Fn.	Fußnote, Fußnoten
GBA	Gesetzbuch der Arbeit
GBl.	Gesetzblatt
ggf.	gegebenenfalls
GHG	Großhandelsgesellschaft
GOGOSt	Gesetz über die Errichtung des Obersten Gerichtshofes und der Obersten Staatsanwaltschaft der Deutschen Demokratischen Republik
GPU	Glawnoje Politischeskoje Uprawlenije (sowjetischer Geheimdienst)
GVBl.	Gesetz- und Verordnungblatt

GVG	Gerichtsverfassungsgesetz
HO	Staatliche Handelsorganisation
HuG	Horch und Guck
i.V.m.	in Verbindung mit
JbfOR	Jahrbuch für Ostrecht
JoJZG	Journal für Juristische Zeitgeschichte
Kap.	Kapitel
kg	Kilogramm
KG	Kammergericht
KKO	Konfliktkommissionsordnung
KPdSU	Kommunistische Partei der Sowjetunion
KrG	Kreisgericht
LDPD	Liberaldemokratische Partei Deutschlands
LPG	Landwirtschaftliche Produktionsgenossenschaft
M	Mark
NATO	North Atlantic Treaty Organization
NJ	Neue Justiz
NJW	Neue Juristische Wochenschrift
Nr.	Nummer
NS	Nationalsozialismus
NSDAP	Nationalsozialistische Deutsche Arbeiterpartei
NSW	Nicht-Sozialistisches Wirtschaftsgebiet
OG	Oberstes Gericht der DDR
OGI	Informationen des Obersten Gerichts der Deutschen Demokratischen Republik
OGSt	Entscheidungen des Obersten Gerichts der Deutschen Demokratischen Republik in Strafsachen
OLG	Oberlandesgericht
PGH	Produktionsgenossenschaft Handwerk
PKW	Personenkraftwagen
RegBl.	Regierungsblatt
RGBl.	Reichsgesetzblatt
RStGB	Reichsstrafgesetzbuch
RGSt	Entscheidungen des Reichsgerichts in Strafsachen
Rz.	Randziffer
Rzn	Randziffern
s.	siehe
S.	Seite
SAPMO	Stiftung Archiv der Parteien und Massenorganisationen der DDR im Bundesarchiv
s.b.	siehe bei

SBZ	Sowjetische Besatzungszone
SchKO	Schiedskommissionsordnung
SED	Sozialistische Einheitspartei Deutschlands
SMAD	Sowjetische Militäradministration in Deutschland
s.o.	siehe oben
StÄG	Strafrechtsänderungsgesetz
StEG	Strafrechtsergänzungsgesetz
StG	Gesetz über die Staatsanwaltschaft der Deutschen Demokratischen Republik
StGB	Strafgesetzbuch
StGB-E	Entwurf des Strafgesetzbuchs
StPO	Strafprozessordnung
StuR	Staat und Recht
s.u.	siehe unten
u.a.	unter anderem
u.Ä.	und Ähnliche(s)
UdSSR	Union der Sozialistischen Sowjetrepubliken
USA	United States of America
u.	und
usw.	und so weiter
u.U.	unter Umständen
Verf.	Verfassung
VEB	Volkseigener Betrieb
VESchG	Gesetz zum Schutze des Volkseigentums und anderen gesellschaftlichen Eigentums
vgl.	vergleiche
VP	Volkspolizei
WStVO	Wirtschaftsstrafverordnung
z.B.	zum Beispiel
z.T.	zum Teil
ZBl.	Zentralblatt
ZGB	Zivilgesetzbuch
Ziff.	Ziffer
ZK	Zentralkomitee
ZRP	Zeitschrift für Rechtspolitik
ZStW	Zeitschrift für die gesamte Strafrechtswissenschaft
ZVOBl.	Zentralverordnungblatt

ERSTER TEIL:
GRUNDLAGEN

1. Kapitel: Einführung

A) Problemstellung

Nach der ökonomischen Lehre von Karl Marx ist das Privateigentum an den Produktionsmitteln die Grundlage der Ausbeutung der Arbeiter im Kapitalismus[1]. Die Eigentumsfrage ist somit für die Kommunisten von fundamentaler Bedeutung. Bereits im Manifest der Kommunistischen Partei von 1848 hatten Marx und Engels angekündigt, dass das Proletariat, nachdem es die politische Herrschaft erlangt habe, der Bourgeoisie alles Kapital entreißen und alle Produktionsinstrumente in den Händen des Staates zentralisieren werde[2]. Es kann daher nicht verwundern, dass die DDR dem Gegenstück zum kapitalistischen Eigentum, dem sozialistischen Eigentum, auch in strafrechtlicher Hinsicht besondere Aufmerksamkeit zukommen ließ.

Der strafrechtliche Ausdruck „sozialistisches Eigentum" taucht im Gesetz erst spät, nämlich im Strafgesetzbuch der DDR (StGB) von 1968, auf. In den früheren Sondergesetzen zum Schutze dessen, was im StGB[3] als sozialistisches Eigentum definiert war, dem Gesetz zum Schutze des Volkseigentums und anderen gesellschaftlichen Eigentums (VESchG) und dem Strafrechtsergänzungsgesetz (StEG), war von „gesellschaftlichem Eigentum" die Rede. Wesentliche inhaltliche Abweichungen waren damit nicht verbunden.

Die DDR verwandte einen weiten strafrechtlichen Eigentumsbegriff und setzte Eigentum mit Vermögen gleich. So umfasste nach § 157 Abs. 1 Satz 1 StGB das sozialistische Eigentum das *Vermögen* der DDR, ihrer Organe, Einrichtungen und Betriebe (Volkseigentum), das *Vermögen* sozialistischer Genossenschaften sowie das *Vermögen* demokratischer Parteien und Organisationen. Als Straftaten gegen das sozialistische bzw. gesellschaftliche Eigentum wurden daher nicht nur Angriffe gegen das Eigentum im zivilrechtlichen Sinne

1 *Marx*, Kapital a.a.O., S. 609 f.

2 *Marx / Engels*, Manifest a.a.O., S. 481.

3 Wenn im folgenden von StGB die Rede ist, bezieht sich das immer auf das StGB von 1968 bzw. auf seine späteren Fassungen. Das Reichsstrafgesetzbuch von 1871, welches in der DDR bis zum Inkrafttreten des StGB galt, wurde dort auch als StGB bezeichnet. Zwecks Vermeidung von Verwechslungen wird für das Reichsstrafgesetzbuch hier die Abkürzung RStGB verwendet.

verstanden, also Diebstahl, Unterschlagung und Sachbeschädigung, sondern auch Betrug und Untreue[4]. Hintergrund soll das Eigentumsverständnis der marxistischen politischen Ökonomie gewesen sein, wonach der Begriff Eigentum die gesellschaftlichen Verhältnisse der Menschen zueinander hinsichtlich aller materiellen Werte, also nicht nur zu Sachen, sondern auch zu allen übrigen Vermögenswerten umfasst[5].

Damit ist der sachliche Gegenstandsbereich dieser Untersuchung grob umrissen. Es geht um die Darstellung des Schutzes des gesellschaftlichen bzw. sozialistischen Eigentums nach dem vorstehend dargestellten begrifflichen Selbstverständnis der DDR, soweit er durch Gesetz oder die Rechtsprechung eine Sonderbehandlung erfuhr.

Nicht berücksichtigt werden solche Strafvorschriften, die in weiterem Sinne ebenfalls den Schutz des gesellschaftlichen bzw. sozialistischen Eigentums berührten, wie die als Staatsverbrechen ausgestalteten Tatbestände der Diversion und Sabotage. Diese erfassten u.a. mit staatsfeindlicher Zielsetzung begangene Sachbeschädigungen[6]. Nicht behandelt werden weiter die gemeingefährlichen Straftaten wie Brandstiftung usw. gemäß §§ 306 ff. RStGB und §§ 185 ff. StGB. Sondervorschriften zum Schutze des sozialistischen Eigentums gab es hier nicht. Ebenfalls grundsätzlich nicht behandelt werden die Wirtschaftsdelikte, die die leitende und planende Tätigkeit des Staates und die Volkswirtschaft schützten[7]. Teilweise enthielten die Wirtschaftsdelikte auch eigentumsschützende Elemente, galten dann aber für das Eigentum schlechthin[8].

---

4 Diese Terminologie wird im Rahmen dieser Arbeit beibehalten.

5 *Hübner*, Eigentum S. 10.

6 Die erste Regelung der Tatbestände der Diversion und Sabotage enthielt der Befehl 160 der Sowjetischen Militäradministration in Deutschland (SMAD) vom 3.12.1945. Von diesem Befehl existierte keine einheitliche Übersetzung. Die im Lande Thüringen angewandte lautete wie folgt: „1. Personen, denen auf den Abbruch der wirtschaftlichen Maßnahmen der deutschen Selbstverwaltungsorgane oder der deutschen Verwaltungen gerichtete Diversionsakte nachgewiesen sind, werden einer Gefängnisstrafe bis 15 Jahre und in besonders schweren Fällen der Todesstrafe unterworfen. 2. Derselben Strafe unterliegen Personen, welche sich der Sabotage schuldig gemacht haben, um die Tätigkeit von Unternehmen aufzuhalten, sie zu beschädigen oder zu vernichten.“ Zitiert nach *Lange*, Strafgesetzbuch S. 143. Spätere Strafbestimmungen über Diversion und Sabotage finden sich im StEG (§§ 22 und 23) und im StGB (§§ 103 und 104).

7 *Buchholz*, NJ 1963, 728 f.

8 Die §§ 166, 167 (Wirtschaftsschädigung) und 168 (Schädigung des Tierbestandes) StGB erfassten besondere Formen von Gebrauchsentziehungen und Sachbeschädigungen, durch die wirtschaftliche Schäden verursacht wurden. Zum Begriff des wirtschaftlichen Schadens beim Vertrauensmissbrauch s. 7. Kap. B) VI. 4. a).

Der mit dem StGB als Wirtschaftsdelikt neu eingeführte Tatbestand des Vertrauensmissbrauchs erfasste – grob skizziert – durch untreueartige Handlungen herbeigeführte wirtschaftliche Schäden und Bereicherungen und war, wie alle Wirtschaftsdelikte, tatbestandlich nicht auf das sozialistische Eigentum beschränkt. Andererseits kam er tatsächlich ganz überwiegend in Fällen zur Anwendung, in denen das sozialistische Eigentum betroffen war. Vor allem aber sollte er (auch) den Tatbestand der Untreue zum Nachteil sozialistischen Eigentums ersetzen, während das StGB von Anfang an für das persönliche und private Eigentum eine besondere Regelung der Untreue enthielt. Der Vertrauensmissbrauch wird deshalb mit in die Untersuchung einbezogen.

Zeitlich setzt die Arbeit in der Sowjetischen Besatzungszone (SBZ) an. Das erste Sondergesetz zum Schutz des sozialistischen Eigentums wurde mit dem VESchG im Jahre 1952 geschaffen, welches im Jahre 1958 durch das StEG abgelöst wurde. Die Strafbestimmungen zum Schutze des sozialistischen Eigentums wurden durch das StGB neu geregelt. Noch vor dem Beitritt der DDR zur Bundesrepublik beseitigte die Volkskammer durch das 6. Strafrechtsänderungsgesetz vom 29. Juni 1990 den besonderen strafrechtlichen Schutz des sozialistischen Eigentums. Damit endet die Darstellung in zeitlicher Hinsicht.

B) Die Bedeutung des sozialistischen Eigentums

I. Ideologie

Die Notwendigkeit der Vergesellschaftlichung bzw. Verstaatlichung des Eigentums an den Produktionsmitteln leitete Marx aus seiner Analyse der ökonomischen Bewegungsgesetze des Kapitalismus ab. Der Arbeiter, der keine Produktionsmittel besitze, sei gezwungen, dem Kapitalisten seine Arbeitskraft zu verkaufen und erhalte als Entgelt den Wert der Arbeitskraft, der dem entspreche, was er zum Leben braucht. Die geleistete Arbeitszeit gehe aber über den Wert der Arbeitskraft hinaus. Den daraus resultierenden Mehrwert eigne sich der Kapitalist unentgeltlich an[9]. Dem Kapitalismus wohne die Tendenz inne, den Anteil des Mehrwerts auf Kosten des Lohnes zu vergrößern und damit eine Verelendung der Arbeiter herbeizuführen[10]. Er führe notwendigerweise immer wieder zur Überproduktion und damit in die Krise[11].

9 *Marx*, Kapital a.a.O., S. 192 ff.

10 *Marx*, Kapital a.a.O., S. 674 ff.

11 A.a.O., S. 476.

Mit der Schaffung von Volkseigentum war allerdings nicht die Forderung verbunden, den Mehrwert, der im Kapitalismus dem Kapitalisten zufließt, den Arbeitern direkt zukommen zu lassen. Schon Marx hatte sich gegen die in der Sozialdemokratie erhobene Forderung auf den unverkürzten Arbeitsertrag gewandt[12]. Dann bliebe auch keinerlei Spielraum für Investitionen. Dies sah man in der SBZ/DDR nicht anders. Der unter kapitalistischen Bedingungen Mehrwert genannte Anteil wurde nun als gesellschaftlicher Anteil bezeichnet[13]. Die Bedeutung des Volkseigentums für den Arbeiter war daher eher theoretischer Natur. Das Volkseigentum bedinge einen veränderten Inhalt der Staatsgewalt. Es hebe zugleich den Widerspruch zwischen ihr und den arbeitenden Menschen auf[14].

Aus der Sicht der SED war die Überführung des Privateigentums an den Produktionsmitteln in Volkseigentum eine für den Aufbau des Sozialismus notwendige Aufgabe. Zugleich sah sie sich dabei aufgrund der Geschichtstheorie des Marxismus-Leninismus, des historischen Materialismus, wonach der Kapitalismus mit objektiver Notwendigkeit durch den Sozialismus / Kommunismus abgelöst wird[15], als Vollstreckerin historischer Gesetzmäßigkeiten.

Das Eigentum sozialistischer Genossenschaften wurde aufgrund seiner ökonomischen Funktion ebenfalls als sozialistisches Eigentum betrachtet. Sozialistische Genossenschaften waren Zusammenschlüsse von Bauern, Gewerbetreibenden und Handwerkern, die unterschiedlich nach dem Grad der Vergenossenschaftlichung Boden, Vieh, Maschinen und Gebäude in die Genossenschaft einbrachten und in kollektiver Arbeit nutzten.

Das Eigentum demokratischer Parteien und Organisationen, also der Blockparteien und Massenorganisationen der DDR, fällt aus dem Rahmen, stellt man es dem Volkseigentum und dem Eigentum sozialistischer Genossenschaften gegenüber. Hier sollten diejenigen Organisationen, die sich für den Aufbau des Sozialismus einsetzten, besonders geschützt werden.

II. Die Entwicklung des Sektors des sozialistischen Eigentums

Schon bald nach der Kapitulation des Deutschen Reichs leitete die SMAD die Enteignung der tatsächlichen oder vermeintlichen Kriegs- und Naziverbrecher ein. Am 30. und 31. Oktober 1945 ergingen die Befehle Nr. 124 und 126 der

---

12 *Marx*, Kritik a.a.O., S. 18 f.

13 *Such*, NJ 1949, 160; *Politisches Wörterbuch*, Stichwort: Mehrarbeit, S. 534.

14 *Such*, a.a.O.

15 *Politisches Wörterbuch*, Stichwort: Kapitalismus, S. 396.

SMAD über die Beschlagnahme des Eigentums der führenden Mitglieder und einflussreichen Anhänger der NSDAP sowie der nazistischen Organisationen. In der Folgezeit wurden in den Ländern der SBZ Enteignungsgesetze betreffend das Vermögen der Nazi- und Kriegsverbrecher erlassen. Durch Befehl Nr. 64 der SMAD vom 17. April 1948 wurden die bisher durchgeführten Enteignungen bestätigt. Damit befanden sich bereits acht Prozent aller meldepflichtigen Industriebetriebe mit einem Anteil von etwa 40 Prozent an der gesamten Industrieproduktion in Volkseigentum[16]. Grundlage für weitere Enteignungen waren insbesondere Strafvorschriften, insbesondere des Wirtschaftsstrafrechts, die als Nebenstrafe die Vermögenseinziehung vorsahen, wovon auch bei geringfügigen Rechtsverletzungen Gebrauch gemacht wurde. Des Weiteren wurden das Steuer- und Gewerberecht für Enteignungszwecke instrumentalisiert. Flüchtlings- und Ausländervermögen wurde auf unterschiedliche Weise, auch durch sogenannte unlautere Machenschaften in Volkseigentum überführt[17].

Ende 1952 wurde bereits 81 Prozent der Industriebruttoproduktion vom volkseigenen Sektor erzeugt[18]. Im Jahre 1972 beschloss das Politbüro der SED die letzten verbliebenen Privatbetriebe und Betriebe mit staatlicher Beteiligung sowie „industriell produzierende" Produktionsgenossenschaften des Handwerks in Volkseigentum zu überführen, was ohne Gesetz unter psychischem Druck durch Kauf vollzogen wurde[19].

Auf ihrer II. Parteikonferenz vom 9. bis 12. Juli 1952 beschloss die SED die Bildung Landwirtschaftlicher Produktionsgenossenschaften. Diese sollte offiziell durch den freiwilligen Zusammenschluss der Bauern vollzogen werden. Nachdem die SED massiven Druck auf die unwilligen Bauern ausgeübt hatte, war im Jahr 1960 fast die gesamte Landwirtschaft der DDR kollektiviert[20].

C) Forschungsstand

In der DDR wurden der Entwicklung des strafrechtlichen Schutzes des sozialistischen Eigentums keine eingehenden Darstellungen gewidmet[21]. Die Lehr-

---

16 *Weiss*, NJ 1948, 133.

17 *Säcker-Hummert*, Vermögensrecht, Vor § 1 VermG Rzn 6 ff.

18 *Kröger*, NJ 1952, 338.

19 *Steinwachs / Lehrmann*, Aktion' 72 S. 6.

20 *Weber*, DDR S. 56.

21 Das Standwerk „Zur Geschichte der Rechtspflege der DDR" befasst sich mit dem Gesetz zum Schutze des Volkseigentums und dem Strafrechtsergänzungsgesetz auf etwas über zwei Seiten (*Benjamin*, Rechtspflege 1949–1961, S. 313–315), mit den Bestim-

buch- und Kommentarliteratur der DDR ist dürftig. Zu den Eigentumsdelikten erschien im Jahr 1955 ein Lehrheft[22]. Im Jahre 1981 kam ein Lehrbuch zum Besonderen Teil des StGB heraus[23]. Ein Kommentar zum StGB erschien erstmals im Jahre 1969 in bescheidenem Umfang und erreichte fünf Auflagen. Die in der Bundesrepublik vorgenommenen Untersuchungen zur Strafrechtsgeschichte der DDR konzentrieren sich im wesentlichen auf das insbesondere wegen seiner drakonischen Strafdrohungen spektakuläre VESchG[24]. Die Ausführungen von Buchholz in seiner Gesamtdarstellung des Strafrechts der DDR zum StEG gehen nicht wesentlich über eine Wiedergabe des Gesetzeswortlauts hinaus[25]. Mit einem Teilaspekt des strafrechtlichen Schutzes des sozialistischen Eigentums nach dem StGB, nämlich der „Unternehmenskriminalität" im Sinne der Straftaten von Wirtschaftsfunktionären, befasst sich Arnold[26]. Eine Gesamtdarstellung des strafrechtlichen Schutzes des sozialistischen Eigentums in der DDR liegt noch nicht vor. Diese will die vorliegende Arbeit liefern.

D) Überblick über den Gang der Darstellung

Im nachfolgenden Kapitel wird ein Überblick über die Entwicklung und die Struktur des Strafjustizsystems der DDR und seine ideologischen Grundlagen gegeben.

Der zweite Teil versteht sich als Darstellung und kritische Kommentierung der Entwicklung von Gesetzgebung und Rechtsprechung zum Schutz des sozialistischen Eigentums. Dabei wird auch viel Banales und Unspektakuläres angesprochen. Zu einem Bild, welches um Vollständigkeit bemüht ist, gehört dies dazu. Das erste Kapitel des zweiten Teils beginnt mit der SBZ und endet mit dem Inkrafttreten des VESchG. Hier zeigt sich ein erstaunlich unbefangener Umgang der Gerichte mit Gesetzen aus nationalsozialistischer Zeit, um bei

---

mungen zum Schutz des sozialistischen Eigentums und der Volkswirtschaft im StGB auf zehn Seiten (*Benjamin*, Rechtspflege 1961–1971 S. 281–291). Das Lehrbuch zum Allgemeinen Teil von 1976 beschäftigt sich auf zwei Seiten mit dem VESchG (*Strafrecht/AT 1976*, S. 102–103) und mit dem StEG auf einer Seite (*Strafrecht/AT 1976*, S. 109), das Lehrbuch von 1988 auf zwei Seiten mit dem VESchG und dem StEG (*Strafrecht/AT 1988*, S. 88–89).

22 *Hübner*, Eigentum.

23 *Lehrbuch BT 1981.*

24 *Weinreich*, Politisierung S. 321–337; *Buchholz*, Osten S. 259–265; *Schuller*, Strafrecht S. 21–24; *Werkentin*, Ulbricht S. 68–72.

25 *Buchholz*, Osten S. 331–333.

26 *Arnold*, Unternehmenskriminalität a.a.O., S. 79–124.

Angriffen gegen das Volkseigentum zu höheren Strafen zu kommen. Dann wird das VESchG behandelt, welches durch massive Ausdehnung des Strafbarkeitsbereichs und Erhöhungen der Strafdrohungen gekennzeichnet ist. Nach dessen Erörterung wird auf die Arbeiten an dem Entwurf eines Allgemeinen Strafgesetzbuchs der DDR, die im Jahre 1953 abrupt endeten, eingegangen. Es folgt die Behandlung des StEG und dann die des StGB. Zugleich werden jeweils die allgemeinen Strafbestimmungen zum Schutz des Eigentums bzw. im StGB die Bestimmungen zum Schutz des persönlichen und privaten Eigentums dargestellt, um Übereinstimmungen und Unterschiede herauszuarbeiten. Mehrere der angesprochenen Fragen betreffen nicht spezifisch die verschiedenen Sondergesetze zum Schutz des sozialistischen Eigentums, sondern stellen sich generell. Sie werden dort behandelt, wo sie von Rechtsprechung oder Literatur aufgeworfen wurden.

Der 3. Teil enthält eine Zusammenfassung und Würdigung. Dabei sollen mehrere Gesichtspunkte im Gesamtzusammenhang betrachtet werden.

Dass die SED bis zur Wende im Herbst 1989 immer die Macht in der DDR innehatte und damit auch die Gesetzgebung und Rechtsprechung entscheidend bestimmte, bedarf keines weiteren Nachweises. Die SED und ihre Ideologie konnten sich aber nicht unabhängig von den gesellschaftlichen Bedingungen entwickeln. Das prägnanteste Beispiel ist der Herbst 1989 selbst. Jedoch auch in kleinerem Rahmen, hier bei der Entwicklung des strafrechtlichen Schutzes des sozialistischen Eigentums, zeigt sich ein entsprechender Zusammenhang.

Eingegangen werden soll weiter auf die Frage des Einflusses der Rechtswissenschaft auf die Entwicklung des hier behandelten Teilgebietes des Rechts der DDR.

Die Frage, ob die DDR ein Unrechtsstaat war, ist kürzlich sowohl in der politischen Diskussion[27] als auch von der Rechtswissenschaft[28] wieder aufgegriffen worden. Es soll diskutiert werden, wie das hier behandelte Teilgebiet des Rechts der DDR unter diesem Gesichtspunkt einzuschätzen ist. Dieser Komplex soll den Schwerpunkt der Würdigung bilden und zwar unter folgenden Aspekten:

– Gesetzliches Unrecht
  insbesondere exzessive Ausdehnung des Strafbarkeitsbereichs (Kriminalisierung) und der Strafdrohungen und Erweiterung der schweren Fälle (Pönalisierung) sowie Beachtung / Nichtbeachtung rechtsstaatlicher Standards bei

27 *Erwin Sellering*, FAZ vom 22.3.2009; *Marianne Birthler*, FAZ vom 16.5.2009.

28 *Eisenhardt*, JoJZG 2009, 45.

der Formulierung der Tatbestände (Bestimmtheitsgebot – Rückwirkungsverbot)

– Rechtsanwendung
(Beachtung / Nichtbeachtung rechtsstaatlicher Standards bei der Auslegung der Gesetze – insbesondere Analogieverbot)

Zuletzt soll aus der Perspektive der Regelungen der Eigentumsdelikte im StGB der DDR ein Blick auf unsere entsprechenden Bestimmungen geworfen werden.

E) Quellen

Quellen der Untersuchung sind in erster Linie die Entscheidungen des Obersten Gerichts der DDR (OG), aber auch von Untergerichten, weitere Leitungsmaterialien des OG, wie Richtlinien, Beschlüsse, Standpunkte[29], Aufsätze, Monographien, Lehrbücher und Kommentare, sowie die in der Bundesrepublik erschienene Literatur.

In der DDR gab es nur drei juristische Zeitschriften, die „Neue Justiz" (NJ), „Staat und Recht" (StuR) sowie „Der Schöffe" (DS), eine Zeitschrift für Laienrichter. Rechtsprechung wurde vor allem in der NJ, aber auch in DS veröffentlicht. Daneben enthielten diese Zeitschriften einen Aufsatzteil. Bis zum Jahre 1977 gab das OG die Entscheidungssammlung „Entscheidungen des Obersten Gerichts der Deutschen Demokratischen Republik in Strafsachen" (OGSt) heraus. Die dort abgedruckten Entscheidungen fanden sich teilweise auch in der NJ. Insgesamt brachte die NJ aber mehr Rechtsprechung des OG. An die Stelle der OGSt traten im Jahre 1977 die „Informationen des Obersten Gerichts der Deutschen Demokratischen Republik" (OGI). Diese waren jedoch nicht öffentlich zugänglich und trugen den Geheimhaltungsgrad „Nur für den Dienstgebrauch"[30]. Außer Urteilen, auch von Untergerichten, enthielten die OGI weitere Leitungsmaterialien. Auf die Kommentarliteratur und das Lehrmaterial zum Besonderen Teil wurde bereits hingewiesen. Lehrbücher zum Allgemeinen Teil des Strafrechts kamen 1957 (2. Auflage 1959), 1976 (2. Auflage 1978) und 1988 heraus.

Es stellt sich die Frage, ob auf dieser Grundlage eine adäquate Beurteilung des hier untersuchten Teilgebiets des Strafrechts der DDR überhaupt möglich ist. Für viele Bereiche des DDR-Rechts wäre dies zu verneinen.

---

29 S. 2. Kap. bei Fn. 71.

30 OGI 1977, Heft 1, 2 f.

Das Verfassungsrecht stand in weiten Teilen nur auf dem Papier. Grundrechte waren nicht einklagbar. Die Verfassungsorgane konnten die ihnen durch die Verfassungen zugewiesenen Kompetenzen nicht frei ausüben. Das wahre Gesetzgebungsorgan war das Politbüro der SED. Bis 1989 konnte kein Gesetz die Volkskammer passieren, welches nicht zuvor die Zustimmung des Politbüros erhalten hatte[31].

Ähnlich verhält es sich mit dem Enteignungsrecht. Die DDR schaffte es, bis zum Jahre 1972, wenn man von den besatzungsrechtlichen und besatzungshoheitlichen Enteignungen absieht, ohne reguläre Sozialisierungsgesetze ihren gesamten industriellen Sektor in Volkseigentum zu überführen[32, 33].

Mit dem Strafrecht zum Schutz des sozialistischen Eigentums verhält es sich anders. Die Strafgesetze wurden geschaffen, um von den Gerichten angewendet zu werden. Die Rechtsanwendung erforderte die Klärung von Zweifelsfragen bei der Auslegung der Gesetze, die insbesondere vom OG und auch von der Literatur geleistet wurde. Im Unterschied zu den angesprochenen und anderen Gebieten des DDR-Rechts, wo sich die Rechtswirklichkeit nur durch Auswertung geheimer Anordnungen und Weisungen erschließt, vermittelt die veröffentlichte Rechtsprechung und DDR-Literatur ein zutreffendes Bild davon, wie strafrechtlich mit Angriffen gegen das sozialistische Eigentum

31 *Mollnau*, Politbüro a.a.O., S. 39.

32 S.o. bei Fn. 17.

33 Beim Zugriff aus Ausländervermögen, welches keiner staatlichen Verwaltung unterlag, legte die DDR in den siebziger Jahren eine groteske Kombination von Rechtsnihilismus und bürokratischer Akribie an den Tag. Enteignungsgesetze traute man sich wegen der internationalen Öffentlichkeit nicht zu machen: „Eine generelle Überführung des staatlich verwalteten Grundbesitzes und anderen Sachvermögens in das Volkseigentum ist gegenwärtig aus politischen Gründen nicht zweckmäßig. Sie würde die Position der DDR in den laufenden Vermögensverhandlungen mit den kapitalistischen Staaten, die sich auf das noch bestehende ausländische Eigentum und die sich daraus für die Berechtigten ergebenden Konsequenzen stützt, schädlich sein." (Anlage zum Beschluß des Präsidiums des Ministerrates zur weiteren Durchführung der Grundlinie der Behandlung des in der DDR befindlichen Vermögens von Berechtigten aus kapitalistischen Staaten und Westberlin vom 23.12.1976 – zitiert nach *Scholz / Werling*, Grundbesitz S. 16). Stattdessen wurde folgendes angewiesen: „Die gesetzlichen Möglichkeiten sind zu nutzen, um den Bestand an Grundbesitz im Eigentum von Personen aus kapitalistischen Staaten und Westberlin auf dem Wege der Überschuldung schrittweise abzubauen." (ebenda S. 17). Hintergrund war die beabsichtigte Enteignung auf der Grundlage des Aufbaugesetzes, welche bei Überschuldung möglich war. Um rechnerisch eine Überschuldungslage hinzubekommen, wurden eigens die Grundstückspreise in bestimmten Großstädten herabgesetzt. (Bericht des Amtes für Rechtschutz des Vermögens der DDR – Anlage zum Beschluss des Ministerrats vom 20.7.1978 – ebenda S. 47).

umgegangen wurde. Die OGI sind dabei ohnehin zum internen Material zu rechnen.

Der Anhang enthält das VESchG, die Richtlinie Nr. 3 des OG zum VESchG, die einschlägigen Vorschriften des StEG und eine synoptische Darstellung der Bestimmungen zum Schutz des sozialistischen Eigentums und des persönlichen und privaten Eigentums im StGB sowie die verschiedenen Fassungen des § 165 StGB (Vertrauensmissbrauch).

2. Kapitel: Zum (Straf-)Justizsystem der DDR

A) Gerichtsverfassung – Strafprozessrecht

Der Beginn der Entwicklung des Justizsystems in der SBZ war von der Entnazifizierung geprägt. Etwa 80 Prozent der Richter waren Mitglieder der NSDAP oder einer ihrer Gliederungen[1]. Nach dem Einmarsch der sowjetischen Truppen bzw. der Kapitulation Deutschlands brach vielerorts das Gerichtswesen zusammen und es entstanden unter Namen wie Gemeinde-, Orts- und Stadtgerichte neue Gerichte. In diesen Gerichten wurden von der Besatzungsmacht neben unbelasteten Juristen auch Antifaschisten ohne juristische Vorbildung, insbesondere aus der Arbeiterschaft, eingesetzt, die „Richter im Soforteinsatz". Anderenorts arbeiteten die alten Gerichte weiter, wobei nur die besonders belasteten Richter ausschieden[2]. Durch den SMAD-Befehl Nr. 49 vom 4. September 1945 wurde angeordnet, das Gerichtssystem nach dem Gesetzeszustand vom 1. Januar 1933 – Amtsgerichte, Landgerichte und Oberlandesgerichte – wiederherzustellen. Zugleich wurde die Entfernung sämtlicher früheren Mitglieder der NSDAP aus Gerichten und Staatsanwaltschaften angeordnet. Damit ging man über die Bestimmungen des Potsdamer Abkommens der drei großen Siegermächte, USA, Sowjetunion und Großbritannien vom 2. August 1945 hinaus, wonach nur die Mitglieder der nazistischen Partei, welche mehr als nominell an ihrer Tätigkeit teilgenommen hatten, von öffentlichen und halböffentlichen Ämtern auszuschließen waren[3]. Dadurch ergab sich ein beträchtlicher Bedarf an neuen Richtern. Der Anteil der Richter und Staatsanwälte im Soforteinsatz betrug Ende 1945 bereits 22 Prozent[4]. Nunmehr wurden aktive Antifaschisten durch Lehrgänge auf die Tätigkeit als Richter und Staatsanwälte vorbereitet. Im Februar 1946 begann der erste sechsmonatige Lehrgang[5]. In der Folgezeit wurde die Lehrgangsdauer schrittweise erhöht. Die so ausgebildeten Richter wurden Volksrichter genannt.

1 *Benjamin*, Volksrichter a.a.O., S. 165.

2 *Benjamin*, Rechtspflege 1945–1949 S. 44.

3 A.a.O. S. 64 f.

4 A.a.O. S. 90.

5 A.a.O. S. 99.

Volksrichterlehrgänge wurden bis Anfang der fünfziger Jahre durchgeführt[6]. Die Volksrichter mussten bis 1960 einen Hochschulabschluss nachholen[7].

Im Sommer 1945 bildeten sich in den Ländern der sowjetischen Besatzungszone mit Billigung der Besatzungsmacht Länder- und Provinzialverwaltungen. Diesen wurde durch den SMAD-Befehl Nr. 110 vom 22. Oktober 1945 die Befugnis zur Rechtssetzung übertragen[8]. Aufgrund eines Entwurfs der Deutschen Justizverwaltung[9] wurde im Jahre 1947 in allen Ländern der Sowjetischen Besatzungszone durch im wesentlichen übereinstimmende Gesetze ein neuer zusätzlicher strafprozessualer Rechtsbehelf, die dem sowjetischen Strafprozessrecht entlehnte Kassation, in Brandenburg Nichtigkeitsbeschwerde genannt, eingeführt[10]. Im übrigen galt die StPO von 1877. Mit der Kassation konnten rechtskräftige Urteile einer erneuten gerichtlichen Prüfung zugeführt werden. Der Kassationsantrag konnte darauf gestützt werden, dass das Urteil auf einer Verletzung des Gesetzes im Sinne der §§ 337–339 StPO1877 beruhte oder wegen eines offenbaren Fehlers bei der Strafzumessung der Gerechtigkeit gröblich widersprach; in Sachsen-Anhalt hieß es ohne Beschränkung auf die Strafzumessung, wenn „das Urteil gröblich der Gerechtigkeit widerspricht". Antragsberechtigt waren der Generalstaatsanwalt beim Oberlandesgericht sowie der Präsident des Oberlandesgerichts. Der Antrag konnte innerhalb eines Jahres seit Eintritt der Rechtskraft gestellt werden, in Sachsen-Anhalt binnen sechs Monaten. Zuständig für die Entscheidung war ein Strafsenat bei dem Oberlandesgericht. Grund für die Einführung der Kassation waren, wie recht offen zugegeben wurde, politisch unliebsame Urteile, insbesondere solche mit geringem Strafmaß[11]. Bereits die Nationalsozialisten hatten für derartige Zwecke besondere Rechtsbehelfe eingeführt, nämlich den außerordentlichen Einspruch[12] und die Nichtigkeitsbeschwerde[13]. Die Nichtigkeitsbeschwerde

---

6 *Streit*, NJ 1978, 282.

7 *Buchholz*, Osten S. 74.

8 *Benjamin*, Rechtspflege 1945–1949, S. 52.

9 Gemäß dem Befehl Nr. 17 der SMAD vom 17.7.1945 waren deutsche Zentralverwaltungen gebildet worden, darunter auch die Zentralverwaltung für Justiz, genannt Deutsche Justizverwaltung (DJV). Die DJV hatte keine eigenen Gesetzgebungsbefugnisse. Sie arbeitete nach den Direktiven der SMAD und sollte die Tätigkeit der Landes- und Provinzialverwaltungen koordinieren (*Benjamin*, Rechtspflege 1945–1949, S. 58).

10 GBl. Sachsen-Anhalt, 1947, 84; GVBl. Brandenburg, 1947, 23; RegBl. Mecklenburg 1947, 255; Gesetzessammlung Sachsen 1947, 445; RegBl.Thüringen I, 81; *Weiss*, NJ 1947, 214.

11 *Melsheimer / Nathan / Weiss*, Rechtsprinzipien a.a.O., S. 142; *Weiss*, a.a.O., 213.

12 RGBl. 1939 I, 1841.

13 RGBl. I 1940, S. 405 und RGBl. I 1942, S. 5.

war nach 1945 in Einzelfällen auch noch angewendet worden; man wollte aber an ihr und auch an dem außerordentlichen Einspruch nicht mehr festhalten, weil diese Rechtsinstitute von den Nationalsozialisten geschaffen und für die Durchsetzung ihrer Ziele verwendet worden waren[14].

Mit Gründung der DDR wurde das Gerichtssystem um den Obersten Gerichtshof der DDR – das Oberste Gericht (OG) – erweitert[15]. Die Einzelheiten regelte das Gesetz über die Errichtung des Obersten Gerichtshofes und der Obersten Staatsanwaltschaft der Deutschen Demokratischen Republik (GOGOSt) vom 8. Dezember 1949[16]. Gemäß § 6 Abs. 1 GOGOSt war das OG in Strafsachen in erster und letzter Instanz zuständig für solche Verfahren, in denen der Oberste Staatsanwalt der Republik wegen ihrer überragenden Bedeutung Anklage bei ihm erhob[17], und für die Verhandlung und Entscheidung in Kassationssachen. Antrag auf Kassation konnte nur der Oberste Staatsanwalt der DDR stellen[18]. Durch § 16 GOGOSt wurden die Kassationsgesetze der Länder aufgehoben. Anhängige Verfahren gingen auf das OG[19] über.

Aufgrund des Gesetzes über die weitere Demokratisierung des Aufbaus und der Arbeitsweise der staatlichen Organe in den Ländern der Deutschen Demokratischen Republik[20] vom 23. Juli 1952 wurde der föderale Verwaltungsaufbau beseitigt. Das Gebiet der DDR wurde in Kreise, die in Bezirken zusammengefasst waren, gegliedert. In diesem Zusammenhang wurde die alte Gerichtsorganisation aufgelöst und es wurden in den Kreisen Kreisgerichte und in den Bezirken Bezirksgerichte errichtet. Die Revision wurde abgeschafft[21].

Nach dem GVG vom 2. Oktober 1952 waren die Bezirksgerichte in erster Instanz für schwerere Strafsachen zuständig (§ 49 GVG1952) und in zweiter Instanz für die Rechtsmittel gegen Urteile der Kreisgerichte, das OG in erster

---

14 *Weiss*, NJ 1947, 214.

15 Art. 126 Verf.1949.

16 GBl. 1949, 111.

17 Erst durch Gesetz vom 18.12.1987 wurde das Zweiinstanzenprinzip auch für Verfahren, in denen der Generalstaatsanwalt wegen ihrer Bedeutung Anklage beim OG erhoben hatte, eingeführt. Zu diesem Zweck wurde beim OG ein großer Senat eingerichtet, der für die Rechtsmittel des Protests und der Berufung gegen Entscheidungen der Senate des OG zuständig war (GBl. I 1987, 302 f.).

18 § 11 Abs. 2 GOGOSt.

19 § 15 GOGOSt.

20 GBl. 1952, 613.

21 Verordnung über die Neugliederung der Gerichte vom 28.8.1952, GBl. 1952, 791.

Instanz entsprechend den Regelungen des GOGOSt bei Anklageerhebung durch den Generalstaatsanwalt vor dem OG (§ 55 Abs. 1 Ziff. 1 GVG1952), für Rechtsmittelverfahren gegen Urteile der Bezirksgerichte (§ 55 Abs. Ziff. 2 GVG1952) und als Kassationsgericht. Im übrigen waren die Kreisgerichte in erster Instanz sachlich zuständig (§ 41 GVG1952). Die ebenfalls am 2. Oktober 1952 verabschiedete neue Strafprozessordnung sah gegen Urteile nur noch ein Rechtsmittel vor (§ 274 StPO1952). Das Rechtsmittel des Angeklagten wurde weiter Berufung genannt, während das des Staatsanwalts die Bezeichnung Protest erhielt (§ 274 StPO1952). Sachliche Abweichungen waren damit nicht verbunden. Hatten die Verurteilten also kein Rechtsmittel gegen zweitinstanzliche Urteile der Bezirksgerichte, so konnten sie doch Kassationsverfahren anregen[22]. Die Kassation wurde damit zu einer Art Ersatzrevision. Jetzt konnte neben dem Generalstaatsanwalt auch der Präsident des OG Kassationsantrag stellen (§ 302 StPO1952). Auch Entscheidungen des OG konnten mit der Kassation angegriffen werden (§ 57 Abs. 2 GVG1952). Die Kammern bei den Kreisgerichten waren mit je einem Berufsrichter und zwei Schöffen besetzt, ebenso die Senate bei den Bezirksgerichten in erstinstanzlichen Verfahren (§§ 43 Abs. 1 Satz 1, 51 Abs.1 Satz 1 GVG1952). Die Senate bei den Bezirksgerichten für die zweitinstanzlichen Verfahren waren mit drei Berufsrichtern besetzt (§ 51 Abs. 3 GVG1952), ebenso die Senate des OG (§ 54 GVG1952).

Das GVG vom 17. April 1963 gab den Bezirksgerichten die Zuständigkeit für die Durchführung von Kassationsverfahren gegen Urteile der Kreisgerichte (§ 28 GVG1963). Daneben verblieb es bei der Zuständigkeit für Kassationen gegen Urteile der Kreisgerichte beim OG, wenn der Präsident des OG oder der Generalstaatsanwalt Kassationsantrag gestellt hatte (§ 13 GVG1963).

Geringfügige Straftaten konnten ab dem Jahre 1960 auch von den betrieblichen Konfliktkommissionen behandelt werden, die Anfang der fünfziger Jahre in den volkseigenen Betrieben zur Beilegung arbeitsrechtlicher Streitigkeiten gebildet worden waren[23]. In der Richtlinie des Komitees für Arbeit und Löhne und des Freien Deutschen Gewerkschaftsbundes vom 4. April 1960[24], die am 28. April 1960 durch Verordnung des Ministerrats bestätigt wurde[25], heißt es

22 Vgl. Beschluss des Präsidiums des OG vom 9.12.1987 zur Durchführung des Gesetzes über die Bearbeitung der Eingaben der Bürger – Eingabengesetz – vom 19.7.1975 sowie über die Bearbeitung von Kassationsanregungen durch das Oberste Gericht (OGI 1988, Heft 2, 3 ff.).

23 *Benjamin*, Rechtspflege 1949–1961, S. 194.

24 GBl. I 1960, 347.

25 A.a.O.

unter I. f) Abs. 1, dass die Konfliktkommission über Verletzungen von Strafgesetzen durch Werktätige, soweit die Verletzungen wegen ihres geringen Grades der Gesellschaftsgefährlichkeit nicht vor den Strafgerichten verhandelt werden, entscheidet. Geringfügige Fälle von Diebstahl, Betrug und Unterschlagung zum Nachteil des gesellschaftlichen Eigentums und Sachbeschädigung am gesellschaftlichen Eigentum werden ausdrücklich genannt. Die Mitglieder der Konfliktkommissionen waren gemäß II. der Richtlinie von den Beschäftigten zu wählen. Gemäß I. f.) Abs. 3 der Richtlinie konnten die Konfliktkommissionen Erziehungsmaßnahmen festlegen, nämlich Rügen aussprechen, die Betroffenen verpflichten sich zu entschuldigen oder den Schaden wieder gut zu machen oder entsprechende Verpflichtungen bestätigen, aber keine Strafen aussprechen[26]. Eine erste gesetzliche Regelung der strafrechtlichen Tätigkeit der Konfliktkommissionen erfolgte durch § 144 Buchst. e des Gesetzbuches der Arbeit (GBA) vom 12. April 1961.

Der Rechtspflegeerlass des Staatsrates vom 4. April 1963 regelte die Tätigkeit der Konfliktkommissionen neu, ohne im hier interessierenden Bereich wesentliche Änderungen vorzunehmen. Des weiteren sah er die Bildung von Schiedskommissionen in Gemeinden und Städten, Landwirtschaftlichen Produktionsgenossenschaftenen, Produktionsgenossenschaften der Handwerker, Gärtner und Fischer und privaten Betrieben vor, die die gleichen Rechten und Pflichten wie die Konfliktkommissionen bei der Behandlung geringfügiger Straftaten und kleinerer zivilrechtlicher Streitigkeiten hatten[27]. Die Konflikt- und Schiedskommissionen wurden als gesellschaftliche Gerichte bezeichnet[28]. Man sah in ihnen Vorboten des nach marxistisch-leninistischer Lehre vorgesehenen Absterbens des Staates im Kommunismus[29].

Die strafprozessualen Grundsätze der DDR ähnelten denen der Bundesrepublik. Es galten das Offizialprinzip[30], der Ermittlungsgrundsatz[31], das Akkusationsprinzip[32], das Legalitätsprinzip[33] und die Grundsätze „in dubio pro reo“[34]

26 Ohne *Verfasserangabe*, NJ 1962, 756.

27 Rechtspflegeerlass 2. Teil 2. Abschnitt II. 1.

28 Gesetz über die gesellschaftlichen Gerichte der Deutschen Demokratischen Republik vom 11.6.1968, GBl. I 1968, 229.

29 *Benjamin, M.*, NJ 1961, 337.

30 § 102 StPO1952, § 1 StPO1968.

31 § 106 StPO1952, § 101 StPO1968.

32 § 171 StPO1952, § 187 Abs. 1 StPO1968.

33 § 161 StPO1952, § 154 StPO1968.

34 § 221 Ziff. 3 StPO1952,§ 6 Abs. 2 StPO1968.

und „ne bis in idem“[35]. Die Wiedereinführung des von den Nationalsozialisten durch das Gesetz zur Änderung von Vorschriften des Strafverfahrens und des Gerichtsverfassungsgesetzes vom 28. Juni 1935[36] beseitigten Verbots der reformatio in peius war in der SBZ umstritten gewesen[37]. Durch Urteil vom 8. Juni 1950 schloss sich das OG der überwiegenden Auffassung an und erklärte die reformatio in peius als typisch nationalsozialistisch für unzulässig[38]. In § 277 StPO1952 wurde das Verbot der reformatio in peius wieder ausdrücklich aufgenommen[39]. Für die Verurteilten war das Verbot der reformatio in peius allerdings nur von begrenztem Wert, weil das Berufungsgericht, welches sich aufgrund des Verbots der reformatio in peius außerstande sah, eine höhere als die im erstinstanzlichen Urteil ausgesprochene Strafe zu verhängen, durch Anregung der Kassation doch noch, wenn auch nicht zwingend, eine Verschlechterung im Strafmaß herbeiführen konnte. War die Kassation zugunsten des Verurteilten beantragt worden, so durfte eine Verböserung nicht erfolgen[40]. Für die Hauptverhandlung galten die Prinzipien der Mündlichkeit, Öffentlichkeit und Unmittelbarkeit[41]. Weiter galt der Grundsatz der freien Beweiswürdigung[42]. Das Recht auf Verteidigung war, jedenfalls nach dem Gesetz, gewährleistet[43].

B) Ideologie und Justiz

Die DDR war nach ihrem eigenen Selbstverständnis ein ideologisch geführtes Land. Herrschaftsideologie war der Marxismus-Leninismus. Seine Verbindlichkeit war in der Verfassung von 1968 festgeschrieben[44], aber bereits zuvor unumstritten. Marxismus-Leninismus wurde verstanden als das einheitliche, in

35 § 6 StPO1952, § 14 Abs. 1 StPO1968.

36 RGBl. I 1935, 839.

37 *Weiss*, NJ 1948, 217; LG Halle, Urteil vom 6.1.1948 – II Ns 129/47, NJ 1948, 233 ff.

38 OG, Urteil vom 8.6.1950 – 2 Zst. 19/50; OGSt 1, 232 ff.

39 Vgl. auch § 285 StPO1968.

40 § 311 Abs. 2 StPO1952 (aber nicht ausnahmslos), § 321 Abs. 2 StPO1968.

41 §§ 189 StPO1952, 83 StPO1952, 207 StPO1952, 10 StPO1968.

42 § 23 StPO1968.

43 §§ 74 StPO1952, 15 StPO1968.

44 Art. 1 Abs. 1 Verf.1968: „Die Deutsche Demokratische Republik ist ein sozialistischer Staat deutscher Nation. Sie ist die politische Organisation der Werktätigen in Stadt und Land, die gemeinsam unter Führung der Arbeiterklasse und ihrer marxistisch-leninistischen Partei den Sozialismus verwirklichen.“

sich geschlossene System der wissenschaftlichen Theorien von Marx, Engels und Lenin[45, 46].

Nach der marxistisch-leninistischen Staatstheorie ist der Staat ein Produkt der Klassengesellschaft und zwar das Instrument der herrschenden Klasse zur Niederhaltung der anderen Klassen. Daher wird jede Form des bürgerlichen Staates als Diktatur der Bourgeoisie betrachtet[47]. Auf dem Wege zur klassenlosen kommunistischen Gesellschaft, die keines Staates mehr bedürfe, sei es erforderlich, die Diktatur der Bourgeoisie durch die Diktatur des Proletariats, den sozialistischen Staat, zu ersetzen. Das Proletariat bzw. die Arbeiterklasse benötige dabei die Führung durch die marxistisch-leninistischen Partei, die aufgrund ihrer Einsicht in die Entwicklungsgesetze der menschlichen Gesellschaft dem Kampf der Arbeiterklasse Ziel und Richtung geben könne[48]. Dementsprechend war die führende Rolle der SED in der Verfassung der DDR vom 6. April 1968 verankert, aber auch davor nie in Zweifel gezogen worden. Aus diesem Staatsverständnis ergaben sich grundlegende Konsequenzen für die Stellung der Justiz im Staatsgefüge der DDR. Wenn man annimmt, dass der Staat ein Instrument der herrschenden Klasse ist, dann ist die Vorstellung von einer Teilung der Staatsgewalten und einer unabhängigen Justiz notwendigerweise Illusion[49]. Es wurde daher erst gar nicht der Versuch unternommen, eine unabhängige Justiz aufzubauen.

---

45 *Philosophisches Wörterbuch*, Stichwort: Marxismus-Leninismus, S. 671.

46 In diesem Sinne ist der Marxismus-Leninismus wohl eine Fiktion seiner Anhänger. Friedrich Engels hatte sich grundsätzlich gegen ideologisches Denken, verstanden als Beurteilung der Wirklichkeit nach vorgefertigten Gedankeninhalten gewandt: „Die Ideologie ist ein Prozeß, der zwar mit Bewußtsein vom so genannten Denker vollzogen wird, aber mit einem falschen Bewusstsein." (*Engels*, Mehring, a.a.O., S. 97); „Erst macht man sich aus dem Gegenstand den Begriff des Gegenstandes; dann dreht man den Spieß um und mißt den Gegenstand an seinem Abbild, dem Begriff. Nicht der Begriff soll sich nun nach dem Gegenstand, der Gegenstand soll sich nach dem Begriff richten." (*Engels*, Antidühring a.a.O., S. 89).

47 *Philosophisches Wörterbuch*, Stichwort: Staat, S. 1036.

48 *Politisches Wörterbuch*, Stichwort: Marxistisch-leninistische Partei, S. 516.

49 „Die von den Volksmassen der Bourgeoisie abgetrotzten demokratischen Rechte und Freiheiten sucht die Bourgeoisie auch gegen die Arbeiterklasse zu nutzen, um sie in die bürgerliche Ordnung zu integrieren und parlamentarische und rechtsstaatliche Illusionen bei ihr zu erzeugen. Das wird von bürgerlichen Staats- und Rechtsideologen unterstützt. Diesem Ziel dient auch die bürgerliche Gewaltenteilungslehre, die die Illusion erwecken will, als seien Parlament, Exekutive und Justiz voneinander unabhängige Gewalten, die sich gegenseitig kontrollieren. In Wirklichkeit ist die bürgerliche Staatsmacht in allen ihren Organen und in ihrem gesamten Mechanismus ungeteilte Diktatur der Bourgeoise. Legislative, Exekutive und Justiz sind Ausdruck der Arbeitsteilung bei der Ausübung der einheitlichen kapitalistischen Klassenherrschaft. Das Klassenwesen

Konsequenterweise gab es eine Verfassungsgerichtsbarkeit in der DDR nicht. Die Richter durften ordnungsgemäß verkündete Gesetze nicht auf ihre Verfassungsmäßigkeit hin überprüfen[50]. Dieses Prüfungsrecht stand nach der Verfassung von 1949 allein dem Verfassungsausschuss der Volkskammer zu[51]. In der Verfassung von 1968 war die Möglichkeit (!) der Verfassungswidrigkeit von Gesetzen und der Beschlüssen der Volkskammer nicht mehr vorgesehen[52]. Gemäß Art. 89 Abs. 3 Satz 2 Verf.1968 entschied über Zweifel an der Verfassungsmäßigkeit von Rechtsvorschriften des Ministerrates und anderer staatlicher Organe der Staatsrat[53]. Diese Befugnis wurde durch die Verfassungsänderung vom 7. Oktober 1974 wieder an die Volkskammer zurückübertragen (Art. 89 Abs. 3 Satz 2 Verf.1974). Bis zum Herbst 1989 spielte das Prüfungsrecht der Volkskammer keine Rolle.

I. Demokratischer Zentralismus

Mittel zur Durchsetzung der führenden Rolle der Partei der Arbeiterklasse in Staat und Gesellschaft war der demokratische Zentralismus. Der demokratische Zentralismus war von Lenin zunächst als Organisations- und Leitungsprinzip für die Partei und nach deren Machtübernahme in Russland für den sozialistischen Staat entwickelt worden. Für den staatlichen Bereich wurde der demokratische Zentralismus als Einheit von straffer zentraler Leitung und Planung und demokratischer Initiative der Werktätigen verstanden[54]. In der Rechtspflege wurde die Beteiligung von Schöffen und gesellschaftlichen Gerichten als demokratisches Element betrachtet[55].

Schon in der SBZ versuchte die SED das Prinzip des demokratischen Zentralismus im Sinne der Leitung und Kontrolle der Gerichte und der Rechtspre-

---

der bürgerlichen Staatsmacht wird durch diese Arbeitsteilung keineswegs aufgehoben, sondern zweckmäßig verwirklicht." (*Staats- und Rechtstheorie*, S. 103 f.).

50 Art. 89 Abs. 1 Verf.1949.

51 Art. 66 Abs. 3 Verf.1949.

52 Gemäß Art. 49 Abs. 1 Verf.1968 bestimmte die Volkskammer durch Gesetz endgültig und für jedermann verbindlich die Ziele der Entwicklung der Deutschen Demokratischen Republik. Im Kommentar heißt es dazu, niemand außer der Volkskammer selbst, sei befugt, Gesetze oder Beschlüsse der Volkskammer außer Kraft zu setzen (*Sorgenicht / Weichelt / Riemann / Semler*, Verfassung S. 252.).

53 Art. 89 Abs. 3 Verf.1968: „Rechtsvorschriften dürfen der Verfassung nicht widersprechen. Über Zweifel an der Verfassungsmäßigkeit von Rechtsvorschriften des Ministerrates und anderer staatlicher Organe entscheidet der Staatsrat."

54 *Politisches Wörterbuch*, Stichwort: demokratischer Zentralismus, S. 148.

55 *Mathes*, Volksrichter S. 5 ff.

chung über die Deutsche Justizverwaltung durchzusetzen. Diesen Bemühungen standen insbesondere die Oberlandesgerichte im Wege. Hilde Benjamin beklagte, dass sich diese nicht zu einer „Transmission“ zwischen den Ministerien der Justiz und den Land- und Amtsgerichten entwickelt, sondern eine „falsche Eigenständigkeit“ für sich in Anspruch genommen hätten[56]. An dieser Situation änderte sich auch nach Gründung der DDR und Errichtung des OG zunächst grundsätzlich nichts. Das Ministerium der Justiz bemühte sich, die Leitung der Rechtsprechung durch Instruktionen (Anleitungen zur Erfüllung der Aufgaben), Revisionen (Kontrollen), Tagungen, Anregungen von Kassationen und Rundverfügungen (Anweisungen für die Rechtsanwendung) durchzusetzen[57]. Die Leitungsmöglichkeiten des OG waren aufgrund seiner beschränkten Zuständigkeiten zunächst begrenzt. Allerdings sah es ganz im Sinne des leitenden Organs der Gerichte seine Aufgabe nicht nur darin, über die konkreten Einzelfälle zu entscheiden, sondern in diesem Zusammenhang seine Rechtsauffassungen zu Fragen von allgemeinem Interesse in obiter dicta mitzuteilen[58]. OG und Ministerium der Justiz versuchten, den Präsidenten und Richtern der Oberlandesgerichte ihre „Transmissionsfunktion“ deutlich zu machen. Durch die Rechtsprechung des OG sei die Grundsatzrechtsprechung der Oberlandesgerichte überholt[59]. Auf der Arbeitstagung des Ministeriums der Justiz vom 9. und 10. März 1951 wurde den Oberlandesgerichten untersagt, ihre Entscheidungen selbständig zu veröffentlichen oder den Gerichten ihres Landes bekannt zu geben[60].

Bereits im Gesetz über die Staatsanwaltschaft (StG) vom 23. Mai 1952[61] war die *Richtlinienkompetenz* des OG vorgesehen. Gemäß § 23 StG konnte der Generalstaatsanwalt der DDR beim OG im Zusammenhang mit einer Entscheidung des OG den Erlass von allgemein geltenden Richtlinien über die Auslegung und Anwendung der Gesetze für die Praxis der Gerichte beantragen. Durch § 58 GVG1952 wurde das Recht zur Beantragung von Richtlinien erweitert und deren bindende Wirkung festgelegt. Danach konnte das Plenum des OG im Interesse der einheitlichen Anwendung und Auslegung der Gesetze durch die Gerichte der DDR auf Antrag des Präsidenten des OG, des Generalstaatsanwalts der DDR oder des Ministers der Justiz im Zusammenhang mit

---

56 *Benjamin*, StuR 1975, 49.

57 *Benjamin*, StuR 1975, 51.

58 OG, Urteil vom 30.1.1951 – 3 Zst. 88/50, OGSt 2, 97.

59 *Benjamin*, a.a.O. 57.

60 Ohne *Verfasserangabe*, NJ 1951, 166.

61 GBl. 1952, 408.

einer Entscheidung Richtlinien mit bindender Wirkung für alle Gerichte erlassen.

Auch nachdem das OG mit dem GVG1952 in den Instanzenzug eingebunden war, blieb das Ministerium der Justiz für die Leitung der Bezirks- und Kreisgerichte zuständig. Zu diesem Zwecke richtete es bei den Bezirksgerichten Justizverwaltungsstellen ein. Nach dem (ersten) Statut des Ministeriums der Justiz vom 20. Juli 1956 war die Anleitung und Kontrolle der Tätigkeit der Kreisgerichte und Bezirksgerichte unter Wahrung der verfassungsmäßig garantierten Unabhängigkeit der Richter eine Aufgabe des Ministeriums[62].

Durch den Rechtspflegeerlass des Staatsrates vom 4. April 1963 wurden die Leitungsbefugnisse des OG zu Lasten des Ministeriums der Justiz ausgebaut. Das OG war nunmehr verantwortlich für die ständige Anleitung der Rechtsprechung aller Gerichte und die ständige Kontrolle und Auswertung der gesellschaftlichen Wirksamkeit der Rechtsprechung aller Gerichte. Zur Erfüllung dieser Aufgaben sah der Rechtspflegeerlass u.a. den Erlass von Richtlinien und Beschlüssen und die Durchführung von Inspektionen bei den Bezirks- und Kreisgerichten vor. Entsprechende Regelungen enthielt das neue GVG vom 17. April 1963. Weiterhin wurde dem OG durch den Rechtspflegeerlass die alleinige Herausgeberschaft für die NJ übertragen. Von den Leitungsaufgaben im Rahmen der Rechtsprechung blieb dem Justizministerium damit die Durchführung der Personalpolitik bei den Bezirks- und Kreisgerichten[63].

Auch bei den *Beschlüssen* handelte es sich um allgemeine Regelungen. Sie waren durch das Plenum des OG zu erlassen und für alle Gerichte der DDR verbindlich. Den Erlass von Richtlinien und Beschlüssen konnte der Präsident des OG, der Generalstaatsanwalt und der Minister der Justiz beantragen (§ 17 Abs. 2 GVG1963). Der Staatsrat konnte dem Plenum des OG den Erlass von Richtlinien und Beschlüssen empfehlen (§ 17 Abs. 3 GVG 1963). Ein Zusammenhang der in Richtlinien oder Beschlüssen geregelten Fragen mit einer Entscheidung des OG war nicht mehr erforderlich. Zwischen den Tagungen des Plenums des OG war das Präsidium für den Erlass von Beschlüssen zuständig (§ 19 Abs. 1 GVG 1963). Auch die Plenen der Bezirksgerichte konnten „zur einheitlichen und richtigen Anwendung der Gesetze und anderer gesetzlicher Vorschriften“ Beschlüsse erlassen (§ 31 Abs. 1 GVG 1963). Diese konnten vom Präsidium des OG aufgehoben werden (§ 21 Abs. 1 GVG 1963).

62 GBl. I 1956, 597 (§ 3 Ziff. 1).

63 *Benjamin*, Rechtspflege 1961–1971 S. 69, dort „Kaderpolitik“.

Inhaltlich waren Richtlinien und Beschlüsse nicht klar voneinander abgegrenzt. Richtlinien sollten eher einen auf längere Sicht zu lösenden Fragenkomplex behandeln, Beschlüsse eher Einzelfragen oder solche, die u.U. in einer voraussehbaren Zeit einer Abänderung unterliegen würden[64].

Gemäß Art. 93 Abs. 1 Verf.1968 war das OG das höchste Organ der Rechtsprechung. Gemäß Art. 93 Abs. 2 Verf.1968 hatte es die Rechtsprechung der Gerichte auf der Grundlage der Verfassung, der Gesetze und anderen Rechtsvorschriften der DDR zu leiten und die einheitliche Rechtsanwendung zu sichern. Nach Art. 93 Abs. 3 Verf.1968 war das OG der Volkskammer und zwischen ihren Tagungen dem Staatsrat verantwortlich. Faktisch nahm die Führung der SED immer ein Weisungsrecht gegenüber dem OG für sich in Anspruch[65].

Ab Juli 1973 wurde die NJ wieder gemeinsam vom OG, dem Generalstaatsanwalt und dem Ministerium der Justiz herausgegeben und ab Juli 1977 von einem Redaktionskollektiv.

Durch das GVG1974 wurden dem Justizministerium Leitungsaufgaben zurückgegeben. Es war nunmehr zuständig für die Anleitung der Bezirks- und Kreisgerichte und hatte bei diesen Revisionen durchzuführen (§ 21 Abs. 1 GVG 1974). Das Plenum des OG war zuständig für den Erlass von Richtlinien (§ 39 Abs. 1 GVG1974) und das Präsidium des OG für den Erlass von Beschlüssen (§ 40 Abs. 1 GVG1974).

Als weiteres Leitungselement im Rahmen der Durchführung des demokratischen Zentralismus in der Rechtsprechung wurde die Rechtsprechung des OG gesehen. Für die Kreis- und Bezirksgerichte waren die Rechtsauffassungen, die in den Einzelentscheidungen bzw. in den aus ihnen abgeleiteten Rechtssätzen[66] des OG dargelegt wurden, grundsätzlich verbindlich[67]. Allerdings räumte das OG den Untergerichten ein, in begründeten Ausnahmefällen von seiner Rechtsprechung abzuweichen. Dies sei der Fall, wenn die Kreis- und Bezirksgerichte aufgrund einer besonders eingehenden Prüfung der zu entscheidenden Rechtsfragen zu einer abweichenden Begründung oder einem abweichenden Ergebnis gelangten[68].

---

64 *Toeplitz*, NJ 1979, 394.

65 *Beckert*, Instanz S. 14.

66 Gemeint sind die den veröffentlichten Entscheidungen vorangestellten Sätze, die in bundesdeutscher Diktion als Leitsätze bezeichnet werden.

67 *Müller / Wünsche*, StuR 1984, 413.

68 OG, Urteil vom 15.11.1960 – 2 Zz 18/60, NJ 1961, 104.

Sicherlich keine verbindliche Wirkung, aber doch eine erhebliche Orientierungsfunktion kam auch den veröffentlichten Entscheidungen von Bezirks- und Kreisgerichten sowie von gesellschaftlichen Gerichten zu, sofern sie nicht mit ablehnenden Anmerkungen versehen waren[69].

Selbstverständlich waren Weisungen des OG, die es in einer bestimmten Rechtssache bei Zurückverweisung an ein nachgeordnetes Gericht erteilt hatte, für dieses verbindlich[70].

Weitere Leitungsinstrumente des OG waren die Berichte über Plenartagungen, die Standpunkte des OG bzw. seiner Kollegien[71] und überhaupt alles, was vom OG, insbesondere in den OGI, veröffentlicht wurde, also auch Aufsätze von OG-Richtern und Schulungsmaterial.

In den *Standpunkten* wurden die Auffassungen der jeweiligen Herausgeber zu bestimmten Rechtsproblemen dargelegt oder es wurde die Aufgabe einer bestimmten Rechtsprechung mitgeteilt. In ihrer Verbindlichkeit dürften sie den Rechtssätzen des OG gleichgestanden haben.

II. Stellung der Richter

Aufgrund der Ablehnung der Rolle der Justiz als einer unabhängigen Gewalt im Staate und des zentralistischen Staatsaufbaus mit der Partei als informeller Spitze war die Unabhängigkeit der Richter keine Selbstverständlichkeit. Dennoch war sie zumindest als sachliche Unabhängigkeit immer offiziell anerkannt[72]. Verstanden wurde sie als Verbot der Einmischung in konkrete

---

69 *Müller / Wünsche*, StuR 1984, 414.

70 § 313 StPO1952: „Das Kassationsgericht kann bei Zurückverweisung Weisungen mit bindender Kraft erteilen.“

71 Siehe OGI 1979, Heft 7, 3 ff.: Standpunkt des Kollegiums für Strafrecht des OG zur Anwendung der Geldstrafe durch die Gerichte der DDR bei strafbaren Handlungen; OGI 1980, Heft 6, 25 ff.: Gemeinsamer Standpunkt des Generalstaatsanwalts der DDR, des Ministers des Innern, des Obersten Gerichts der DDR und des Ministers der Justiz zur Verfolgung von Straftaten, die mit der Leistung zusätzlicher Arbeit zusammenhängen; OGI 1980, Heft 6, 35: Kollegium für Strafrecht: Tateinheit zwischen Nachrichtenverkehrsstörungen und Beschädigung sozialistischen Eigentums; OGI 1982, Heft 5, 59 ff.: Kollegium für Strafrecht: Beurteilung der Wegnahme und Verwertung von Sparbüchern; OGI 1983, Heft 5, 3 ff.: Gemeinsamer Standpunkt des Kollegiums für Strafrecht und des Kollegiums für Zivil-, Familien- und Arbeitsrecht zur Feststellung des strafrechtlich relevanten Schadens und zur Geltendmachung von Schadenersatz bei Entwendungen aus Verkaufseinrichtungen des Intershop.

72 Art. 127 Verf. 1949: „Die Richter sind in ihrer Rechtsprechung unabhängig und nur der Verfassung und dem Gesetz unterworfen.“, wortgleich § 5 GVG1952; in § 1 Abs. 3 GVG1963 heißt es: „Die Richter und Schöffen sind in ihrer Rechtsprechung unabhängig und nur der Verfassung und dem Gesetz unterworfen. Ihre Unabhängigkeit beruht

Sachentscheidungen. Unabhängigkeit des Richters bedeute, dass er in seinen richterlichen Entscheidungen frei sei und dass ihn dabei keine Weisungen höherer Stellen beeinträchtigen dürften[73]. Die so verstandene richterliche Unabhängigkeit müsse durch die laufende politische Anleitung durch die übergeordnete Leitung begleitet werden. Dann bestehe auch kein Bedürfnis nach Einschaltung im Einzelfall[74]. Eine persönliche Unabhängigkeit der Richter war dagegen nicht gegeben. Sie wurden auf Zeit gewählt bzw. ernannt[75] und konnten, insbesondere bei Verstößen gegen die Verfassung oder andere Gesetze oder sonstige gröblichste Pflichtverletzungen, abberufen werden[76]. Gemäß § 53 Abs. 3 GVG1974 konnte eine Abberufung auch „wegen Ausscheidens aus anderen gesellschaftlich gerechtfertigten Gründen" erfolgen.

Bereits auf der 3. Tagung des Ausschusses für Rechtsfragen beim ZK der SED am 3./4. Januar 1948 offenbarte Max Fechner, der spätere Justizminister der DDR, ein eigentümliches Verständnis von sachlicher Unabhängigkeit:

> „Nichts steht im Wege, daß die amtierenden Richter die zur Entscheidung stehenden politischen und juristischen Fragen mit den Genossen aus den mittleren und unteren Parteiinstanzen beraten. Ja, sie müssen es sogar; denn die Justiz ist, richtig betrachtet, auch nur ein Verwaltungszweig. Er kann nur richtig gehandhabt werden, wenn in ihn dieselben politischen Impulse eingehen, wie in alle übrigen Verwaltungen."[77]

In der Praxis wurde die sachliche Unabhängigkeit der Richter nicht immer respektiert. Auf der Sitzung des ZK der SED vom 8. Oktober 1951 wurde festgelegt, dass vor der Verhängung von Urteilen von mehr als zehn Jahren Zuchthaus eine Stellungnahme von Mitgliedern des ZK einzuholen war[78]. Werkentin hat bei Prüfung der Politbüroprotokolle bis zum Jahre 1971 – mit abnehmender Tendenz – Nachweise für Eingriffe des Politbüros in justizielle Einzelentscheidungen gefunden[79]. Einmischungen der SED in Gerichtsverfah-

---

auf ihrer festen Verbindung mit dem Volk und wird durch ein demokratisches System der Leitung und Kontrolle der Rechtsprechung gesichert." Art. 96 Verf.1968: „Die Richter, Schöffen und Mitglieder der gesellschaftlichen Gerichte sind in ihrer Rechtsprechung unabhängig. Sie sind nur an die Verfassung, die Gesetze und anderen Rechtsvorschriften der Deutschen Demokratischen Republik gebunden."

73 Ohne *Verfasserangabe*, NJ 56, 260; *Benjamin*, NJ 1956, 229.

74 *Benjamin*, Rechtspflege 1949–1961, S. 123, unter Bezugnahme auf ein Zitat des früheren Ministers der Justiz der UdSSR Gorschenin.

75 § 14 GVG1952, §§ 49 ff. GVG1963.

76 Art. 132 Verf.1949, §§ 16 GVG 1952, 57 GVG 1963, 53 GVG1974.

77 *Rottleuthner*, Justiz a.a.O., S. 21.

78 A.a.O. S. 22.

79 *Werkentin*, Fundstücke a.a.O., S. 117.

ren bis hin zum OG hat es bis zur „Wende" im Jahre 1989 gegeben[80]. Andererseits war die Einmischung der Partei in Gerichtsverfahren sicher nicht die Regel, insbesondere nicht im Massengeschäft der Ahndung von Angriffen gegen das sozialistische Eigentum. Hier benötigte man einen Justizapparat, der die Strafverfahren nach den Gesetzen und dazu bestehenden Vorgaben, wie Rechtsprechung, Richtlinien, Standpunkten usw. selbständig erledigte.

III. Sozialistische Gesetzlichkeit

Der Begriff „sozialistische Gesetzlichkeit"[81] war nach der Oktoberrevolution in der Sowjetunion aufgekommen[82] und wichtiger Bestandteil der marxistisch-leninistischen Staats- und Rechtstheorie. Die „sozialistische Gesetzlichkeit" war in der Verfassung von 1968 verankert[83]. Was der Begriff konkret beinhalten sollte, war aber nicht immer ganz klar. So hieß es, dass das Wesen der sozialistischen Gesetzlichkeit in der dialektischen Einheit von strikter Einhaltung der Gesetze und Parteilichkeit ihrer Anwendung bestehe[84]. Andererseits wurde gesagt, sozialistische Gesetzlichkeit bedeute zwar die strikte Einhaltung der Gesetze, aber nicht ihre formale, allein am Buchstaben klebende, sondern ihre parteiliche Anwendung[85]. Das Gesetz sei so anzuwenden, wie es der Auffassung der Mehrheit der Werktätigen und damit den Zielen der Politik der Partei der Arbeiterklasse und der Regierung entspreche[86]. Bei unbefangener Betrachtungsweise kann man dies kaum anders verstehen, als dass das den Erfordernissen der Parteilichkeit genügende Auslegungsergebnis zumindest juristisch noch vertretbar sein musste. Kollisionsfälle waren kaum Thema theoretischer Betrachtungen[87]. In Bezug auf die unteren Gerichte wurde jedoch

---

80 *Arnold*, Strafrecht a.a.O., S. 15.

81 Bis Mitte der 50er Jahre war von „demokratischer Gesetzlichkeit" die Rede.

82 *Orlowski*, NJ 1954, 613.

83 Art. 19 Abs. 1 Verf.1968: „Die Deutsche Demokratische Republik garantiert allen Bürgern die Ausübung ihrer Rechte und ihre Mitwirkung an der Leitung der gesellschaftlichen Entwicklung. Sie gewährleistet die sozialistische Gesetzlichkeit und Rechtssicherheit." Art. 90 Abs. 1 Satz 1 Verf.1968: „Die Rechtspflege dient der Durchführung der sozialistischen Gesetzlichkeit, dem Schutz und der Entwicklung der Deutschen Demokratischen Republik und ihrer Staats- und Gesellschaftsordnung."

84 *Benjamin*, NJ 1958, 437; *Melsheimer*, NJ 1958, 511; *Staats- und Rechtstheorie*, S. 394 u. 396.

85 *Benjamin*, NJ 1958, 368.

86 *Benjamin* NJ 1958, 368 ff.; *Benjamin*, NJ 1958, 437 f.

87 *Leymann / Petzold* vertraten die Auffassung, es stelle keinen Verstoß gegen die sozialistische Gesetzlichkeit dar, wenn LPGen gegen überholte baurechtliche Vorschriften verstießen, um notwendige Baumaßnahmen schneller und kostengünstiger durchzuführen (*Leymann / Petzold*, StuR 1959, 694).

die Forderung nach strikter Anwendung der Gesetze besonders betont. So gehe es nicht an, bei alten Gesetzen die Entscheidung darüber, ob diese noch den gesellschaftlichen Bedingungen entsprächen, dem einzelnen Richter zu überlassen. In diesen Fällen habe der Richter den staatlichen Organen Hinweise für Gesetzesänderungen zu geben oder beim OG die Kassation anzuregen[88]. Teils wurde das Erfordernis, alle regelungsbedürftigen gesellschaftlichen Verhältnisse zu regeln, als Element der sozialistischen Gesetzlichkeit begriffen. Auch die sozialistischen Gesetze selbst seien Bestandteil der sozialistischen Gesetzlichkeit[89]. Weiter verlange die sozialistische Gesetzlichkeit, dass schon bei der Gesetzgebung selbst die Voraussetzungen dafür geschaffen werden, dass das Gesetz keine Möglichkeit zu willkürlichen Handlungen biete[90]. An anderer Stelle heißt es, dass die Unabhängigkeit des Richters ein Grundprinzip der demokratischen Gesetzlichkeit sei[91].

Grund für die anfängliche besondere Betonung der Parteilichkeit bei der Rechtsanwendung mag der Umstand gewesen sein, dass in der DDR zunächst noch zahlreiche alte Gesetze galten, die nunmehr im Sinne der neuen demokratischen bzw. sozialistischen Ordnung angewendet werden sollten. Dementsprechend wurde das Element der Parteilichkeit in der Sowjetunion, die sich längst eine eigene sozialistische Rechtsordnung geschaffen hatte, im Rahmen der sozialistischen Gesetzlichkeit nicht mehr so in den Vordergrund gestellt[92]. Im Rechtslexikon der DDR von 1988 ist wiederum als ein Element der sozialistischen Gesetzlichkeit die genaue Einhaltung und Durchsetzung der geltenden Rechtsnormen durch alle Staatsorgane, staatlichen Einrichtungen, Betriebe, Genossenschaften, Organisationen und Bürger genannt. Der Hinweis auf die Parteilichkeit bei der Rechtsanwendung fehlt[93]. Zwischenzeitlich hatte die DDR alle wesentlichen Lebensbereiche durch neue Gesetze geregelt. Ein Verzicht auf das Prinzip der Parteilichkeit, das mit Art. 1 Abs. 1 Verf.1968 Verfassungsrang erhalten hatte[94], war damit sicherlich nicht verbunden. Als weitere Elemente der sozialistischen Gesetzlichkeit führt das Rechtslexikon

---

88 *Erler*, NJ 1961, 105 f.

89 *Staats- und Rechtstheorie*, S. 395; *Melsheimer*, NJ 1956, 289.

90 Ohne *Verfasserangabe*, NJ 1956, 263.

91 Ohne *Verfasserangabe*, NJ 1956, 260.

92 „Das Wesen der sowjetischen sozialistischen Gesetzlichkeit besteht in der strengen und unbedingten Beachtung und Verwirklichung der sowjetischen Gesetze durch alle Organe des Sowjetstaates, durch alle Institutionen und gesellschaftlichen Organisationen, Staatsfunktionäre und Bürger der UdSSR." *Orlowski*, NJ 1954, 613; *Theorie des Staates und des Rechts*, S. 82.

93 *Rechtslexikon*, Stichwort: sozialistische Gesetzlichkeit, S. 326.

94 S. 2. Kap. Fn. 44.

den Vorrang des Gesetzes, die Einheitlichkeit der Rechtsanwendung, die Gleichheit vor dem Gesetz und die Stabilität der Rechtsnormen im Einklang mit der gesellschaftlichen Entwicklung auf[95]. Diese Beschreibung der Gesetzlichkeit ist nicht mehr spezifisch sozialistisch und könnte auch für eine bürgerliche Gesellschaft gelten.

Festzuhalten ist, dass mit dem Grundsatz der sozialistischen Gesetzlichkeit die Forderung nach strikter Einhaltung der Gesetze an die Gerichte verbunden war.

C) Rechtssetzungsgrundsätze

I. Rückwirkungsverbot

Die Nationalsozialisten hatten durch das Gesetz vom 28. Juni 1935[96] auch das Rückwirkungsverbot beseitigt. Zwar bestimmten sich nach § 2a Abs. 1 RStGB 1935 die Strafbarkeit und die Strafe nach dem Recht, das zur Zeit der Tat galt. Damit war aber kein Rückwirkungsverbot verbunden. Die Nationalsozialisten erließen eine Reihe von Strafvorschriften mit Rückwirkung[97]. Bereits durch das Thüringische Gesetz zur Anwendung des Strafgesetzbuchs vom 1. November 1945 wurde für Thüringen das RStGB im wesentlichen in seiner Fassung vom 31. Dezember 1932 wieder für anwendbar erklärt[98]. Gemäß § 2 Abs. 1 RStGB1932 konnte eine Handlung nur dann mit einer Strafe belegt werden, wenn diese Strafe gesetzlich bestimmt war, bevor die Handlung begangen wurde[99]. In der Verfassung der DDR von 1949 war das Rückwirkungsverbot in Art. 135 geregelt[100]. Die vom Ministerium der Justiz herausgegebene Textausgabe des RStGB von 1951 enthielt die ursprüngliche Fassung des § 2 Abs. 1 RStGB[101]. In Art. 99 Abs. 2 Satz 2 Verf.1968 hieß es, dass Strafgesetze keine rückwirkende Kraft haben, ebenso in Art. 4 Abs. 3 StGB[102].

---

95 A.a.O. S. 327.

96 S. 2. Kap. Fn. 36.

97 *Schönke*, Strafgesetzbuch, § 2a Anm. I.

98 *Lange*, Strafgesetzbuch, S. 29.

99 Entspricht unserem § 1 StGB.

100 Art. 135 Verf. 1949 **(I)**: „Strafen dürfen nur verhängt werden, wenn sie zur Zeit der Tat gesetzlich angedroht sind." **(II)** „Kein Gesetz hat rückwirkende Kraft." **(III)** „Ausgenommen sind Maßnahmen und die Anwendung von Bestimmungen, die zur Überwindung des Nazismus, des Faschismus und des Militarismus getroffen werden oder die zur Ahndung von Verbrechen gegen die Menschlichkeit notwendig sind."

101 *Strafgesetzbuch 1951*, S. 18.

102 Das Rückwirkungsverbot galt selbstverständlich auf für die Rechtsanwendung.

II. Bestimmtheitsgebot

Nach bundesdeutschem Rechtsverständnis ist das *Bestimmtheitsgebot* ein verfassungsrechtlich gewährleisteter Grundsatz. Die Strafgesetze müssen sowohl die kriminalisierte Tat als auch deren Folgen mit hinreichender Bestimmtheit umschreiben[103]. Unbestimmte und inhaltsleere Tatbestände sind unzulässig. Ein Verstoß gegen das Bestimmtheitsgebot hat die Verfassungswidrigkeit der jeweiligen Strafrechtsnorm zur Folge. Allerdings werden an eine die Verfassungswidrigkeit einer Strafrechtsnorm begründende Unbestimmtheit hohe Anforderungen gestellt[104]. Inhaltlich besteht eine gewisse Verwandtschaft zum Analogieverbot; denn bei völlig unbestimmten und inhaltsleeren Strafrechtsnormen läuft das Analogieverbot leer. Die Schutzfunktion des Analogieverbotes setzt die Existenz hinreichend bestimmter Straftatbestände voraus.

In die Verfassung der DDR von 1949 konnte man das Bestimmtheitsgebot kaum hineinlesen[105], wohl aber in § 2 RStGB, was aber im Kollisionsfall nicht weiterhalf. Die DDR bediente sich am Anfang ihrer Geschichte einer Reihe von Straftatbeständen zweifelhafter Bestimmtheit, insbesondere im politischen Strafrecht, im Wirtschaftsstrafrecht, aber auch, wie gezeigt wird, bei den Strafbestimmungen zum Schutz des sozialistischen Eigentums. Kritik konnte sich daran erst in der so genannten Tauwetterperiode nach dem XX. Parteitag der KPdSU äußern, die jedoch nicht so weit ging, die entsprechenden Vorschriften für nichtig zu erklären[106]. Im Prinzip wurde jetzt die Bestimmtheit der Strafgesetze angestrebt[107]. Die demokratische bzw. sozialistische Gesetzlichkeit erfordere hinreichend bestimmte Straftatbestände[108]. In der Folgezeit bemühte man sich, jedenfalls im hier interessierenden Bereich, diesen Ansprüchen nachzukommen. Wenn in Art. 99 Abs. 2 Satz 1 Verf.1968 davon die Rede war, dass die strafrechtliche Verantwortlichkeit für eine Tat zur Zeit ihrer Begehung gesetzlich festgelegt sein musste, dann kann man darin die Veranke-

---

103 Schönke-Schröder / *Eser*, Strafgesetzbuch, § 1 Rz. 17.

104 Schönke-Schröder / *Eser*, Strafgesetzbuch, § 1 Rzn 18 ff.

105 S. 2. Kap. Fn. 100.

106 *Kleine*, NJ 1956, 30; *Fritzsche / Hübner*, NJ 1956, 502 f.

107 „Der Umstand, daß die Straftatbestände des StEG unter dem Gesichtspunkt größtmöglicher Bestimmtheit abgefaßt sind, macht einen weiteren humanistischen Wesenszug dieses Gesetzes aus und stellt es in einen weiteren Gegensatz zu den schwammigen und unbestimmten westdeutschen Strafrechtsänderungsgesetzen, die gerade dadurch einer antihumanen Willkür und Gesinnungsverfolgung Vorschub leisten." *Lekschas* zitiert nach *Krutzsch*, NJ 1957, 792.

108 *Fritzsche / Hübner*, NJ 1957, 51; *Kleine*, a.a.O.

rung des Bestimmtheitsgebots sehen. Nach dem Strafrechtslehrbuch von 1976 werden die Voraussetzungen und Grenzen der persönlichen strafrechtlichen Verantwortlichkeit dadurch bestimmt, dass in den allgemeinen und speziellen Normen die als Straftaten zu verfolgenden Handlungen in ihren objektiven und subjektiven Tatmerkmalen *genau* gekennzeichnet und die dagegen anzuwendenden Maßnahmen der strafrechtlichen Verantwortung festgelegt werden[109]. Das ist nichts anderes als die Forderung nach Bestimmtheit der Strafgesetze.

D) Rechtsanwendungsgrundsätze

I. Auslegungsmethoden

Die in der DDR anerkannten Methoden der Auslegung der Strafgesetze unterschieden sich nicht wesentlich von den in der Bundesrepublik anerkannten. Das Strafrechtslehrbuch von 1957 betont zunächst, dass die Auslegung auf der Grundlage der dialektischen Methode zu geschehen habe, allerdings ohne dies näher auszuführen. Sodann werden die grammatikalische, die logische, die systematische und die historische Methode dargestellt[110]. Sachlich weicht das Lehrbuch von 1976 davon nicht ab[111]. Bei der Erörterung der historischen Methode wird angemerkt, dass der Inhalt und Anwendungsbereich von Strafrechtsnormen durch die entwicklungsbedingte gesetzliche Neuregelung der von ihnen geschützten gesellschaftlichen Verhältnisse wesentliche Veränderungen erfahren könne. Die Auslegung müsse daher den konkreten gesellschaftlichen Inhalt und Anwendungsbereich der Strafrechtsnorm zum Zeitpunkt ihrer Anwendung ermitteln und auf dieser Grundlage den gesetzlichen Wortlaut interpretieren. Die Auslegung könne nicht ohne Rücksicht auf die seit dem Erlass des Gesetzes vor sich gegangenen gesellschaftlichen Veränderungen die ursprüngliche Zielsetzung in die Gegenwart projizieren[112]. Im Strafrechtslehrbuch von 1988 wird dagegen der Erörterung der einzelnen Auslegungsmethoden das Prinzip der Parteilichkeit vorangestellt. Die Auslegung müsse auf der Politik der Arbeiterklasse und ihrer Partei in der konkreten Etappe der gesellschaftlichen Entwicklung basieren. Sonst benennt das Lehrbuch von 1988 die sprachliche, die logische, die systematische, die historische und die „funktionelle" Auslegungsmethode. Bei der letzteren seien bei der

---

109 *Lehrbuch AT 1976*, S. 127.

110 *Lehrbuch AT 1957*, S. 239 ff.

111 *Lehrbuch AT 1976*, S. 159 ff.

112 A.a.O., S. 162.

Klärung des Inhalts der auszulegenden Strafrechtsnorm die Umstände und Bedingungen einzubeziehen, unter denen sie „funktioniere“[113].

II. Analogieverbot

Die Nationalsozialisten hatten durch das Gesetz vom 28. Juni 1935[114] auch das Analogieverbot beseitigt. Gemäß § 2 RStGB1935 wurde bestraft, wer eine Tat beging, die das Gesetz für strafbar erklärte oder die nach dem Grundgedanken eines Strafgesetzes und nach gesundem Volksempfinden Bestrafung verdiente. Durch die Proklamation Nr. 3 des Alliierten Kontrollrats vom 20. Oktober 1945[115] und das Kontrollratsgesetz Nr. 11 vom 30. Januar 1946[116] wurde das Analogieverbot wiederhergestellt. Entsprechende Schritte wurden mit der Thüringischen Fassung der RStGB und der vom Ministerium der Justiz herausgegebenen Fassung vollzogen[117]. Im Strafrechtslehrbuch von 1957 wurde das Analogieverbot auch auf Art. 135 Abs. 1 der Verf.1949 zurückgeführt[118]. Der Wortlaut der Verfassungsnorm war insoweit aber nicht so eindeutig, wie § 2 Abs. 1 RStGB1932[119]. Eindeutig war die Verfassung von 1968. Gemäß Art. 99 Abs. 2 Satz 2 Verf.1968 zog eine Tat strafrechtliche Verantwortung nur nach sich, wenn diese zur Zeit der Begehung der Tat gesetzlich festgelegt war und die Schuld des Täters zweifelsfrei nachgewiesen war. Eine entsprechende Formulierung fand sich in Art. 4 Abs. 3 StGB[120]. Das Analogieverbot hatte somit im Strafrecht der DDR unumstrittene Geltung. So wurde im Strafrechtslehrbuch von 1976 ausgeführt, dass das Prinzip der Gesetzlichkeit es ausschließe, dass eine die strafrechtliche Verantwortlichkeit begründende oder verschärfende Norm auf ähnliche, jedoch von ihrem Wortlaut nicht erfasste Sachverhalte angewendet werde oder Maßnahmen der Verantwortlichkeit angewendet würden, die im Gesetz für diesen Fall nicht vorgesehen seien[121].

---

113 *Lehrbuch AT 1988*, S. 140 ff.

114 S. 2. Kap. Fn. 36.

115 Amtsblatt des Alliierten Kontrollrats 1945, S. 22.

116 A.a.O., S. 55.

117 2. Kap. Fn. 98 u. 100.

118 *Lehrbuch AT 1957*, S. 245.

119 2. Kap. Fn. 99.

120 „Eine Person darf nur in strikter Übereinstimmung mit den Gesetzen strafrechtlich verfolgt und zur Verantwortung gezogen werden. Eine Handlung zieht strafrechtliche Verfolgung nur nach sich, wenn dies zur Zeit ihrer Begehung durch Gesetz vorgesehen ist, der Täter schuldhaft gehandelt hat und die Schuld zweifelsfrei nachgewiesen ist. Die Rückwirkung und die analoge Anwendung von Strafgesetzen zuungunsten des Betroffenen ist unzulässig.“

121 *Lehrbuch AT 1976*, S. 162.

ZWEITER TEIL:
ENTWICKLUNG 1945–1990

3. Kapitel: Zeitraum bis zum Inkrafttreten des VESchG

Im Befehl Nr. 64 der SMAD vom 17. April 1948, der die Enteignungen der Nazi- und Kriegsverbrecher bestätigte, wurde das Volkseigentum als unantastbar bezeichnet[1]. Bereits in dieser Formulierung klingt der hohe Rang an, den man dem Volkseigentum zumaß. Stalin, der damals die höchste lebende Autorität im Weltkommunismus war, hatte aus der ökonomischen Bedeutung des Volkseigentums im Sozialismus gefolgert, dass Angriffe gegen das Volkseigentum strengstens bestraft werden müssen und das Volkseigentum sogar für heilig erklärt.

> „Die Grundlage unserer Gesellschaftsordnung ist das gesellschaftliche Eigentum, ebenso wie die Grundlage des Kapitalismus das Privateigentum ist. Die Kapitalisten haben das Privateigentum für heilig und unantastbar erklärt und seinerzeit eine Festigung der kapitalistischen Gesellschaftsordnung erreicht. Wir Kommunisten müssen um so mehr das gesellschaftliche Eigentum für heilig und unantastbar erklären, um damit die neuen, sozialistischen Wirtschaftsformen auf allen Gebieten der Produktion und des Handels zu verankern."[2]

Angriffe gegen das Volkseigentum seien den Staatsverbrechen gleichzustellen:

> „Wenn man einen Spion oder einen Verräter erwischt, kennt die Empörung der Öffentlichkeit keine Grenzen, sie verlangt seine Erschießung. Wenn aber ein Dieb vor aller Augen sein Wesen treibt und Staatsvermögen stiehlt, beschränkt sich seine Umgebung auf gutmütiges Grinsen und klopft ihm auf die Schulter. Indes ist klar, daß ein Dieb, der Volksvermögen stiehlt und den Interessen der Volkswirtschaft Abbruch tut, nicht minder ein Spion und Verräter ist, wenn er nicht noch schädlicher ist […]. Man kann nicht alle mit Hilfe der GPU hinwegräumen. Hier ist eine andere Maßnahme erforderlich, eine wirksamere und ernsthaftere. Diese Maßnahme besteht darin, um solche Diebsgesellen eine Atmosphäre des allgemeinen Boykotts zu schaffen und sie mit Haß zu umgeben."[3]

So sah ein Erlass des Präsidiums des Obersten Sowjets der UdSSR vom 4. Juni 1947 Strafdrohungen von sieben bis zu zehn Jahren, in schweren Fällen bis zu fünfundzwanzig Jahren, bei Diebstahl und anderen Straftaten gegen das Staatseigentum vor[4].

---

1 *Weiss*, NJ 1948, 131 ff.

2 *Stalin*, Fünfjahrplan a.a.O., S. 476.

3 *Stalin*, Sowjetunion a.a.O., S. 120 f.

4 *Buchholz*, Osten, S. 259.

Für die Ahndung von Angriffen auf das Volkseigentum durch Diebstahl, Unterschlagung, Betrug, Untreue und Sachbeschädigung standen in der SBZ und anfangs in der DDR zunächst nur die einschlägigen Tatbestände des fortgeltenden RStGB zur Verfügung. Durch Gesetz Nr. 11 des Allierten Kontrollrats vom 30. Januar 1946[5] waren lediglich einzelne Bestimmungen des von den Nationalsozialisten hinterlassenen RStGB aufgehoben worden, die aber die Eigentumsdelikte nicht betrafen, obgleich die Nationalsozialisten insoweit Änderungen vorgenommen hatten. Dies betrifft die besonders schweren Fälle des Betrugs und der Untreue. Gemäß § 263 Abs. 4 Satz 2 RStGB in der Fassung vom 26.Mai 1933 lag ein besonders schwerer Fall des Betrugs insbesondere dann vor, wenn die Tat das Wohl des Volkes geschädigt oder einen anderen besonders großen Schaden zur Folge gehabt hatte oder der Täter besonders arglistig gehandelt hatte. Ein entsprechender besonders schwerer Fall wurde § 266 Abs. 2 Satz 2 RStGB eingefügt[6]. Zugleich hatten die Nationalsozialisten die Tatbestandsvoraussetzungen der Untreue neu gefasst. Diese gelten bei uns noch heute.

Die Strafdrohung für Diebstahl betrug bis zu fünf Jahren Gefängnis (§§ 242, 16 RStGB), für den schweren Diebstahl Zuchthaus bis zu zehn Jahren (§ 243 RStGB), für den Diebstahl im Rückfall bei einfachem Diebstahl Zuchthaus bis zu zehn Jahren, bei einem schweren Diebstahl Zuchthaus von zwei bis zu fünfzehn Jahren (§ 244, 14 Abs. 2 RStGB), für Unterschlagung Gefängnis bis zu drei Jahren, bei anvertrauten Sachen bis zu fünf Jahren (§ 246 RStGB), für Betrug Gefängnis bis zu fünf Jahren (§§ 263, 16 RStGB), für den schweren Betrug Zuchthaus bis zu zehn Jahren, für die Untreue Gefängnis bis zu fünf Jahren und in schweren Fällen Zuchthaus bis zu zehn Jahren[7].

Das erste Strafgesetz, das das sozialistische Eigentum in Gestalt des Volkseigentums erwähnte, war die Wirtschaftsstrafverordnung (WStVO) vom 23. September 1948[8]. Ihr Zweck war es, die unübersichtlichen wirtschaftsstrafrechtlichen Vorschriften, die zum Teil noch aus der NS-Zeit stammten, wie die Kriegswirtschaftsverordnung, die Verbrauchsregelungsstrafverordnung und die Warenverkehrsverordnung, derer man sich in der SBZ zur Bewältigung der erheblichen Versorgungsmängel zunächst weiter bedient hatte, sowie die Vorschriften zum Schutze der Planwirtschaft durch ein einheitliches Gesetz zu

---

5 Amtsblatt des Kontrollrats in Deutschland 1946 Nr. 3 S. 55.

6 RGBl I 1933, 295.

7 Der Mindestbetrag der zeitigen Zuchthausstrafe war ein Jahr (§ 14 Abs. 2 RStGB). Auf weitere Besonderheiten bei Zusatzstrafen und Strafmilderungsmöglichkeiten wird hier nicht eingegangen.

8 ZVOBl. 1948, 439.

regeln. Bei der WStVO handelte es sich um kein Strafgesetz zum Schutze des Eigentums. Ihre Tatbestände konnten im Einzelfall in Idealkonkurrenz zu Eigentumsdelikten stehen. In diesen Fällen kamen die Gerichte zu hohen Strafen[9, 10]. Nach § 11 Nr. 6 WStVO lag ein schwerer Fall vor, wenn die Tat gegen den Bestand oder die Tätigkeit der volkseigenen Betriebe gerichtet war. Dies war der erste gesetzliche Anhaltspunkt dafür, dass an die Ahndung von Angriffen gegen das sozialistische Eigentum andere Maßstäbe zu legen waren, als an die Ahndung von Delikten gegen sonstiges Eigentum. Dem entsprach auch die Auffassung der Deutschen Justizverwaltung. Sie bemängelte, dass sowohl bei Richtern und Staatsanwälten als auch in der Bevölkerung das Bewusstsein über die Notwendigkeit eines scharfen strafrechtlichen Vorgehens gegen Angriffe auf das Volkseigentum nur unzureichend vorhanden sei[11]. Der Gefahr der drohenden Sabotage des Aufbaus einer neuen demokratischen Ordnung müsse, wenn es notwendig sei, auch mit den Mitteln des Strafrechts begegnet werden. In den Urteilen müsse die Bedeutung des Volkseigentums und die Verwerflichkeit von Angriffen gegen dieses besonders hervorgehoben werden. Die besondere Bedeutung des Volkseigentums müsse auch ihren Niederschlag in der Strafzumessung finden[12].

In Sachsen legte das Justizministerium den Entwurf eines Gesetzes zum Schutz des öffentlichen und volkswirtschaftlich wichtigen Eigentums vor, wonach die Mindeststrafen für Diebstahl, Unterschlagung, Untreue und Sachbeschädigung dieses Eigentums auf einen Monat und die Höchststrafen auf fünf Jahre festgesetzt werden sollten[13].

Das OLG Potsdam leitete eine Rechtsprechung ein, Untreue zum Nachteil des Volkseigentums grundsätzlich als besonders schweren Fall zu bestrafen. In dem zugrunde liegenden Fall hatten die Angeklagten überhöhte Spesen bei ihrem volkseigenen Betrieb abgerechnet. Die Entscheidung setzt sich weder damit auseinander, ob § 266 Abs. 2 Satz 2 RStGB als aus nationalsozialistischer Zeit stammende Vorschrift überhaupt noch angewendet werden durfte, noch damit, warum Untreue zum Nachteil von Volkseigentum eine Schädi-

---

9 *Braune*, StuR 1953, 253.

10 Gemäß § 1 Abs. 1 Ziff. 3 WStVO betrug die Strafdrohung für den, der die Durchführung der Wirtschaftsplanung oder die Versorgung der Bevölkerung dadurch gefährdete, dass er vorsätzlich Rohstoffe oder Erzeugnisse entgegen dem ordnungsmäßigem Wirtschaftsablauf vernichtete, beiseiteschaffte, zurückhielt oder im Werte minderte, Zuchthaus (also ein Jahr bis zu fünfzehn Jahren) und Vermögenseinziehung.

11 *Weiss*, NJ 1948, 134.

12 A.a.O., 135.

13 A.a.O., 136.

gung des Wohles des Volkes im Sinne des § 266 Abs. 2 Satz 2 RStGB darstellen soll, sondern stützt sich ausschließlich auf moralisierende Angriffe gegen die Angeklagten[14, 15].

Das OG bestätigte die Auffassung des OLG Potsdam in mehreren Urteilen. Dass § 266 Abs. 2 Satz 2 RStGB aus der Zeit des Nationalsozialismus stamme, stehe seiner Anwendung auf Angriffe gegen das Volkseigentum nicht entgegen. Bei der Prüfung der Anwendbarkeit alter Gesetze, insbesondere solcher aus der Zeit der nationalsozialistischen Gewaltherrschaft, komme es darauf an, ob die Rechtsnorm als solche gegen die antifaschistisch-demokratische Grundordnung verstoße. Dies sei bei § 266 Abs. 2 Satz 2 RStGB nicht der Fall. Das, was „Wohl des Volkes" sei, sei unter den Gesichtspunkten der neuen antifaschistisch-demokratischen Ordnung festzustellen. Insbesondere bei Untreuehandlungen gegenüber einem volkseigenen Betrieb müsse davon ausgegangen werden, dass die Schädigung des Volkseigentums als der festen Grundlage der wirtschaftlichen Ordnung der DDR zugleich eine Schädigung des Volkes darstelle; denn Angriffe gegen das Volkseigentum seien geeignet, die wirtschaftliche Entwicklung der DDR zu beeinträchtigen und das Wohl des Volkes zu schädigen[16]. Durch Urteil vom 27.Mai 1952 erstreckte das OG diese

14 „Es ist Untreue, und zwar dem volkseigenen Betrieb gegenüber ein besonders schwerer Fall im Sinne des § 266 Abs. 2 StGB, wenn die Leiter des Unternehmens Spesen berechnen, die teils überhaupt nicht, teils nur mit fadenscheinigster Begründung als dienstliche Ausgaben zurecht gemacht werden können. Die Angeklagten haben es beispielsweise gewagt, für die Dauer des Besuchs der Parteischule ihrer politischen Partei oder für Veranstaltungen des Kulturbundes, für die Teilnahme an einer Gesangstunde hohe zweistellige und dreistellige Beträge zu liquidieren, mit dem Vorwand, man habe an der Parteischule für das Werk „repräsentieren" müssen, die Gesangsübungsstunden des Kulturbundes „seien durchgeführt worden, um die Kultur zu steigern" u.a. Die Rechtfertigungsversuche der Angeklagten in ihren Aussagen stellen *Musterbeispiele für faule Ausreden* dar, mit denen *habgierige Spesenjäger* auch die fernstliegenden Möglichkeiten aufgreifen, um zu Lasten des von ihnen betreuten Werks ungerechtfertigte Maßnahmen zu eigenen Gunsten mit einem schwachen Schein von Recht umkleiden. Bei diesem *rechtlich wie moralisch im höchsten Maße verabscheuungswürdigen Verhalten* der Angeklagten kommt es nicht darauf an, ob der eine oder andere geltend gemachte Spesenposten zum größeren oder geringeren Teil auch einen gerechtfertigten Inhalt hat." (OLG Potsdam, Urteil vom 24.1.1950 – 3 Ss 242/49, NJ 1950, 223).

15 Bereits das Schöffengericht Ückermünde hatte Anfang 1948 die „Schädigung des Wohles des Volkes" in den Gründen eines Urteils besonders hervorgehoben (*Weiss*, NJ 1948, 135). Aus der Kommentierung des Urteils und dem Zitat aus dem Gründen geht aber nicht hervor, ob das Gericht § 266 Abs. 2 RStGB angewandt hatte oder ob es sich um allgemeine Ausführungen zur Strafzumessung handelte.

16 OG, Urteil vom 31.5.1951 – 2 Zst 11/51, NJ 1951, 372 f.; OG, Urteil vom 19.6.1951 – 3 Zst 13/51, NJ 1951, 373 f.; OG, Urteil vom 4.12.1951 – 3 Zst 46/51, OGSt 2, 272 ff.; OG, Urteil vom 4.12.1951 – 3 Zst 44/51, OGSt 2, 276 ff.

Rechtsprechung auf den besonders schweren Fall des Betrugs[17]. Damit war in allen Fällen des Betrugs und der Untreue zum Nachteil von Volkseigentum, auch bei geringen Schäden, auf Zuchthaus von einem Jahr bis zu zehn Jahren zu erkennen (§§ 263 Abs. 4 S. 1, 266 Abs. 2 S. 1, 14 Abs. 2 RStGB).

Dass sich das OG der sich auf ihren Antifaschismus berufenden DDR dieser Vorschriften bediente, um zu höheren Strafrahmen zu kommen, mag zunächst erstaunen. Die Zwecke, die der NS-Gesetzgeber mit den §§ 263 Abs. 4 Satz 2 und 266 Abs. 2 Satz 2 RStGB verfolgte, deckten sich allerdings mit dem Bestreben der DDR um eine verschärfte Ahndung von Angriffen gegen das Volkseigentum. Eine Schädigung des Wohles des Volkes wurde von der nationalsozialistischen Rechtsprechung angenommen, wenn der Staat oder gemeinnützige Einrichtungen betroffen waren[18]. Das war schon fast dasselbe, wie das neue Volkseigentum und das Eigentum gesellschaftlicher Organisationen. So gesehen ist es durchaus verständlich, dass das OG unter Zugrundelegung der Theorie von der extremen Schutzbedürftigkeit des Volkseigentums keine Bedenken hatte, die von den Nationalsozialisten geschaffenen Vorschriften anzuwenden, um bei Betrug und Untreue zum Nachteil des Volkseigentums zu höheren Strafrahmen zu gelangen.

Mit der Gleichsetzung von Schädigung des Volkseigentums und Schädigung des Wohles des Volkes ging das OG aber noch weiter als die nationalsozialistische Rechtsprechung. Diese hatte für die Bejahung einer Schädigung des Wohles des Volkes verlangt, dass die Allgemeinheit *fühlbar* betroffen war. Nicht jede geldliche Beeinträchtigung einer dem Gemeinwohl dienenden Einrichtung bedeute eine Schädigung des Volkswohls. Bei der materiellen Schädigung sei vielmehr auch von Bedeutung, ob die veruntreute Summe im Verhältnis zu den von der Einrichtung benötigten und aufgebrachten Beträgen eine spürbare Einwirkung auf ihre Ziele ausübte oder ausüben konnte[19].

Die unteren Gerichte setzten die Vorgaben und der Partei- und Staatsführung zu einer harten Bestrafung bei Angriffen gegen das Volkseigentum nicht zu deren Zufriedenheit um[20]. Deshalb sah sich das Ministerium der Justiz veranlasst, am 19. Dezember 1951 den Gerichten im Wege der Rundverfügung eine Anleitung für die Behandlung der Straftaten gegen das Volkseigentum zu geben. Darin heißt es:

---

17 OG, Urteil vom 27.5.1952 – 3 Zst 9/52, NJ 1952, 375.

18 *Schönke*, Strafgesetzbuch, § 266 Anm. IX. 1.

19 RGSt 69, 241.

20 *Benjamin*, NJ 1953, S. 61 ff.

> „In den Urteilen ist die Bedeutung des Volkseigentums als Grundlage unserer antifaschistisch-demokratischen Ordnung besonders hervorzuheben und sowohl bei dem Schuldspruch als auch im Strafmaß zu würdigen [...] Vielfach werden von den Gerichten die Auswirkungen verkannt, die sich daraus ergeben, daß kleine Verstöße in einem Betriebe oder in Betrieben des gleichen Wirtschaftszweiges in größerem Umfang auftreten. Hierbei muß die Einzeltat jeweils im Zusammenhang mit allen derartigen Verstößen betrachtet und bei der Strafzumessung berücksichtigt werden.“[21]

Auch dies genügte nicht, um die Gerichte zu der gewünschten schärferen Strafpraxis zu veranlassen[22]. Ein neues Gesetz wurde erforderlich, um die Theorie von der besonders hohen strafrechtlichen Schutzbedürftigkeit des Volkseigentums in der Praxis durchsetzen zu können.

---

21 Zitiert nach *Benjamin*, a.a.O.

22 A.a.O.

4. Kapitel:
Das Gesetz zum Schutze des Volkseigentums

A) Inhalt und Entwicklung

Auf ihrer II. Parteikonferenz vom 9. bis 12. Juli 1952 beschloss die SED den planmäßigen Aufbau des Sozialismus:

> „Die politischen und die ökonomischen Bedingungen sowie das Bewußtsein der Arbeiterklasse und der Mehrheit der Werktätigen sind so weit entwickelt, daß der Aufbau des Sozialismus zur grundlegenden Aufgabe der DDR geworden ist.“[1]

Das Hauptinstrument bei der Schaffung der Grundlagen des Sozialismus sei die Staatsmacht. Die Partei forderte, die volksdemokratischen Grundlagen der Staatsmacht ständig zu festigen, die demokratische Staatsmacht zu stärken, die Bevölkerung zur Achtung der demokratischen Gesetzlichkeit und zum Schutze des sozialistischen Eigentums zu erziehen und die Schaffung neuen Rechts auf diesen Gebieten fortzusetzen[2].

Eine der Maßnahmen zur Umsetzung dieser Zielsetzung war das Gesetz zum Schutze des Volkseigentums und anderen gesellschaftlichen Eigentums (VESchG), welches von der Volkskammer der DDR am 2. Oktober 1952 verabschiedet wurde. Nach der Präambel sollte das Gesetz dem Schutze des staatlichen und genossenschaftlichen Eigentums, das die ökonomische Basis des Aufbaues des Sozialismus in der Deutschen Demokratischen Republik darstellt, und dem Schutze des Eigentums gesellschaftlicher Organisationen dienen.

§ 2 Abs. 1 des ebenfalls am 2. Oktober 1952 verabschiedeten GVG bestimmte, dass die Rechtsprechung der Gerichte der DDR dem Aufbau des Sozialismus, der Einheit Deutschlands und dem Frieden zu dienen hatte. Gemäß § 2 Abs. 1 Satz 2 Buchst. b GVG1952 war der Schutz und die Förderung der Grundlagen der sozialistischen Wirtschaft, vor allem des sozialistischen Eigentums und der Volkswirtschaftspläne, Aufgabe der Rechtsprechung.

Das VESchG sah für Verstöße gegen das gesellschaftliche Eigentum harte Strafen vor, nämlich für Diebstahl, Unterschlagung oder ein „sonstiges Beiseiteschaffen“ gesellschaftlichen Eigentums Zuchthaus von einem bis zu fünf Jahren, § 1 Abs. 1 VESchG, ebenso für den Betrug, § 1 Abs. 2 VESchG.

---

1 Zitiert nach *Kröger*, NJ 1952, 337.

2 *Kröger*, NJ 1952, 337.

Für Urkundenfälschung und Untreue zum Nachteil gesellschaftlichen Eigentums betrug der Strafrahmen Zuchthaus von drei bis fünfzehn Jahren (§ 2 Abs. 1 VESchG). Ebenfalls auf drei bis fünfzehn Jahre war zu erkennen, wenn der Täter wegen eines Verbrechens gegen gesellschaftliches Eigentum vorbestraft war (§ 2 Abs. 2 Buchst. a VESchG), die Verbrechen des § 1 durch eine Gruppe von Personen oder mehrfach (§ 2 Abs. 2 Buchst. b VESchG) oder unter Anwendung von Gewalt oder Diebeswerkzeugen begangen worden waren (§ 2 Abs. 2 Buchst. c VESchG).

Wenn durch ein Verbrechen nach § 1 oder 2 ein besonders großer Schaden verursacht worden war oder dadurch Werte betroffen worden waren, welche für eine besonders wichtige Aufgabe bestimmt waren, oder wenn andere besonders erschwerende Umstände vorlagen, betrug der Strafrahmen gemäß § 3 VESchG zehn bis fünfundzwanzig Jahre Zuchthaus. Weiter war in diesen Fällen auf Vermögenseinziehung zu erkennen.

Nach § 4 VESchG machte sich strafbar, wer ein ihm glaubwürdig bekannt gewordenes, in Vorbereitung befindliches oder begangenes Verbrechen nach § 2 oder § 3 nicht der Volkspolizei, den Organen der Staatssicherheit oder dem Staatsanwalt anzeigte. Der Strafrahmen betrug Gefängnis von sechs Monaten bis zu drei Jahren.

Vorbild des VESchG soll der bereits erwähnte Erlass des Präsidiums des Obersten Sowjets der UdSSR vom 4. Juni 1947 gewesen sein[3].

Der Wortlaut des Gesetzes und auch der Wille des Gesetzgebers waren eindeutig. Auch bei geringfügigen Schäden am gesellschaftlichen Eigentum musste auf eine Mindeststrafe von einem Jahr Zuchthaus erkannt werden. Mit dem VESchG war die Theorie von der extrem hohen strafrechtlichen Schutzbedürftigkeit des gesellschaftlichen Eigentums, insbesondere des Volkseigentums, Gesetz geworden.

Die Wirkung dieser Theorie wurde tendenziell noch verstärkt durch die gerade unter Auswertung der sowjetischen Strafrechtswissenschaft entwickelte *Lehre von den Ursachen des Verbrechens*. Danach ist jedes Verbrechen eine Erscheinung des Klassenkampfes und trägt Klassencharakter[4]. Diese Theorie war zunächst in der DDR herrschend. Unabhängig von den Motiven und der Klassenlage des Täters wurden alle Straftaten als Angriffe gegen die Ordnung der DDR und damit als „klassenfeindliche Handlungen" betrachtet[5]. Inwieweit damit eine Verschärfung der Strafzumessungspolitik beabsichtigt war, mag dahinstehen. Eine solche Gefahr war jedenfalls damit verbun-

3 Vgl. 3. Kap. bei Fn. 4.

4 *Lekschas*, NJ 1952, 351; *Renneberg*, NJ 1952, 486.

5 *Lekschas* zitiert nach *Berger*, NJ 1953, 483.

den[6, 7]. Schon frühzeitig wurde darauf hingewiesen, dass die Theorie vom Verbrechen als Erscheinung des Klassenkampfes zu Fehlern bei der Strafzumessung führen könne, so etwa wenn ein Arbeiter wegen seines zurückgebliebenen Bewusstseins Volkseigentum gestohlen habe[8]. Abgeschwächt wurde die strafverschärfende Tendenz der Theorie vom Verbrechen als Ausdruck des Klassenkampfs durch das *Differenzierungsprinzip*. Keinesfalls dürften alle klassenfeindlichen Handlungen die gleiche strafrichterliche Würdigung finden. Als Ausdruck des Differenzierungsprinzips wurde die unterschiedliche Behandlung der Teilnehmer des Aufstands vom 17. Juni 1953 gesehen. Hier sei zwischen „faschistischen Provokateuren" und „irregeleiteten Arbeitern" zu differenzieren[9, 10]. Auf der staats- und rechtswissenschaftlichen Konferenz der SED in Babelsberg im April 1958 erklärte Walter Ulbricht die Theorie, wonach *jedes* Verbrechen eine Erscheinung des Klassenkampfes ist, für erledigt[11].

Entsprechend der Zielsetzung des VESchG wurde auf der Tagung der Bezirksstaatsanwälte beim Generalstaatsanwalt im Oktober 1952 die strikte und ausnahmslose Anwendung des VESchG auf alle Verletzungen dieses Gesetzes angeordnet[12].

---

6 *Berger*, NJ 1953, 483.

7 Generalstaatsanwalt *Melsheimer* erklärte auf einer Tagung am 16.11.1956, die These vom Verbrechen Klassenkampf habe, wenn sie auch nicht so gemeint gewesen sei, in ihrer Absolutheit zu einer falschen Auslegung durch Richter und Staatsanwälte sowie dazu beitragen können, dass diese zu falschen Maßstäben verleitet würden. Zitiert nach *Benjamin, M.*, NJ 1956, 718.

8 *Berger*, NJ 1953, 483.

9 *NJ-Redaktion*, NJ 1953, 483.

10 Auf dem 33. Plenum des ZK der SED im Oktober 1957 erklärte *Walter Ulbricht*: „Unsere Richter und Staatsanwälte haben richtig gehandelt, wenn sie differenzierten zwischen solchen Personen, die, obwohl sie gegen unsere Gesetze verstießen, doch nicht als außerhalb unserer sozialistischen Ordnung stehend betrachtet werden können, sondern die aus Undiszipliniertheit, aus Mangel an Verantwortungsbewußtsein einen Rechtsbruch begangen haben, und zwischen jenen, die sich bewußt außerhalb unseres Staates stellten und als Staatsverbrecher die Fundamente unseres Staates angegriffen." *Ulbricht*, Grundfragen a.a.O., S. 534.

11 „Es gab Diskussionen über den Zusammenhang zwischen Klassenkampf und solchen Verbrechen und Vergehen wie Körperverletzung, Brandstiftung, Eigentumsdelikten, Gefährdung der Betriebssicherheit und so fort. Man muß sich hier vor schematischen Auffassungen hüten. Offenkundig tragen die Verbrechen und Vergehen, die von westlichen Agenturen in der Deutschen Demokratischen Republik organisiert werden, Klassencharakter und werden strafrechtlich verfolgt. Wir kommen nur zu einer richtigen Einschätzung der Verbrechen und Vergehen, wenn wir zwischen antagonistischen [auf dem Klassenkampf beruhenden] Widersprüchen, die sich in solchen Verbrechen äußern, und nichtantagonistischen gesellschaftlichen Widersprüchen unterscheiden, die auf Disproportionen und Widersprüchen in der Wirtschaft und auf alten, bürgerlichen Gewohnheiten und ideologischer Rückständigkeit beruhen." *Ulbricht*, Staatslehre a.a.O., S. 632 f.

12 *Melsheimer*, Bemerkungen a.a.O., S. 1.

Am 12.Mai 1953 berichtete der Chef der Deutschen Volkspolizei über Bagatellfälle, die nach dem VESchG abgeurteilt worden waren: Unterschlagung von zwei Schachteln Zigaretten im Wert von 5,60 M durch eine Verkäuferin – 1 Jahr Zuchthaus. Diebstahl von ½ kg Grieß und 1 Päckchen Tabak – 1 Jahr Zuchthaus. Diebstahl von 2 kg Zement im Wert von 0,25 M – 1 Jahr Zuchthaus[13]. Nach unten hin gab es für die Verhängung von Zuchthausstrafen keine Grenzen.

Bereits im November und Dezember 1952 zeigte sich, dass die Anwendung des Gesetzes auf kleine und kleinste Diebstähle nicht durchführbar war. Auf der Januar-Tagung der Bezirksstaatsanwälte beim Generalstaatsanwalt, an der auch ein Vertreter des Sowjetischen Kontrollkommission teilnahm, wurde festgelegt, dass bei „Kleinigkeiten", insbesondere dann, wenn wegen der Desorganisation der Kohlenversorgung der Bevölkerung Diebstähle an Holz und Kohlen begangen worden waren, Verfahren eingestellt werden konnten. Die Einstellungen durften aber nur durch den Generalstaatsanwalt erfolgen[14]. Mit Rundverfügung Nr. 13 vom 29. April 1953 wurde die Befugnis zur Einstellung auf die Bezirksstaatsanwälte übertragen mit der Bemerkung, dass überhaupt bei kleineren Diebstählen mit geringen Schäden, also nicht nur bei Kohle- und Holzdiebstählen, eingestellt werden könne[15].

Diese Praxis wurde auf § 153 der StPO von 1877 gestützt. Gemäß § 1 Abs. 2 Satz 1 EGStPO vom 2. Oktober 1952 war § 153 StPO1877 bis zum Inkrafttreten eines neuen Strafgesetzbuchs weiter anwendbar[16]. Generalstaatsanwalt Melsheimer rechtfertigte die Anwendung des § 153 StPO1877 auf die Tatbestände des VESchG, die dort als Verbrechen bezeichnet waren, damit, dass die neue StPO die Unterscheidung zwischen Vergehen und Verbrechen aufgege-

13 *Chef VP*, Anwendung a.a.O., S. 2.

14 *Melsheimer*, a.a.O.

15 A.a.O.

16 Hintergrund war, dass dem in Vorbereitung befindlichen neuen Strafgesetzbuch der von der sowjetischen Strafrechtswissenschaft entwickelte materielle Verbrechensbegriff zugrunde gelegt werden sollte. Das Wesen des Verbrechens liegt danach in seiner Gesellschaftsgefährlichkeit: „Das Verbrechen in der Deutschen Demokratischen Republik ist das Handeln eines Menschen, das für die volksdemokratische Staats- und Gesellschaftsordnung und die Interessen ihrer Bürger gefährlich ist (Gesellschaftsgefährlichkeit), den politischen und moralischen Grundsätzen der Werktätigen widerspricht (moralisch-politische Verwerflichkeit), die Strafgesetze verletzt (Strafrechtswidrigkeit) und entsprechend diesen Gesetzen Strafe nach sich zieht (Strafbarkeit)." (*Lehrbuch AT 1957*, S. 254). Auf das Merkmal der Tatbestandsmäßigkeit wurde nicht verzichtet. Der materielle Verbrechensbegriff der DDR unterschied sich damit grundlegend von dem materiellen Verbrechensbegriff der Nationalsozialisten, der seinen Niederschlag in der Aufhebung des Analogieverbots gefunden hatte (vgl. *Vormbaum*, Strafrechtsgeschichte S. 186 f.). Handlungen die zwar formal den Tatbestand eines Strafgesetzes erfüllten, aber nicht gesellschaftsgefährlich waren, sollten nach dem neuen StGB materiell nicht mehr als strafbar gelten. § 153 StPO1877 sollte damit überflüssig werden.

ben habe[17]. Daher könne § 153 StPO1877 auf alle Verbrechen im Sinne der neuen StPO angewendet werden[18].

So begrüßenswert diese Auffassung unter strafpolitischen Aspekten auch sein mochte, rechtlich haltbar war sie nicht. Sie stellt eine Ausdehnung des Anwendungsbereichs des § 153 StPO1877 auf Verbrechen im Sinne des RStGB dar. Für die Delikte der §§ 1 bis 3 VESchG waren durchweg Zuchthausstrafen angedroht. Es handelte es sich um Verbrechen im Sinne des § 1 RStGB[19], auf die § 153 StPO1877 nicht anwendbar war.

In der Richterschaft bestanden Vorbehalte gegen die Anwendung des VESchG in Bagatellfällen. Neben § 153 StPO1877 griff man auf die Vorschrift über den Mundraub[20] und auf das Institut der bedingten Strafaussetzung gemäß § 346 StPO1952 zurück. Danach konnte das Gericht nach Erlass des Urteils die Vollstreckung der Freiheitsentziehung mit dem Ziel des Straferlasses unter bestimmten Voraussetzungen aussetzen[21]. Vielfach wurde die bedingte Strafaussetzung in unmittelbarem Anschluss an die Urteilsverkündung gewährt.

Während der Generalstaatsanwalt eine zarte Liberalisierungspraxis bereits im Januar 1953 eingeleitet hatte, verlangte Hilde Benjamin, seinerzeit Vizepräsidentin des OG, noch in der NJ vom 5. Februar 1953 unter Berufung auf das Leninzitat

---

17 § 4 Abs. 1 EGStPO1952: „Soweit in der Strafprozeßordnung der Begriff 'Verbrechen' verwendet wird, sind darunter auch die in § 1 Abs. 2 des Strafgesetzbuches bezeichneten Handlungen (Vergehen) zu verstehen."

18 *Melsheimer*, a.a.O., S. 3.

19 „Eine mit dem Tode, mit Zuchthaus oder mit Festungshaft von mehr als fünf Jahren bedrohte Handlung ist ein Verbrechen."

20 Beim Mundraub handelte es sich um eine Übertretung, die in § 370 Nr. 5 RStGB geregelt war. Übertretungen waren die der Strafdrohung nach leichtesten Delikte im RStGB (*Schönke*, Strafgesetzbuch, Neunundzwanzigster Abschnitt. Übertretungen. Anm. I.). Gemäß § 370 Nr. 5 RStGB wurde mit Geldstrafe bis zu einhundertfünfzig Reichsmark oder mit Haft bestraft, wer Nahrungs- oder Genussmittel oder andere Gegenstände des hauswirtschaftlichen Verbrauchs in geringer Menge oder von unbedeutendem Werte zum alsbaldigen Verbrauche entwendete oder unterschlug.

21 § 346 StPO1952: **(I)** „Das Gericht kann nach Erlaß des Urteils die Vollstreckung der Freiheitsentziehung mit dem Ziel des Straferlasses aussetzen, wenn a) das Vorleben und die Persönlichkeit des Täters sowie die Umstände des Verbrechens dies rechtfertigen und b) zu erwarten ist, daß der Verurteilte während einer Bewährungszeit sich so verantwortungsbewußt verhält, daß auch für die Zukunft mit einer gewissenhaften Erfüllung seiner Pflichten als Bürger der Deutschen Demokratischen Republik gerechnet werden kann." **(II)** „Beträgt die Strafe mehr als sechs Jahre Freiheitsentziehung, so darf eine Aussetzung der Strafvollstreckung erst erfolgen, wenn mindestens die Hälfte der Strafe verbüßt ist."

> „Die geringste Ungesetzlichkeit, die geringste Verletzung der Sowjetordnung ist schon eine Lücke, die sofort von den Feinden der Werktätigen ausgenutzt wird.“

die konsequente Anwendung des VESchG. Richter, die dieses Gesetz nicht anwendeten, erweiterten die Lücke, die der Verbrecher in den Zaun gerissen habe, der das Volkseigentum umgebe, zu einem weiten Loch[22]. Justizminister Max Fechner rügte in der NJ vom 20. April 1953, dass sich bei manchen Richtern eine Tendenz gebildet habe, die auf eine Umgehung des VESchG hinziele. Zu oft bleibe es bei den Mindeststrafen. Auch bei geringfügigen Schäden müsse das VESchG angewendet werden[23]. Reuter, Hauptreferent im Ministerium der Justiz, beanstandete im selben NJ-Heft die Verfahrensweise des Kreisgerichts Erfurt-Ost, das die Eröffnung des Hauptverfahrens wegen Diebstahls einer Persipan-Stange (Marzipan-Ersatz) abgelehnt hatte. Ferner sei es unzulässig, § 346 StPO1952 wegen der hohen Mindeststrafen des VESchG bei Angriffen gegen das gesellschaftliche Eigentum anzuwenden. Auch der Rückgriff auf den Mundraub sei unzulässig, weil das VESchG dies als speziellere Vorschrift ausschließe[24]. Dem Kreisgerichtsdirektor von Schmölln, der einen HO-Bäcker, der zehn Pfannkuchen gestohlen hatte, zu einer Geldstrafe von 50,- M verurteilt hatte, trug diese Nichtanwendung des VESchG eine Verurteilung zu dreieinhalb Jahren Zuchthaus wegen Rechtsbeugung ein[25, 26].

Der Anwendung des § 346 StPO1952 insbesondere auf Verstöße gegen das VESchG schob das OG mit seiner Richtlinie Nr. 1 vom 29. April 1953[27] einen Riegel vor und rügte, dass einige Gerichte die bedingte Strafaussetzung dazu benutzt hätten, die Anwendung des VESchG zu umgehen. Keinesfalls dürfe die Aussetzung der Strafvollstreckung vor Eintritt der Rechtskraft des Urteils erfolgen. In unmittelbarem Anschluss an das rechtskräftige Urteil dürfe die Strafvollstreckung nur in ganz besonderen Ausnahmefällen gewährt werden. Wenn das Gesetz auch die Verbüßung eines bestimmten Teils der Strafe nur bei Strafen, die sechs Jahre Freiheitsentzug übersteigen, verlange, so gelte dies auch, wenn es sich um Verurteilungen wegen solcher Verbrechen handele, für

---

22 *Benjamin*, NJ 1953, 63.

23 *Fechner*, NJ 1953, 227.

24 *Reuter*, NJ 1953, 232.

25 Ohne *Verfasserangabe*, Justizorgane a.a.O., S. 4.

26 *Werkentin*, Ulbricht S. 70.

27 R Pl. 3/53, ZBl. 1953, 220 ff.

die eine erhebliche Mindeststrafe angedroht sei und für die die Strafe weniger als sechs Jahre Freiheitsentziehung betrage[28].

Trotz des Unbehagens in der Richterschaft bei der Anwendung des VESchG und der Einstellungspraxis der Staatsanwaltschaft kam es im ersten Halbjahr nach seinem Inkrafttreten zu über 10.000 Verurteilungen. Nach dem Bericht von Generalstaatsanwalt Melsheimer[29] wurden zwischen Oktober 1952 und März 1953 Verfahren nach dem VESchG in folgenden Größenordnungen durchgeführt:

„Oktober	218 Verfahren mit	283 Personen
November	506 Verfahren mit	745 Personen
Dezember	966 Verfahren mit	1.391 Personen
Januar '53	1.344 Verfahren mit	1.900 Personen
Februar '53	1.593 Verfahren mit	2.303 Personen
März '53	2.391 Verfahren mit	3.572 Personen"

Bleibe die Zahl der Verurteilungen konstant, so würden Ende 1953 mehr als 40.000 Menschen wegen Verletzung des VESchG im Zuchthaus sitzen, was schlechterdings untragbar sei. Deshalb müsse durch eine von der Sowjetischen Kontrollkommission ausgearbeitete gemeinschaftliche Rundverfügung des Generalstaatsanwalts, des Ministers der Justiz und des Präsidenten des OG die Praxis bei der Anwendung des VESchG in neue Bahnen gelenkt und das Schwergewicht der Strafverfolgungspolitik von den Arbeitern und anderen Werktätigen abgelenkt und auf die böswilligen und besonders schädlichen Diebe am staatlichen und gesellschaftlichen Eigentum hingelenkt werden[30]. Diese gemeinsame Rundverfügung wurde am 26. Mai 1953 erlassen. Danach sollte das VESchG nicht formal auf kleine und geringfügige Angriffe gegen das gesellschaftliche Eigentum angewendet werden[31].

Nicht nur das VESchG hatte sich als undurchführbar erwiesen. Die weiteren in Umsetzung des Beschlusses der II. Parteikonferenz der SED eingeleiteten Maßnahmen zum Aufbau des Sozialismus hatten eine katastrophale ökonomische Situation und Stimmungslage und ein Anschwellen der Fluchtbewegung in der DDR herbeigeführt. Das Ergebnis war schließlich der Aufstand vom 17. Juni 1953. Die Regierung der Sowjetunion war besorgt über die Lage in

28 Die Richtlinie Nr. 1 wurde am 30.4.1956 durch das Plenum des OG aufgehoben, NJ 1956, 263. Dies hatte das Kollegium des Ministeriums der Justiz zuvor gefordert. Ohne *Verfasserangabe*, NJ 1956, 261.

29 *Melsheimer*, a.a.O., S. 2.

30 A.a.O., S. 2.

31 *Böhme*, NJ 1954, 75.

der DDR und übergab einer Delegation des Politbüros der SED am 2. Juni 1953 einen Beschluss vom 27. Mai 1953 über „Maßnahmen zur Gesundung der politischen Lage in der DDR“. Darin wurde gefordert:

> „Maßnahmen zur Stärkung der Gesetzlichkeit und Gewährung der Bürgerrechte zu treffen. Von harten Strafmaßnahmen, die durch Notwendigkeit nicht hervorgerufen werden, abzusehen. Die Gerichtsunterlagen der bestraften Bürger zu prüfen zwecks Befreiung der ohne genügende Gründe zur Verantwortung gezogenen Personen. Unter diesem Gesichtspunkt entsprechende Änderungen in der bestehenden Strafgesetzgebung vorzunehmen.“[32]

Das Politbüro der SED reagierte hierauf mit seinem Beschluss vom 9. Juni 1953, in dem es einräumte, dass seitens der SED und der Regierung der DDR in der Vergangenheit eine Reihe von Fehlern gemacht worden seien, und verkündete den „neuen Kurs“. Auf die Verfahren nach dem VESchG wird besonders eingegangen:

> „Ferner empfiehlt das Politbüro der Regierung der Deutschen Demokratischen Republik, die Justizorgane zu beauftragen, diejenigen Verurteilten sofort zu entlassen, die nach dem Gesetz zum Schutze des Volkseigentums zu ein bis drei Jahren verurteilt worden sind, mit Ausnahme der Fälle, in denen schwere Folgen eintraten. Ebenso empfiehlt es, diejenigen Untersuchungshäftlinge sofort zu entlassen, gegen die ein Verfahren nach dem Gesetz zum Schutz des Volkseigentums anhängig gemacht wurde und bei denen keine höheren Strafen als die gesetzlichen Mindeststrafen von ein bis drei Jahren zu erwarten sind.“[33]

Der Ministerrat übernahm den Beschluss des Politbüros der SED durch Beschluss vom 11. Juni 1953[34]. Die Justiz ging sofort an die Umsetzung des neuen Kurses heran. Justizminister Max Fechner berichtete in der NJ vom 5. Juli 1953, dass bereits in der Woche vom 15. Juni 1953 bis zum 20. Juni 1953 4.756 Strafverfahren überprüft worden seien. Davon hätten 1.759 Fälle Verstöße gegen das VESchG betroffen. Davon seien 652 wegen Geringfügigkeit gemäß § 153 StPO1877 eingestellt, in 912 Fällen sei Strafaussetzung nach § 346 StPO1952 gewährt worden. 275 Fälle hätten die Gerichte, wenn noch kein Eröffnungsbeschluss ergangen war, zwecks Prüfung einer Einstellung nach § 153 StPO1877 an die Staatsanwaltschaft zurückverwiesen und in 1.024 Fällen seien Haftbefehle aufgehoben worden[35].

War die Rechtslage bis zur Einschlagung des neuen Kurses wegen der notwendigerweise zu verhängenden hohen Mindeststrafen völlig inakzeptabel, so

---

32 Zitiert nach *Mollnau*, Dokumente, S. 164.

33 Zitiert nach *Spittmann / Fricke*, Arbeiteraufstand, S. 204.

34 *Fechner*, NJ 1953, 381.

35 A.a.O., 383. Rechnerisch geht das nicht auf. Vermutlich sind die Fälle, in denen Haftbefehle aufgehoben wurden, auch bei den anderen Rubriken erfasst.

war sie nach Zulassung der Einstellung gemäß § 153 StPO1877 ebenfalls unbefriedigend, weil auch in nicht mehr ganz geringfügigen Fällen sanktionslos eingestellt werden musste, wenn keine Zuchthausstrafen verhängt werden sollten. So stellte das OG ein Verfahren gegen eine Kassiererin der LDPD wegen Unterschlagung bei einem Schaden von 268,50 M gemäß § 153 StPO1877 ein[36], obgleich hier sicherlich eine irgendwie geartete strafrechtliche Sanktion angebracht gewesen wäre. Der Weg über die bedingte Strafaussetzung konnte nach der Richtlinie Nr. 1 des OG im unmittelbaren Anschluss an die Urteilsverkündung nicht mehr beschritten werden, sondern erst nach Verbüßung eines Teils der Strafe.

In der NJ vom 5. August 1953 übte Hilde Benjamin, nunmehr Justizministerin der DDR, die kurz zuvor noch die konsequente Anwendung des VESchG gefordert hatte, Kritik an der Gesetzgebung:

> „Die Ursachen für diese fehlerhaft hohen Strafen liegen einmal in den Gesetzen selbst; denn es ist Ausdruck unserer Gesetzlichkeit, daß nach unserer Verfassung der Richter die Gesetze anwenden muß und sie nicht auf ihre Zweckmäßigkeit untersuchen darf. So konnte er z.B. der Verhängung der hohen Mindeststrafen des Gesetzes zum Schutze des Volkseigentums in den Fällen, die wirklich ihrem Inhalt nach eine strafwürdige Handlung darstellten, nicht ausweichen."[37]

Die Führung der DDR hatte zunächst die Absicht, das VESchG durch die Volkskammer abändern zu lassen. Ende Juli / Anfang August 1953 war Hilde Benjamin mit einem entsprechenden Vorschlag an die Sowjetische Kontrollkommission herangetreten, welche jedoch auf einer Regelung durch eine Richtlinie des OG bestand[38].

Zunächst durch Urteile vom 27. August 1953 und vom 1. September 1953 nahm das OG eine materiellrechtliche Einschränkung des Anwendungsbereichs des VESchG vor[39]: Die bisherige Anwendung des VESchG durch die Gerichte und auch durch das OG sei fehlerhaft gewesen. Das Gesetz hätte nur bei schweren Angriffen gegen gesellschaftliches Eigentum angewendet werden dürfen. Dies folge aus der Überschrift, dem Vorspruch des Gesetzes und der Höhe der angedrohten Strafen. Mit der wörtlichen, aber sinnwidrigen Anwendung des VESchG auch auf alle strafbaren Handlungen minderen Grades, die zunächst sogar die Möglichkeit einer Einstellung des Verfahrens nach § 153 StPO1877 völlig außer Betracht gelassen habe, insbesondere aber durch die

---

36 OG, Beschluss vom 23.6.1953 – 2 Ust III 260/53, NJ 1953, 412.

37 *Benjamin*, NJ 1953, 478.

38 *Wentker*, SBZ/DDR, S. 470.

39 OG, Urteil vom 27.8.1953 – 3 Ust II 215/53, NJ 1953, 596 ff.; OG, Urteil vom 1.9.1953 – 2 Zst III 87/53, NJ 1953, 595 f.

Verhängung überhöhter Strafen, die schon die Schwere der Mindeststrafe nicht berücksichtigte, hätten die Gerichte geglaubt, den beschleunigten Aufbau des Sozialismus zu fördern, und dabei verkannt, dass ihre Urteile und die ausgeworfenen Strafen bei geringfügigen Angriffen gegen gesellschaftliches Eigentum von der Mehrzahl der werktätigen Bevölkerung überhaupt nicht verstanden wurden. Das VESchG sei nicht, wie bisher fälschlich angenommen, ein Spezialgesetz für alle Angriffe gegen gesellschaftliches Eigentum, sondern ein Spezialgesetz zu den Vorschriften des RStGB über Angriffe auf das Eigentum, das zum Kampf gegen schwere Angriffe auf gesellschaftliches Eigentum geschaffen und nur auf sie anwendbar sei.

Unter methodischen Aspekten ist dies nicht vertretbar. Der Wortlaut des Gesetzes war eindeutig, ebenso der Wille des Gesetzgebers.

Eine entsprechende Richtlinie, die Richtlinie Nr. 3, erließ das OG am 28. Oktober 1953[40, 41]. In Ziff. 1 wurde die in den Urteilen vom 27. August 1953 und vom 1. September 1953[42] vertretene Auffassung, dass das VESchG nur auf schwere Angriffe gegen das gesellschaftlichen Eigentums anzuwenden sei, festgeschrieben. Damit lag eine verbindliche Grundlage für die Anwendung des VESchG vor, die es den Gerichten ermöglichte, die Verhängung unangemessen hoher Strafen in Bagatellfällen zu vermeiden.

Mit der neuen Rechtsprechung wurde die Stalin'sche Theorie von der besonderen Schutzbedürftigkeit für die nunmehr nach dem RStGB zu behandelnden Fälle nicht aufgegeben. So führten Lekschas und Renneberg, zwei der damals führenden Strafrechtler der DDR, aus, dass ein Diebstahl an Volkseigentum allein schon wegen der allgemeinen gesellschaftlichen und politischen Bedeutung des Volkseigentums immer schwerer wiege, als ein im übrigen unter gleichen Umständen begangener Diebstahl von privatem Eigentum. Das Volkseigentum als das grundlegende Produktionsverhältnis der demokratischen Ordnung der DDR verdiene einen erhöhten Strafschutz[43].

40 R Pl 6/53, NJ 1953, 686 ff.

41 Die Richtlinie Nr. 3 war nicht vom OG, sondern im Justizministerium ausgearbeitet worden (*Wentker*, SBZ/DDR, S. 470).

42 S. 4. Kap. Fn. 39.

43 *Lekschas / Renneberg*, NJ 1953, 764.

B) Einzelfragen

I. Anwendungsbereich

1. Schwerer Angriff gegen gesellschaftliches Eigentum

Nach den Urteilen vom 27. August 1953 und vom 1. September 1953 bzw. Ziff. 1. der Richtlinie Nr. 3 durfte das VESchG nur auf schwere Angriffe gegen gesellschaftliches Eigentum angewendet werden. Ob ein schwerer Angriff gegen gesellschaftliches Eigentum vorliege, beurteile sich nach den objektiven und subjektiven Umständen der Tat und ihrem gesellschaftlichen Zusammenhang. Dabei seien vor allem der eingetretene oder mögliche Schaden und die sonst zu erwartenden Folgen, insbesondere die drohende Schmälerung des Vertrauens der Werktätigen zu den staatlichen Einrichtungen und zu ihren gesellschaftlichen Organisationen, sowie die in der Person des Täters liegenden Umstände, namentlich seine gesellschaftliche Stellung zu berücksichtigen[44].

In seinem Urteil vom 2. Oktober 1953[45] hatte das OG für die Anwendbarkeit des VESchG einen Schaden von 1.400,- M ausreichen lassen. Auf die gesellschaftliche Stellung des Täters komme es bei einem Schaden dieser Höhe nicht an. Überschreite nämlich der Wert des Gegenstandes eine gewisse Grenze, so sei das VESchG auch dann anzuwenden, wenn der Täter keine gehobene gesellschaftliche Stellung einnehme. Dies sei bei einem Betrag von 1.400,- M der Fall. Noch weitergehender bejahte das OG mit Urteil vom 5. Oktober 1953[46] die Anwendbarkeit des VESchG bei einem Schaden von 986,78 M, ohne überhaupt weitere Kriterien einzugehen.

Böhme, Hauptabteilungsleiter im Ministerium der Justiz, hob einige von ihm für richtig befundene Entscheidungen von Kreisgerichten zur Anwendbarkeit des VESchG hervor. So genüge schon ein Schaden von 700,- M für die Anwendung des VESchG, wenn ein Hauptkassierer Gewerkschaftsgelder unterschlagen habe. Weiter sei es richtig gewesen, wenn ein Kreisgericht ein LPG-Mitglied wegen Beiseiteschaffens einer Schreibmaschine nach dem VESchG verurteilt habe, weil der Angeklagte sich als Feind der Ordnung der DDR entlarvt habe, der einem Großbauern zur Republikflucht verholfen habe[47].

In einem weiteren Aufsatz desselben Verfassers aus dem Jahre 1954 wird trotz des neuen Kurses das Festhalten an der ursprünglichen ideologischen Grundlage des VESchG bekräftigt. Verbrechen gegen das Volkseigentum stünden in ihrer Schwere neben den Verbrechen gegen den Staat. Deshalb müsse – was so aus der Richtlinie

44 NJ 1953, 688.

45 OG, Urteil vom 2.10.1953 – 2 Ust III 322/53, NJ 1953, 652.

46 OG, Urteil vom 5.10.1953 – 2 Ust III 325/53, NJ 1953, 653.

47 *Böhme*, NJ 1954, 76.

Nr. 3 des OG nicht herauszulesen ist – bei der Prüfung der Anwendbarkeit des VESchG gefragt werden, ob es sich bei dem Täter um einen Feind der DDR handele, der durch Schädigung des Volkseigentums die wirtschaftliche, staatliche und kulturelle Ordnung zu untergraben versuche, oder um einen Menschen, der durch seine bisherige positive Entwicklung und Einstellung zur Arbeit gezeigt habe, dass er nicht aus Feindschaft gegen den Arbeiter-und-Bauern-Staat, sondern aus politischer Zurückgebliebenheit, Leichtfertigkeit oder Not gehandelt habe[48].

Im Jahre 1955 berichteten Richter des Kreisgerichts Marienberg über die Rechtsprechung ihres Gerichts zum VESchG und führten zwei Fälle an, in denen bei Unterschlagungen von jeweils unter 600,- M das VESchG angewendet worden war. Die Täter hatten nicht gerade besonders hervorgehobene gesellschaftliche Stellungen inne. In dem einen Fall handelte es sich um einen LPG-Buchhalter, in dem anderen um einen Filmvorführer[49]. In mehreren Entscheidungen aus dem Jahre 1955[50] stellte das OG für die Anwendbarkeit des VESchG allein auf die jeweiligen Schadensbeträge, 1.395,20 M, 2.000,- M und 1.658,17 DM, ab, ebenso in Urteilen aus dem Jahre 1956 (Schaden zwischen 800,- und 1.000,- M[51] – Schaden von 2.000,- M [52]).

Bei den Untergerichten führte die Richtlinie Nr. 3 zunächst zu einer sehr restriktiven Anwendung des VESchG, was der Führung der DDR wieder zu weit ging. Ein Hauptinstrukteur bei der Justizverwaltungsstelle im Bezirk Magdeburg bemängelte in einem Bericht über die Prüfung der Tätigkeit der Justizorgane im Bezirk Magdeburg im Jahre 1955, dass bei einigen Kreisgerichten nur wenig Verfahren wegen der Verletzung des VESchG zur Anklage gekommen seien. Werksleitungen von volkseigenen Betrieben, in denen Diebstähle vorgekommen waren, hätten sich damit begnügt, die betroffenen Arbeiter zu entlassen, ohne Strafanzeige zu stellen. Auch von der Möglichkeit der bedingten Strafaussetzung werde zu großzügig Gebrauch gemacht[53]. Mitarbeiter der Generalstaatsanwaltschaft beklagten, dass viele Justizfunktionäre den neuen Kurs so aufgefasst hätten, dass dem Schutz des sozialistischen Eigentums weniger Aufmerksamkeit entgegenzubringen sei und dass das VESchG oftmals zu Unrecht nicht angewendet werde[54]. Vielfach werde die falsche Auffassung vertreten, das VESchG dürfe grundsätzlich nur gegen

---

48 *Böhme*, DS 1954, Heft 2, 18.

49 *Skuppin / Winkler*, NJ 1955, 729.

50 OG, Urteile vom 27.1.1955 – 2 Zst 126/54, NJ 1955, 250 f.; 4.3.1955 – 3 Ust III/55, NJ 1955, 251; 4.3.1955 – 3 Ust II/55, NJ 55, 252 ff.

51 OG, Urteil vom 6.1.1956 – 2 Ust II 134/55, NJ 1956, 187 ff.

52 OG, Urteil vom 24.2.1956 – 3 Ust 10/56, NJ 1956, 250 f.

53 *Pfifferling*, NJ 1955, 752 ff.

54 *Haid / Rose*, NJ 1955, 715.

Feinde der Ordnung der DDR angewendet werden[55, 56, 57]. Auch würden zu oft bei Verbrechen gegen das Volkseigentum Strafbefehle erlassen. Dies sollte grundsätzlich unterbleiben, auch wenn eine Tat nach dem RStGB abgeurteilt werde[58, 59].

Weiter wurde beanstandet, dass für viele Richter eine bestimmte Schadenshöhe, und zwar meistens 1.000,- M, das entscheidende Abgrenzungskriterium für die Anwendbarkeit des VESchG sei. Bei Vorliegen entsprechender Umstände in der Person des Täters müsse das VESchG aber auch bei einem Schaden von wesentlich unter 1.000,- M zur Anwendung kommen. Umgekehrt sei es möglich, das VESchG nicht anzuwenden, wenn der Schaden den Betrag von 1.000,- M übersteige[60].

Von Entscheidungen in letzterem Sinne wurden nur zwei in der NJ kommentarlos veröffentlicht, was indiziert, dass sie das Einverständnis der Justizführung gefunden hatten:

In dem einen Fall hatte der Angeklagte, HO-Verkaufsstellenleiter und zugleich Leiter einer Betriebssportgemeinschaft mehrerer Trägerbetriebe, durch Untreue der HO einen Schaden von 2.092,- M zugefügt, um den Betrag der Betriebssportgemeinschaft zukommen zu lassen. Hintergrund war, dass die Trägerbetriebe ihre finanziellen Verpflichtungen gegenüber der Betriebssportgemeinschaft nicht erfüllt hatten. Trotz der

---

55 *Haid / Rose*, a.a.O., 716; *Kermann*, NJ 1956, 120; *Hugot* rügt ein Urteil des Kreisgerichts Ueckermünde, das bei einer Veruntreuung von 6.000,- M die Anwendung des VESchG abgelehnt hatte, weil der Angeklagte nicht aus einer feindlichen Einstellung gegenüber der DDR gehandelt habe. (*Hugot*, DS 1956, 35). *Böhme* erwähnt das Urteil eines Kreisgerichts, welches einen Bürgermeister, der 10.000,- M Haushaltsmittel unterschlagen, falsche Rechnungen ausgestellt und Urkundenfälschung begangen hatte, nur nach dem RStGB verurteilt hatte (*Böhme*, NJ 1954, 77).

56 *Haid / Rose*, a.a.O., 716 f.: So habe das Stadtbezirksgericht Berlin-Köpenick die Verwalterin einer Kindertagesstätte, die 33 Pfund Butter und 10 Büchsen Kindernährmittel gestohlen hatte, zu Unrecht nicht nach dem VESchG verurteilt. Auch das Kreisgericht Leipzig-Land habe falsch entschieden, als es einen Bürgermeister, der 800,- M unterschlagen hatte, nicht nach dem VESchG verurteilt habe, was wegen der Schmälerung des Vertrauens der Bürger zur Verwaltung geboten gewesen wäre. Das Kreisgericht Oranienburg habe von 63 Fällen des Angriffs gegen das Volkseigentum nur 4 nach dem VESchG bestraft habe, das Kreisgericht Nauen von 53 nur einen.

57 *Lekschas / Renneberg* beanstandeten das Urteil eines nicht näher bezeichneten Kreisgerichts, welches einen Kassierer der Gesellschaft für Deutsch-Sowjetische Freundschaft wegen Unterschlagung von 2.924,- M nach dem RStGB verurteilt hatte (*Lekschas / Renneberg*, NJ 1953, 765).

58 *Böhme*, NJ 1954, 76.

59 Gemäß § 254 Abs. 1 StPO1952 konnte das Kreisgericht ohne Hauptverhandlung durch Strafbefehl bei Verbrechen Freiheitsentziehung bis zu sechs Monaten oder Besserungsarbeit, bei Übertretungen Besserungsarbeit und Geldstrafe aussprechen.

60 *Kermann*, NJ 1956, 120.

Höhe des Schadens lehnte das BG Magdeburg die Anwendung des VESchG ab. Der Angeklagte sei seinen Pflichten als DDR-Bürger immer nachgekommen. Zudem sei das Motiv seiner Handlung zu berücksichtigen. Er habe durch seine strafbaren Handlungen die Betriebssportgemeinschaft aufrechterhalten wollen. Dies könne zwar nicht gutgeheißen werden, zeige jedoch, dass der Angeklagte nicht aus Feindschaft gegenüber dem Arbeiter- und Bauernstaat gehandelt habe[61].

In dem anderen Fall hatte eine 22-jährige Sachbearbeiterin 1.600,- M unterschlagen. Das Kreisgericht Senftenberg verwies darauf, dass die Angeklagte als junger und im Leben unerfahrener Mensch durch Schlendrian in der Arbeit des Betriebes und durch mangelhafte Kontrolle straffällig geworden sei. Im Hinblick auf die schlechten Familienverhältnisse, das abgelegte Geständnis, die gezeigte Reue und die mangelhafte ideologische Erziehung im Betrieb sei trotz des Schadens von 1.600,- M die Anwendbarkeit des VESchG zu verneinen[62].

Ein schwerer Angriff gegen gesellschaftliches Eigentum wurde nicht per se bejaht, wenn ein Fall des § 243 RStGB gegeben war[63]. Zwar sah § 243 RStGB einen Strafrahmen von einem bis zu zehn Jahren Zuchthaus vor; doch konnte bei Vorliegen mildernder Umstände gemäß § 243 Abs. 2 RStGB auf Gefängnisstrafe nicht unter drei Monaten erkannt werden, so dass sich die Nichtanwendung des VESchG in Bagatellfällen des § 243 RStGB für den Betroffenen als vorteilhaft erweisen konnte.

2. Genossenschaften

In den Anwendungsbereich des VESchG fielen nach der Rechtsprechung nicht alle Genossenschaften, sondern nur Genossenschaften, die Träger gesellschaftlichen Eigentums waren. Dies wurde angenommen, wenn in der Genossenschaft gesellschaftlich produziert und gesellschaftlich angeeignet wurde, wenn in ihr große Teile der werktätigen Bevölkerung organisiert oder wenn die Gesamtheit ihrer Mitglieder bzw. nahezu die Gesamtheit ihrer Mitglieder Träger gesellschaftlichen Eigentums waren. Auf Genossenschaften, die auf privatkapitalistischer Grundlage arbeiteten, sei das VESchG nicht anwendbar[64, 65].

---

61 BG Magdeburg, Urteil vom 24.5.1955 – III Ks 16/55, NJ 1955, 575.

62 KrG Senftenberg, Urteil vom 7.9.1956 – 1 Ds 173/56, NJ 1956, 640 f.

63 *Hübner*, Eigentum, S. 34; *Schulz*, NJ 1956, 444; OG, Urteil vom 8.9.1955 – 2 Zst II 59/55, NJ 1955, 665.

64 OG, Beschluss vom 5.12.1952 – Zu 17/52, NJ 1953, 114; vgl. Stadtbezirksgericht von Groß-Berlin, Urteil vom 21.12.1956 – 102 d 188/56 (R): zu einer gewerkschaftlichen Kasse der gegenseitigen Hilfe, NJ 1957, 156 f.; OG, Urteil vom 15.9.1959 – 3 Zst III 28/59, NJ 1959, 712 f. zu einer Taxi-Genossenschaft.

65 *Löwenthal*, NJ 1953, 414.

3. Sowjetisches und volksdemokratisches Eigentum

Mit Urteil vom 30. September 1955[66] erstreckte das OG die Anwendbarkeit des VESchG auf sowjetisches und volksdemokratisches Eigentum. Das VESchG schütze zwar, wie sich aus seiner Präambel ergebe, in erster Linie deutsches gesellschaftliches Eigentum, aber nicht ausschließlich deutsches. Das entscheidende Kriterium für die Anwendbarkeit des Gesetzes sei die Tatsache, dass es sich um sozialistisches Eigentum oder Eigentum gesellschaftlicher Organisationen überhaupt handele, das sich auf dem Gebiet der DDR befinde. Ebenso wie ausländisches Privat- oder persönliches Eigentum nach den Bestimmungen des RStGB geschützt werde, werde ausländisches sozialistisches Eigentum durch das VESchG geschützt, wenn es innerhalb der DDR angegriffen werde. Die engen politischen, wirtschaftlichen und kulturellen Beziehungen zur Sowjetunion und den Volksdemokratien ließen es nicht zu, dem staatlichen Eigentum dieser Staaten einen geringeren Schutz zukommen zu lassen, als dem deutschen Volkseigentum.

Die Entscheidung verstößt gegen das Analogieverbot. Der Begriff des sozialistischen Eigentums, mit dem das OG operiert, ist im VESchG nicht enthalten. In der Präambel zum VESchG ist die Rede vom staatlichen und genossenschaftlichen Eigentum, welches die ökonomische Basis des Aufbaues des Sozialismus in der DDR darstellt. Dieses fasst das OG unter dem Begriff des sozialistischen Eigentums zusammen. Darunter fällt aber offensichtlich nicht das Eigentum der Sowjetunion und der Volksdemokratien. Dieses fällt ebenso wenig unter den Begriff des Eigentums gesellschaftlicher Organisationen. Die Auslegung des VESchG durch das OG überschreitet den möglichen Wortsinn.

II. Zu den Grundtatbeständen der §§ 1 und 2 VESchG

1. Unterschlagung

Nach der Rechtsprechung des OG konnte zwischen Unterschlagung und Urkundenfälschung gemäß §§ 1 Abs. 1, 2 Abs. 1 VESchG einerseits und schwerer Amtsunterschlagung gemäß §§ 350, 351 RStGB andererseits Tateinheit bestehen[67].

Der Angeklagte, ein Fahrdienstleiter der Reichsbahn, hatte Durchschriften von Fahrkarten verfälscht, um gegenüber der Reichsbahn falsch zu seinen Gunsten abrechnen zu können. Das OG führte zur Begründung der Annahme von

66 OG, Urteil vom 30.9.1955 – 3 Ust II 87/55, NJ 1955, 733.

67 OG, Urteil vom 6.1.1956 – 2 Ust II 134/55, NJ 1956, 187.

Tateinheit aus, die §§ 350, 351 RStGB seien Spezialbestimmungen gegenüber § 246 RStGB hinsichtlich des Täterkreises, während das VESchG Spezialbestimmungen hinsichtlich des angegriffenen Objekts[68] enthalte. Da beide Spezialgesetze unterschiedliche Qualifikationsmerkmale enthielten, schlössen sie sich nicht aus. Um das Verbrechen nach allen Richtungen hin in seinem gesellschaftlichen Zusammenhang zu charakterisieren, seien beide Gesetze tateinheitlich anzuwenden. Dagegen wandten sich Fritzsche / Hübner und verwiesen auf die Richtlinie Nr. 3, wonach das VESchG ein Spezialgesetz für schwere Angriffe gegen gesellschaftliches Eigentum sei. Bereits im Rahmen der Prüfung der Schwere des Angriffs sei auch auf die Täterpersönlichkeit einzugehen. Die Heranziehung der §§ 350, 351 RStGB neben dem VESchG sei nicht erforderlich[69].

2. Das sonstige Beiseiteschaffen von gesellschaftlichem Eigentum

Buchholz vermutet, dass der Begriff des sonstigen Beiseiteschaffens aus dem sowjetischen Strafrecht übernommen wurde[70]. Man kannte ihn schon aus dem Wirtschaftsstrafrecht. Gemäß § 1 Abs. 1 Ziff. 3 WStVO machte sich strafbar, wer die Durchführung der Wirtschaftsplanung oder die Versorgung der Bevölkerung dadurch gefährdete, dass er Rohstoffe oder Erzeugnisse entgegen dem ordnungsmäßigen Wirtschaftsablauf vernichtete, *beiseiteschaffte*, zurückhielt oder im Werte minderte. Für die WStVO hatte das OG den Begriff des Beiseiteschaffens dahingehend definiert, dass er durch jede auf die Dauer berechnete Herausnahme der lebenswichtigen Rohstoffe und Erzeugnisse aus dem für die Deckung des Bedarfs der Bevölkerung vorgesehenen Wirtschaftsablauf erfüllt werde[71]. Nach der Auffassung von Reuter deckte sich der Begriff des Beiseiteschaffens in § 1 VESchG mit dem in § 1 Abs. 1 Ziff. 3 WStVO[72]. Demgegenüber vertrat Braune die Auffassung, die Rechtsprechung zur WStVO könne nicht übernommen werden, weil diese die Wirtschaftsplanung

---

68 Die Verbrechenslehre der DDR sprach nicht von geschützten Rechtsgütern, sondern von geschützten Objekten: „Verbrechensobjekte sind die durch das Strafrecht zum Schutz der Interessen der Arbeiter und werktätigen Bauern geschaffenen Rechtsverhältnisse und die ihnen zugrunde liegenden, durch sie gesicherten gesellschaftlichen Verhältnisse der volksdemokratischen Ordnung in der Deutschen Demokratischen Republik, die durch verbrecherische Handlungen angegriffen werden.“ (*Lehrbuch AT 1957*, S. 312).

69 *Fritzsche / Hübner*, NJ 1956, 502 f.; a.A. *Buchholz*, NJ 1957, 55 f.

70 *Buchholz*, Osten, S. 261.

71 OG, Urteil vom 25.5.1950– 2 Zst 21/50, NJ 1950, 314 ff.

72 *Reuter*, NJ 1953, 232 f.

und die Versorgung der Bevölkerung schütze, nicht aber das gesellschaftliche Eigentum. Der Begriff des Beiseiteschaffens sei viel weiter als der Begriff des Diebstahls oder der Unterschlagung und stelle den Grundtatbestand des § 1 VESchG dar. Ein Rückgriff auf die §§ 242 ff. RStGB führe zu einer falschen Auslegung des Gesetzes. Gegenstand des Beiseiteschaffens könnten alle materiellen Erscheinungen sein, die das angegriffene gesellschaftliche Eigentum irgendwie verkörpern. Dazu gehörten auch Forderungen und die menschliche Arbeitskraft. Schließlich kommt Braune zu der uferlosen Definition, dass der Tatbestand des Beiseiteschaffens durch die verschiedensten Begehungsformen erfüllt werden könne[73].

Zu einem ähnlichen Ergebnis kam das BG Suhl. Danach handele es sich bei dem sonstigen Beiseiteschaffen um einen Sammelbegriff, der alle diejenigen unter Strafe stelle, die, gleichgültig unter welchen Umständen, entwendetes und durch sie erlangtes Volks-, genossenschaftliches oder Eigentum gesellschaftlicher Organisationen nicht dem wirklichen Eigentümer zurückgeben[74]. Im Jahre 1955 definierte Hübner den Begriff des Beiseiteschaffens als jede vorsätzliche Herausnahme eines Vermögenswertes aus gesellschaftlichem Vermögen mit dem Ziel, sich oder einem anderen einen rechtswidrigen Vermögensvorteil zu verschaffen[75]. Gegenstand des Beiseiteschaffens könnten auch Forderungen und andere Rechte sein[76]. Auch die Möglichkeit eines wiederholten Beiseiteschaffens, welches das OLG Potsdam für § 1 WStVO bejaht hatte[77], sei gegeben[78].

Mit Urteil vom 24. Januar 1956[79] entschied das OG, dass sonstiges Beiseiteschaffen nicht in der Form der Verwirklichung der Merkmale eines Tatbestandes des Besonderen Teils des RStGB oder eines anderen Strafgesetzes erfolgt sein brauche, sofern sich der Angriff sich gegen das Volkseigentum und nicht etwa gegen ein anderes Objekt richte. § 1 Abs. 1 VESchG gebe den Justizorganen die Möglichkeit, wirksam auf alle rechtswidrigen Angriffe gegen das

73 *Braune*, StuR 1953, 254, 257.

74 BG Suhl, Urteil vom 22.2.1953 – 3 NDs 26/53, NJ 1953, 254.

75 *Hübner*, Eigentum, S. 95.

76 A.a.O., S. 96.

77 OLG Potsdam, Urteil vom 16.1.1951 – 3 Ss 191/50, NJ 1951, 190.

78 *Hübner*, a.a.O., S. 97.

79 OG, Urteil vom 24.1.1956 – 3 Ust II 10/56, NJ 1956, 250, ff.

Volkseigentum[80] zu reagieren und den ständig wechselnden Methoden der Feinde des Sozialismus mit gesetzlichen Mitteln entschieden entgegenzutreten

In der Literatur besann man sich nunmehr des Bestimmtheitsgrundsatzes und es mehrten sich Stimmen gegen eine ausufernde Anwendung des Tatbestandes des sonstigen Beiseiteschaffens. Seine Auslegung durch das OG im Urteil vom 24. Januar 1956 widerspreche den Grundsätzen des demokratischen Strafrechts. Die strenge Einhaltung der Prinzipien nullum crimen sine lege, nulla poena sine lege und nulla poena sine crimine erfordere fest umrissene und präzis definierte Tatbestände, die jeweils eine spezifische Handlung zum Verbrechen erklärten. Daher genüge der Tatbestand des sonstigen Beiseiteschaffens nicht den Anforderungen des demokratischen Strafrechts an den Straftatbestand. Um ihn mit dem demokratischen Strafrecht wenigstens einigermaßen in Einklang zu bringen, müsse er so verstanden werden, dass er keinen selbständigen Straftatbestand darstelle und nur dann als verwirklicht angesehen werden könne, wenn bereits andere Tatbestände die Handlung zu Verbrechen erklärten. Solche Delikte seien z.B. Erpressung, sachliche Begünstigung, Hehlerei und Entzug elektrischer Energie[81]. Die Verwendung von Generalklauseln und Generaltatbeständen widerspreche dem Wesen der Gesetzlichkeit[82].

Gegen die Einbeziehung der Hehlerei in den Tatbestand des sonstigen Beiseiteschaffens, die erstmals das BG Suhl bejaht hatte[83] und wofür auch die Ziff. 2 der Richtlinie Nr. 3 sprach[84], wurden besondere Argumente vorgebracht: Bei der Hehlerei sei der volkseigene Gegenstand dem Volkseigentum bereits zuvor entzogen worden. Die Theorie vom nochmaligen Beiseiteschaffen gesellschaftlichen Eigentums sei abzulehnen[85]. Ferner sei Objekt der Hehlerei sei nicht das Eigentum, sondern die Tätigkeit der Strafverfolgungsorgane[86].

---

80 Genossenschaftliches Eigentum oder das Eigentum gesellschaftlicher Organisationen wollte das OG durch diese Formulierung wohl nicht ausschließen.

81 *Fritzsche / Hübner*, NJ 1957, 51.

82 *Kleine*, NJ 1956, 30.

83 BG Suhl, Urteil vom 22.2.1953 – 3 NDs 26/53, NJ 1953, 254; so auch *Schumann*, NJ 1956, 119.

84 Danach waren, wenn kein schwerer Angriff gegen gesellschaftliches Eigentum vorlag, die sonstigen dem Schutze des Eigentums und des Vermögens dienenden Strafbestimmungen, insbesondere die §§ 242 ff., 246, 259 bis 261, 263, 266, 267 und 370 Ziff. 5 RStGB sowie der Forst- und Feldstrafgesetze anwendbar.

85 KG, Urteil vom 18.6.1956 – Zst II Pl 2/56, NJ 1957, 189 f.; *Orschekowski*, NJ 1957, 232.

86 *Orschekowski*, NJ 1957, 232; *Löwenthal*, NJ 1957, 191; *Troch*, NJ 1956, 303 f.; dagegen *Manecke / Sahre*, StuR 1957, 493 f.; *Kermann*, NJ 1957, 99 f.

3. Urkundenfälschung

Nach der Rechtsprechung des OG genügte für die Anwendung des § 2 Abs. 1 VESchG, dass mit der Urkundenfälschung ein Nachteil am gesellschaftlichen Eigentum erstrebt worden war. Der Eintritt eines Nachteils sollte nicht erforderlich sein[87].

Mit Urkundenfälschung meine § 2 Abs. 1 VESchG nicht nur die Urkundenfälschung im Sinne von § 267 RStGB, sondern alle Urkundsdelikte im gesamten 23. Abschnitt des RStGB. Es könne nicht allein vom Wortlaut des Gesetzes ausgegangen, sondern es müsse auch sein Sinn und Zweck des berücksichtigt werden. § 2 Abs. 1 VESchG diene der Sicherheit und Zuverlässigkeit des mittels Urkunden durchzuführenden Rechtsverkehrs in Bezug auf gesellschaftliches Eigentum. Deshalb sei die Erstreckung des § 2 Abs. 1 VESchG auf alle Urkundsdelikte erforderlich[88].

4. Untreue

Vor Einleitung des neuen Kurses wurde von Braune die Auffassung vertreten, der Tatbestand der Untreue in § 2 Abs. 1 VESchG müsse losgelöst von den Bestimmungen des RStGB interpretiert werden. Es komme darauf an, ob dem Täter hinsichtlich des gesellschaftlichen Eigentums eine besondere Verantwortung auferlegt sei und er durch Verletzung dieser Verantwortung dem betreffenden gesellschaftlichen Eigentum einen Schaden zugefügt habe. Jeder Versuch, die Fälle des Missbrauchs und Treubruchs gemäß § 266 RStGB in § 2 Abs. 1 VESchG hineinzuinterpretieren, müsse zu abwegigen Erörterungen führen[89].

Demgegenüber entschied das OG bereits mit Beschluss vom 21. April 1953 dass die Tatbestandsvoraussetzungen der Untreue in § 2 VESchG dem § 266 RStGB zu entnehmen seien. Der Täter müsse über eine gewisse Selbständigkeit, Entscheidungs- und Verfügungsbefugnis verfügen. Es genüge nicht die allgemeine Feststellung, dass der Angeklagte dem zu betreuenden Vermögen einen Nachteil zugefügt habe. Vielmehr müsse auf den Einzelfall bezogen dargetan werden, dass der Täter die ihm kraft Gesetzes, behördlichen Auftrages, Rechtsgeschäfts oder Treueverhältnisses obliegende Pflicht, fremde

---

87 OG, Beschluss vom 21.4.1953 – 2 Wst III 15/53, NJ 1953, 414 f.

88 OH, Urteil vom 27.1.1955 – 2 Zst II 126/54, NJ 1955, 250 f.; OG, Urteil vom 6.10.1955 – 2 Ust II 103/55, NJ 1955, 665 f.; so auch *Hübner*, Eigentum, S. 94: Unter Urkundenfälschung fielen weiter die §§ 348 Abs. 1 und 350 RStGB.

89 *Braune*, StuR 1953, 258; ablehnend *Wolff*, NJ 1953, 518.

Vermögensinteressen wahrzunehmen, verletzt oder die ihm durch Gesetz, behördlichen Auftrag oder Rechtsgeschäft eingeräumte Befugnis, über fremdes Vermögen zu verfügen oder einen anderen zu verpflichten, missbraucht habe. Der Täter müsse im Rahmen dieser Befugnis oder Pflicht die strafbare Handlung begangen haben. Selbst wenn der Täter eine solche Befugnis oder Pflicht gehabt habe, müsse seine Handlung gerade einen Missbrauch dieser Befugnis oder einen Treuebruch darstellen[90, 91].

III. Die schweren Fälle des § 2 Abs. 2 VESchG

1. Vorbestraftheit

Vor Einschlagung des neuen Kurses legte das OG § 2 Abs. 2 Buchst. a VESchG weit aus. Verbrechen im Sinne des § 2 Abs. 2 Buchst. a VESchG müsse kein nach dem VESchG geahndetes Verbrechen sein. Es genüge eine vorhergehende Verurteilung wegen eines Verbrechens gegen gesellschaftliches Eigentum nach dem RStGB[92]. Anders hatte zuvor das Bezirksgericht entschieden und die Annahme eines schweren Falles im Sinne des § 2 Abs. 2 Buchst. a VESchG unter Hinweis auf das Rückwirkungsverbot abgelehnt[93]. Dem hielt das OG entgegen, das Gesetz stelle nur darauf ab, ob bereits einmal eine Verurteilung wegen eines Verbrechens gegen gesellschaftliches Eigentum erfolgt sei. Es komme nicht darauf an, nach welchen Vorschriften die vorangegangene Verurteilung erfolgt sei.

Der Gesetzeswortlaut lässt beide Auslegungen zu. Man kann, wie das BG, die Vorbestraftheit wegen eines Verbrechens gegen gesellschaftliches Eigentum normativ auf das VESchG beziehen.

---

90 OG, Beschluss vom 21.4.1953 – 2 Wst III 15/53, NJ 1953, 414 f.

91 So auch OG, Beschluss vom 18.6.1953 – 2 Ust III 214/53, NJ 1953, 412: Der Angeklagte war Wirtschaftsleiter eines VEB und hatte unberechtigt aus den Küchenbeständen Bockwürste entnommen. Das OG führt aus, dass der Angeklagte zwar kraft seines Anstellungsverhältnisses die Pflicht gehabt, die Vermögensinteressen des VEB insoweit wahrzunehmen, als er beauftragt war, Einkäufe für den Betrieb zu tätigen und die eingekauften Waren an die entsprechenden Betriebsabteilungen weiterzuleiten. Die unberechtigte Entnahme der Bockwürste sei jedoch keine Pflichtverletzung im Sinne des § 266 RStGB. Sie sei nicht im Rahmen dieser Pflicht geschehen; das Handeln sei auch kein Ausdruck dieser Pflicht und stehe auch nicht engem Zusammenhang mit ihr. s. auch OG, Beschluss vom 23.6.1953 – 2 Ust III 260/53, NJ 1953, 412; OG, Beschluss vom 24.6.1953 – 2 Ust III 245/53, NJ 1953, 412.

92 OG, Beschluss vom 19.2.1956 –2 Wst III 2/53, NJ 1953, 181.

93 So auch *Schuller*, Strafrecht, S. 21.

Die Auslegung des OG ist hart, verstößt aber nicht gegen das Rückwirkungsverbot. Es hat nicht eine vor Inkrafttreten des VESchG straflose Handlung nachträglich unter Strafe gestellt. Es hat auch nicht auf eine zum Zeitpunkt ihrer Begehung strafbare Handlung nachträglich eine schärfere Strafe angewendet, sondern bei einer nach Inkrafttreten des VESchG begangenen Tat vor Inkrafttreten des VESchG begangene Straftaten strafschärfend berücksichtigt[94]. Das Vertrauensprinzip[95] ist nicht verletzt.

Auf dieser Linie liegt auch das Urteil des Kammergerichts vom 13. März 1953[96]. „Verbrechen" in § 2 Abs. 2 Buchst. a VESchG meine nicht den formellen Verbrechensbegriff des § 1 RStGB, sondern den Verbrechensbegriff der StPO1952[97]. Deshalb fielen auch Vorstrafen wegen Vergehen unter § 2 Abs. 2 Buchst. a VESchG. Das OG war bei seinem Beschluss vom 19. Februar 1953 stillschweigend über diese Problematik hinweggegangen. Bei der dortigen Vortat handelte es sich auch um einen einfachen Diebstahl.

Mit Ziff. 6 der Richtlinie Nr. 3 gab das OG diese Rechtsprechung auf. Eine Bestrafung nach § 2 Abs. 2 Buchst. a VESchG setze voraus, dass die vorausgegangene Bestrafung aufgrund des VESchG erfolgt sei. Zudem sei in diesen Fällen sei zu prüfen, ob auf die der Verurteilung zugrunde liegende Handlung nach den Gesichtspunkten der Richtlinie Nr. 3 die Anwendung des VESchG gerechtfertigt war, wenn die Bestrafung vor dem 11. Juni 1953 erfolgt war.

2. Gruppe

Buchholz führt die Hereinnahme dieses neuen Begriffs in das Gesetz auf eine schlechte Übersetzung des sowjetischen Vorbilds zurück, wo von „organisierter Gruppe (Bande)" die Rede gewesen sei[98].

Der Begriff wurde durch das OG weit ausgelegt. Sobald die Beteiligung mehrerer Personen an einem Verbrechen gemäß § 1 VESchG, sei es durch Mittäterschaft, Anstiftung oder Beihilfe, festgestellt sei, müsse § 2 Abs. 2 Buchst. b VESchG angewendet werden. Dabei sei die Beteiligung von zwei Personen ausreichend[99].

---

94 LK-*Dannecker*, Strafgesetzbuch, § 1 Rz. 362.

95 A.a.O., § 1 Rz. 361.

96 KG, Urteil vom 13.3.1953 – (1) II Prb 3976/52 (117/53), NJ 1953, 347 f.

97 4. Kap. Fn. 17.

98 *Buchholz*, Osten, S. 263.

99 OG, Urteil vom 12.2.1953 – 2 Ust III 19/53, NJ 1953, 144.

Mit Ziff. 3 der Richtlinie Nr. 3 formulierte das OG eine neue Definition. Danach lag eine Gruppe im Sinne des § 2 Abs. 2 Buchst. b VESchG dann vor, wenn sich zwei oder mehrere Personen vor oder bei Begehung der Tat zu ihrer gemeinsamen Durchführung verabredet und zusammengeschlossen hatten.

In der Folgezeit bereitete der Begriff den Gerichten, berücksichtigt man die veröffentlichte Rechtsprechung, offenbar keine Schwierigkeiten. In StuR erschienen dazu zwei umfangreiche Aufsätze. Die Verfasser kamen übereinstimmend zu dem Ergebnis, dass der Anstifter bei der Prüfung, ob eine Gruppe vorliegt, nicht zu berücksichtigen ist und dass er kein Gruppenbeteiligter ist[100].

3. Mehrfache Begehung

Hier verlangte das OG, dass es sich um nach Inkrafttreten des VESchG begangene Taten handeln musste[101]. Eine andere Auslegung war nach dem Wortlaut des Gesetzes auch nicht möglich.

§ 2 Abs. 2 Buchst. b 2. Alt. VESchG wurde auch auf mehrere in Fortsetzungszusammenhang stehende Einzelakte angewendet. Die Annahme einer fortgesetzten Handlung dürfe nicht dazu benutzt werden, um zu einer Strafe zu kommen, die der Gefährlichkeit des mehrfach begangenen Verbrechens nicht entspreche. Die Feststellung des mehrfachen strafbaren Handelns stehe nicht im Widerspruch zur Annahme einer fortgesetzten Handlung, sondern sei gerade Voraussetzung dafür[102]. Sachlich war damit die Aufgabe des Begriffs des Fortsetzungszusammenhangs, wie er von Lehre und Rechtsprechung entwickelt worden war, bei gleichzeitigem Festhalten am Ausdruck verbunden. Sinn und Zweck des Begriffs des Fortsetzungszusammenhangs nach der Rechtsprechung des Reichsgerichts war es, mehrere Einzelakten als eine einzige strafbare Handlung zu werten[103].

In Widerspruch dazu stand die Ziff. 5 der Richtlinie Nr. 3. Danach konnten sich mehrere weniger schwere Angriffe gegen gesellschaftliches Eigentum als *ein* fortgesetztes Verbrechen gegen § 1 VESchG darstellen, wenn nicht mindestens zwei Teilhandlungen so schwerwiegend waren, dass jede von ihnen die Anwendung des VESchG erforderte und damit die Bestrafung nach § 2 Abs. 2 Buchst. b VESchG notwendig war. Das war eine inkonsequente Rückkehr zum

100 *Orschekowski*, StuR 1955, 680; *Römer / Schwarz*, StuR 1956, 381.

101 OG, Beschluss vom 19.2.1953 – 2 Wst III 2/53, NJ 1953, 181.

102 OG, Urteil vom 22.1.1953 – Ust III 2/53, NJ 1953, 83 f.; so schon zuvor BG Schwerin, Urteile vom 16.12.1952 – III 18/52 und III 19/52, NJ 1953, 58 f.; Ziff. 4 der Richtlinie Nr. 3.

103 *Schönke*, Strafgesetzbuch, Vorbemerkungen vor den §§ 73 ff. Anm. III. 2.

alten Begriff des Fortsetzungszusammenhangs, um in solchen Fällen in den Anwendungsbereich des VESchG gelangen zu können.

Für die Annahme eines Fortsetzungszusammenhangs verlangte das OG in objektiver Hinsicht Gleichartigkeit des verletzten Objekts, der Begehungsform und einen zeitlichen Zusammenhang, und in subjektiver Hinsicht die Gleichartigkeit der Zielsetzung. Die Gleichartigkeit des Objekts sei bei staatlichem und genossenschaftlichem Eigentum gegeben, nicht aber bei gesellschaftlichem und privatem Eigentum. Das gesellschaftliche Eigentum sei die Grundlage der Gesellschaftsordnung, weshalb ihm eine höhere Qualität zukomme, als dem Privateigentum. Für die in subjektiver Hinsicht erforderliche Gleichartigkeit der Zielsetzung genüge die bei den begangenen Straftaten einheitliche Zielsetzung. Ein Gesamtvorsatz sei nicht erforderlich[104].

4. Anwendung von Gewalt oder Diebeswerkzeugen

Die Variante der Gewaltanwendung war vom Wortlaut her unproblematisch. Hierzu wurde auch weder Rechtsprechung noch Literatur veröffentlicht.

Als Diebeswerkzeuge definierte das OG Instrumente oder Mittel, die es dem Täter ermöglichen oder erleichtern, den durch besondere Sicherung gewährleisteten Gewahrsam am sozialistischen Eigentum zu brechen und sich die zu entwendende Sache zu verschaffen, im konkreten Fall die Verwendung eines Schlauches beim Diebstahl von Benzin aus einem Tankwagen ohne Verletzung der Sicherungseinrichtungen wie Plombe usw. Gegenstände, die lediglich zum Abtransport der gestohlenen Sache vorgesehen waren, wie eine Tasche oder ein Rucksack, seien keine Diebeswerkzeuge[105].

IV. Der besonders schwere Fall des § 3 VESchG

Beim Umgang mit § 3 VESchG zeigte sich das OG bereits vor Einschlagung des neuen Kurses restriktiv[106].

Das BG hatte die Angeklagten, die 12 Tonnen Getreide und Kleie unterschlagen hatten, nach § 3 VESchG verurteilt. Das OG hob die Entscheidung auf. In § 3 VESchG habe das Gesetz durch die hohe Mindeststrafe von 10 Jahren Zuchthaus aufgezeigt, welches die schwersten Angriffe gegen gesellschaftliches Eigentum darstellen. Diese Bestimmung dürfe nur angewendet werden, wo tatsächlich ein außerordentlich schwerer An-

---

104 OG, Urteil vom 4.3.1955 – 3 Ust II 10/55, OGSt 3, 164, 169 f.

105 OG, Urteil vom 6.12.1955 – 2 Ust II 118/55, OGSt 3, 206 ff.; *Orschekowski*, NJ 1956, 456 ff.

106 OG, Urteil vom 28.5.1953 – 2 Ust III 131/53, NJ 1953, 528.

griff gegen die ökonomische Basis vorliege. Im konkreten Fall fehle es an einem besonders großen Schaden.

Auch später korrigierte das OG Urteile von Bezirksgerichten, welche § 3 VESchG angewendet hatten[107, 108]. Dagegen wurden keine Urteile veröffentlicht, in denen das OG die Anwendung des § 3 VESchG bestätigte.

Hübner nennt als Beispiel für einen besonders großen Schaden den Diebstahl von Industriediamanten durch Angestellte eines Glühlampenwerkes. Der dadurch eingetretene Schaden umfasse nicht nur den Verlust der Industriediamanten und die schlechtere Qualität der hergestellten Glühlampen, sondern auch die damit verbundene negative Stimmung unter den Arbeitern des Werkes und unter weiten Kreisen der Bürger gegenüber der volkseigenen Industrie, der technischen Intelligenz und der Regierung der DDR. Als Beispiel für die Verursachung eines Schadens, durch den Werte betroffen werden, die für besonders wichtige Aufgaben bestimmt waren, nennt Hübner den Diebstahl von Konstruktionsunterlagen für den Bau eines Handelsschiffes auf der Warnow-Werft in Rostock[109].

V. Nichtanzeige von Verbrechen

Reuter erwähnt einen vom BG Schwerin entschiedenen Fall, in dem die Ehefrau eines in einem volkseigenen Ölwerk Beschäftigten, der Öl gestohlen hatte, wegen Verletzung der Anzeigepflicht gemäß § 4 VESchG zu sechs Monaten Gefängnis verurteilt worden war. Die Ehefrau hatte das Öl im Haushalt verwertet. Nach der Auffassung von Reuter hätte hier eine Verurteilung wegen sonstigen Beiseiteschaffens gemäß § 1 VESchG erfolgen müssen[110].

Sonst finden sich sonst nur drei Entscheidungen, die sich mit § 4 VESchG befassen, seine Anwendung aber jeweils abgelehnen. Im Urteil vom 6. März 1953, also noch vor Einleitung des neuen Kurses, stellte das OG fest, wer sich an einem Verbrechen gemäß §§ 1, 2 VESchG beteilige, sei nicht zur Anzeigeerstattung verpflichtet, da dies auf eine Selbstanzeige hinausliefe[111, 112]. Die Anwendbarkeit des § 4 VESchG wurde konsequenterweise verneint, wenn auf

---

107 OG, Urteil vom 19.6.1953 – 2 Ust III 251/53, NJ 1953, 469 f.

108 OG, Urteil vom 15.5.1954 –1 Zst – Pl – III 14/54, NJ 1954, 478.

109 *Hübner*, Eigentum S. 110 f. Ob es sich um tatsächliche Fälle oder um Schulbeispiele handelt, ist nicht ersichtlich.

110 *Reuter*, NJ 1953, 233.

111 OG, Urteil vom 6.3.1953 – 3 Ust II 3/53, NJ 1953, 310.

112 So auch OG, Urteil vom 24.2.1956 – 3 Ust II 10/56, NJ 250 f.

die Haupttat wegen fehlender Schwere des Angriffs gegen das gesellschaftliche Eigentum das VESchG nicht anwendbar war[113].

Im Zuge der Vorarbeiten für die gesetzliche Neuregelung des Schutzes des gesellschaftlichen Eigentums im StEG wurde geäußert, § 4 VESchG habe keine große Bedeutung erlangt. Soweit er konsequent angewendet worden sei, hätte er in der Praxis, etwa bei Angehörigen des Täters, nicht immer zu vertretbaren Ergebnissen geführt[114].

113 OG, Urteil vom 27.8.1953 – 3 Ust II 215/53, NJ 1953, 596 ff.

114 *Schmidt*, NJ 1957, 363.

5. Kapitel: Entwurf eines Allgemeinen Strafgesetzbuches

Das Politbüro der SED beschloss am 11. Dezember 1951, durch eine Parteikommission prüfen zu lassen, ob das Strafgesetzbuch und andere Gesetze neu gefasst oder neu geschaffen werden sollten[1]. In ihrem Bericht aus dem Jahre 1952 kam die Kommission zu dem Ergebnis, dass eine komplette Neukodifikation des Strafgesetzbuchs erforderlich sei[2]. Am 12. Juni 1952 beschloss der Ministerrat, eine Regierungskommission einzusetzen und mit der Ausarbeitung des neuen Strafgesetzbuchs zu beauftragen. In der Folgezeit wurden Entwürfe des Strafgesetzbuchs unter Einbeziehung der Sowjetischen Kontrollkommission fertiggestellt. In seiner Sitzung vom 14. April 1953 stimmte das Politbüro dem nunmehr vorliegenden Entwurf „im Prinzip" zu, was beinhaltete, dass noch kleinere Änderungen und Ergänzungen vorgenommen werden sollten. Nach der Planung des Politbüros sollte das „Allgemeine Strafgesetzbuch der Deutschen Demokratischen Republik" (AStGB) von der Volkskammer kurzfristig verabschiedet werden und am 1. Juni 1953 in Kraft treten. Obgleich dies noch am 14. April 1953 vorgesehen war, stand der Entwurf des AStGB aus bislang ungeklärten Gründen am 21. April 1953 nicht mehr auf der Tagesordnung des Politbüros[3]. Im Mai 1953 erhob die Sowjetische Kontrollkommission neue schwerwiegende Einwendungen gegen den Entwurf des AStGB und zwar zu Regelungen, die sie bislang nicht beanstandet hatte. Diese Einwendungen wurden in einem „Merkblatt" formuliert. Die Sowjetische Kontrollkommission wandte sich gegen die Einbeziehung des Gesetzes zum Schutze des Friedens, welches aus praktischen und politischen Erwägungen als selbständiges Gesetz neben dem Strafgesetzbuch erhalten bleiben solle. Zahlreiche Tatbestände seien zu unbestimmt definiert. Teilweise laufe der Entwurf darauf hinaus, nicht strafwürdiges Verhalten unter Strafe zu stellen. Die Strafmaßnahmen für einzelne Arten von Verbrechen seien zu streng. Im Strafgesetzbuch müsse sich in höherem Maße der sozialistische Charakter der DDR widerspiegeln. In allen Fällen, wo dies möglich sei, müsse Warnungen und Maßnahmen erzieherischen Charakters der Vorrang gegeben werden[4]. Hintergrund des Sinneswandels in der Sowjetischen Kontrollkommission war eine Veränderung der

---

1 *Mollnau*, Dokumente, S. 52.

2 A.a.O., S. 53.

3 A.a.O., S. 55 f.

4 A.a.O., S.164 ff.

sowjetischen Politik, die sich auch in der bereits dargestellten Forderung an die SED zur Einschlagung des neuen Kurses äußerte[5]. Die nachstehenden Ausführungen beziehen sich auf den Entwurf des AStGB, der am 14. April 1953 dem Politbüro vorlag.

Die Regelungen zum Schutz des sozialistischen Eigentums fanden sich im 3. Kapitel des Besonderen Teils des Ersten Buchs – Über die Bestrafung von Verbrechen – des AStGB-E.

§ 75 AStGB-E enthielt die Definition des sozialistischen Eigentums:

> „Sozialistisches Eigentum im Sinne dieses Gesetzes ist das staatliche sozialistische Eigentum (Volkseigentum) und das Eigentum sozialistischer Genossenschaften. Dem sozialistischen Eigentum ist das Eigentum der gesellschaftlichen Organisationen gleichgestellt."

§ 76 AStGB-E regelte unter der Überschrift „Entwendung von sozialistischem Eigentum" Diebstahl, Unterschlagung, Betrug und Untreue[6].

Hervorzuheben ist die Ausweitung des Betrugstatbestands gegenüber § 263 RStGB durch Einbeziehung der Ausnutzung eines Irrtums. Gegenüber dem VESchG sollte die Höchststrafe für Diebstahl, Unterschlagung und Betrug auf acht Jahre heraufgesetzt werden, während bei der Untreue mit diesem Strafrahmen gegenüber dem VESchG eine Anpassung nach unten erfolgt wäre.

§ 77 AStGB-E regelte die schweren Fälle des § 76 AStGB-E unter Anlehnung an die §§ 2 und 3 VESchG[7].

---

5 *Wentker*, SBZ/DDR, S. 555.

6 „Wer sozialistisches Eigentum entwendet, indem er 1. eine im sozialistischen Eigentum stehende Sache wegnimmt, um sie sich unberechtigt anzueignen (Diebstahl). 2. eine im sozialistischen Eigentum stehende Sache, die er in Gewahrsam hat, sich unberechtigt aneignet (Unterschlagung), 3. durch Erregung oder Ausnutzung eines Irrtums eine für das sozialistische Eigentum nachteilige Verfügung veranlaßt, um sich oder einem anderen unberechtigt, einen Vorteil zu verschaffen (Betrug), oder 4. eine ihm auferlegte Pflicht, sozialistisches Eigentum zu betreuen oder zu verwalten, verletzt und dadurch das sozialistische Eigentum schädigt (Untreue), wird mit Freiheitsentziehung von einem Jahre bis zu acht Jahren bestraft."

7 „Wird die Entwendung mit Gewalt, unter Benutzung von Diebeswerkzeugen, von mehreren gemeinsam oder in besonders raffinierter Weise begangen, so ist auf Freiheitsentziehung von drei bis fünfzehn Jahren zu erkennen. Ebenso wird bestraft, wer die Entwendung unter schwerem Mißbrauch einer Staatsfunktion oder einer verantwortlichen Stellung in der Wirtschaft begeht oder wer bereits wegen eines Verbrechens gegen das sozialistische Eigentum vorbestraft ist. Ist durch die Entwendung sozialistischen Eigentums ein besonders großer Schaden entstanden oder sind Werte betroffen, die für eine besonders wichtige Aufgabe bestimmt waren, so ist auf Freiheitsentziehung nicht unter zehn Jahren zu erkennen."

Neu war das nicht gerade bestimmte Merkmal „in besonders raffinierter Weise“. Im Falle des Abs. 3, der § 3 VESchG entsprach, sollte es bei der Höchststrafe von fünfundzwanzig Jahren bleiben (§ 17 Abs. 3 AStGB-E).

Einbeziehen in die Verbrechen gegen das sozialistische Eigentum wollte der Entwurf des AStGB auch den Raub und die Erpressung zum Nachteil sozialistischen Eigentums, wofür jeweils ein Strafrahmen von drei bis fünfzehn Jahren Freiheitsstrafe vorgesehen war (§§ 78 Abs. 1, 79 Abs. 1 AStGB-E). Für schwere Fälle des Raubes, Begehung durch Mehrere, Herbeiführung einer schweren Gesundheitsbeschädigung oder des Todes eines Menschen, sollte Freiheitsstrafe von fünf bis fünfundzwanzig Jahren angedroht werden (§ 78 Abs. 2 AStGB-E). Waren durch die Erpressung Schäden im Sinne des § 77 Abs. 3 AStGB-E verursacht worden, so sollte der Strafrahmen zehn bis fünfundzwanzig Jahre Freiheitsentziehung betragen (§ 79 Abs. 3 AStGB-E).

Abweichend vom VESchG erfasste § 80 AStGB-E auch die Sachbeschädigung sozialistischen Eigentums und sah dafür Freiheitsentziehung bis zu fünf Jahren (§ 80 Abs. 1 AStGB-E) und bei erheblichen Schäden Freiheitsentziehung von drei bis fünfzehn Jahren (§ 80 Abs. 2 AStGB-E) vor. Sogar die fahrlässige Sachbeschädigung sozialistischen Eigentums sollte unter Strafe gestellt werden[8].

Für die Vollstreckungsvereitelung und die Verletzung des Erfinder- und Urheberrechts zum Nachteil sozialistischen Eigentums sahen die §§ 82 und 83 AStGB-E einen Strafrahmen von einem bis zu acht Jahren Freiheitsentziehung und Geldstrafe vor.

§ 84 AStGB-E enthielt eine mit dem Tatbestand des sonstigen Beiseiteschaffens von gesellschaftlichem Eigentum in § 1 Abs. 1 VESchG vergleichbare Auffangregelung über die Bereicherung an sozialistischem Eigentum[9].

Weiter enthielt der Entwurf des AStGB im Abschnitt über die Verbrechen gegen Verwaltung und Justiz einen allgemeinen Denunziationstatbestand für beabsichtigte und begangene Verbrechen. Bei Nichtanzeige von Verbrechen

---

8 § 81 AStGB-E: „Wer fahrlässig eine im sozialistischen Eigentum stehende Sache beschädigt oder zerstört und dadurch dem sozialistischen Eigentum einen nicht unerheblichen Schaden zufügt, wird mit Freiheitsentziehung bis zu zwei Jahren, Besserungsarbeit oder öffentlichem Tadel bestraft.“

9 „1. Wer sich an sozialistischem Eigentum bereichert, wird mit Freiheitsentziehung von einem Jahre bis zu acht Jahren bestraft, soweit das Verbrechen nicht nach anderen gesetzlichen Bestimmungen schwerer zu bestrafen ist. 2. In minder schweren Fällen kann auf Freiheitsentziehung bis zu zwei Jahren, Besserungsarbeit oder öffentlichen Tadel erkannt werden.“

gegen das sozialistische Eigentum sollte Freiheitsentziehung bis zu fünf Jahren angedroht werden (§ 166 Abs. 2 AStGB-E).

Verbrechen gegen das persönliche und private Eigentum sollten erheblich milder bestraft werden. Für Diebstahl, Unterschlagung, Untreue oder Betrug war Freiheitsentziehung von sechs Monaten bis zu fünf Jahren vorgesehen (§ 151 AStGB-E). Für schwere Fälle, die entsprechend § 77 AStGB-E geregelt waren, sollte Freiheitsentziehung von einem Jahr bis zu zehn Jahren angedroht werden (§ 152 AStGB-E). In minder schweren Fällen – bei geringem Schaden – sollte auf Freiheitsentziehung unter sechs Monaten, auf Besserungsarbeit oder auf öffentlichen Tadel erkannt werden können (§ 153 AStGB-E). Für den einfachen Fall des Raubes sollte die Strafdrohung zwei bis zehn Jahre Freiheitsentziehung betragen, für den schweren Fall – Tatbegehung durch mehrere, Herbeiführung einer schweren Gesundheitsschädigung oder des Todes eines Menschen – Freiheitsentziehung von fünf bis zu fünfundzwanzig Jahren (§ 155 AStGB-E). Für die Sachbeschädigung zum Nachteil persönlichen und privaten Eigentums sollte der Strafrahmen Freiheitsentziehung bis zu einem Jahr, Besserungsarbeit oder öffentlicher Tadel betragen, bei erheblichen Schäden Freiheitsentziehung bis zu fünf Jahren (§ 157 AStGB-E). Eine Strafbarkeit der fahrlässigen Sachbeschädigung zum Nachteil persönlichen und privaten Eigentums war nicht vorgesehen. Für die Fälle der Verletzung der Verletzung des Erfinder- und Urheberrechts sollte Freiheitsentziehung bis zu drei Jahren und Geldstrafe angedroht werden (§ 158 AStGB-E). Eine dem § 84 AStGB-E entsprechende strafrechtliche Generalkausel über die Bereicherung an persönlichem und privatem Eigentum enthielt der Entwurf des AStGB nicht.

Die Bestimmungen zum Schutz des sozialistischen Eigentums im AStGB-E lagen ganz auf der Linie des VESchG und gingen bei den Strafdrohungen z.T. erheblich darüber hinaus. Strafen ohne Freiheitsentzug für geringfügige Fälle waren nicht vorgesehen. Die einzige Ausnahme machte der generalklauselartige Tatbestand der Bereicherung an sozialistischem Eigentum des § 84 AStGB-E. Nach Einschlagung des neuen Kurses durch den Beschluss der SED vom 9. Juni 1953 passte der Entwurf des AStGB-E nicht mehr in die politische Landschaft. Die Arbeiten am AStGB wurden nicht fortgesetzt. Die genauen Hintergründe sind bislang nicht geklärt[10].

10 Vgl. *Wentker*, SBZ/DDR S. 556.

6. Kapitel: Strafrechtsergänzungsgesetz

A) Zur Entstehungsgeschichte – Überblick

Auf der Justizkonferenz am 10. Mai 1956 kündigte Generalstaatsanwalt Melsheimer den Erlass eines Gesetzes zur Ergänzung des Strafgesetzbuchs an[1]. Dieses Gesetz sollte ursprünglich nur neue Regelungen zum Allgemeinen Teil des Strafgesetzbuchs und zu den Staatsverbrechen enthalten[2]. Durch Erklärung der Regierung der UdSSR über die Beziehungen zwischen der Sowjetunion und der DDR vom 25. März 1954 waren sämtliche SMAD-Befehle außer Kraft gesetzt worden[3]. Durch Vertrag zwischen der DDR und der UdSSR vom 20. September 1955[4] wurde der DDR Souveränität gewährt. In diesem Zusammenhang hatte die UdSSR alle Gesetze, Direktiven und Befehle des Kontrollrats für das Gebiet der DDR aufgehoben[5]. Damit waren auch Staatsschutztatbestände weggefallen, so dass neue Bestimmungen erforderlich wurden. Mit den Vorschriften zum Allgemeinen Teil sollten neue Strafarten eingeführt und damit der Erziehungsgedanke des Strafrechts in den Vordergrund gerückt werden[6].

Der Gesetzgebungsprozess wurde beeinflusst, vielleicht sogar maßgeblich ausgelöst, durch die Ereignisse auf dem XX. Parteitag der KPdSU vom 14. bis zum 26. Februar 1956, auf dem Chrustschow den Personenkult um Stalin verurteilt und massive Verletzungen der sozialistischen Gesetzlichkeit unter der Verantwortung von Stalin angeprangert hatte[7]. In der Arbeitstagung im Ministerium der Justiz vom 17. April 1956 wurde eingeräumt, dass es auch in der DDR Verstöße gegen die Gesetzlichkeit gegeben habe[8]. In der Auswertung der III. Parteikonferenz der SED vom 24. bis zum 30. März 1956 stellte das Kollegium des Ministeriums der Justiz fest, dass die Gesetzlichkeit nicht nur

---

1 *Melsheimer*, NJ 1956, 291.

2 *Benjamin*, NJ 1956, 321.

3 *Benjamin / Becker / Görner / Schriewer*, StuR 1969, 1131.

4 GBl. I 1955, 917 f.

5 *Benjamin / Becker / Görner / Schriewer*, a.a.O.

6 *Benjamin*, NJ 1956, 321.

7 *Chrustschow* zitiert nach *Judick / Steinhaus*, Stalin, S. 83 u. 123.

8 Ohne *Verfasserangabe*, NJ 1956, 259.

eine Sache der Durchführung der Gesetze sei, sondern bereits bei der Gesetzgebung gesichert werden müsse. Dies betreffe insbesondere die Verbesserung der Systematik und der Gesetzgebungsmethode[9]. Dass die Gesetzeslage zum Schutz des gesellschaftlichen Eigentums, nämlich das Nebeneinander von RStGB und VESchG in Verbindung mit den uneinheitlich gehandhabten Abgrenzungskriterien der Richtlinie Nr. 3 des OG, der offene Tatbestand des sonstigen Beiseiteschaffens und der systemfremde Strafverschärfungsgrund der Urkundenfälschung diesen Anforderungen nicht genügten, wurde erkannt und führte dazu, auch die Neuregelung der Straftatbestände zum Schutze des gesellschaftlichen Eigentums in das StEG aufzunehmen[10].

Das StEG wurde am 11. Dezember 1957 verabschiedet und trat am 1. Februar 1958 in Kraft.

Der erste Teil des StEG enthält die Ergänzungen zum Allgemeinen Teil des Strafgesetzbuches, deren Kenntnis für das Verständnis der neuen Regelungen über den Schutz des gesellschaftlichen Eigentums erforderlich ist.

Mit § 1 StEG wurde die bedingte Verurteilung als neue Strafart eingeführt. Gemäß § 1 Abs. 1 Satz 1 StEG konnte eine Verurteilung zu einer Gefängnisstrafe bis zu zwei Jahren bedingt ausgesprochen werden, wenn der Grad der Gefährlichkeit der Tat, die Umstände unter denen sie begangen wurde, und das Verhalten des Täters vor und nach Begehung der Straftat dies rechtfertigte. Die bedingte Verurteilung bewirkte, dass die festgesetzte Strafe nur vollstreckt wurde, wenn der Verurteilte während einer vom Gericht festzusetzenden Zeit von einem Jahr bis zu fünf Jahren eine neue Straftat beging, für die eine mehr als dreimonatige Gefängnisstrafe ausgesprochen wurde (§ 1 Abs. 1 Satz 2 StEG). War die Bewährungszeit abgelaufen, ohne dass die Bedingung für die Vollstreckung der Strafe eingetreten war, hatte das Gericht durch Beschluss festzustellen, dass der Verurteilte als nicht bestraft galt (§ 2 StEG). Die bedingte Verurteilung konnte zunächst nicht mit Auflagen verbunden werden. Durch das Gesetz zur Änderung und Ergänzung strafrechtlicher und verfahrensrechtlicher Vorschriften vom 17. April 1963[11] wurde den Gerichten die Möglichkeit gegeben, die bedingte Verurteilung mit der Verpflichtung des Angeklagten, seinen bisherigen oder einem ihm zugewiesenen Arbeitsplatz

9 Ohne *Verfasserangabe*, NJ 1956, 263.

10 In NJ 1957, 361 ff. unterbreitete *Helmut Schmidt*, Hauptreferent im Ministerium der Justiz, Vorschläge für die Neuregelung des strafrechtlichen Schutzes des gesellschaftlichen Eigentums, die im Strafrechtsergänzungsgesetz im wesentlichen übernommen wurden.

11 GBl. I 1963, 65.

nicht zu wechseln, zu verbinden. Die bedingte Strafaussetzung gemäß § 346 StPO1952 war nach Aufhebung der Richtlinie Nr. 1 des OG durch Beschluss vom 30. April 1956 aber auch wieder in unmittelbarem Anschluss an die Urteilsverkündung möglich und als Ersatz einer gesetzlich nicht vorgesehenen Bewährungsstrafe zum Einsatz gekommen. Mit der Einführung der bedingten Verurteilung sollte § 346 StPO1952 wieder ausschließlich zu einem Instrument im Rahmen der Strafvollstreckung werden[12].

Eine weitere neue Strafart des StEG war der öffentliche Tadel, geregelt in § 3 StEG. Er sollte den Täter „durch die öffentliche Missbilligung seines Verhaltens zur Erkenntnis der Verwerflichkeit und Gesetzwidrigkeit seines Handelns führen und ihn dadurch zur verantwortungsbewußten Erfüllung seiner Pflichten anhalten". Der öffentliche Tadel wurde durch die Urteilsverkündung ausgesprochen (§ 3 Abs. 3 StEG)[13]. Gemäß § 5 Abs. 2 StEG war der öffentliche Tadel, wenn er neben Freiheitsstrafe angedroht war, nur zulässig, wenn nach dem gesamten bisherigen Verhalten des Täters seine Erziehung zur Achtung der sozialistischen Gesetzlichkeit durch eine solche Strafe erreicht werden konnte.

Gemäß § 7 StEG konnte das Gericht bei jeder Bestrafung die öffentliche Bekanntmachung anordnen, wenn sie zur Verstärkung der erzieherischen Wirkung, zur Einwirkung auf andere Bürger und zur Aufklärung der Bevölkerung geboten war.

§ 8 StEG war die gesetzliche Konkretisierung des materiellen Verbrechensbegriffs. Danach lag eine Straftat nicht vor, wenn die Handlung zwar dem Wortlaut eines gesetzlichen Tatbestandes entsprach, aber wegen ihrer Geringfügigkeit und mangels schädlicher Folgen für die Deutsche Demokratische Republik, den sozialistischen Aufbau, die Interessen des werktätigen Volkes sowie des einzelnen Bürgers nicht gefährlich war.

Auch § 9 StEG war eine Konsequenz aus dem materiellen Verbrechensbegriff. Danach hatte eine Bestrafung nicht zu erfolgen, wenn zur Zeit der Durchführung des Strafverfahrens die Tat nicht mehr als gesellschaftsgefährlich anzusehen war oder wenn nach der Tat im gesamten Verhalten des Täters eine

---

12 *Melsheimer*, NJ 1958, 44.

13 Mit dem öffentlichen Tadel soll eine schon bis dahin geübte Verfahrenspraxis gesetzlich umgesetzt worden sein, die darin bestanden habe, in den Fällen, in denen die Einstellung wegen Geringfügigkeit gemäß § 153 StPO1877 durch den Staatsanwalt als nicht angebracht erschien, diese in einer Hauptverhandlung durch das Gericht verbunden mit einer belehrenden und tadelnden Begründung vornehmen zu lassen (Melsheimer, a.a.O.).

grundlegende Wandlung eingetreten war, die erwarten ließ, dass er die sozialistische Gesetzlichkeit beachten werde.

Andererseits wurde durch das StEG der Anwendungsbereich der Geldstrafe stark eingeschränkt. Gemäß § 27b RStGB konnte auf Geldstrafe erkannt werden, wenn für ein Vergehen oder eine Übertretung, für die an sich eine Geldstrafe überhaupt nicht oder nur neben Freiheitsstrafe zulässig war, Freiheitsstrafe von weniger als drei Monaten verwirkt war, wenn der Strafzweck durch eine Geldstrafe erreicht werden konnte. § 27b RStGB wurde durch § 11 StEG aufgehoben. Als Nebenstrafe zum öffentlichen Tadel konnten allerdings weiterhin die Geldstrafe ausgesprochen werden (§ 4 StEG).

§ 1 Abs. 2 EGStPO1952 und damit § 153 StPO1877 wurde durch § 42 StEG aufgehoben.

Der zweite Teil des StEG enthielt Ergänzungen zum Besonderen Teil des Strafgesetzbuchs, dessen zweiter Abschnitt regelte die Verbrechen gegen das gesellschaftliche Eigentum.

In § 28 StEG fand sich die Legaldefinition des gesellschaftlichen Eigentums, welche sachlich der Präambel des VESchG entsprach. Gesellschaftliches Eigentum war danach das Eigentum des Arbeiter-und-Bauern-Staates (Volkseigentum), das Eigentum sozialistischer Genossenschaften und das Eigentum demokratischer Parteien und Organisationen.

Nach § 29 Abs. 1 Satz 1 StEG war mit Gefängnis[14], bedingter Verurteilung[15] oder öffentlichem Tadel (§ 3 StEG) zu bestrafen, wer durch Diebstahl (§ 242 StGB), Unterschlagung (§ 246 StGB), Betrug (§ 263 StGB) oder Untreue (§ 266 StGB) gesellschaftliches Eigentum angriff. Gemäß § 29 Abs. 2 StEG war der Versuch strafbar. Daneben konnte auf Geldstrafe erkannt werden (§ 29 Abs. 1 Satz 2 StEG). Damit war eine weitgehende Angleichung an die entsprechenden Strafdrohungen des RStGB verbunden, ausgenommen die einfache Unterschlagung, bei der die Höchststrafe drei Jahre Gefängnis betrug. Bei der Untreue nach dem RStGB war der Versuch nicht strafbar; andererseits war neben Gefängnisstrafe zwingend auf Geldstrafe zu erkennen.

Der Ausspruch der Geldstrafe als Hauptstrafe war damit wegen der Aufhebung des § 27b RStGB bei Straftaten gegen das gesellschaftliche Eigentum nach dem StEG nicht mehr möglich.

---

14 Die Höchststrafe betrug somit fünf Jahre Gefängnis (§ 16 RStGB).

15 Dies ergibt sich aus § 1 Abs. 1 Satz 1 StEG.

Nach § 30 Abs. 1 StEG betrug die Strafe in schweren Fällen Zuchthaus bis zu zehn Jahren. Daneben konnte auf Geldstrafe erkannt werden. Ein schwerer Fall lag bei einer schweren Schädigung des gesellschaftlichen Eigentums vor (§ 30 Abs. 2 StEG), weiter wenn die Tat unter grober Verletzung der sich aus einer verantwortlichen Stellung ergebenden Pflichten begangen wurde (§ 30 Abs. 2 Buchst. a StEG), wenn an der Tat mehrere mitwirkten, welche sich zur fortgesetzten Begehung von Straftaten gegen gesellschaftliches Eigentum verbunden hatten (§ 30 Abs. 2 Buchst. b StEG) und wenn der Täter zweimal wegen der in § 29 genannten Straftaten gegen gesellschaftliches Eigentum mit Freiheitsstrafe bestraft war und die Strafen noch nicht getilgt waren (§ 30 Abs. 2 Buchst. c StEG). Mit der Formulierung „insbesondere“ vor Aufzählung der Fälle des § 30 Abs. 2 Buchst. a – c StEG sah das Gesetz einen unbenannten schweren Fall vor.

Gemäß § 30 Abs. 3 StEG war ein schwerer Fall nicht gegeben, wenn zwar die Voraussetzungen des Absatzes 2 erfüllt waren, jedoch unter Berücksichtigung der gesamten Umstände eine erhöhte Gefährdung des gesellschaftlichen Eigentums nicht eingetreten war.

Durch § 31 Abs. 1 StEG wurde das VESchG außer Kraft gesetzt.

Gegenüber der bis dahin geltenden Rechtslage war damit ein bedeutender Fortschritt erreicht. Das StEG nahm auf die weitgehend geklärten Grundtatbestände zum Schutze des Eigentums und Vermögens des RStGB Bezug. Auf den umstrittenen Tatbestand des „sonstigen Beiseiteschaffens“ wurde verzichtet. Die Urkundenfälschung, deren Objekt nicht das (gesellschaftliche) Eigentum war und die nur in Verbindung mit anderen Eigentumsdelikten, insbesondere Betrug, relevant werden konnte, entfiel. Auf die Aufnahme einer dem § 3 VESchG entsprechenden Vorschrift wurde verzichtet[16], ebenso auf einen Denunziationstatbestand.

Die Anforderungen für die Annahme eines schweren Falles gemäß § 30 StEG waren gegenüber denen des § 2 VESchG erheblich erhöht. § 30 Abs. 3 StEG ermöglichte eine flexible Handhabung des Anwendungsbereichs der schweren Fälle.

Die Konzeption des VESchG, Angriffe gegen das gesellschaftliche Eigentum grundsätzlich härter zu bestrafen als Angriffe gegen sonstiges Eigentum, wurde mit dem StEG aufgegeben. Beim schweren Rückfall des Diebstahls

16 Schwerste Angriffe auf das gesellschaftliche Eigentum sollten über die Tatbestände der Diversion (§ 22 StEG) und Sabotage (§ 23 StEG) erfasst werden (*Schmidt*, NJ 1957, 363).

gemäß § 244 RStGB lag der Strafrahmen mit zwei bis fünfzehn Jahren Zuchthaus sogar noch über dem des § 30 StEG.

Die theoretische Auseinandersetzung mit der Stalin'sche Theorie von der besonders hohen strafrechtlichen Schutzbedürftigkeit des Volkseigentums bzw. des sozialistischen Eigentums erfolgte erst durch Buchholz in seiner Habilitationsschrift aus dem Jahre 1963: Im Gegensatz zu den Staatsverbrechen wie Diversion und Sabotage richteten sich Eigentumsdelikte nicht gegen die sozialistischen Produktionsverhältnisse und ihre Grundlage, das sozialistische Eigentum, schlechthin. Sie seien auch nicht auf Untergrabung der ökonomischen Ordnung der DDR gerichtet. Bei den Eigentumsdelikten gehe es nicht um eine grundsätzliche Veränderung der Eigentumsstruktur, sondern um die Herausschlagung materieller Vorteile für die Täter im Rahmen der bestehenden Eigentumsverhältnisse[17]. Die Theorie von der besonders hohen strafrechtlichen Schutzbedürftigkeit des sozialistischen Eigentums gehe auf das fehlerhafte methodische Vorgehen der dogmatischen Deduktion zurück, das Konkrete aus der rein logischen Entwicklung der allgemeinen Wahrheit abzuleiten[18, 19]. Die gebotene konkrete Betrachtung ergebe nun, dass sich Eigentumsdelikte, insbesondere Diebstähle, niemals auf Entwendung oder Entziehung der grundlegenden Produktionsmittel selbst, wie Grund und Boden, Bodenschätze, Fabriken usw. beziehen könnten. Diebstahlsgegenstände seien Geld und typischerweise Werte aus dem Bereich der Zirkulation bzw. der Distribution, namentlich des Handels. Zwar könne die Entwendung derartiger Gegenstände und Werte im Einzelfall auch eine erhebliche volkswirtschaftliche Schädigung bedeuten. Eigentumsdelikte seien jedoch objektiv niemals geeignet, die ökonomischen Grundlagen der sozialistischen Ordnung zu erschüttern[20]. Zwar müssten hinsichtlich der Angriffsrichtung die Diebstähle gegen das sozialistische und solche gegen das persönliche und private Eigentum unterschieden werden. Daraus dürften jedoch keine schematischen Gegenüberstellungen in der Strafpolitik abgeleitet werden[21]. Diese Auffassung wurde in der DDR herrschend[22].

---

17 *Buchholz*, Diebstahl, S. 37.

18 A.a.O., S. 40.

19 Tatsächlich enthält die Stalin'sche Gedankenführung schon einen logischen Fehler, nämlich eine quarternio terminorum, indem sie mit einem Ausdruck für zwei Begriffe, nämlich einmal für die Institution Volkseigentum und zum anderen für ein konkretes Stück Volkseigentum operiert.

20 *Buchholz*, a.a.O., S. 44.

21 *Buchholz*, a.a.O., S. 58.

22 *Lehrbuch BT 1981*, S. 124.

In den Zeitraum der Geltung des StEG fallen zwei auch für das Verständnis der Anwendung dieses Gesetzes, insbesondere bei Anwendung der schweren Fälle und der Strafzumessung, wichtige Dokumente des Staatsrates der DDR.

Im Beschluss vom 30. Januar 1961 über die weitere Entwicklung der Rechtspflege wird betont, dass die Ursachen der Kriminalität in der DDR beseitigt seien. In der sozialistischen Gesellschaft brauche keiner zum Verbrecher zu werden. Sie gebe jedem ehrlichen Arbeiter die Gewähr dafür, entsprechend seinen Fähigkeiten und Leistungen als gleichberechtigter Bürger an den Errungenschaften des Arbeiter-und-Bauern-Staates teilzunehmen und mitzuschaffen. Weiter wird das Differenzierungsprinzip aufgegriffen. Gegenüber Feinden der DDR und solchen Personen, die schwere Verbrechen begingen, müssten die Gesetze mit aller Härte angewendet werden. Bei Personen, die eine Straftat begingen, die zu ihrem sonstigen Verhalten in Widerspruch stehe, könnten nach Prüfung der Hintergründe vielfach erzieherische Maßnahmen wie die bedingte Verurteilung oder der öffentliche Tadel ausreichend sein. Weiter wird hervorgehoben, dass die sozialistische Gesetzlichkeit die allseitige, genaue Beachtung des gesetzlichen Tatbestandes verlange. Nur so könne der Grad der Gesellschaftsgefährlichkeit der Rechtsverletzung erkannt werden. Dazu gehöre die gründliche Untersuchung aller objektiven Umstände und Folgen der Straftat und der Persönlichkeit des Täters, seiner Entwicklung, seines Bewusstseinszustandes und seines gesellschaftlichen Verhaltens[23].

Das zweite Dokument ist der bereits erwähnte Rechtspflegeerlass vom 4. April 1963. Er geht in seinem Grundsatzteil von einem endgültigen Sieg der sozialistischen Produktionsverhältnisse in der DDR aus[24]. Die sozialistische Gesellschaft entfalte die moralisch-menschliche Kraft, um Überzeugung und Erziehung zur Hauptmethode der gesamten staatlichen Tätigkeit zu machen. Solche Faktoren bestimmten daher auch immer stärker den Kampf der sozialistischen Gesellschaft um die strikte Einhaltung ihres Rechts, das auf der vom werktätigen Volk geschaffenen sozialistischen Gesellschaftsordnung beruhe. Der Arbeiter-und-Bauern-Staat wende jedoch das sozialistische Recht als eine scharfe Waffe gegenüber solchen Personen an, die im Dienste imperialistischer Agenturen und der NATO feindliche Handlungen gegen die DDR und ihre Bürger begingen oder sich durch andere schwere Verbrechen außerhalb der Gesellschaft stellten.

---

23 GBl. I 1961, 3.

24 Durch den Mauerbau ab dem 13.6.1961 war der Abfluss von Arbeitskräften in den Westen unterbunden worden. Das hatte eine Stabilisierung der wirtschaftlichen Lage in der DDR zur Folge. Vgl. *Weber*, DDR S. 61.

B) Einzelfragen

I. Die verschiedenen Begehungsformen[25] des § 29 Abs. 1 StEG

1. Diebstahl

a) Diebstahl von Volkseigentum zugunsten von Volkseigentum

In seiner Habilitationsschrift behandelt Buchholz das Problem, ob Diebstahl sozialistischen Eigentums zugunsten sozialistischen Eigentums möglich ist[26, 27]. Das sich dabei zuerst stellende Problem der Möglichkeit des Diebstahls für Dritte[28] sei zu bejahen. Dabei sei die Übergabe des Diebstahlsgegenstandes an den Dritten als Ausfluss der durch den Täter im Zuge des Diebstahls rechtswidrig usurpierten Eigentümerstellung zu betrachten[29]. Die Möglichkeit des Diebstahls zwischen verschiedenen Eigentümern sozialistischen Eigentums war damit ohne weiteres gegeben. Sozialistische Genossenschaften und gesellschaftliche Organisationen waren Eigentümer ihrer Vermögenswerte. Anders verhielt es sich beim Volkseigentum. Es gab nur das einheitliche Volkseigentum des Arbeiter-und-Bauern-Staates, welches in der Regel verschiedenen Rechtsträgern, wie z.B. den volkseigenen Betrieben zur Bewirtschaftung bzw. operativen Verwaltung überlassen war[30, 31]. Die volkseigenen Betriebe waren zwar juristische Personen[32], konnten aber kein eigenes Eigentum haben[33]. Buchholz bejahte sowohl die Möglichkeit des Diebstahls zum Nachteil eines VEB und zugunsten eines anderen VEB, wie die innerhalb eines einziges VEB, so, wenn ein Arbeiter in einer Abteilung seines Betriebes Werkzeug oder Material zum Zwecke der Weiterverwendung in einer anderen Abteilung mitnahm. Zwar müsse man von einer *abstrakten juristischen Ei-*

---

25 *Schwarz / Beyer*, NJ 1958, 736.

26 *Buchholz*, Diebstahl, S. 100.

27 Das Problem konnte sich auch bei Unterschlagung, Betrug und Untreue stellen.

28 § 242 RStGB sprach nur von „*sich* zuzueignen".

29 So auch *Schönke*, Strafgesetzbuch, § 242 Anm. VII. 2. d), der dieses Ergebnis auch auf die nach dem nationalsozialistischen § 2 RStGB zulässige analoge Anwendung des § 242 RStGB stützen will.

30 § 18 Abs. 2 ZGB.

31 Es gab auch Volkseigentum ohne Rechtsträger, z.B. landwirtschaftlich und forstwirtschaftlich ungenutzte Flächen, sogenanntes Unland.

32 Vgl. § 31 Abs. 3 der Verordnung über die volkseigenen Kombinate, Kombinatsbetriebe und volkseigenen Betriebe vom 8.11.1979, GBl I 1979, 355.

33 In Widerspruch dazu stand die zivilrechtliche Vorstellung, dass volkseigenen Betriebe Inhaber von Schadensersatzansprüchen sein konnten (§ 107 Abs. 1 Vertragsgesetz vom 25.3.1982, GBl. I 1982, 293; § 332 ZGB).

gentumsvorstellung her, die den sozialistischen Staat bzw. die sozialistische Gesellschaft als Gesamteigentümer aller im Volkseigentum stehenden Werte betrachte, zur Verneinung der Möglichkeit eines Diebstahls kommen. Dennoch liege Diebstahl vor[34]. Der Sozialismus erfordere ein umfassendes System der Erfassung und Aufsicht über alle Produktion, den produktiven Aufwand, den Bestand der Produkte, ihre Verteilung und Konsumtion. Volkseigentum, das nicht erfasst sei, sei faktisch nicht existent. Deshalb sei es notwendig (!?), die Wegnahme von Volkseigentum zugunsten von Volkseigentum als Diebstahl zu bestrafen[35]. Buchholz argumentiert mit Strafwürdigkeitsgesichtspunkten gegen den Gesetzeswortlaut und damit für eine analoge Anwendung des § 242 RStGB im Rahmen von § 29 StEG, was um so erstaunlicher ist, als er den in Betracht kommenden Fällen keine besondere praktische Bedeutung zumisst und im übrigen meint, dass diese auch disziplinarisch von den Konfliktkommissionen geregelt werden könnten[36]. Das Problem wurde dann noch einmal im Lehrbuch zum Besonderen Teil des StGB von 1981 aufgegriffen. Dort wird auf die Wegnahme von Sachen eines VEB durch Mitarbeiter eines anderen VEB zugunsten dieses VEB eingegangen und die Möglichkeit eines Diebstahls bejaht. Die Frage der Möglichkeit des Diebstahls innerhalb eines VEB wird nicht angesprochen[37].

b) Diebstahl von Buchgeld

Einem juristischen Anfängerfehler unterlag das OG in seinem Urteil vom 13. September 1968[38] und behandelte Buchgeld als Sache. Die Angeklagte, eine Bankmitarbeiterin, hatte durch fingierte Zahlungsanweisungen die Auszahlung von Geldbeträgen über Postscheckamt und Postamt an den Mitangeklagten veranlasst. Das OG sah darin einen Diebstahl. Die Angeklagten hätten an den Geldern des Bankinstituts keinen Gewahrsam gehabt. Durch das Ausschreiben der Zahlungsanweisungen und ihre Weitergabe habe die Angeklagte bewirkt, dass die Geldsumme aus dem Gewahrsam des Bankinstituts an dessen Postscheckkonto, der in erster Linie durch die verfügungsberechtigten Vertreter des Bankinstituts ausgeübt werde, herausgelöst worden sei. Dies sei der erste Teil der Wegnahmehandlung. Der zweite Teil habe in dem Abholen des

---

34 *Buchholz*, a.a.O., S. 102.

35 *Buchholz*, a.a.O., S. 106.

36 *Buchholz*, a.a.O., S. 106 f.

37 *Lehrbuch BT 1981*, S. 126.

38 OG, Urteil vom 13.9.1968 – 2 Ust 26/68, NJ 1968, 729 ff.

Geldes von der Post durch den Mitangeklagten bestanden[39]. Hierzu konnte Buchholz in der NJ zu Wort kommen und klarstellen, dass Gegenstand des Diebstahls nur Sachen, also körperliche Gegenstände, nicht aber sonstige nichtkörperliche Werte wie Buchgeld, Forderungen und dergleichen sein können[40].

2. Unterschlagung

a) Entnahme von Verkaufserlösen durch Kommissionshändler

Größere Aufmerksamkeit wurde der Frage gewidmet, ob sich Kommissionshändler, die Erlöse für den Verkauf von Provisionsware sozialistischer Kommitenten vereinnahmten, wegen Unterschlagung strafbar machten. Unter Bezugnahme auf eine Anweisung des Ministers für Handel und Versorgung vom 15. März 1961, wonach die durch den Verkauf von Kommissionsware vereinnahmten Erlöse unmittelbar in sozialistisches Eigentum übergehen sollten, wurde dies von Buchholz bejaht[41]. Auf der 4. Plenartagung des OG vom 16. Dezember 1964 wurde das Problem kontrovers diskutiert. Gegen die Auffassung von Buchholz wurde geltend gemacht, dass Eigentumsverhältnisse im Kommissionshandel eine Frage der Zivilgesetzgebung seien und nicht durch Anordnung eines Fachministeriums geregelt werden könnten[42]. Durch Beschluss vom 27. Juli 1965[43] bestimmte das Präsidium des OG, dass die Mitteilung des Ministers für Handel und Versorgung vom 15. März 1961 nicht den Charakter einer allgemein verbindlichen gesetzlichen Regelung habe, sondern erst gelte, wenn sie im Einzelfall vereinbart worden sei. Falls eine solche Vereinbarung nicht getroffen worden sei, sei die Entnahme von Verkaufserlösen keine Unterschlagung, wohl aber Untreue, wie auch die unentgeltliche Warenentnahme. Der Regierungsapparat reagierte und erließ die Kommissionshandelsverordnung vom 26. Mai 1966[44], wonach die erzielten

---

39 Dieselbe Rechtsauffassung vertrat das OG noch einmal und zwar durch Urteil vom 30.9.1968 – 2 Ust 19/68, NJ 1968, 700, 703, nun aber zum StGB: Der Leiter des Referats Steuern beim Rat der Stadt hatte zugunsten des Angeklagten eine fingierte Anweisung geschrieben, der den Geldbetrag abhob und verbrauchte. Das OG sah in der Handlung des Angeklagten einen Fall des Diebstahls in Gestalt der Unterschlagungsvariante. Das war abwegig, weil in der Übergabe des Geldes durch die Bank an den Angeklagten eine Eigentumsübertragung lag.

40 *Buchholz*, NJ 1969, 309 f. Danach hat das OG diese Auffassung nicht mehr vertreten.

41 *Buchholz*, NJ 1963, 382 ff. gegen BG Karl-Marx-Stadt, Urteil vom 18.7.1962 – 5 BSB 179/62, NJ 1963, 380 ff.

42 Ohne *Verfasserangabe*, NJ 1965, 47.

43 OG, Beschluss vom 27.7.1965 – I Pr 112 3/65, NJ 1965, 519 f.

44 GBl. I 1965, 429 ff.

Erlöse für Kommissionsware unmittelbar sozialistisches Eigentum werden. Das Präsidium des OG änderte seinen Beschluss vom 27. Juli 1965 am 17. November 1966 ab[45]. Nunmehr war auch bei Geldentnahmen durch Kommissionäre Unterschlagung anzunehmen.

b) Entnahme und Abgabe von Waren „auf Borg"

Ebenfalls größere Aufmerksamkeit erfuhr die Frage, ob die Eigenentnahme sowie die Abgabe von Waren mit der Absicht späterer Bezahlung („auf Borg") von Verkaufsstellenleitern und Verkäufern im sozialistischen Einzelhandel als Unterschlagung (und, wenn der Täter ein taugliches Subjekt war, Untreue) strafbar sei. Das OG entschied, dass in solchen Fällen, je nach Sachlage, die Anwendung des § 8 StEG in Betracht komme[46]. Ein Verkaufsstellenleiter, der unberechtigt Lebensmittel und andere Waren des täglichen Bedarfs ohne sofortige Bezahlung verkaufe, verletze zwar seine Pflicht zur Wahrnehmung der Vermögensinteressen des Handelsbetriebes. Ob ein solches Verhalten eine strafbare Handlung oder lediglich eine formale Verletzung strafrechtlicher Normen (§ 8 StEG) darstelle, hänge vom Umfang und von den Bedingungen ab, unter denen solche Verkäufe erfolgt seien. Insbesondere müssten die vom Verkaufsstellenleiter behaupteten Außenstände nachweisbar sein. Entsprechendes gelte bei Selbstentnahmen.

c) Trinkgeldentnahmen

Auch über § 8 StEG wurde das Problem gelöst, ob sich Kellner und Bedienungskräfte von Gaststätten des sozialistischen Handels wegen Unterschlagung strafbar machen, wenn sie der Kasse des Betriebes Trinkgeld entnehmen[47, 48, 49]: Das Trinkgeld sei bei Angestellten in Gaststätten eine Zuwendung des Gastes an den ihn bedienenden Mitarbeiter. Es werde daher mit der Übergabe persönliches Eigentum des Angestellten. Vermischten

---

45 OG, Beschluss vom 17.11.1966 – I Pr 1 9/66, NJ 1966, 758 ff.

46 OG, Urteil vom 14.1.1965 – 4 Zst 11/64, NJ 1965, 298 ff.

47 *Peckermann / Lehmann*, NJ 1964, 683; ohne *Verfasserangabe*, NJ 1965, 47 f.

48 Mit Urteil vom 18.2.1958 – 3 Ust II 58/57, NJ 1958, 496, 498 hatte das OG für die Abgrenzung von Diebstahl und Unterschlagung bei Konsum-Verkaufsstellenleitern entschieden, dass darauf abzustellen sei, ob zum Zeitpunkt der Entnahme noch weitere Verkäuferinnen in der Verkaufsstelle anwesend waren. Wegen des dann gegebenen Mitgewahrsams liege in diesem Falle Diebstahl vor, sonst Unterschlagung. Auf diese Feinheiten kam man im Zuge der Erörterung der Anwendung des § 8 StEG auf „Borg"-Geschäfte und Trinkgeldentnahmen nicht mehr zurück.

49 OG, Urteil vom 4.1.1965 – 4 Ust 32/64, NJ 65, 296 ff.

Mitarbeiter empfangene Trinkgelder mit Geldern des Betriebes, so hätten sie einen Anspruch auf Rückgabe des Trinkgeldes. Bei Mitarbeitern, die nach dem Bonsystem oder mit einer Registrierkasse arbeiteten, bestehe eine stillschweigende Übereinkunft mit dem Handelsbetrieb, dass sie nur den Verkaufserlös abzurechnen brauchen und das Trinkgeld für sich behalten dürfen, ohne es gesondert auszuweisen. Der Werktätige, der nicht nach dem Bonsystem, mit Registrierkassen oder Ähnlichem arbeite, müsse die Art und Weise der Rückerstattung seines Trinkgeldes mit dem Handelsbetrieb vereinbaren. Entnehme er das Trinkgeld eigenmächtig, so handele er rechtswidrig. Die eigenmächtige rechtswidrige Entnahme des Trinkgeldes aus der Geschäftskasse sei aber gemäß § 8 StEG nicht strafwürdig, weil dem Betrieb dadurch kein Schaden entstehe und der Werktätige das Geld bei entsprechender Vereinbarung ohnehin unverzüglich erhalten würde[50].

3. Betrug

a) Täuschung eines Verfügungsberechtigten?

In dem oben angesprochenen Fall, wo das OG die Möglichkeit des Diebstahls von Buchgeld bejaht hatte[51], hatte es Betrug mit der Erwägung verneint, dass es an einem getäuschten Verfügungsberechtigten des Bankinstituts oder des Postscheckamtes, der auf Grund des bei ihm erregten Irrtums tatsächlich verfügt hätte, fehle. Nachdem die Zahlungsanweisungen in den Postgang gegeben worden seien, habe der Überweisungsvorgang seinen Lauf über die verschiedenen Stationen eines modernen bargeldlosen Zahlungsverkehrs bis zur Auszahlung durch das zuständige Postamt genommen, ohne dass ein über das Vermögen der vertretenen Institute Verfügungsberechtigter mit der Zahlungsanweisung befasst gewesen sei. Mitarbeiter der Buchhaltung und der Arbeitsgruppen der Bankinstitute seien nicht verfügungsberechtigt in diesem Sinne[52]. Dem hielt die Literatur entgegen, der Betrugstatbestand verlange keinen verfügungsberechtigten Getäuschten. Die mit der Überweisung und Auszahlung befassten Mitarbeiter der Bank und der Post seien getäuscht worden, weshalb Betrug vorliege[53].

---

50 Das wurde auch dann angenommen, wenn die Höhe des erhaltenen Trinkgeldes nicht exakt feststellbar war (*Peckermann / Lehmann*, NJ 1964, 683).

51 6. Kap. C) I 1. a).

52 OG, Urteil vom 13.9.1968 – 2 Ust 26/68, NJ 1968, 729 ff.

53 *Buchholz*, NJ 1969, 309 f.; *Herrmann*, NJ 1969, 214 f.; *Griebe / Welzel*, NJ 1974, 354.

b) Kontoabhebungen mit gefälschten Auszahlungsscheinen

In der Abhebung von Geldern von Privatkonten mit Hilfe von gefälschten Auszahlungsscheinen sah das OG Betrug zum Nachteil sozialistischen Eigentums[54]. Das Bezirksgericht hatte Betrug zum Nachteil persönlichen Eigentums angenommen, weil der Kontoinhaber nicht mehr über die entsprechenden Beträge hätte verfügen können. Ob die Sparkasse gegenüber dem Kontoinhaber hafte, sei eine zivilrechtliche Frage und für die strafrechtliche Beurteilung unerheblich. Dem hielt das OG entgegen, dass die Sparkasse aufgrund des gefälschten Auszahlungsscheins nicht schuldbefreiend im Verhältnis zum Kontoinhaber auszahlen konnte[55]. Geschädigt sei daher gesellschaftliches Eigentum. Gleichwohl könne im konkreten Fall nur eine Verurteilung nach § 263 RStGB erfolgen, da dem Täter der Vorsatz, gesellschaftliches Eigentum zu schädigen, nicht nachzuweisen sei[56, 57].

c) Täuschung durch Unterlassen

Zunächst stellte das OG an die Bejahung einer Aufklärungspflicht als Grundlage für die Annahme einer Strafbarkeit wegen Betrugs durch Unterlassen nur geringe Anforderungen. Unternehmer im Rahmen des sozialistischen Wirtschaftssystems hätten nicht nur das Recht, die von ihnen vertragsmäßig erbrachten Leistungen vergütet zu erhalten, sondern auch die Pflicht, dafür zu sorgen, dass den Vereinbarungen und Abrechnungen der Wirklichkeit entsprechende Werte zugrunde gelegt werden.

Die Angeklagten waren Fuhrunternehmer und hatten für einen VEB Fahrten durchgeführt. Grundlage war ein Vertrag, in dem überhöhte Streckenlängen festhalten waren. Für den Fall, dass die Streckenlängen seitens des VEB vorgegeben worden waren, was vom Bezirksgericht nicht aufgeklärt worden war, kam das OG zu der Auffassung, dass die Angeklagten eine Rechtspflicht zur Aufklärung des Irrtums gehabt hätten. Diese Pflicht hätte sich zwar nicht schon aus dem allgemeinen Grundsatz ergeben, das Volkseigentum zu schützen und zu mehren, sondern aus der beruflichen Stellung der Angeklagten als Fuhrunternehmer im Rahmen des sozialistischen Wirtschaftssystems[58].

Später wurde das OG restriktiver. Im Falle des Betrugs durch Unterlassen müsse der Betroffene eine Pflicht zur Offenbarung der bestehenden und zum

54 OG, Urteil vom 20.7.1965 – 4 Zst 5/65, NJ 1965, 621 f.

55 Dazu *Kellner*, NJ 1965, 216 f.

56 So auch *Buchholz / Schwarz / Griebe*, NJ 1961, 483.

57 Dabei wurde verkannt, dass die allgemeinen Vorschriften gemäß § 31 Abs. 3 Satz 1 StEG nicht auf das gesellschaftliche Eigentum anwendbar waren. Es lag ein error in objecto vor und es hätte deshalb nur wegen Versuchs verurteilt werden können.

58 OG, Urteil vom 6.1.1959 – 2 Ust II 53/58, OGSt. 5, 313 ff.

Vermögensschaden führenden Umstände haben. Dabei müsse es sich um eine Rechtspflicht zur Offenbarung handeln. Eine moralische Pflicht, wie sie sich aus den sozialistischen Beziehungen der Menschen in der DDR ableiten lasse, genüge nicht um im Falle ihrer Verletzung strafrechtliche Folgen zu begründen. Aus langjährigen Vertragsbeziehungen und der Stellung als Geschäftsführer einer Einkaufs- und Liefergenossenschaft (ELG) lasse sich nicht die Rechtspflicht herleiten, ohne eigenes Zutun beim Vertragspartner entstandene Irrtümer aufzuklären.

Der Angeklagte hatte für eine ELG des Fleischerhandwerks regelmäßig Fleisch von einem Fleischkombinat abgeholt. Dabei unterliefen den Wägern des Kombinats häufig Wiegefehler, die der Angeklagte erkannte, ohne die Wäger darauf hinzuweisen. Das OG sprach den Angeklagten vom Vorwurf des fortgesetzten Betrugs zum Nachteil gesellschaftlichen Eigentums frei[59].

4. Untreue

a) Treubruchstatbestand

Tätertauglichkeit wurde bejaht für die Leiter von Konsumverkaufsstellen. Auf Grund des mit der Konsumgenossenschaft bestehenden Arbeitsvertrages obliege es dem Leiter einer Verkaufsstelle, die Vermögensinteressen der Konsumgenossenschaft wahrzunehmen. Diese Pflicht werde verletzt durch unberechtigte Entnahmen von Geldbeträgen und Angabe unrichtiger Warenbestände bei der Revision[60]. Nach ständiger Rechtsprechung des OG war nach dem StEG tateinheitlich auch wegen Untreue zu bestrafen, wenn ein Täter, der taugliches Subjekt der Untreue war, Diebstahl, Unterschlagung oder Betrug begangen hatte. Dies sei erforderlich, um die Tat in ihrer ganzen gesellschaftlichen Bedeutung und Schwere zu erfassen[61, 62, 63]. Andererseits wurde Untreue

59 OG, Urteil vom 21.12.1967 – I Pr – 15 – 23/67, NJ 1968, 280 ff.

60 OG, Urteil vom 18.2.1958 – 3 Ust II 58/57, NJ 1958, 496 ff.; OG Urteil vom 15.11.1963 – 4 Ust 18/63, 1964, 442 ff.

61 OG, Urteil vom 18.2.1958 – 3 Ust II 58/57, NJ 1958, 496 ff.; OG Urteil vom 16.5.1960 – 2 Ust II 10/60, NJ 1960, 699 ff.; Urteil vom 11.5.1962 – 2 Zst II 4/62, NJ 1962, 547 f.; so auch die bundesdeutsche Rechtsprechung (Schönke-Schröder / *Lenckner / Perron*, Strafgesetzbuch, § 266, Rz. 36 m.w.N.); a.A Buchholz: Historisch und von seiner Funktion her sei § 266 RStGB als Ergänzung zur Unterschlagung zu verstehen. Der Heranziehung des von seinem Wortlaut her sehr weiten § 266 RStGB bedürfe es daher nicht, wenn auch ein Fall der Unterschlagung vorliege. Jedenfalls bei Delikten gegen das sozialistische Eigentum könne die qualitative Differenzierung der betreffenden Straftaten auf Grundlage der Vorschriften des StEG in zureichendem Maße vorgenommen werden. Die Anwendbarkeit des Untreuetatbestandes solle auf die Fälle beschränkt werden, in denen dem sozialistischen Vermögen in anderer Weise Schaden zugefügt werde (*Buchholz*, NJ 1965, 55).

in einer Reihe von Fällen nicht geprüft, obgleich dies nahe gelegen hätte[64]. Hier bestanden Unsicherheiten in der Rechtsprechung.

Weiter wurden Leiter und stellvertretende Leiter von Verkaufsstellen der HO[65] sowie Leiter und stellvertretende Leiter von Gaststätten des sozialistischen Einzelhandels[66], Kommissionshändler, die Waren unterschlugen, als taugliche Subjekte der Untreue in Form des Treubruchstatbestandes betrachtet[67]. Dasselbe wurde für einen LPG-Buchhalter, der seine Pflicht zur ordnungsgemäßen Abrechnung und Kontrollierung einer von der LPG betriebenen Kantine verletzt hatte, angenommen[68]. Täter der Untreue konnte auch ein Kontokor-

62 Beim VESchG hatte das OG dies anders gesehen (s. 4. Kap. B) II. 4.). Die Konsequenzen der Bejahung bzw. Ablehnung von Tateinheit von Untreue und Unterschlagung / Diebstahl / Betrug waren allerdings beim VESchG und beim StEG völlig unterschiedlich. Hatte nach dem VESchG die Annahme von Untreue etwa im Falle der Unterschlagung durch einen untreuetauglichen Täter den Sprung im Strafrahmen von einem bis fünf Jahre Zuchthaus auf drei bis fünfzehn Jahre Zuchthaus zur Folge, so änderte sich der Strafrahmen bei Idealkonkurrenz von Untreue und Unterschlagung nach dem StEG nicht. Folgen hatte die Annahme von Idealkonkurrenz nur für Strafzumessungserwägungen innerhalb des gegebenen Strafrahmens (*Schönke*, Strafgesetzbuch, § 73 Anm. IV. 5. c).

63 A.A. *Schwarz / Beyer*, NJ 1958, 736: § 29 StEG sei ein einheitliches Strafgesetz, welches durch mehrere Begehungsformen verwirklicht werden könne. Für die Annahme von Tateinheit sei kein Raum.

64 KG, Urteil vom 10.6.1958 – Zst II 14/58, NJ 1958, 499 f.: selbständiger Handelsvertreter, der Erlöse für Provisionsware unterschlagen hatte; OG, Urteil vom 15.8.1958 – 2 Zst III 56/58, NJ 1958, 754: Unterschlagung durch Poststellenleiterin; Ebenso BG Cottbus, Urteil vom 7.2.1967 – 2 BSB 177/66, NJ 1968, 57 f.; OG Urteil vom 18.9.1958 – 3 Zst II 63/58, NJ 1958, 792: Unterschlagung durch kommissarischen Leiter einer Zweigstelle des Deutschen Reisebüros; KrG Anklam, Urteil vom 23.5.1960 – S 47/60 DS 1960, 378 f.: Unterschlagung von Waren durch Leiterin einer HO-Imbißstube; Stadtbezirksgericht Berlin-Treptow, Urteil vom 14.2.1963 – 811 S 9/63, DS 1963, 363 ff.: Unterschlagung durch HO-Verkaufsstellenleiterin; OG, Urteil vom 29.10.1965 – 2 Zst 3/65, NJ 1965, 746 f.: Standesamtsleiterin, die mehrere Kassen verwaltet und Gelder unterschlagen hatte.

65 OG, Urteil vom 16.5.1960 – 2 Ust II 10/60, NJ 1960, 699 f.; OG, Urteil vom 14.1.1965 – 4 Zst 11/64 NJ 1965, 298 ff.; OG Urteil vom 19.8.1966 – 3 Zst 5/66, NJ 1967, 89. Hingegen seien Verkäuferinnen keine tauglichen Täter des Treubruchstatbestands.

66 OG, Urteil vom 11.5.1962 – 2 Zst II 4/62, NJ 1962, 547 f.; Urteil vom 4.1.1965 – 4 Ust 32/64, NJ 1965, 296 ff.; OG, Urteil vom 23.12.1963 – 4 Ust 23/63, NJ 1964, 253 f.; OG Urteil vom 26.4.1965 – 3 Ust 7/65, NJ 1965, 458 f.: Gaststätte, die von einer LPG betrieben wurde.

67 Karl-Marx-Stadt, Urteil vom 18.7.1962 – 5 BSB 179/62, NJ 1963, 380 ff.; Beschlüsse des Präsidiums des OG vom 27.7.1965 – I Pr 112 3/65, NJ 1965, 519 f. und vom 17.11.1966 – I Pr 1 9/66, NJ 1966, 758 ff.

rentbuchhalter sein[69]. Tätertauglichkeit wurde auch für den Leiter des Projektierungsbüros eines VEB bejaht[70].

Inventurprüfer der HO wurden dagegen, anders als Leiter der Verkaufsstellenprüfung, nicht zum untreuefähigen Personenkreis gezählt[71]. Für Mitarbeiter des Handels mit begrenztem Arbeits- und Verantwortungsbereich wie Büfettiers, Küchenleiter einer Gaststätte oder Leiter eines Arbeitsbereichs in einer Kaufhalle entschied das OG, dass diese im Gegensatz zu Gaststätten- oder Verkaufsstellenleitern sowie deren Stellvertretern auf Grund ihrer Stellung innerhalb der Gaststätte oder der Verkaufsstelle grundsätzlich nicht zu dem Personenkreis gehörten, der Untreue begehen könne. Soweit ein solcher Mitarbeiter mit begrenztem Verantwortungsbereich jedoch vom Direktor des Handelsbetriebes bevollmächtigt worden sei, Verträge über Warenbezug selbständig abzuschließen, obliege ihm die Pflicht im Sinne von § 266 RStGB, beim Abschluss und bei der Erfüllung solcher Verträge die Vermögensinteressen des Handelsbetriebes wahrzunehmen. Bei Verletzung dieser Pflicht liege Untreue vor[72].

---

68 OG, Urteil vom 8.11.1962 – 3 Zst II 49/62, NJ 1963, 185 f.; anders BG Suhl, Urteil vom 30.8.1966 – 3 BSB 61/66, NJ 1967, 231 f.: Im konkreten Fall habe die Angeklagte keinerlei Entscheidungs- und Ermessensfreiheit hinsichtlich der geschädigten Bankkonten gehabt.

69 OG, Urteil vom 13.1.1966 – 3 Ust 29/65, NJ 1966, 412 f.: Es gehörte insbesondere zu den Aufgaben des Angeklagten seinen Aufgaben, durch regelmäßige Überwachung des Forderungseingangs einen ständigen Überblick über die noch unbeglichenen zu schaffen und eigenverantwortlich über die zum Einzug von Forderungen erforderlichen Maßnahmen zu entscheiden. Diesen Aufgaben kam er nicht nach, so dass hohe Forderungen nicht eingezogen wurden und verjährten.

70 OG, Urteil vom 4.7.1967 – 3 Ust 7/67, NJ 1968, 54 ff.: Der Angeklagte hatte gegenüber seinem Betrieb falsche Informationen über den Umfang von Projektierungsleistungen und den dafür aufgewendeten Arbeitsstunden gegeben. Aufgrund der Abhängigkeit der Preisbildung von der korrekten Arbeit des Angeklagten sei seine Tätigkeit nicht eine lediglich technische Tätigkeit, die jedem Meister obliege; vielmehr charakterisiere dieser Umstand die berufliche Selbständigkeit und Eigenverantwortung des Angeklagten. Auch stelle die Erfüllung dieser Arbeitspflicht eine unmittelbare Wahrnehmung der Vermögensinteressen des VEB dar.

71 OG, Urteil vom 11.5.1964 – 4 Ust 11/64, NJ 1964, 701 ff. Der Inventurprüfer einer HO hatte mehrfach Inventurlisten gefälscht, um Minusdifferenzen zu verschleiern. Die begrenzte Aufgabenstellung des Prüfers und die Mitverantwortung des Verkaufsstellenleiters für die Inventur schlössen den Prüfer vom Kreis der Personen aus, deren Handeln den Untreuetatbestand erfüllen könne.

72 OG, Urteil vom 9.7.1965 – 4 Zst 3/65, NJ 1965, 747 ff.

b) Missbrauchstatbestand

An die Tätertauglichkeit für den Missbrauchstatbestand wurden höhere Anforderungen gestellt. Peckermann / Lehmann nennen HO-Direktoren, Vorstandsmitglieder der Konsumgenossenschaft und Hauptbuchhalter als taugliche Täter[73]. Leiter von Konsumgaststätten[74], LPG-Buchhalter[75], mit der Führung von Sicherungsstempeln beauftragte Bankmitarbeiter[76] wurden nicht als taugliche Täter des Missbrauchstatbestandes betrachtet.

Auch beim Missbrauchstatbestand hatte die Rechtsprechung bis hin zum OG Rechtsanwendungsprobleme und zwar sowohl hinsichtlich der Tätertauglichkeit als auch hinsichtlich der Tathandlung. Der Missbrauchstatbestand wurde teilweise ohne Prüfung eines Verfügungs- oder Verpflichtungsmissbrauchs bejaht, insbesondere auch bei Unterschlagungen[77].

---

73 *Peckermann / Lehmann*, NJ 1964, 682 f.; OG, Urteil vom 30.9.1968 – 2 Ust 19/68, NJ 1968, 700, 702: Leiter des Referats Steuern beim Rat der Stadt, der eigenständig Anträge auf Erstattung von Mehrkosten im Zusammenhang mit der Industriepreisreform bearbeitete.

74 OG, Urteil vom 11.5.1962 – 2 Zst II 4/62, NJ 1962, 547 f.

75 BG Suhl, Urteil vom 30.8.1966 – 3 BSB 61/66, NJ 1967, 231 f.

76 OG, Urteil vom 13.9.1968 – 2 Ust 26/68, NJ 1968, 729, 730.

77 BG Karl-Marx-Stadt, Urteil vom 4.2.1958 – 4 BS 1/58, NJ 1958, 211 f.: Der Angeklagte war Leiter eines gewerkschaftlichen Klubhauses. Er hatte verschiedene Gegenstände auf Rechnung der Gewerkschaft gekauft und dann für sich verwendet. Weiter hatte er Gegenstände aus dem Bestand des Klubhauses unterschlagen. Jedenfalls hinsichtlich der unterschlagenen Gegenstände war die Annahme des Missbrauchs einer Verfügungs- oder Verpflichtungsbefugnis abwegig.
Ebenso fehlerhaft bejahte das BG Magdeburg bei dem Leiter einer Konsumgaststätte, der Waren und Geld unterschlagen hatte, Verfügungsmissbrauch. Urteil vom 6.3.1961 – II BSB 7/61, NJ 1961, 504 ff. Ablehnend zur Annahme der Tätertauglichkeit: OG, Urteil vom 11.5.1962 – 2 Zst II 4/62, NJ 1962, 547 f.
Mit Urteil vom 22.1.1965 – 2 Ust 35/67, OGSt. 8, 263 ff. – nahm das OG die Tätertauglichkeit für den Missbrauchstatbestand in Bezug auf den Speisebetriebsleiter eines VEB an, der auch für die Verwaltung der finanziellen Mitteln und der Lebensmittelvorräte verantwortlich war. Der Angeklagte hatte Waren entnommen, eingehende Gelder für sich behalten und das Buchwerk verschleiert. Aufgrund seines Arbeitsrechtsverhältnisses mit dem VEB als Leiter des Speisebetriebes sei der Angeklagte zur Wahrnehmung der Vermögensinteressen seines Betriebes verpflichtet gewesen. Ihm sei die Befugnis eingeräumt worden, über die dem Speisebetrieb zugewiesenen betrieblichen Mittel zu verfügen und in diesem Zusammenhang anderen zu verpflichten. Er habe diese Pflichten in erheblichem Maße durch unterschiedliche Methoden verletzt, die ihm eingeräumte Befugnisse missbraucht und dadurch dem Betrieb beträchtliche Vermögensnachteile zugefügt. Auch hier lag kein Verfügungs- oder Verpflichtungsmissbrauch vor.
In seinem Urteil vom 14.11.1967 – 3 Zst 15/67, NJ 1968, 344 ff. bejahte das OG den Missbrauchstatbestand in Bezug auf den Leiter einer Außenstelle des VEB Kraftver-

c) Vermögensgefährdung

Das Reichsgericht hatte für die Bejahung eines Nachteils im Sinne des § 266 RStGB eine Vermögensgefährdung ausreichen lassen[78]. Diese Rechtsprechung setzte das OG fort. In den veröffentlichten Fällen ging es überwiegend um Buchhaltungsmanipulationen[79].

Ein anderer Fall von Vermögensgefährdung wurde angenommen, als die Leiterin einer Konsum-Verkaufsstelle Warenverlust und –verderb nicht der Konsumgenossenschaft gemeldet und überhöhte Bestellungen leicht verderblicher Ware vorgenommen hatte. Durch die Nichtmeldung und Nichtoffenbarung des Warenverderbs seien die genossenschaftlichen Vermögensinteressen gefährdet worden. Dadurch sei bei der Genossenschaft eine genaue Übersicht über Stand, Bewegung und Verluste am Vermögen unmöglich gemacht und eine Ungewissheit über die Vermögenslage hervorgerufen worden. Zudem habe die Angeklagte durch ihr Verhalten Maßnahmen zur künftigen Vermeidung derartiger Verluste verhindert[80].

Im bereits erwähnten Fall des Leiters einer Außenstelle des VEB Kraftverkehr, der im Betrieb Arbeiten an seinem PKW hatte durchführen lassen[81], ging das OG davon aus, dass der Angeklagte die Absicht hatte, die angefallenen Arbeitsstunden an den VEB zu bezahlen. Deshalb sei ein Schaden nicht eingetreten, sondern nur eine Vermögensgefährdung. Dabei erfülle das Nichtzahlen der Schulden allein nicht den Tatbestand der Untreue. Ein Nachteil in Gestalt einer Vermögensgefährdung sei erst dadurch gegeben, dass der Angeklagte als Außenstellenleiter seine vorgesetzte Betriebsleitung über die gegen ihn bestehenden Forderungen im Unklaren gelassen habe, nicht von sich aus um eine saubere und korrekte, möglicherweise durch Stundung oder Ratenzahlungsbewilligung zu erreichende Regelung der Angelegenheit bemüht war und seinen Betriebsleiter bei entsprechenden Nachfragen im Glauben belassen habe, dass die Angelegenheit in Ordnung ginge.

Mit der Rechtsprechung zur Vermögensgefährdung als Nachteil im Sinne der Untreue setzten sich Buchholz und Rommel auseinander. Nicht jede Unkorrektheit in der Buchführung, nicht jede Manipulation bei der Bilanzierung, nicht jede Verschleierung im Buchwerk – die zunächst nur eine strafrechtlich nicht relevante sogenannte schriftliche Lüge darstellten – dürften automatisch

---

kehr. Der Angeklagte hatte von Arbeitern des Betriebs während der Arbeitszeit Arbeiten an seinem PKW durchführen lassen. Die strafrechtliche Verantwortlichkeit setze dann ein, wenn ein Leiter unter Missbrauch seiner beruflichen Stellung im Betrieb private Arbeiten durchführen lasse und dadurch dem Betrieb einen Nachteil zufüge.

78 *Schönke*, Strafgesetzbuch, § 266 Anm. IV. m.w.N.

79 OG durch Urteil vom 15.11.1963 – 4 Ust 18/63, NJ 1964 ff.; OG, Urteil vom 26.4.1965 – 3 Ust 7/65, NJ 1965, 458 f.; OG, Urteil vom 25.2.1966 – 3 Ust 28/65, NJ 66, 478 f.; OG Urteil vom 19.8.1966 – 3 Zst 5/66, NJ 67, 89; OG Urteil vom 10.12.1964 – 2 Ust 32/64, OGSt. 8, 256 ff.

80 BG Karl-Marx-Stadt, Urteil vom 28.4.1964 – 3 BSB 157/64, NJ 1965, 58.

81 6. Kap. Fn. 74.

als Vermögensgefährdung und somit als konstitutiv für das Vorliegen einer Untreue aufgefasst werden. Zwar könne auf den Begriff der Vermögensgefährdung im geltenden Recht nicht ganz verzichtet werden, es müsse aber ein konkreter Vermögensnachteil für das betroffene Vermögen bleiben, wolle man nicht zu einer unzulässigen Ausweitung des Untreuetatbestandes kommen. Deshalb sei die Feststellung erforderlich, dass die vorsätzlich herbeigeführte Unordnung im Buchwerk einen konkreten Vermögensschaden nach sich gezogen habe oder unmittelbar hätte nach sich ziehen können[82]. Der Begriff der „Vermögensgefährdung" biete keine geeigneten Anhaltspunkte für eine Abgrenzung von Untreuehandlungen zu strafrechtlich nicht relevanten Rechtsverletzungen, da er die Tendenz zu einer nach objektiven Kriterien nicht näher bestimmbaren Ausweitung des Untreuetatbestandes begünstige. Es solle daher von dem Grundsatz ausgegangen werden, dass Handlungen, die ihrem Charakter nach weder auf die Entstehung noch auf die Fortdauer oder Aufdeckung eines Vermögensnachteils Einfluss auszuüben vermögen oder nicht ausgeübt haben, nicht den Tatbestand der Untreue erfüllen[83].

5. Konkurrenzen

Sofern durch eine Tat im Sinne des § 29 StEG zugleich eine Vorschrift des RStGB mit anderem Verbrechensobjekt verletzt war, wurde Tateinheit angenommen[84], bei Zusammentreffen von Steuerhinterziehung gemäß § 396 AO und Betrug Gesetzeskonkurrenz. § 396 AO sei das speziellere Gesetz[85]. Bei Raub lehnte das OG die Anwendung des StEG ab. Der Raub konsumiere den Diebstahl. Die im Tatbestand des Raubes als Diebstahl charakterisierte Handlung sei kein selbständiges Verbrechen, sondern lediglich ein Teil der Ausführung eines qualitativ anderen Verbrechens. Ebensowenig wie bei Raub von persönlichem Eigentum Tateinheit von § 249 RStGB und § 242 RStGB angenommen werden könne, sei bei Raub von gesellschaftlichem Eigentum die tateinheitliche Anwendung des § 29 StEG möglich[86, 87].

---

82 *Buchholz*, NJ 1965, 55 f.

83 *Rommel*, NJ 67, 527, 530.

84 KrG Halle (West), Urteil vom 9.7.1959 – S 211/59, DS 1960, 155 f.; OG, Urteil vom 15.8.1958 – 2 Zst III 56/58, NJ 58, 754; Stadtbezirksgericht Berlin-Treptow, Urteil vom 14.2.1963 – 811 S 9/63, DS 1963, 363 ff.; OG, Urteil vom 29.10.1965 – 2 Zst 5/65, NJ 1965, 768; *Schwarz/Beyer*, NJ 1958, 736; anders nur BG Karl-Marx-Stadt, Urteil vom 14.3.1958 – 2 BSB 101/58, NJ 1958, 757 f., mit ablehnender Anmerkung von *Kießling*, NJ 1958, 758.

85 OG, Urteil vom 22.11.1960 – 2 Zst III 12/60, OGSt. 5, 275 ff.

86 OG, Urteil vom 23.6.1965 – 5 Ust 23/65, NJ 1965, 621.

II. Die schweren Fälle

1. Schwere Schädigung

Hier waren die Bedingungen ähnlich wie bei den Voraussetzungen für die Anwendung des VESchG nach der Richtlinie Nr. 3, wo von einer Orientierungsgröße von 1.000,- M ausgegangen werden konnte[88]. Allerdings war der Begriff der schweren Schädigung in § 30 Abs. 2 StEG seinem Wortsinn nach rein schadensbezogen, während bei dem schweren Angriff im Sinne der Richtlinie Nr. 3 weitere Aspekte zu prüfen waren.

Entsprechend der Ziff. 5 der Richtlinie Nr. 3 zum VESchG wurden auch bei Anwendung des StEG die Schäden aus mehreren in Fortsetzungszusammenhang stehenden Taten zusammengerechnet[89].

Die Grenze für die Annahme einer schweren Schädigung bewegte sich anfangs bei 2.000,- bis und 3.000,- M[90]. Dagegen ging das Kammergericht bei einer Unterschlagung von 3.000,- M in einem Urteil vom 10. Juni 1958 auf § 30 StEG nicht ein und wies die Sache zwecks Prüfung der Voraussetzungen für eine bedingte Verurteilung an das Stadtbezirksgericht zurück[91]. Bei Schäden von über 3.000,- M wurde zunächst eine schwere Schädigung des gesellschaftlichen Eigentums bejaht[92].

87 A.A. *Schwarz/Beyer*, NJ 1958, 772.

88 S. 4. Kap. B) I. 1.

89 OG, Urteil vom 18.9.1958 – 3 Zst II 63/58, NJ 1958, 792; OG, Urteil vom 16.5.1960 – 2 Ust 10/60, NJ 1960, 699 f.; BG Magdeburg, Urteil vom 6.3.1961 – II BSB 7/61, NJ 1961, 504 ff.; OG, Urteil vom 15.11.1963 – 4 Ust 18/63, NJ 1964, 442 ff.; OG, Urteil vom 13.3.1964 – 4 Zst 3/64, NJ 1964, 444 f.; Stadtgericht von Groß-Berlin, Urteil vom 14.4.1964 – 102 c BSB 60/64, NJ 1964, 445 f.; OG, Urteil vom 4.1.1965 – 4 Ust 32/64, NJ 1965, 296 ff.; OG, Urteil vom 14.1.1965 – 4 Zst 11/64, NJ 1965, 298 ff.; OG, Urteil vom 18.3.1965 – 2 Ust 4/65, NJ 1965, 362 f.

90 BG Karl-Marx-Stadt, Urteil vom 4.2.1958 – 4 Bs 1/58, NJ 1958, 211: Schaden 2.182,- M – Verurteilung gemäß § 29 StEG; OG, Urteil vom 18.9.1958 – 3 Zst II 63/58, NJ 1958, 792: Schaden 2.400,- M – Verurteilung gemäß § 30 StEG; KrG Rathenow, Urteil vom 3.6.1958 – S 127/58, DS 1958, 263 f.: Schaden 2.455,- M – Verurteilung nach § 30 StEG.

91 KG, Urteil vom 10.6.1958 – Zst II 14/58, NJ 1958, 499 f.

92 KrG Suhl, Urteil vom 24.3.1958 – 1 S 64/58, NJ 1958, 288 f.: Unterschlagung von 3.833,55 M; KrG Jena (Stadt), Urteil vom 5.1.1960 – S 249/59, DS 1960, 111 f.: Unterschlagung von 4.243,89 M; KrG Zittau, Urteil vom 8.1.1960 – S 398/59 – DS 1960, 268 ff.: Schaden von 5.251,06 M.

In seinem Urteil vom 10. Oktober 1961[93] erörterte das OG eine schwere Schädigung bei einem Schaden von 4.200,- DM nicht. Ebenso nahm das Stadtbezirksgericht Berlin-Treptow in seinem Urteil vom 14. Dezember 1963 bei einem Schaden von 4.664,84 M eine schwere Schädigung des gesellschaftlichen Eigentums nicht an[94].

Mit Urteil vom 13. März 1964[95] stellte das OG ausdrücklich fest, ein Schaden von 3.000,- M sei noch keine schwere Schädigung des gesellschaftlichen Eigentums im Sinne des § 30 Abs. 2 StEG. Es handele sich zwar um eine nicht unerhebliche Vermögensschädigung; diese sei jedoch nicht gleichzusetzen, mit der in § 30 StEG bezeichneten schweren Schädigung gesellschaftlichen Eigentums, die allein wegen der Höhe des Schadens den Ausspruch einer Zuchthausstrafe rechtfertige. Der Normalfall des Angriffs gegen gesellschaftliches Eigentum könne gemäß § 29 StEG mit einer empfindlichen Strafe geahndet werden, weshalb die Anwendung des § 30 StEG im Hinblick auf den entstandenen Schaden erst dann gerechtfertigt sei, wenn es sich um einen Betrag handele, der weit über dem hier entstandenen Schaden liege[96].

Das Stadtgericht Groß-Berlin lehnte mit Urteil vom 14. April 1964[97] sogar bei einem Schaden von 11.400,- M die Anwendbarkeit des § 30 Abs. 2 StEG ab. Allerdings handelte es sich auch hier um einen Sonderfall.

Die Angeklagte war Leiterin einer Fleischverkaufsstelle der Konsumgenossenschaft. Sie hatte über Jahre hinweg für sich und die Verkäuferinnen der Verkaufsstelle Fleisch- und Wurstwaren zu herabgesetzten Preisen und für die Zubereitung von Mittagessen Fleisch und Knochen ohne Bezahlung entnommen. Würden ohne erschwerende Umstände bei der Tatbegehung im Einzelfall relativ geringe Werte veruntreut, geschehe dies über einen sehr langen Zeitraum und trete auf Grund dessen ein Schaden in dieser Höhe ein, dann liege ein schwerer Fall nach § 30 Abs. 2 StEG nicht vor.

Derartige Fälle waren offenbar nicht selten. Sie wurden unter dem Stichwort *Deputatsideologie* diskutiert. Häufig würden von Gaststättenleitern sogenannte

---

93 OG, Urteil vom 10.10.1961 – 2 Ust II 33/61, NJ 1962, 160 f. Es handelte sich allerdings um einen Sonderfall. Der Angeklagte hatte nicht eigennützig, sondern im (vermeintlichen) Interesse seines Betriebes gehandelt.

94 Stadtbezirksgericht Berlin-Treptow, Urteil vom 14.12.1963 – 811 S 9/63, DS 1963, 363 ff.

95 OG, Urteil vom 13.3.1964 – 4 Zst/64, NJ 1964, 444 f.

96 Mit Urteil vom 1.8.1964 – 4 Ust 10/64, NJ 1965, 56 f. verneinte das OG im Hinblick auf die Gesamtumstände bei einer Unterschlagung mit einem Wert von 5.103,- M einen schweren Fall.

97 Stadtgericht Groß-Berlin, Urteil vom 14.4.1964 – 102c BSB 60/64, NJ 1964, 445 f.

Hausessen an Mitarbeiter kostenlos abgegeben. Die Ursachen eines solchen Verhaltens in einer verbrecherischen Missachtung des gesellschaftlichen Eigentums zu sehen, sei fehlerhaft und entspreche nicht dem Rechtspflegeerlass. Es komme darauf an, die Zählebigkeit alter Traditionen zu erkennen und den jeweiligen Täter in seinem Gesamtverhalten zu beurteilen. Die Anwendung des § 30 StEG auf Fälle der sogenannten Deputatsideologie sei daher grundsätzlich abzulehnen. Darüber hinaus sei zu prüfen, ob in diesen Fällen überhaupt eine kriminalstrafwürdige Handlung vorliege und ob nicht auch bei erheblichen Beträgen die Sache von der Konfliktkommission beraten werden könne[98].

Mit seinem Urteil vom 13. März 1964 hatte das OG war zwar klargestellt, dass bei einem Schaden von 3.000,- M eine schwere Schädigung des gesellschaftlichen Eigentums nicht mehr angenommen werden konnte, aber offen gelassen, was es mit dem „weit darüber liegenden“ Betrag auf sich haben sollte, ab dem eine schwere Schädigung anzunehmen war. Die Folgen waren erhebliche Unsicherheiten in der Rechtsprechung[99]. Im Interesse der Rechtssicherheit und einheitlichen Gesetzesanwendung forderten Thielert / Riedel eine Klärung durch das OG[100]. Zugleich lieferten sie unter Hinweis auf die Argumentation von Buchholz gegen die Theorie von der Notwendigkeit der besonders strengen Bestrafung von Angriffen gegen das sozialistische Eigentum, die zwischenzeitlich auch in der NJ nachzulesen war[101], eine theoretische Grundlage für die Verschärfung der Voraussetzungen für die Annahme einer schweren Schädigung. Aus den Überlegungen von Buchholz ergebe sich, dass der Schutz des durch die jeweilige Straftat angegriffenen Objekts nicht in erster Linie in der Anwendung des Strafzwanges in Form einer Freiheitsstrafe zum Ausdruck kommen müsse. Die alten, ursprünglich richtigen Kriterien für die Anwendung des § 30 StEG seien überholt. Der Inhalt solcher Kriterien wie „schwere Schädigung“ und „erhöhte Gefährdung“ müsse sich entsprechend dem jeweiligen Stand der gesellschaftlichen und ökonomischen Entwicklung ändern, damit die Rechtsprechung mit der Gesamtentwicklung Stand halten könne. In den meisten Fällen werde das gesellschaftliche Eigentum durch § 29 StEG hinreichend geschützt. Der rechtspolitische Sinn der Vorschriften des

---

98 *Thielert / Riedel*, NJ 1964, 700 f.

99 So stellten Thielert / Riedel einem Urteil des Stadtbezirksgericht Pankow, das bei einem Schaden von 6.700,- M Zuchthausstrafen ausgesprochen hatte, ein Urteil des Stadtbezirksgerichts Prenzlauer Berg gegenüber, das bei einem Schaden von 5.300,- M eine bedingte Gefängnisstrafe verhängt hatte, gegenüber (*Thielert / Riedel*, a.a.O., 699).

100 *Thielert / Riedel*, a.a.O.

101 *Buchholz*, NJ 1964, 530.

§ 30 StEG bestehe in dem Schutz vor verbrecherischen Angriffen, die eine im Rahmen der Gesellschaft als schwerwiegend einzuschätzende Schädigung bzw. erhöhte Gefährdung hervorgerufen hätten und daher die Anwendung des Strafzwanges in Form einer Zuchthausstrafe erforderten[102]. Von anderer Seite wurde die Aufgabe der alten Grundsätze zur Frage, ab wann eine schwere Schädigung des gesellschaftlichen Eigentums vorliegt, mit der ökonomischen Stärkung der DDR und der Festigung der gesellschaftlichen Verhältnisse begründet[103]. Die Klärung brachte die 4. Plenartagung des OG vom 16. Dezember 1964. In seinem Bericht erklärte das Kollegium für Strafsachen des OG, dass als untere Grenze für den schweren Fall von einem Schaden von etwa 8.000,- M auszugehen sei[104]. Entsprechend wurde fortan entschieden[105].

Als weitere Gesichtspunkte, die bei Prüfung einer schweren Schädigung zu berücksichtigen seien, wurden die gesellschaftlichen bzw. wirtschaftlichen Folgen der Tat, z.B. bei Entwendung von begehrten Exportartikeln oder Auswirkungen auf die Planerfüllung genannt[106]. Dem wurde entgegengehalten, dass bei der Prüfung einer schweren Schädigung einheitliche Maßstäbe zugrunde gelegt werden müssten. Umstände, die den einzelnen Vermögensträger und seine Vermögenssituation beträfen, sollten daher nicht berücksichtigt werden. Allerdings könnten solche Aspekte bei der Strafzumessung Beachtung finden[107]. Mit Urteil vom 29. September 1964 wies das OG darauf hin, dass

102 *Thielert / Riedel*, a.a.O., 698.

103 *Peckermann / Lehmann*, NJ 1964, 682.

104 Ohne *Verfasserangabe*, NJ 1965, 47. Diese Wertgrenze wurde allerdings auf die 4. Plenartagung für die juristische Öffentlichkeit nachlesbar kontrovers diskutiert. Eine Wertgrenze berge die Gefahr einer dogmatischen Anwendung in sich. So könne sich eine Schädigung von 8.000,- M im Handel anders auswirken als etwa bei einer wirtschaftsschwachen LPG. Selbst bei einer an sich schweren Schädigung des sozialistischen Eigentums könnten bei Vorliegen von Umständen, die für den Täter günstig seien, sei es in seiner Person, sei es in der Art und Weise des Zustandekommens der Straftat, die Voraussetzungen eines schweren Falles nicht gegeben sein. Es komme in jedem Fall darauf an, sorgfältig die Gesamtheit aller Umstände zu prüfen. So könne sich in dem einen Fall eine schwere Schädigung bereits bei wenigen Tausend M, in einem anderen dagegen erst bei 15.000,- oder 20.000,- M ergeben (ohne *Verfasserangabe*, NJ 1965, 47; *Buchholz*, NJ 1965, 54).

105 OG, Urteil vom 18.3.1965 – 2 Ust 4/65, NJ 1965, 362 f.: Schaden: 8.000,- M; OG, Urteil vom 2.7.1965 – 3 Zst 7/65, NJ 1965, 581 ff.: Schaden: 11.000,- M; OG, Urteil vom 9.7.1965 – 4 Zst 3/65, NJ 1965, 747 ff.: Schaden 4.250,- M: keine schwere Schädigung.

106 *Schwarz / Beyer*, NJ 1958, 770.

107 *Thielert / Riedel*, NJ 1964, 699.

wirtschaftlich negative Folgen von Eigentumsdelikten durch Anwendung der wirtschaftsstrafrechtlichen Bestimmungen zu berücksichtigen seien[108].

2. Grobe Verletzung der sich aus einer verantwortlichen Stellung ergebenden Pflichten

Zunächst bestand bei den Gerichten die Tendenz, § 30 Abs. 2 Buchst. a StEG auf alle Täter anzuwenden, die in irgendeiner Weise eine leitende Tätigkeit ausübten[109]. Dagegen erörterte das OG in seinem Urteil vom 11. Mai 1962[110], wo es um den Leiter einer Konsumgaststätte ging, § 30 Abs. 2 Buchst. a StEG nicht. Im Urteil vom 23. Dezember 1963[111] befasste sich das OG erneut mit dem Leiter einer Konsum-Gaststätte und lehnte jetzt die Anwendung des § 30 Abs. 2 Buchst. a StEG ausdrücklich ab. Zwar habe der Gaststättenleiter gewisse Befugnisse eigene Entscheidungen zu treffen, die in Beziehung zum Geschäftsablauf stünden. Diese seien vergleichbar mit denen eines Verkaufsstellenleiters. Sofern er seine ihm im Rahmen eines Treueverhältnisses obliegende Pflicht, die Vermögensinteressen seines Auftraggebers wahrzunehmen, durch die Begehung strafbarer Handlungen verletze, finde dies rechtlich seinen Ausdruck in der Verurteilung wegen Untreue zum Nachteil gesellschaftlichen Eigentums. Aus der Verletzung der Treuepflicht könne aber nicht hergeleitet werden, dass er die Tat unter grober Verletzung der sich aus einer verantwortlichen Stellung ergebenden Pflichten begangen habe. Diese Voraussetzung werde in der Regel dann vorliegen, wenn ein Täter die ihm eingeräumte Befugnis, über fremdes Vermögen zu verfügen oder andere zu verpflichten, missbraucht habe, was beim Gaststätten- oder Verkaufsstellenleiter nicht gegeben sei. Dazu stellten Peckermann / Lehmann klar, dass eine verantwortliche Stellung im Sinne des § 30 Abs. 2 Buchst. a StEG in aller Regel an die – auch in Form der gemeinsam auszuübenden – Befugnis zu Vermögensverfügungen geknüpft sei. Dies treffe etwa auf HO-Direktoren, Vorstandsmitglieder der Konsumgenossenschaft und Hauptbuchhalter zu. Bei Gaststätten- und Verkaufsstellenleitern könne eine verantwortliche Stellung nur für Personen

---

108 OG, Urteil vom 29.9.1964 – 3 Ust 28/64, DS 1965, 70 ff.

109 *Thielert / Riedel*, NJ 1964, 699; KrG Suhl, Urteil vom 24.3.1958 – 1 S 64/58, NJ 1958, 288 f.: Unterschlagung von Mitgliedsbeiträgen durch einen Kassierer der SED; OG, Urteil vom 18.9.1958 – 3 Zst II 63/58, NJ 1958, 792: Unterschlagung durch den kommissarischen Leiter einer Zweigstelle des Deutschen Reisebüros; BG Magdeburg, Urteil vom 6.3.1961 – II BSB 7/61, NJ 1961, 504 ff.: Unterschlagung durch den Leiter einer Konsumgaststätte.

110 OG, Urteil vom 11.5.1962 – 2 Zst 4/62, NJ 1962, 547.

111 OG, Urteil vom 23.12.1963 – 4 Ust 23/63, NJ 1964, 253.

mit außergewöhnlich großem Verantwortungsbereich und selbständiger Tätigkeit angenommen werden, wie bei Leitern von Warenhäusern und Großgaststätten[112, 113].

Dementsprechend verneinte das OG eine verantwortliche Stellung bei einem Verkaufsstellenleiter der HO[114], bei einer Verkäuferin[115], bei einem Inventurprüfer der Konsumgenossenschaft[116] und bei einem Betriebsschutzangehörigen[117].

Die hohen Anforderungen für die Annahme einer verantwortlichen Stellung im Sinne des § 30 Abs. 2 Buchst. a StEG wurden damit begründet, dass anderenfalls die Untreue grundsätzlich nur als schwerer Fall begangen werden könne, was dem Gesetz, das in § 29 Abs. 1 StEG den einfachen Fall der Untreue vorsehe, widerspreche. Die Merkmale „verantwortliche Stellung" und „grobe Pflichtverletzung" des § 30 Abs. 2 Buchst. a StEG könnten daher nicht mit den ähnlichen Merkmalen des § 266 RStGB gleichgesetzt werden. Vielmehr müssten darüber hinausgehende Anforderungen gestellt werden. Allerdings sei beim Verfügungsmissbrauch eine Übereinstimmung mit § 30 Abs. 2 Buchst. a StEG gegeben, weil in der sozialistischen Gesellschaft die Verfügungsbefugnis im Sinne des § 266 RStGB in aller Regel an eine Stellung mit erheblicher Verantwortlichkeit gebunden sei und deren missbräuchliche Ausübung eine grobe Pflichtverletzung darstelle[118].

3. Mitwirkung Mehrerer

Nach der Rechtsprechung des OG war § 30 Abs. 2 Buchst. b StEG nur auf mehrere Mittäter anwendbar, nicht auf ein Zusammenwirken zwischen Täter und Gehilfen[119]. Sonst warf die Vorschrift keine Schwierigkeiten auf. In der

112 *Peckermann / Lehmann*, NJ 1964, 682.

113 So auch *Thielert / Riedel*, NJ 1964, 699: Subjekt des § 30 Abs. 2 Buchst. a StEG könne nur derjenige sein, der für den Schutz und die Mehrung der dem jeweiligen Vermögensträger anvertraute Werte eine besondere, konkrete und im Arbeitsvertrags spezifizierte Verantwortung habe. Im wesentlichen lasse sich danach der Personenkreis, der Subjekt eines Verbrechens gemäß § 30 Abs. 2 Buchst. a StEG sein könne, auf den Kreis der leitenden Wirtschaftsfunktionäre wie Betriebsleiter, Hauptbuchhalter und auf jene mittleren Wirtschaftskader beschränken, deren Aufgabengebiet überwiegend darin bestehe, bestimmte Kontrollfunktionen im Interesse des Schutzes des sozialistischen Eigentums auszuüben, wie z.B. Leiter von Kontrollorganen der Handelsbetriebe.

114 OG, Urteil vom 15.11.1963 – 4 Ust 18/63, NJ 64, 442 ff.

115 OG, Urteil vom 13.3.1963 – 4 Zst 3/64, NJ 1964, 444 f.

116 OG, Urteil vom 11.5.1964 – 4 Ust 11/64, NJ 64, 701 ff.

117 OG, Urteil vom 29.9.1964 – 3 Ust 28/64, DS 1965, 70 ff.

118 *Peckermann / Lehmann*, NJ 1964, 682.

119 OG, Urteil vom 29.8.1967 – 2 Ust 18/67, OGSt. 9, 398 ff.

Literatur trat man für eine einschränkende Auslegung des § 30 Abs. 2 Buchst. b StEG ein. Eine erhöhte Verantwortlichkeit treffe vor allem die Organisatoren derartiger Gruppen, da sie in der Regel ihre berufliche Stellung und das meist bestehende Unterstellungsverhältnis bei der Bildung der Gruppe ausnutzten. Daher sei sehr sorgfältig zu prüfen, ob der konkrete Tatbeitrag des Teilnehmers am Gruppendelikt objektiv und subjektiv eine erhöhte Gefährdung des sozialistischen Eigentums hervorgerufen habe. Allein aus der Tatsache, dass ein Gruppendelikt i.S. des § 30 Abs. 2 Buchst. b StEG vorliege, auf den Eintritt einer erhöhten Gefährdung schließen zu wollen, wäre fehlerhaft und hätte die Verletzung des Prinzips der individuellen Verantwortlichkeit zur Folge. Der Sinn dieses Tatbestandes bestehe darin, die besondere Verantwortlichkeit solcher Täter festzustellen, die auf Grund ihres Vorsatzes, der Zielrichtung und der Art und Weise ihrer Tatbeteiligung einen schweren Angriff auf das gesellschaftliche Eigentum begangen haben. Der Tatbestand des § 30 Abs. 2 Buchst. b StEG solle also in erster Linie gegen die Organisatoren einer solcher Gruppen Anwendung finden[120].

4. Rückfall

Unter die rückfallbegründenden Vortaten sollten auch Verurteilungen nach dem VESchG und dem RStGB wegen Diebstahl, Unterschlagung, Betrug und Untreue fallen, nicht dagegen Verurteilungen wegen Urkundenfälschung und das sonstigem Beiseiteschaffen nach dem VESchG[121]. In Bezug auf Verurteilungen wegen Diebstahl, Unterschlagung, Betrug und Untreue nach dem RStGB steht diese Auffassung nicht in Einklang mit der Richtlinie Nr. 3 Ziff. 4 Satz 1 zum VESchG. Rechtsprechung zu dieser Problematik wurde nicht veröffentlicht. Sonst warf die Vorschrift keine Schwierigkeiten auf.

5. Der unbenannte schwere Fall

Die Anwendung besonders verwerflicher oder raffinierter Methoden, wie der Einsatz von chemischen, mechanischen und anderen Hilfsmitteln, um an die Gegenstände des gesellschaftlichen Eigentums heranzukommen[122], sowie die

---

120 *Thielert / Riedel*, NJ 1964, 700 unter Berufung auf *Buchholz*, NJ 1964, 530 ff., der sich allerdings nicht mit dem StEG, sondern mit den Regelungen im künftigen StGB beschäftigt. Im Entwurf des StGB von 1967 war ein schwerer Fall bei Tatbegehung durch eine Gruppe nur für deren Organisator vorgesehen (§ 151 StGB-E).

121 *Schwarz / Beyer*, NJ 1958, 771.

122 *Schwarz / Beyer*, NJ 1958, 772.

Mitführung einer Schusswaffe bei der Tat[123] sollten die Annahme eines sonstigen schweren Falles rechtfertigen können.

Das Kreisgericht Königs Wusterhausen[124] nahm bei „besonderer Intensität" einen unbenannten schweren Fall an. Der Angeklagte hatte zahlreiche Diebstähle am gesellschaftlichen Eigentum begangen. Er habe jede Gelegenheit zur Schädigung gesellschaftlichen Eigentums ausgenutzt. Seine Rücksichtslosigkeit bei der Begehung der Verbrechen müsse strafverschärfend gewertet werden.

In einem ähnlichen Fall führte das OG aus[125], zwar sei es richtig, dass neben den im § 30 Abs. 2 StEG aufgeführten Merkmalen weitere, besonders schwerwiegende Umstände eines Angriffs gegen gesellschaftliches Eigentum zur Annahme eines schweren Falles führen könnten. Der Umstand, dass der Angeklagte innerhalb kurzer Zeit eine Vielzahl strafbarer Handlungen beging, habe jedoch für sich allein keineswegs kein derartiges Gewicht, dass er außerhalb der beispielhaften Aufzählung der Erschwerungsmerkmale im § 30 Abs. 2 StEG zur Annahme eines schweren Angriffs führen könne.

6. Keine schwere Schädigung – § 30 Abs. 3 StEG

Das Merkmal erhöhte Gefährdung in § 30 Abs. 3 StEG war kein weiteres Tatbestandsmerkmal, das zu den Erfordernissen für die Annahme eines schweren Falles nach § 30 Abs. 2 StEG hinzutreten musste. Die Vorschrift war vielmehr nur dann anzuwenden, wenn zwar die Voraussetzungen des Abs. 2 vorlagen, aber auf Grund besonderer Umstände ausnahmsweise eine erhöhte Gefährdung nicht eingetreten war[126].

Im Rahmen des § 30 Abs. 3 StEG wurden sowohl tat- als auch täterbezogene Umstände berücksichtigt.

Als tatbezogene Umstände wurden solche genannt, die die Begehung der Straftat begünstigt hatten, wie etwa mangelhafte Sicherheitsvorkehrungen[127]. Weiter konnte bei nebenberuflicher Projektierungstätigkeit, die den Tatbestand der Untreue zum Nachteil des Projektierungsbetriebes erfüllte, der Umstand, dass zusätzliche Projekte in guter Qualität erstellt worden waren, wegen seiner

123 Ohne *Verfasserangabe*, NJ 1958, 82: Allerdings sollte bei Vorliegen der Strafverschärfungsgründe des § 243 Abs. 1 Ziff. 2–7 RStGB nicht grundsätzlich ein schwerer Fall nach § 30 StEG anzunehmen sein.

124 KrG Königs Wusterhausen, Urteil vom 11.7.1960 – S 134/60, DS 1960, 330 ff.

125 OG, Urteil vom 29.9.1964 – 3 Ust 28/64, DS 1965, 70 ff.

126 OG, Urteil vom 18.9.1958 – 3 Zst II 63/58, NJ 1958, 792.

127 Dies sollte aber nicht gelten, wenn dadurch die Begehung der Straftat überhaupt erst möglich geworden war: OG, Urteil vom 2.7.1963 – 3 Zst 7/65, NJ 1965, 581 ff.

positiven volkswirtschaftlichen Auswirkungen die Anwendung des § 30 Abs. 3 StEG rechtfertigen[128].

Aus täterbezogenen Gründen lehnte das OG die Anwendung des § 30 Abs. 2 Buchst. b StEG im Hinblick auf § 30 Abs. 3 StEG in einem Fall ab, wo die Straftaten schon längere Zeit zurücklagen und der Angeklagte aus eigenem Entschluss sein strafbares Verhalten eingestellt hatte[129]. An anderer Stelle führte das OG aus, die in der Person eines Angeklagten liegenden Umstände, insbesondere seine positive gesellschaftliche Entwicklung, könnten das Merkmal erhöhte Gefährdung, welches mit erhöhter Tatschwere gleichzusetzen sei, so beeinflussen, dass keine erhöhte Gefährdung des gesellschaftlichen Eigentums vorliege[130]. Auch das geringe Alter des Täters oder eine Schwangerschaft der Täterin, sollte, sofern ein Zusammenhang mit der Begehung der Tat gegeben war, die Anwendbarkeit des § 30 Abs. 3 StEG rechtfertigen können[131].

III. Exkurs: Sachbeschädigung

Zur Sachbeschädigung von gesellschaftlichem bzw. sozialistischem Eigentum, die erst mit dem StGB von 1968 eine besondere gesetzliche Regelung erfuhr, ergingen während der zeitlichen Geltungsdauer des StEG zwei wichtige Entscheidungen.

Mit Urteil vom 5. Oktober 1959 bediente sich das BG Neubrandenburg bei der Sachbeschädigung von gesellschaftlichem Eigentum des gleichen Argumentationsmusters, welches das OG bei Betrug und Untreue zum Nachteil des Volkseigentums angewandt hatte, um zu einem schweren Fall zu kommen[132]. Die Sachbeschädigung von gesellschaftlichem Eigentum stelle grundsätzlich einen Fall der schweren Sachbeschädigung gemäß § 304 RStGB dar. § 304 RStGB umfasste u.a. den Fall der vorsätzlichen Beschädigung oder Zerstörung von Gegenständen, welche öffentlichem Nutzen dienten und sah dafür Gefängnisstrafe bis zu drei Jahren oder Geldstrafe vor, während der Strafrahmen für die einfache Sachbeschädigung nach § 303 RStGB Geldstrafe oder Gefängnis bis zu zwei Jahren betrug.

128 OG, Urteil vom 4.7.1967 – 3 Ust 7/67, NJ 1968, 54 ff.

129 OG, Urteil vom 12.1.1960 – 3 Ust II 37/59, NJ 1960, 509 f.

130 OG, Urteil vom 18.3.1965 – 2 Ust 4/65, NJ 65, 362 f.

131 *Buchholz*, NJ 1965, 54.

132 3. Kap. Fn. 16 u. 17.

In dem Fall des BG Neubrandenburg hatte der Angeklagte eine Fensterscheibe in den Verwaltungsräumen einer Konsumgenossenschaft eingeworfen. Nach Auffassung des BG Neubrandenburg handelte es sich hierbei um einen „Gegenstand des öffentlichen Nutzens“ im Sinne des § 304 RStGB. Der Begriff dürfe nicht bürgerlich-normativistisch, sondern müsse unter Beachtung der sozialistischen Entwicklung und der sich daraus ergebenden gesellschaftlichen und ökonomischen Beziehungen ausgelegt und angewandt werden. Die Konsumgenossenschaften seien eine große Massenbewegung der Werktätigen. Sie hätten das Ziel, durch ihre Tätigkeit den Aufbau des Sozialismus in der DDR sowohl auf dem Gebiet des sozialistischen Handels als auch durch die Erziehung und Bewusstseinsbildung ihrer Millionen Mitglieder vollenden und sichern zu helfen. Zu den Einrichtungen, die diesem Ziele dienten, zählten nicht nur die Verkaufsräume, sondern auch die Büroräume. Auch diese bedürften des erhöhten strafrechtlichen Schutzes. Den gleichen Schutz müssten private Gegenstände genießen, die sich zum Zwecke der Nutzung im Besitz sozialistischer Betriebe und Institutionen befinden[133].

Der Urteilsabdruck wurde mit einer recht umfangreichen zustimmenden Urteilsanmerkung von Przybylzki versehen:

Die bürgerliche und bislang auch in der DDR übliche Auslegung habe die Anwendung des § 304 RStGB auf den Schutz von Gegenständen beschränkt, die von der Allgemeinheit bzw. Teilen der Allgemeinheit unmittelbar zur Befriedigung ihrer religiösen und kulturellen Bedürfnisse genutzt werden können. Eine solche Interpretation entspreche nicht mehr den gesellschaftlichen Verhältnissen. Unter den Bedingungen der Verwirklichung der sozialistischen Rekonstruktion und der Aufgaben des Siebenjahrplans müsse die vorsätzliche Vernichtung oder Beschädigung sozialistischen Eigentums oder von Gegenständen, die von sozialistischen Betrieben und Institutionen im Interesse der Gesellschaft genutzt werden, ihren Ausdruck auch in einer verstärkten moralisch-politischen und juristischen Verurteilung finden. § 304 RStGB biete dafür die rechtliche Grundlage, ohne dass seinem Wortlaut dabei in irgendeiner Weise Zwang angetan werde[134].

Man kann davon ausgehen, dass die Gerichte das Urteil des BG Neubrandenburg in der Folgezeit als verbindliche Grundlage für ihre Entscheidungspraxis betrachteten.

Erst Jahre später griff das OG die Problematik auf und verwarf, jetzt streng juristisch argumentierend, die Rechtsauffassung des BG Neubrandenburg. Sie weite den Anwendungsbereich des § 304 RStGB zu sehr aus. Dem öffentlichen Nutzen im Sinne des § 304 RStGB dienten Gegenstände dann, wenn sie für die Bevölkerung im Allgemeinen bestimmt, öffentlich zugänglich und benutzbar oder nützlich seien. Es komme dabei weder auf die Eigentumsver-

---

133 BG Neubrandenburg, Urteil vom 5.10.1959 – 2 BSB 184/59, NJ 1960, 106 f.

134 *Przybylzki*, NJ 1960, 107 f.

hältnisse an diesen Gegenständen noch auf eine ökonomische Funktion oder den wirtschaftlichen Wert der Gegenstände an[135].

IV. Strafzumessungsfragen

Die Kreis- und Bezirksgerichte wandten die neuen Strafarten bei Delikten bis zu mehreren Hundert Mark an[136]. Bei höheren Schäden oder ungünstigen persönlichen Verhältnissen wurden unbedingte Freiheitsstrafen verhängt[137].

---

135 OG, Urteil vom 23.8.1966 – 2 Zst 6/66, NJ 1966, 765 f.

136 KrG Halle-Ost – S 57/58 (ohne Datumsangabe): versuchter Diebstahl von Ware im Wert von 150,- M, trotz Leugnens in der Hauptverhandlung öffentlicher Tadel und Geldstrafe von 50,- M; KrG Brandenburg-Land – S 10a/58 (ohne Datumsangabe): Diebstahl von 80 kg Ölfarbe aus einem VEB, öffentlicher Tadel; KrG Potsdam-Land – 2 S 80a/58 (ohne Datumsangabe): Unterschlagung von 380,60 M Versicherungsgeldern, öffentlicher Tadel, alle zitiert nach Biebl / Hiller, NJ 1958, 235, 236 f. mit ablehnendem Kommentar; BG Magdeburg, Urteil vom 25.2.1958 – II BSB 13/58, DS 1958, 134 f.: Das Kreisgericht hatte bei einer Unterschlagung von 40,- M auf eine Freiheitsstrafe von einem Monat erkannt. Das BG änderte auf bedingte Verurteilung ab. KrG Leipzig-Süd, Urteil vom 28.2.1958 – II S 38/58, NJ 1958, 285: Die Angeklagte hatte aus Not 216,- M unterschlagen. Öffentlicher Tadel; KrG Merseburg, Urteil vom 4.3.1958 – S 74/58, DS 1958, 136 mit ablehnender Anmerkung der Redaktion: Kaufhausdiebstahl von Waren im Wert von 26,- M sowie einer Aktentasche, Drei Monate Gefängnis bedingt; KrG Halle (West), Urteil vom 20.3.1958 – S 100/58, DS Rechtsprechungsbeilage 1958 II 13 f. mit ablehnender Anmerkung der Redaktion: Diebstahl eines Kaffeepäckchens im Wert von 8,- M im Konsum. Öffentlicher Tadel und Geldstrafe von 150,- M; KrG Karl-Marx-Stadt, Urteil vom 19.6.1958 – (L) S 265/58, DS 1958 Rechtsprechungsbeilage III 2 f. mit ablehnender Anmerkung der Redaktion: Unterschlagung von drei Nachthemden durch Verkaufsstellenleiterin der HO. Nachthemden wurden zurückgegeben. Von Strafe wurde gemäß § 9 Abs. 2 StEG abgesehen; Stadtbezirksgericht Berlin-Köpenick, Urteil vom 26.6.1958 – 710 S 231/58, DS 1958, 262 f.: Diebstahl von zwei Abstellhähnen im Wert von 15,- M, Öffentlicher Tadel; KrG Merseburg, Urteil vom 7.7.1959 – S 279/59, DS 1959, 306 f.: Diebstahl von Baumaterial (keine Wertangaben), fünf Monate bedingt; KrG Merseburg, Urteil vom 8.8.1959 – S 418/59 DS 1959, 341: Diebstahl von Baumaterial (geringer Wert). Zwei Monate bedingt; KrG Merseburg, Urteil vom 23.7.1959 – S 346/59, DS 1959, 341 f.: Diebstahl von zwei Zuchthähnen im Wert von 200,- M. Drei Monate bedingt. KrG Erfurt (Land), Urteil vom 22.9.1959 – 1 E S 200/59, DS 1960, 109 ff.: Abrechnungsbetrug durch Brigadier einer Malerbrigade. Schaden 360,- M. Drei Monate bedingt; KrG Halle (West) Urteil vom 9.7.1959 – S 211/59, DS 1960, 155 f.: Betrug und Fälschung der Bescheinigung über Arbeitsbefreiung. Schaden 90,- M. Bedingt vier Monate.

137 BG Potsdam, Urteil vom 13.3.1958 – 3 S 21/58, NJ 1958, 321: Der Angeklagte, ein Brigadier, hatte Lohngelder in Höhe von 295,- M unterschlagen und vertrunken. Das Kreisgericht hatte einen öffentlichen Tadel ausgesprochen. Das BG verwies die Sache zurück. Wegen der vom Angeklagten gezeigten gewissenlosen und schlechten Einstellung sei eine unbedingte Verurteilung erforderlich; KrG Leipzig (Land), Urteil vom 11.12.1958 – O II S 119/58, DS 1959, 92 f.: Unterschlagung von Zeitungsgeldern der FDJ, Schaden 596,- M. Fünf Monate Gefängnis; KrG Erfurt-Land, Urteil vom

Die Rechtsprechung des OG war dagegen zunächst eher restriktiv. Der tiefere rechtspolitische Sinn des öffentlichen Tadels und der bedingten Verurteilung bestehe darin, dass der Arbeiter-und-Bauern-Staat dann von dem einschneidenden Zwang einer Freiheitsentziehung absehen und mit der Bestrafung in erster Linie dem politisch und moralisch erziehenden Einfluss der Gesellschaft Raum geben wolle, wenn eine Straftat im Hinblick auf ihre Art und Schwere für die volksdemokratische Staats- und Gesellschaftsordnung weniger gefährlich sei und der Rechtsbrecher bereits über genügend eigene gesellschaftliche, politische, moralische und charakterliche Qualitäten verfüge, die ihn unter dem Eindruck einer derart ernsten Zurechtweisung und Ermahnung des Gerichts zu einem rechtlich und gesellschaftlich verantwortungsbewussten Verhalten zu bestimmen vermögen. Die neuen Strafarten seien nur unter grundsätzlicher Beachtung der im § 1 StEG aufgeführten Kriterien anwendbar. Der öffentliche Tadel setze jedoch ein noch geringeres Maß an Gesellschaftsgefährlichkeit der Tat voraus als die bedingte Verurteilung[138]. Auch bei geringen Schäden fordere das Gesetz für die Verhängung von Strafen ohne Freiheitsentziehung die Prüfung aller anderen objektiven und subjektiven Umstände, welche die konkrete Gesellschaftsgefährlichkeit der begangenen Tat bestärkend oder mindern bestimmt haben und der erzieherischen Beeinflussbarkeit des Täters[139].

Ab Anfang der sechziger Jahre wurde die Rechtsprechung liberaler.

12.8.1959 – 1 E S 179/59, DS 1959, 340 f. Unterschlagung von 1.172,85 M durch Postangestellten. Acht Monate Gefängnis; KrG Fürstenwalde, Urteil vom 9.4.1959 – S 85/59, DS 1959 Rechtsprechungsbeilage III 8 ff.: Diebstahl von Baumaterial im Wert von 220,- M. Ungünstige Persönlichkeitsverhältnisse. Fünf Monate Gefängnis und öffentliche Bekanntmachung des Urteils.

138 OG, Urteil vom 1.7.1958 – 2 Zst II 34/58, NJ 1958, 573 f.: Der Angeklagte hatte zu viele Arbeitsstunden abgerechnet, wodurch ein Schaden in Höhe von 225,05 M entstanden war. Das Kreisgericht hatte auf öffentlichen Tadel und Geldstrafe erkannt. Das OG hob das Urteil auf und verwies die Sache zurück. Ergebe die weitere Beweisaufnahme, dass der Angeklagte seine strafbaren Handlungen nicht freiwillig aufgegeben habe, lägen auch die Voraussetzungen für eine bedingte Verurteilung nicht vor.

139 OG, Urteil vom 24.6.1958 – 2 Zst III 19/58, DS 1958, 259 ff. Die Angeklagten hatten Holz im Wert von 40,- M gestohlen. Das Kreisgericht hatte die Angeklagten bedingt zu zwei bzw. drei Monaten Gefängnis verurteilt. Das OG hob das Urteil des Kreisgerichts auf und verwies die Sache zwecks Prüfung einer unbedingten Verurteilung zurück.
Im Urteil des OG vom 6.3.1959 – 2 Zst II 8/59, NJ 1959, 315 f. ging es um einen Diebstahl von Kupferrohren im Wert von maximal 10,- M. Das Kreisgericht hatte den Angeklagten unbedingt zu zwei Monaten Gefängnis verurteilt, weil es sich um einen „gefährlichen“ Buntmetalldiebstahl handele. Das OG führte dazu aus, dass dieser Umstand zwar keinen Freispruch gemäß § 8 StEG und auch keinen öffentlichen Tadel zulasse, aber im Hinblick auf die Persönlichkeit und die Arbeitsleistungen des Angeklagten eine bedingte Verurteilung geboten sei.

In Umsetzung des Beschlusses des Staatsrates vom 30. Januar 1961 über die weitere Entwicklung der Rechtspflege erließ das OG am 22. April 1961 die Richtlinie Nr. 12 über die Anwendung kurzfristiger Freiheitsstrafen, der Strafen ohne Freiheitsentziehung und der öffentlichen Bekanntmachung von Bestrafungen. Damit sollte eine Einschränkung der Verhängung von kurzfristigen Freiheitsstrafen herbeigeführt werden. Bei geringfügigen Eigentumsdelikten sollte die kurzfristige Freiheitsstrafe nur bei wiederholter Tatbegehung oder Vorbestraftheit zur Anwendung kommen. Sie sei nur in den Fällen anzuwenden, in denen der Charakter der Tat trotz Fehlens schwerwiegender Folgen die sofortige kurzfristige Isolierung des Täters erfordere, um ihn der weiteren erzieherischen Einwirkung durch die Gesellschaft zugänglich zu machen [140].

Mit Urteil vom 10. Oktober 1961 sprach das OG bei einem Schaden von 4.200,-M noch eine bedingte Verurteilung aus. Der Angeklagte hatte allerdings nicht aus egoistischen Motiven, sondern im vermeintlichen Interesse seines Betriebes gehandelt und sich im Arbeitsprozess gut bewährt[141]. Auch bei geringfügigen Diebstählen aus eigennützigen Motiven, bei denen die Täterpersönlichkeiten nicht den Idealvorstellungen des Gesetzes entsprachen, kassierte das OG unter Bezugnahme auf die Richtlinie Nr. 12 Urteile von Kreisgerichten, die auf kurzfristige Freiheitsstrafen erkannt hatten[142]. Im Fleischdeputatfall[143] erkannte das Stadtgericht von Groß-Berlin im Hinblick auf die besonderen Umstände sogar bei einem Schaden von 11.400,- M auf eine bedingte Gefängnisstrafe von zwei Jahren, was durch die Veröffentlichung in der NJ den Segen des OG erhielt.

Nachdem der Staatsrat den Rechtspflegeerlass verkündet hatte, hob das OG die Richtlinie Nr. 12 am 6. Mai 1964 auf und leitete eine weitere Liberalisierung ein. Die Richtlinie Nr. 12 entspreche in ihren zur Anwendung der Strafen ohne Freiheitsentziehung und der kurzfristigen Freiheitsstrafen entwickelten Grundsätzen nicht mehr dem Stand der gesellschaftlichen Entwicklung. Die notwendige verstärkte Einbeziehung gesellschaftlicher Kräfte in die Bekämpfung der Kriminalität durch kollektive Beseitigung der Ursachen von Rechtsverletzungen sowie solcher Bedingungen, die ihre Begehung begünstigten, erforderten die Übergabe von Strafsachen an die Konfliktkommissionen in breiterem Umfang und die verstärkte Anwendung von Strafen ohne Freiheitsentziehung.

---

140 GBl. III 1961, 223.

141 OG, Urteil vom 10.10.1961 – 2 Ust II 33/61, NJ 1962, 160 f.

142 So OG, Urteil vom 3.4.1962 – 3 Zst II 5/62, NJ 1962, 324 f.

143 S.o. 6. Kap. b. Fn. 97.

Dem werde die Richtlinie Nr. 12 nicht mehr gerecht, weil sie zur Anwendung der Strafen ohne Freiheitsentziehung einengende Kriterien enthalte und schematisch auf die Anwendung kurzer Freiheitsstrafen unter dem Gesichtspunkt einer besonderen Strafart orientiere[144].

Auch bei aus egoistischen Motiven begangenen Eigentumsdelikten mit höheren Schäden wandte das OG nach dem Rechtspflegeerlass zunehmend Strafen ohne Freiheitsentziehung an. Die bedingte Verurteilung sei nicht auf geringfügige Straftaten beschränkt. Mit dem Sieg der sozialistischen Produktionsverhältnisse sei die Möglichkeit, die Werktätigen in die Bekämpfung und schrittweise Zurückdrängung der Kriminalität einzubeziehen, gewachsen[145]. Da das Gesetz bei einer Strafe bis zu zwei Jahren Gefängnis die bedingte Verurteilung grundsätzlich zulasse, müsse das Gericht in diesen Fällen unter Berücksichtigung aller objektiven und subjektiven Umstände eingehend darlegen, warum es vom Ausspruch einer Strafe ohne Freiheitsentziehung Abstand nehme. Dabei dürften für die Verurteilung zu einer Strafe ohne Freiheitsentzug keinesfalls Idealvoraussetzungen des Persönlichkeitsbildes eines straffällig gewordenen Bürgers verlangt werden[146]. Allerdings müssten bei höheren Schäden schon außergewöhnliche Umstände vorhanden sein, um eine Strafe ohne Freiheitsentziehung zu rechtfertigen[147].

---

144 GBl. II 1964, 422.

145 OG, Urteil vom 24.7.1964 – 3 Zst 15/64, DS 1965, 72 ff.:Unterschlagung von 2.429,30 M durch eine Schulsekretärin.

146 OG, Urteil vom 5.6.1964 – 3 Zst 9/64, DS 1965, 74 ff.: Unterschlagung von 1.600,- M durch eine Kassiererin der Deutschen Rentenversicherung; OG, Urteil vom 17.2.1966 – 2 Zst 3/66, NJ 1966, 441 f.: Diebstahl, Schaden 525,- M; OG, Urteil vom 24.1.1967 – 2 Zst 14/66, DS 1967, 189 ff.

147 OG, Urteil vom 29.10.1965 – 2 Zst 3/65, NJ 1965, 746 ff.: Unterschlagung von 3.800,- M durch eine Gewerkschaftskassiererin. Keine bedingte Verurteilung; OG, Urteil vom 29.10.1965 – 2 Zst 5/65, NJ 1965, 768 f.: Unterschlagung von persönlichem und gesellschaftlichem Eigentum mit einem Gesamtschaden von etwa 3.200,- M durch Gerichtsvollzieher. Keine bedingte Verurteilung.

7. Kapitel: Strafgesetzbuch

A) Zur Entstehungsgeschichte – Überblick

Nachdem die Arbeiten am AStGB im Jahre 1953 eingestellt worden waren, wurde im Oktober 1957 eine StGB-Grundkommission eingesetzt. Im Jahre 1959 legte diese einen Grobentwurf vor, dessen Allgemeiner Teil wegen seiner „Abstraktheit, seines Positivismus und Formalismus" heftige Kritik durch die Kommission für Staats- und Rechtsfragen beim ZK der SED erfuhr. Im Gegensatz zur der bürgerlichen Vorstellung vom Verbrechen als einer ewigen gesellschaftlichen Erscheinung, die sich in ihrer Behandlung als abstrakte Einzeltat entsprechend der abstrakten Norm äußere, müsse das sozialistische Strafgesetz über die Negation des Verbrechens hinausgehen, die gesellschaftlichen Ursachen der Verbrechen aufdecken und die Massen im Kampf um die Durchsetzung der gesellschaftlichen Gesetzmäßigkeit anleiten[1]. Über die weitere Tätigkeit der Grundkommission wurde zunächst nichts verlautbart. Im Februarheft der NJ 1962 wurde über eine gemeinsame Tagung der Grundkommission und der Sektion Strafrecht der Deutschen Akademie für Staats- und Rechtswissenschaften „Walter Ulbricht" vom 21. Dezember 1961 berichtet, die es sich zur Aufgabe gestellt hatte, die vorliegenden Arbeitsergebnisse unter dem Blickpunkt des XXII. Parteitages der KPdSU und der vom 14. Plenum des ZK des SED gestellten Aufgaben zu überprüfen[2]. Im Jahre 1962 kam die Tätigkeit der Grundkommission zum Erliegen[3]. Auffällig ist der zeitliche Zusammenhang mit einer Kampagne der SED gegen die Strafrechtslehrer Lekschas und Renneberg[4].

---

1 *Schmidt / Beyer*, NJ 1960, 310 f.

2 *Frenzel*, NJ 1962, 91 ff.

3 Die Gründe dafür sind nicht bekannt und konnten im Rahmen der Aufgabenstellung dieser Arbeit nicht eruiert werden.

4 Es war offenbar an *Lekschas* und *Renneberg* vorbeigegangen, dass *Walter Ulbricht* der Theorie, dass jedes Verbrechen Ausdruck des Klassenkampfes sei, auf der Babelsberger Konferenz einer Absage erteilt hatte (s.o. 4. Kapitel Fn. 11). In der NJ wurde ein von *Lekschas* und *Renneberg* ausgearbeitetes Referat abgedruckt, welches auf der Tagung vom 21.12.1961 gehalten worden war und auf der alten Verbrechenstheorie beruhte (*Lekschas / Renneberg*, NJ 1962, 76–91). In den Folgemonaten erschienen acht Aufsätze in der NJ, in denen die Auffassungen von *Lekschas* und *Renneberg* heftig angegriffen wurden, darunter einer von *Ulbricht* persönlich (*Melzer / Klotsch*, NJ 1962,

Der VI. Parteitag der SED vom 15. bis 21. Januar 1963 verlangte erneut die Ausarbeitung eines Strafgesetzbuchs. Darauf beschloss der Staatsrat am 4. April 1963 die Bildung einer (neuen) Grundkommission, die sich am 5. Juli 1963 konstituierte[5]. Der Entwurf war Anfang 1967 fertiggestellt und wurde dann mit einem ausgesuchten Personenkreis in etwa 750 Veranstaltungen diskutiert[6].

Im Gesetzentwurf waren die Straftaten gegen das sozialistische Eigentum im 5. Kapitel des Besonderen Teils ohne weitere Untergliederung zusammen mit den Straftaten gegen die Volkswirtschaft geregelt. Dafür hatte sich Buchholz stark gemacht. Mit der Gegenüberstellung von Delikten gegen das sozialistische Eigentum und die Volkswirtschaft bzw. Planwirtschaft würde an kapitalistische Rechtsvorstellungen und -formen angeknüpft. Das kapitalistische Strafrecht beschränke sich auf den Schutz des Eigentums als der ökonomischen Basis und gehe im übrigen vom Selbstlauf und der Spontaneität der handelnden Individuen und ökonomischen Prozesse aus, in denen sich die objektiven Gesetze des Kapitalismus blind durchsetzten. Im Sozialismus komme es dagegen nicht auf den Schutz der Eigentumsverhältnisse an sich an, sondern auf die Förderung und Sicherung der plangemäßen Entwicklung, Ausbreitung und Festigung der sozialistischen Ökonomie[7]. Das Wesen sowohl der Delikte gegen das sozialistische Eigentum als auch der gegen die sozialistische Wirtschaft bestehe darin, dass sie die objektiv notwendige ökonomische Entwicklung der DDR gefährdeten oder hemmten. Es handele sich daher um eine einheitliche Kategorie von Verbrechen, die in einem Kapitel des Strafgesetzbuchs zu regeln seien[8].

Das StGB wurde am 12. Januar 1968 durch die Volkskammer verabschiedet und trat am 1. Juli 1968 in Kraft.

208–217; *Lutzke*, NJ 1962, 339–342; *Görner*, NJ 1962, 347–348; *Weber*, NJ 1962, 376–383; ohne *Verfasserangabe*, NJ 1962, 425–428; *Rutsch / Blüthner / Kerst*, NJ 1962, 476–480; *Stiller*, NJ 1962, 765–770; *Ulbricht*, NJ 1962, 393–394). Schließlich übten *Lekschas* und *Renneberg* Selbstkritik und nahmen von ihren alten Auffassungen Abstand (*Lekschas / Renneberg*, NJ 1962, 500–505). Hintergrund der Kampagne war, dass die SED in der Rückführung jeglicher Kriminalität auf antagonistische Widersprüche ein Hemmnis für den weiteren Ausbau des erzieherischen Charakters des Strafrechts sah (*Ulbricht*, NJ 1962, 393 f.). Im einzelnen *Hildebrand*, JbfOR, 1963 Band IV 1. Halbjahresheft, 29 ff.

5 *Benjamin*, Rechtspflege 1961–1971, S. 215.

6 A.a.O., S. 217.

7 *Buchholz*, NJ 1960, 364.

8 *Buchholz / Schwarz*, NJ 1960, 646; *Buchholz / Schwarz*, NJ 1961, 413 ff.; *Buchholz / Schwarz / Griebe*, NJ 1961, 478 ff.

Das StGB regelte, wie der Entwurf, den Schutz des sozialistischen Eigentums im 5. Kapitels des Besonderen Teils, welcher mit der Überschrift „Straftaten gegen das sozialistische Eigentum und die Volkswirtschaft" versehen war. Anders als im Entwurf war aber nunmehr das 5. Kapitel in zwei Abschnitte aufgeteilt, womit die Vorstellungen von Buchholz nach einem einheitlichen Kapitel über die Straftaten gegen das sozialistische Eigentum und die Volkswirtschaft verwässert waren. Die Bestimmungen über die Straftaten gegen das sozialistische Eigentum waren im 1. Abschnitt des 5. Kapitels untergebracht, die über den Schutz der Volkswirtschaft im 2. Abschnitt. Der neue im Abschnitt der Straftaten gegen die Volkswirtschaft geregelte Tatbestand des Vertrauensmissbrauchs, der (auch) die Funktion des Untreuetatbestandes zum Nachteil sozialistischen Eigentums übernehmen sollte, wird, wie bereits erwähnt, auch erörtert und zwar als Teilvorläufervorschrift der später doch noch eingeführten Untreue zum Nachteil sozialistischen Eigentums (§ 161a StGB) vor dieser. Im übrigen werden die Bestimmungen in der Reihenfolge, wie sie im Gesetz stehen, behandelt. Ausgenommen ist die besondere Irrtumsregelung des § 157 Abs. 3 StGB, deren Verständnis die Kenntnis der Straftatbestände zum Schutz des sozialistischen Eigentums und derer zum Schutz des persönlichen und privaten Eigentums erfordert. Auf diese Vorschrift wird zuletzt nach einem Blick auf die Regelungen zum Schutz des persönlichen und privaten Eigentums eingegangen.

Die Strafbestimmungen zum Schutz des sozialistischen Eigentums einschließlich des Vertrauenmissbrauchs wurden mehrfach geändert und zwar durch das 1. Strafrechtsänderungsgesetz (StÄG) vom 19. Dezember 1974, das 3. StÄG vom 28. Juni 1979 und das 5. StÄG vom 14. Dezember 1988. Durch das 1. StÄG wurde der Tatbestand der Untreue zum Nachteil sozialistischen Eigentums (§ 161a StGB), durch das 5. StÄG wurde eine Vorschrift gegen den Missbrauch der Datenverarbeitung eingeführt (§ 161b StGB). Mit dem 6. StÄG vom 29. Juni 1990 kam wegen des „Übergang[s] von der sozialistischen Planwirtschaft in eine sozial und ökologisch orientierte Marktwirtschaft"[9] das Ende des besonderen strafrechtlichen Schutzes des sozialistischen Eigentums. Das neue 5. Kapitel des Strafgesetzbuchs wurde mit „Straftaten gegen das Eigentum und die Wirtschaft" überschrieben und regelte den strafrechtlichen Eigentumsschutz im Sinne des Eigentumsbegriffs der DDR, also unter Einbeziehung der Vermögensdelikte, und erwähnte das sozialistische Eigentum nicht mehr. Die Tatbestandsformulierungen des Diebstahls, des Betrugs und der Untreue wurden dem bundesdeutschen StGB entnommen,

9 *Haße*, DS 1990, 189.

ebenso die des wieder eingeführten Unterschlagungsparagraphen. Der Vertrauensmissbrauch fiel weg. Der Tatbestand des Missbrauchs der Datenverarbeitung wurde in allgemeiner Form, ohne auf die unterschiedlichen Eigentumsarten abzustellen, als § 162 StGB aufrechterhalten.

Mit dem StGB wurde der einheitliche Verbrechensbegriff aufgegeben und man unterschied wieder zwischen Vergehen und Verbrechen. Weiter wurde mit den Verfehlungen eine neue Kategorie von geringfügigen Rechtsverletzungen eingeführt. § 4 Abs. 1 StGB definierte Verfehlungen als Verletzungen rechtlich geschützter Interessen der Gesellschaft oder der Bürger, bei denen die Auswirkungen der Tat und die Schuld des Täters unbedeutend waren und die im Strafgesetzbuch oder in anderen Gesetzen als solche bezeichnet waren.

Bei Abschaffung der Zuchthausstrafe wurden die Grundzüge des bisherigen Sanktionensystems beibehalten. Für Straftaten gegen das sozialistische Eigentum standen Freiheitsstrafe, Verurteilung auf Bewährung, die der bedingten Verurteilung nach dem StEG entsprach, jedoch mit weiteren Auflagen verbunden werden konnte, nunmehr auch die Geldstrafe als Hauptstrafe, der öffentliche Tadel sowie die Verantwortung vor einem gesellschaftlichen Organ der Rechtspflege zur Verfügung. Neu war, dass die gesellschaftlichen Organe der Rechtspflege dem Betroffenen eine Geldbuße von 5,- M bis 50,- M oder bei Eigentumsvergehen oder –verfehlungen bis zum dreifachen Wert des verursachten Schadens auferlegen konnten (§ 29 Abs. 1 StGB)[10].

Geringfügige Fälle von Diebstahl und Betrug zum Nachteil sozialistischen Eigentums waren als Verfehlungen zu verfolgen. Verfehlungen konnten, wenn sie sich zugleich als Disziplinarverstoß darstellten, disziplinarisch geahndet werden, sonst durch polizeiliche Strafverfügung oder durch die Konflikt- und Schiedskommissionen[11]. Durch die Verfehlungsverordnung vom 19. Dezember 1974 wurde den Leitern bzw. Vorständen der wirtschaftsleitenden Organe des sozialistischen Einzelhandels die Befugnis übertragen, leitende Mitarbeiter von Verkaufseinrichtungen zur selbständigen Ahndung von Eigentumsverfehlungen durch Kunden im sozialistischen Einzelhandel zu ermächtigen. Mit der Ermächtigung erhielten die leitenden Mitarbeiter von Verkaufseinrichtungen

---

10 Nach der Rechtsprechung des OG war diese Vorschrift so zu verstehen, dass bei jedem Vergehen und jeder Verfehlung, auch soweit sie das Eigentum betraf, unabhängig von der Höhe des verursachten Schadens eine Geldbuße von 5,- bis 50,- M zulässig war. Darüber hinaus sei für Eigentumsvergehen- und bzw. Verfehlungen die Obergrenze der dreifachen Wert, höchstens 150,- M. OG; Urteil vom 9.8.1982 – I Pr 15 – 2/72, NJ 1972, 589.

11 § 2 der Ersten Durchführungsverordnung zum Einführungsgesetz des StGB – Verfolgung von Verfehlungen – vom 1.2.1968, GBl. II 1968, 89.

das Recht, bei Eigentumsverfehlungen von Kunden im sozialistischen Einzelhandel vom Rechtsverletzer einen Betrag bis zum dreifachen Wert des verursachten oder beabsichtigten Schadens, mindestens 5,- M, jedoch höchstens 150,- M, zu verlangen[12].

Die Regelungen der §§ 8 und 9 StEG wurden in modifizierter Form aufrechterhalten (§§ 3 und 25 StGB).

B) Die Regelungen im einzelnen

I. Der Begriff des sozialistischen Eigentums

Gemäß § 157 Abs. 1 Satz 1 StGB war sozialistisches Eigentum im Sinne des StGB das Vermögen der Deutschen Demokratischen Republik, ihrer Organe, Einrichtungen und Betriebe (Volkseigentum)[13], das Vermögen sozialistischer Genossenschaften sowie das Eigentum demokratischer Parteien und Organisationen. Sachlich entsprach diese Definition der des gesellschaftlichen Eigentums in § 28 StEG. Der Begriff Vermögen umfasste die Gesamtheit aller Vermögensrechte, wie das Eigentumsrecht und andere Rechte an beweglichen und unbeweglichen Sachen, Forderungen, Patent- und Urheberrechte[14].

Gemäß § 157 Abs. 1 Satz 2 StGB unterlag ebenso das Vermögen sozialistischer Staaten, ihrer Organe, Einrichtungen und Betriebe dem Schutz des Gesetzes. Damit wurde die fragwürdige Rechtsprechung des OG, das bereits das VESchG im Wege der Analogie auf sowjetisches und volksdemokratisches Eigentum angewandt hatte[15], auf eine einwandfreie rechtliche Grundlage gestellt.

Der Entwurf hatte Volkseigentum als Eigentum sozialistischer Staaten, ihrer Organe, Einrichtungen und Betriebe definiert (§ 146 Abs. 1 StGB-E).

§ 157 Abs. 2 StGB bestimmte, dass Vermögen von Betrieben mit staatlicher Beteiligung, Vermögen, das Rechtsträgern von sozialistischem Eigentum oder sozialistischen Genossenschaften zur Verwaltung oder Nutzung übergeben wurde, wie sozialistisches Eigentum geschützt wird.

---

12 § 5 der Ersten Durchführungsverordnung zum Einführungsgesetz des StGB – Verfolgung von Verfehlungen – vom 19.12.1974, GBl. I 1975, 128.

13 Soweit in dieser Definition von dem Vermögen der Organe, Einrichtungen und Betriebe der DDR die Rede ist, widerspricht dies der Vorstellung von einem einheitlichen Volkseigentum des Arbeiter-und-Bauern-Staates. Vgl. 6. Kap. B) I. 1. a).

14 StGB-Kommentar, § 157 Anm. 2.

15 4. Kapitel B) I. 3.

Im Entwurf hieß es dagegen zu dem genossenschaftlich genutzten Eigentum etwas enger: „genossenschaftlich genutztes Eigentum einzelner Mitglieder sozialistischer Genossenschaften" (§ 146 Abs. 2 StGB-E).

§ 157 Abs. 2 Variante 1 StGB war mit schwerwiegenden Konsequenzen für die privaten Gesellschafter von Betrieben mit staatlicher Beteiligung verbunden[16]. Nach altem Recht konnten unerlaubte Eingriffe des privaten Gesellschafters in das Gesellschaftsvermögen nur insoweit als Eigentumsdelikte geahndet werden, als der Anteil des staatlichen Gesellschafters betroffen war. Nach § 157 Abs. 2 StGB war bei der Schadensbemessung der Gesamtschaden des halbstaatlichen Betriebs zugrunde zu legen. Eine Straftat des privaten Gesellschafters konnte sich, je nach Schadenshöhe, gerade wegen § 157 Abs. 2 StGB als Verbrechen zum Nachteil sozialistischen Eigentums darstellen[17]. Bereits 1964 hatte Buchholz die Gleichstellung der Betriebe mit staatlicher Beteiligung mit sozialistischem Eigentum vorgeschlagen, allerdings ohne diese Konsequenz anzusprechen[18]. Jedenfalls handelte es sich bei § 157 Abs. 2 Var. 1 StGB um eine die privaten Gesellschafter von halbstaatlichen Betrieben objektiv diskriminierende Vorschrift. Faktisch erledigte sich dieses Problem dadurch, dass im Jahre 1972 fast alle halbstaatlichen Betriebe durch Kauf der privaten Anteile in Volkseigentum überführt wurden[19].

II. Diebstahl

Der Diebstahl einschließlich Unterschlagung nach altem Recht war in § 158 StGB geregelt:

> „Wer Sachen wegnimmt, die sozialistisches Eigentum sind, um sie sich oder anderen rechtswidrig zuzueignen, oder wer solche ihm übergebene oder auf andere Weise in seinen Besitz gelangte Sachen sich oder anderen rechtswidrig zueignet, wird wegen Diebstahls zum Nachteil sozialistischen Eigentums zur Verantwortung gezogen."

Abgesehen davon, dass es sich um sozialistisches Eigentum handeln musste, war sachlich damit eine Abweichung von den Tatbestandsvoraussetzungen der §§ 242, 246 RStGB nicht verbunden. Die ausdrückliche Erwähnung der Drittzueignung, die man schon zuvor von § 242 RStGB erfasst sah[20], war deklaratorischer Natur. Im Entwurf war nicht von Sachen, sondern von Gegen-

16 *Heilborn / Schlegel*, NJ 1968, 457.

17 § 162 Abs. 1 Ziff. 1 StGB.

18 *Buchholz*, NJ 1964, 531.

19 Vgl. 1. Kap. B) II.

20 Vgl. 6. Kap. C) I 1. a).

ständen die Rede[21]. Bis zum Inkrafttreten des 6. StÄG wurde die Vorschrift nicht mehr geändert.

1. Diebstahl elektrischer Energie

Nachdem das Reichsgericht wegen des Analogieverbots erklärt hatte, die Entziehung elektrischer Energie sei kein Diebstahl, weil Elektrizität keine Sache sei[22], wurde sie durch das Gesetz betreffend die Bestrafung der Entziehung elektrischer Arbeit vom 9. April 1900 unter Strafe gestellt[23]. Gemäß § 1 Abs. 3 des Einführungsgesetzes zum StGB und zur StPO vom 12. Januar 1968 traten mit Inkrafttreten des StGB und der StPO sämtliche strafrechtlichen Bestimmungen in anderen gesetzlichen Regelungen außer Kraft, soweit ihre Beibehaltung nicht bis zum 30. Juni 1968 durch die Volkskammer beschlossen wurde[24]. Dies erfolgte im Hinblick auf das Gesetz betreffend die Bestrafung der Entziehung elektrischer Arbeit vom 9. April 1900 nicht. Das BG Frankfurt (Oder) subsumierte die Entziehung elektrischer Energie mit knapper Begründung unter den Tatbestand des Diebstahls. Mit den Bestimmungen des 5. Kapitels des StGB werde das sozialistische Eigentum in seiner Gesamtheit geschützt. Es könne dabei keine Rolle spielen, in welcher materiellen Form sich dieses Eigentum verkörpere. Von dem Begriff der Sache werde deshalb auch elektrische Energie erfasst[25]. Die Frage war schon mehrfach in diesem Sinne in der DDR-Literatur behandelt worden. Bereits 1957 hatte Orschekowski die Auffassung vertreten, dass das Gesetz betreffend die Bestrafung der Entziehung elektrischer Arbeit ein Ausdruck des damaligen Standes der Entwicklung der Naturwissenschaften gewesen sei. Vom Standpunkt des dialektischen Materialismus stünde nichts im Wege, die widerrechtliche Entziehung elektrischer Energie als Diebstahl aufzufassen und zu bestrafen[26, 27].

---

21 Der Vorschlag zur Zusammenführung von Diebstahl und Unterschlagung war schon frühzeitig gemacht worden (*Rodewald / Schmidt*, NJ 1959, 57). Damit sollten den Gerichten die Klärung von Abgrenzungsschwierigkeiten unter dem Gesichtspunkt des Allein- bzw. Mitgewahrsams erspart werden (*Buchholz*, NJ 1964, 531).

22 RGSt 29, 111; 32, 165.

23 RGBl. 1900, 228.

24 GBl. I 1968, 97.

25 BG Frankfurt (Oder), Urteil vom 25.8.1970 – II BSB 188/70, NJ 1971, 84 f.; *Peckermann* spricht in seiner Urteilsanmerkung dieses Problem nicht einmal an: *Peckermann*, NJ 1971, 85.

26 *Orschekowski*, NJ 1957, 231; so auch *Rodewald / Schmidt*, NJ 1959, 57.

27 Nach dem marxistisch-leninistischen Materiebegriff ist Materie die objektive Realität, die außerhalb und unabhängig vom menschlichen Bewusstsein existiert (*Philosophi-*

Buchholz / Schwarz / Griebe stellten darauf ab, dass dem ökonomischen (!) Wesen nach kein Unterschied bestehe, ob jemand einen festen Körper, einen Energiespeicher, Gas, Dampf unbefugt entnehme oder elektrische Energie unbefugt durch einen Leiter entziehe. Auch Elektrizität sei, wenngleich nicht handgreiflich fassbar, nichts Immaterielles[28].

2. Abgrenzung von Vorbereitung und Versuch

Das StGB kannte keine dem § 243 RStGB entsprechenden qualifizierenden Merkmale wie Einbrechen, Einsteigen, Verwendung falscher Schlüssel usw. Beim einfachen Diebstahl gemäß § 242 RStGB begann der Versuch in dem Zeitpunkt, als der Täter nach dem Diebstahlsgegenstand griff, beim schweren Diebstahl, wenn mindestens eines der qualifizierenden Merkmale verwirklicht wurde. Dazu wurde einhellig die Auffassung vertreten, dass der Wegfall des § 243 RStGB nicht zur Folge habe, dass nunmehr das Versuchsstadium später beginne als nach altem Recht. Dies anzunehmen wäre eine absurde Konsequenz. § 21 Abs. 3 StGB[29] müsse so angewendet werden, dass sowohl dem Schutz des sozialistischen als auch dem des persönlichen und privaten Eigentums entsprochen werde. Deshalb seien bei der Anwendung der Diebstahlsbestimmungen die unmittelbar den beabsichtigten Diebstahlsgegenstand umgebenden rechtlichen und objektive Verhältnisse und Hindernisse unter dem Aspekt des Versuchs so zu bewerten wie nach altem Recht[30].

III. Betrug

Der Betrug war in § 159 StGB geregelt:

> „Wer einen anderen durch Täuschung zu einer Vermögensverfügung veranlaßt, die das sozialistische Eigentum schädigt, um sich oder anderen rechtswidrig Vermögensvorteile zu verschaffen, wird wegen Betrugs zum Nachteil sozialistischen Eigentums zur Verantwortung gezogen.“

§ 159 StGB war mit der Fassung im Entwurf (§ 148 StGB-E) identisch. Die Vorschrift wurde bis zum 6. StÄG nicht geändert.

---

sches Wörterbuch, Stichwort: Materie, S. 699). Offenbar wurde hier der juristische Begriff der Sache mit dem philosophischen Begriff der Materie gleichgesetzt.

28 *Buchholz / Schwarz / Griebe*, NJ 1961, 481.

29 „Versuch liegt vor, wenn der Täter mit der vorsätzlichen Ausführung der Straftat beginnt, ohne sie zu vollenden.“

30 *Kuschel*, NJ 1969, 144; *StGB-Kommentar*, § 158 Anm. 8; OG, Urteil vom 20.6.1974 – 2 Zst 37/74, NJ 1974, 564 ff; *Lehrbuch AT 1976*, S. 357; BG Potsdam, Urteil vom 9.7.1969 – III BSB 115/69, NJ 1970, 367 ff. Das Problem hatte sich bereits beim VESchG und beim StEG gestellt, war dort aber nicht diskutiert worden.

Gegenüber § 263 RStGB war die Formulierung des § 159 StGB verständlicher und präziser, weil das Tatbestandsmerkmal „Vermögensverfügung“, welches bei § 263 RStGB nach der Rechtsprechung des Reichsgerichts als ungeschriebenes Tatbestandsmerkmal mitzuprüfen war[31], nun im Gesetz stand. Soweit darauf verzichtet wurde, die Irrtumserregung ausdrücklich in den Tatbestand aufzunehmen, wie es in § 263 RStGB der Fall war, kann darin kein Mangel erblickt werden, weil der Begriff der Täuschung den Irrtum beim Getäuschten beinhaltet.

1. Täuschung durch konkludentes Handeln

In seinem Urteil vom 9. Januar 1975[32] befasste sich das OG mit der Frage, ob die Forderung eines im Hinblick auf die gesetzlichen Preisvorschriften unzulässigen Preises den Tatbestand des Betrugs erfüllt. In der DDR waren zahlreiche Preise gesetzlich festgelegt. Ihre Überschreitung war verboten und durch § 170 StGB unter Strafe gestellt[33]. Nach Auffassung des OG lag allein in der Forderung eines überhöhten Preises keine Täuschungshandlung. Die Gegenmeinung laufe darauf hinaus, jede höhere als die gesetzliche Preisforderung bei der die Überhöhung nicht offenbart werde, als Betrug zu beurteilen. Damit würde aber die Spezifik des Tatbestands der Verletzung von Preisbestimmungen eliminiert und übersehen, dass die Nichtoffenbarung von Preisübersetzungen ein vom Tatbestand des § 170 StGB mit umfasster deliktstypischer Umstand sei. Der Schutz der Gesellschaft werde durch diese spezielle Strafrechtsnorm gewährleistet[34].

---

31 *Schönke*, StGB, § 263 Anm. V.

32 OG, Urteil vom 9.1.1975 – 2b Zst 70/74, NJ 1975, 337 f.

33 § 170 Abs. 1 StGB1968: „Wer einen höheren als den gesetzlich zulässigen Preis fordert oder vereinnahmt, um sich oder anderen einen ungerechtfertigten Vermögensvorteil zu verschaffen oder zu sichern, wird, wenn 1. der beabsichtigte oder erlangte Mehrerlös erheblich ist; 2. der Täter bereits wegen Preisüberschreitung bestraft oder innerhalb der letzten zwei Jahre mit einer Ordnungsstrafe oder von einem gesellschaftlichen Organ der Rechtspflege zur Verantwortung gezogen worden ist, mit öffentlichem Tadel, Geldstrafe, Verurteilung auf Bewährung oder mit Freiheitsstrafe bis zu zwei Jahren bestraft.“

34 Hier hat das OG das Verhältnis von Tatbestandsmäßigkeit und Gesetzeskonkurrenz verkannt. Im Fall der Spezialität sind ja gerade die Tatbestandsvoraussetzungen der allgemeineren Vorschrift erfüllt (*Lehrbuch AT 1976*, S. 446 f.).

2. *Täuschung durch Unterlassen*

Im Allgemeinen Teil des StGB wurden die Unterlassungsdelikte in § 1 Abs. 1 StGB erwähnt.

> „Straftaten sind schuldhaft begangene gesellschaftswidrige oder gesellschaftsgefährliche Handlungen (Tun oder Unterlassen), die nach dem Gesetz als Vergehen oder Verbrechen strafrechtliche Verantwortlichkeit begründen."

§ 9 StGB definierte die Pflichten:

> „Pflichten im Sinne dieses Gesetzes sind solche, die dem Verantwortlichen zum Zeitpunkt der Tat kraft Gesetzes, Berufs, Tätigkeit oder seiner Beziehungen zum Geschädigten zur Vermeidung schädlicher Folgen oder Gefahren obliegen oder die ihm daraus erwachsen, daß er durch sein Verhalten für andere Personen oder für die Gesellschaft Gefahren heraufbeschwört."

An den Grundsätzen, wie sie vom OG zum StEG formuliert worden waren, änderte sich nichts. Ein Betrug durch Unterlassen setzte voraus, dass für den Täter eine Rechtspflicht zur Aufklärung über den wahren Sachverhalt oder zur Ausräumung eines Irrtums bestand. Die Erfolgsabwendungspflicht konnte nicht allgemein aus den sozialistischen Verhältnissen oder der Unantastbarkeit des Volkseigentums abgeleitet werden[35].

In seinem Urteil vom 20. November 1975[36] begründete das OG die Rechtspflicht zur Offenbarung von Tatsachen einmal aus Arbeitsrecht zum anderen aus vorangegangenem Tun. Der Angeklagte L war Verkaufsleiter der Großhandelsgesellschaft (GHG) Haushaltswaren, der Angeklagte M Inhaber einer Eisen- und Haushaltswarenhandlung. L hatte dem M unerlaubte Direktbezüge bei einem volkseigenen Betrieb vermittelt. Dadurch entging der GHG die Großhandelsspanne. L sei aus seinem Funktionsplan i.V.m. § 106 Abs. 2 Buchst. b GBA verpflichtet gewesen, die zuständigen Mitarbeiter der GHG über die Direktbezüge zu unterrichten. Für M habe sich die Aufklärungspflicht daraus ergeben, dass die GHG Adressat sämtlicher Rechnungen für Waren gewesen sei, die im Wege des Direktbezugs an ihn geliefert worden waren. Indem M diese Rechnungen der GHG weder zugeleitet noch ihr auf andere Weise Kenntnis vom Sachverhalt vermittelt habe, sei der GHG die Möglichkeit genommen worden, Maßnahmen zur Verhinderung eines finanziellen Verlustes zu vermeiden. M habe eine Situation herbeigeführt, die zwangsläufig zu einer nicht unerheblichen Schädigung des sozialistischen Eigentums habe führen müssen. Gemäß § 9 StGB erwachse aus einem solchen Verhalten dem Handelnden die Rechtspflicht diese Gefahr abzuwenden.

Im Urteil vom 28. Juli 1981[37] lehnte das OG restriktiv eine Rechtspflicht zur Offenbarung ab. Die Angeklagte hatte ihre Kinder mehrere Tage in der Wohnung allein gelassen, woraufhin sie verhungerten, und weiter Kindesunterhalt für einen in einer Strafvollzugseinrichtung einsitzenden Vater aus staatlichen Mitteln bezogen. Das OG

---

35 *Griebe / Welzel*, NJ 1974, 354.

36 OG, Urteil vom 20.11.1975 – 2 b Zst 27/75, NJ 1976, 145 f.

37 OG, Urteil vom 28.7.1981 – 5 OSB 35/81, OGI 1981 Heft 5, 39 ff.

verneinte eine Rechtspflicht, den unterhaltspflichtigen Vätern ihrer Kinder bzw. der Strafvollzugseinrichtung den Tod der Kinder zu offenbaren. Eine solche Rechtspflicht habe weder nach den Bestimmungen des Familiengesetzbuchs noch aus denen des Strafvollzugsgesetzes nebst seiner Zweiten Durchführungsbestimmung oder aus anderen Rechtsvorschriften bestanden. Sie habe sich auch nicht aus sonstigen nach § 9 StGB noch in Frage kommenden Quellen ergeben[38].

In einem Fall der irrtümlichen doppelten Kaufpreiszahlung sprach das OG den Verkäufer, der den zuviel gezahlten Betrag behalten hatte, vom Vorwurf des Betruges frei[39]. Dem Angeklagten habe keine Rechtspflicht zur Offenbarung oblegen. Eine solche Rechtspflicht müsse durch Gesetz, Vertrag, berufliche Stellung oder vorangegangenes Tun begründet sein (§ 9 StGB). Sie könne nicht aus allgemeinen sozialistischen Prinzipien der gesellschaftlichen Beziehungen abgeleitet werden.

3. Vermögensverfügung durch Unterlassen

Die schädigende Vermögensverfügung beim Betrug konnte auch durch Unterlassen vorgenommen werden[40]. Hatte der Täter zunächst einen Diebstahl begangen und dann versucht, durch Täuschungshandlungen die Geltendmachung von Rückforderungen abzuwehren, so wurde insoweit eine Strafbarkeit wegen Betrugs nicht in Erwägung gezogen[41, 42].

4. Schadensfragen beim Scheckbetrug

Bei der Einlösung von gefälschten Schecks sah die Rechtsprechung, wie schon beim StEG, das sozialistische Eigentum als geschädigt an, weil das Bankinstitut durch die Zahlung auf einen gefälschten Scheck im Verhältnis zum Konto-

---

38 Das OLG Hamm hat in einem vergleichbaren Fall Betrug bejaht und die Aufklärungspflicht aus Treu und Glauben hergeleitet (NJW 1987, 2245). Allerdings lag dort kein Tötungsdelikt vor.

39 OG, Urteil vom 29.9.1988 – 2 OSK 9/88 – OGI 1988, Heft 6, 45 ff.

40 *StGB-Kommentar*, § 159 Anm. 3.

41 KrG Stendal, Urteil vom 18.6.1976 – S 118/76, DS 77, 87 ff.: Die Angeklagte war Mitarbeiterin der Reichsbahn und hatte die Kasse zu führen. Sie unterschlug Gelder und fälschte zur Verdeckung Fahrkartendurchschriften. Betrug wurde nicht erörtert; OG, Urteil vom 4.7.1980 – 4 OSK 15/80, DS 80, 262 f.: Die Angeklagte war Mitarbeiterin der Staatlichen Versicherung der DDR. Sie unterschlug Versicherungsbeiträge und fälschte Einzahlungsbelege. Betrug wurde nicht erörtert.

42 So auch die bundesdeutsche Rechtsprechung; vgl. Schönke-Schröder / *Cramer* / *Perron*, Strafgesetzbuch, § 263, Rz. 184: „straflose Nachtat“.

inhaber zivilrechtlich nicht frei werde[43]. Ebenso wurde bei der Abhebung von fremden Spargirokonten mit gefälschten Auszahlungsscheinen entschieden[44].

Eingehend wurde von Kudernatsch die Frage problematisiert, welches Kreditinstitut geschädigt war, wenn ungedeckte Schecks bei einem anderen als dem bezogenen Institut eingelöst wurden[45]. Nach der Anordnung über die freizügige Auszahlung von Schecks vom 20. Juni 1964[46] waren alle Niederlassungen der Banken, Sparkassen, genossenschaftlichen Kreditinstitute und Postämter berechtigt, auf diese Einrichtungen bezogene Barschecks bis zu einem Höchstbetrag von 500,- M sofort bar auszuzahlen. Weiter war in dieser Anordnung bestimmt, dass ungedeckte Schecks vom bezogenen Institut nicht eingelöst zu werden brauchten. In der Praxis wurde von der letztgenannten Möglichkeit jedoch kein Gebrauch gemacht. Vielmehr wurden die ungedeckten Schecks von den bezogenen Instituten eingelöst, die dann die Forderungen gegen den Scheckaussteller geltend machten. Deshalb, so Kudernatsch, sei unzutreffenderweise der Eindruck entstanden, dem Schecknehmer (dem Institut bei dem die Einlösung erfolgt) entstehe durch die Einlösung eines nicht gedeckten Schecks kein Schaden. Dann sei in diesen Fällen aber die Tatbestandsmäßigkeit des § 159 StGB in Frage gestellt (?). Der Scheckaussteller habe aber u.a. nur dann einen Anspruch auf Einlösung des Schecks, wenn ein entsprechendes Guthaben vorhanden sei. Mit der Vorlage eines ungedeckten Schecks bei einem fremden Institut täusche der Aussteller den Schecknehmer und es trete auch sofort ein Schaden ein, weil der Schecknehmer ein wertloses Papier erhalte. Die spätere Deckung durch das bezogene Institut sei dabei nicht zu berücksichtigen[47].

Für die Begründung der Betrugsstrafbarkeit in diesen Fällen waren diese Überlegungen überflüssig. Bei den Geldern der Kreditinstitute der DDR handelte es sich um Volkseigentum, nicht um Eigentum der Kreditinstitute[48]. Mit Einlösung eines ungedeckten Schecks wurde das Volkseigentum unmittelbar geschädigt, ganz gleich wem der Schaden dann buchtechnisch zugeschrieben wurde. Das Problem war nur für die zivilrechtliche Frage von Belang,

---

43 OG, Urteil vom 16.4.1972 – 2 Zst 2/72, NJ 1972, 268 ff.; OG Urteil vom 16.3.1972 – 7 Zst 4/72, NJ 1972, 270 ff.; OG, Urteil vom 3.5.1972 – 2 Zst 10/72, NJ 1972, 457 ff.; BG Erfurt, Urteil vom 15.1.1986 – BSB 471/85 – OGI 1987 Heft 2, 42 ff.

44 OG, Urteil vom 26.4.1972 – 2 Zst 7 / 72, NJ 1972, 488 f.

45 *Kudernatsch*, NJ 1971, 514 ff.; Kudernatsch, NJ 1972, 224 ff.

46 GBl. II 1964, 596.

47 So auch *Griebe / Marko*, NJ 1986, 144.

48 Vgl. 6. Kap. B) I. 1. a).

welches Institut die Schadensersatzforderung gegen den Scheckaussteller geltend machen konnte[49].

5. Betrug in Zusammenhang mit Feierabendarbeit

Zu Feierabendbrigaden schlossen sich Arbeiter, die in regulären Arbeitsverhältnissen standen, zusammen, um sich nach Feierabend etwas dazuzuverdienen. Die Tätigkeit der Feierabendbrigaden beschränkte sich nicht auf die Durchführung kleinerer Aufträge, sondern war offenbar von erheblicher volkswirtschaftlicher Bedeutung.

Das OG hatte sich mit u.a. dann mit Feierabendtätigkeit zu beschäftigen, wenn die Feierabendbrigaden überhöhte Stundenzahlen abgerechnet hatten. Die Angeklagten verteidigten sich in diesen Fällen gegen den Vorwurf des Betrugs damit, dass die von Ihnen geschaffenen Werte dem geforderten Lohn entsprochen hätten.

Mit Urteil vom 13. Februar 1980[50] wies das OG diese Argumentation noch zurück. Eine „Aufrechnung“ zwischen den ungesetzlich verausgabten Mitteln und dem ökonomischen Nutzen der Objekte verstieße gegen das Prinzip der Sparsamkeit im Umgang mit finanziellen Fonds und liefe auf eine unzulässige Gegenüberstellung von Gesetzlichkeit und Ökonomie hinaus. Die Beurteilung des ökonomischen Nutzens eines bestimmten Objekts müsse unter gesamtvolkswirtschaftlichen Gesichtspunkten erfolgen. Allerdings sei bei der Strafzumessung zu berücksichtigen, dass Werte geschaffen worden seien. Im konkreten Fall hätten die Angeklagten geplante und für die einzelnen Betriebe sehr dringliche ökonomische Objekte termingerecht und in guter Qualität errichtet. Zudem hätten sie nicht in erster Linie aus individuellem Bereicherungsstreben gehandelt.

Schon kurz darauf wurde das OG großzügiger[51]. Der Angeklagte hatte als Brigadier einer Feierabendbrigade die Herstellung von Lampenhalterungen übernommen. Die Bezahlung sollte auf Grundlage der Vorschriften über die Vergütung zusätzlicher Arbeit erfolgen. Zusätzlich wurde eine Stundenvorgabe pro Stück vereinbart. Bei der Abrechnung der Vergütung für die Lampenhalterungen legte der Angeklagte die Stundenvorgabe pro Stück zugrunde und rechnete erheblich mehr Stunden ab, als tatsächlich angefallen waren. Das OG führte aus, dass es bei Straftaten im Zusammenhang mit der Leistung zusätzlicher Arbeit darauf ankomme, die konkreten ökonomischen und politisch-ideologischen Bedingungen zu beachten. Es sei davon auszugehen, dass der Angeklagte die vereinbarte Stundenvorgabe als Abrechnungsmodus angesehen habe und der Auftraggeber, der VEB Stadtbeleuchtung, damit einverstanden gewesen sei. Zugleich sei der Angeklagte davon überzeugt gewesen, dass für 5,- M pro Stunde niemand bereit war, zusätzliche Arbeiten zu leisten. Daher liege kein Betrug vor.

---

49 *Kudernatsch*, NJ 1971, 516.

50 OG, Urteil vom 13.2.1980 – 4 OSK 2/80, OGI 1980 Heft 2, 46 ff.

51 OG, Urteil vom 12.5.1980 – 4 OSK 12/80, OGI 1980 Heft 5, 33 ff.

Am 28. Oktober 1980 gaben der Generalstaatsanwalt, der Minister des Innern, das Oberste Gericht und der Minister der Justiz einen gemeinsamen Standpunkt zur Verfolgung von Straftaten, die mit der Leistung zusätzlicher Arbeit zusammenhängen, heraus[52]. Damit wurde die Rechtslage für die betroffenen Feierabendbrigaden weiter verbessert:

Wer vorsätzlich Schund produziere und dafür gutes Geld verlange, wer sich Leistungen anderer bezahlen lasse, wer Leistungen vortäusche und wer Diebesbeute gegen Entgelt umsetze, müsse wegen Betruges, Untreue bzw. Diebstahls konsequent zur Verantwortung gezogen werden. Differenzierter sei es zu bewerten, wenn überhöhte Vergütungen erlangt werden, indem zusätzliche Arbeit leistende Werktätige oder zur Leitung solcher Arbeit eingesetzte Verantwortliche vorsätzlich nicht den Tatsachen entsprechenden Arbeitsaufwand auswiesen oder berechneten. Dabei seien zunächst die Umstände des Vertragsschlusses aufzuklären, insbesondere, ob Täuschungshandlungen vorliegen oder seitens der Vertragspartner überhöhte Vergütungen zugestanden worden seien. Im Falle von Täuschungshandlungen sei zu prüfen, ob ein Schaden überhaupt entstanden sei. Dazu genüge nicht die Summierung der überhöht geforderten Beträge. Hohe Qualität der Leistungen oder eine große Arbeitsintensität könnten bewirken, dass trotz Überschreitung der gesetzlich festgelegten Stundenvergütungen kein Schaden oder nur ein geringer Schaden entstanden sei. Ein Schaden sei auch dann nicht eingetreten, wenn versäumt worden sei, trotz gegebener Voraussetzungen eine Objektvergütung zu vereinbaren und die geforderte überhöhte Stundenvergütung die Höhe der möglich gewesenen Objektvergütung nicht überschreite. Eine Strafverfolgung wegen Betruges, Untreue oder Vertrauensmissbrauchs habe zu unterbleiben, wenn der gezahlten Vergütung die entsprechenden Leistungen gegenüberstünden[53].

Unter Anwendung dieser Grundsätze sprach das OG mit OG Urteil vom 17. November 1983[54] einen Klempner frei, der in Feierabendarbeit Dachklempnerarbeiten ausgeführt hatte. Bei der Stundenaufschlüsselung hatte er auch die Stunden einer Haltekraft abgerechnet, obwohl er allein gearbeitet hatte. Unter Bezugnahme auf den gemeinsamen Standpunkt vom 28. Oktober 1980 lehnte das OG einen Vermögensschaden ab. Nach den Arbeitsschutzvorschriften sei der Einsatz einer Haltekraft notwendig gewesen. Eine Vergütung unter Einsparung des für die Einhaltung von Arbeitsschutzvorschriften erforderlichen Betrages hätte in keinem Fall vereinbart werden dürfen. Ein Schaden sei dem Betrieb daher nicht entstanden. Das Verhalten des Angeklagten sei

52 OGI 1980, Heft 6, 25 ff.

53 Mit bundesdeutschem Rechtsverständnis ist dies nicht in Einklang zu bringen. Wenn die Abrechnung von Werkleistungen auf Stundenbasis vereinbart ist, dann hat der Auftragnehmer nach Fertigstellung des Werkes nur einen Anspruch auf Vergütung der geleisteten Stunden, mag der objektive Wert seiner Leistung auch höher sein. Es handelt sich hier um klassische Fälle des Erfüllungsbetrugs, in denen der Getäuschte mehr leistet, als er zu leisten verpflichtet ist. vgl. Kindhäuser-Neumann-Paeffgen / *Kindhäuser*, Strafgesetzbuch, § 263, Rz. 327.

54 OG, Urteil vom 17.11.1983 – 4 OSK 15/83, OGI 1984, Heft 2, 35 ff.

zwar erheblich disziplinlos und kritikwürdig, habe jedoch das Arbeitsergebnis nach Umfang und Qualität nicht negativ beeinflusst[55].

Arnold hat zum Feierabendtätigkeitsurteil des OG vom 13. Februar 1980[56] angemerkt, es mute geradezu paradox an, dass zum Schaden auch die erbrachten volkswirtschaftlich nützlichen Leistungen zählten, die auf legalem Wege nicht hätten erbracht werden können. An der strafrechtlichen Verfolgung der Feierabendarbeit werde in besonderer Weise die Instrumentalisierung des Strafrechts deutlich:

> „Mit seiner Hilfe sollten volkswirtschaftliche Probleme gelöst werden, denen stattdessen durch grundlegende, auch strukturelle volkswirtschaftliche Veränderungen hätte beigekommen werden müssen."[57]

Das ist nicht richtig. In diesem Fall lag natürlich Betrug vor, weil Abrechnung auf Stundenbasis vereinbart war und überhöhte Stundenzahlen abgerechnet worden waren. Immerhin kam das OG den Feierabendarbeitern in dieser Entscheidung auf der Strafzumessungsebene entgegen. Dagegen war mit dem gemeinsamen Standpunkt vom 28. Oktober 1980 ein dogmatisch kaum begründbarer Rückzug des Strafrechts aus dem Bereich der Feierabendtätigkeit verbunden, mit dem wohl ihrer volkswirtschaftlichen Bedeutung Rechnung getragen werden sollte.

IV. Abgrenzungsfragen

1. Abhebungen von gestohlenen Sparbüchern

Unterschiedlich behandelte die Rechtsprechung Entwendungen und Abhebungen von Sparbüchern und zwar zum einen bezüglich des Verhältnisses von Diebstahl und Betrug und zum anderen hinsichtlich der Frage nach dem Geschädigten.

Zunächst vertrat das OG die Auffassung, die Entwendung eines Sparbuchs sei Diebstahl zum Nachteil persönlichen Eigentums[58]. Werde das Sparbuch der

---

55 Die Grundsätze des gemeinsamen Standpunkts vom 28.10.1980 wurden durch das Präsidium des OG auf der 8. Plenartagung am 18.4.1984 bestätigt (Präsidium des OG, OGI 1984, Heft 3, 8 ff.). Ergänzend wurde ausgeführt, wie der strafrechtlich relevante Schaden zu bemessen ist, wenn Gesamtvergütungen auf einer für die Abrechnung zusätzlicher Arbeit nicht zulässigen Grundlage vereinbart wurden. Dieser bestehe in derartigen Fällen nicht in der Differenz zwischen der vereinbarten und einer nachträglich ermittelten gesetzlich zulässigen Vergütung, sondern bemesse sich danach inwieweit der berechnete und gezahlte Betrag durch Täuschung über die Art bzw. den Umfang der erbrachten Leistungen manipuliert wurde.

56 S. 7. Kap. b. Fn. 50.

57 *Arnold*, Unternehmenskriminalität a.a.O., S. 98 f.

Sparkasse vorgelegt und zahle sie das Guthaben aus, so leiste sie gemäß § 808 Abs. 1 BGB im Verhältnis zum Kontoinhaber schuldbefreiend. Die in der Vorlage des Sparkassenbuchs liegende Realisierung des Geldes stelle keine strafrechtlich relevante Handlung gegenüber der Sparkasse dar. Diese werde weder getäuscht noch geschädigt. Die mit der Abhebung des Geldes bewirkte Schmälerung des Anspruchs des Berechtigten sei keine weitere Straftat, weil es sich dabei lediglich um die Verwertung der gestohlenen Sache handele[59].

Schumann wies nun darauf hin, dass die vom OG angenommenen zivilrechtlichen Zusammenhänge nur dann gelten, wenn das Sparbuch bei der kontoführenden Sparkasse vorgelegt wird, weil nur diese ohne Prüfung der Berechtigung und Legitimation an jeden Vorleger eines Sparbuchs auszahlen dürfe[60]. Werde das Sparbuch jedoch bei einer anderen Sparkasse vorgelegt, sei diese gemäß § 15 Abs. 1 der Verordnung über das Statut der volkseigenen Sparkassen der DDR[61] verpflichtet, die Legitimation des Vorlegenden zu überprüfen. Dem folgte das OG und sah nun in der Abhebung eines Nichtberechtigten bei einer nicht kontoführenden Sparkasse einen Betrug zum Nachteil sozialistischen Eigentums[62]. Das Ergebnis – bei Vorlage bei der kontoführenden Sparkasse nur Diebstahl zum Nachteil persönlichen Eigentums, bei Vorlage bei einer nicht kontoführenden Sparkasse Diebstahl zum Nachteil persönlichen Eigentums in Tatmehrheit mit Betrug zum Nachteil sozialistischen Eigentums – ist kurios[63].

Am 2.September 1982 gab das Kollegium für Strafrecht des OG seinen Standpunkt zur „Beurteilung der Wegnahme und Verwertung von Sparbüchern" heraus, worin diese Rechtsprechung aufgegeben wurde[64]. Allein die Wegnahme eines Sparbuchs sei gemäß § 3 StGB[65] nicht strafbar, weil in der Regel die Realisierung des Guthabens durch einen Nichtberechtigten nur durch Täu-

58 OG, Urteil vom 28.6.1972 – 2 Zst 22/72, NJ 1972, 650 f.

59 *Griebe / Welzel*, NJ 1974, 356: „straflose Nachtat"; so auch OG Urteil vom 20.11.1975 – 2b Zst 33/75, NJ 1976, 57; OG Urteil vom 21.5.1980 – 4 OSK 10/80, DS 81, 49 ff.

60 *Schumann*, NJ 1973, 175 f.

61 GBl. I 1956, 281.

62 OG, Urteil vom 15.2.1973 – 2 Zst 1/73 – NJ 1973, 295 f.

63 Dazu *Griebe / Welzel*, a.a.O.

64 OGI 1982, Heft 5, 59 ff.

65 § 3 Abs. 1 StGB: „Eine Straftat liegt nicht vor, wenn die Handlung zwar dem Wortlaut eines gesetzlichen Tatbestandes entspricht, jedoch die Auswirkungen der Tat auf die Rechte und Interessen der Bürger oder der Gesellschaft und die Schuld des Täters unbedeutend ist."

schung des Mitarbeiters des Kreditinstituts möglich sei. Strafrechtlich relevantes Handeln beginne erst dann, wenn der Täter versuche, das verbriefte Guthaben zu realisieren, indem er das Sparbuch vorlege. Er täusche damit seine Berechtigung vor. Leiste das Kreditinstitut aufgrund besonderer Vorschriften mit schuldbefreiender Wirkung, so sei Betrug zum Nachteil persönlichen Eigentums gegeben, sonst Betrug zum Nachteil sozialistischen Eigentums. Entsprechend wurde in der Folgezeit entschieden[66]. Ebenso wurde die Entwendung von Schecks und Scheckheften für straflos gehalten. Die strafbare Handlung beginne erst mit der Vorlage der Schecks beim Kreditinstitut[67]. Die Anwendung des § 3 StGB auf die Wegnahme von Sparbüchern und Schecks befremdet, betrachtet man den Fall, dass der Diebstahl noch vor der Vorlage beim Kreditinstitut aufgedeckt wurde.

2. Manipulationen mit Tankkreditscheinen

Mit Hilfe von Tankkreditscheinen konnten volkseigene Betriebe bargeldlos Kraftstoff tanken. Der VEB Minol, der das Tankstellenwesen in der DDR betrieb, rechnete aufgrund der Tankkreditscheine den getankten Kraftstoff mit den Betrieben ab. Griebe / Welzel[68] diskutierten unterschiedliche Fallgestaltungen.

Der Finder oder Käufer eines entwendeten Tankkreditgutscheins, der auf diesen Schein Kraftstoff beziehe, täusche (in der Regel konkludent) den Tankwart über seine Berechtigung und begehe damit Betrug zum Nachteil sozialistischen Eigentums, nämlich zum Nachteil des am Tankkreditverkehr teilnehmenden VEB. Die Frage der Strafbarkeit des Erwerbs des Tankkreditgutscheins selbst (Diebstahl in Form der Fundunterschlagung bzw. Hehlerei gemäß § 234 StGB) wurde nicht angesprochen[69].

Unterschiedlich wurden die Fälle beurteilt, in denen Kraftfahrer mit Mitarbeitern des VEB Minol zusammenwirkten und eine größere als die getankte Kraftstoffmenge in den Tankkreditschein eintrugen. Die zuviel eingetragene Kraftstoffmenge wurde in diesen Fällen von den Mitarbeitern des VEB Minol auf „private Rechnung" verkauft und der Erlös mit dem Mitarbeiter des Be-

---

66 OG, Urteil vom 27.1.1983 – 4 OSK 22/82, OGI 1983, Heft 3, 25 ff.: Diebstahl und Einlösung einer Postanweisung; OG Urteil vom 10.11.1983 – 4 OSK 14/83 OGI 1984, Heft 2, 31 ff.: Diebstahl, Verfälschung und Vorlage eines Sparbuchs; zustimmend *Griebe / Marko*, NJ 1986, 143 f.

67 OG, Urteil vom 3.5.1972 – 2 Zst 10/72, NJ 1972, 457 ff.; *Griebe / Marko*, NJ 1986, 144.

68 *Griebe / Welzel*, NJ 1974, 356.

69 Offenbar ging man davon aus, dass insoweit nach § 3 StGB keine Straftat vorlag.

triebes geteilt. Griebe / Welzel berichten, dass die Rechtsprechung in solchen Fällen teilweise Diebstahl annehme. Die widerrechtliche Zueignung des Kraftstoffs erfolge in dem Moment, in dem der Kraftfahrer und der Mitarbeiter des VEB Minol das Benzin nicht in den Tank füllten, sondern zum „privaten Verkauf" in der Tanksäule beließen[70, 71].

Dagegen bejahte das OG in einem solchen Fall Betrug[72]. Das strafrechtlich relevante Verhalten des Kraftfahrers liege hier in dem Eintragen einer nicht getankten Benzinmenge auf dem Tankkreditschein und in der Übergabe des Scheines an den Tankwart. Damit sei alles getan, um den Betrieb über die tatsächliche Rechtslage zu täuschen und zu einer Vermögensverfügung zum Nachteil des sozialistischen Eigentums zu veranlassen. Dabei verkannte das OG, dass in diesem Fall der Tankwart nicht getäuscht war. Die Täuschungshandlung lag erst in der Weitergabe des Tankkreditscheins durch den Tankwart[73]. Den Weiterverkauf des einbehaltenen Kraftstoffs bewerteten Welzel / Griebe als Diebstahl zum Nachteil des VEB Minol[74].

V. Abgrenzung der Vergehen des Diebstahls und des Betrugs von den Verfehlungen

Die Abgrenzung zwischen den Verfehlungen und den Vergehen des Diebstahls und des Betrugs regelten die §§ 160, 161 StGB, wobei § 161 StGB auch die Strafandrohung für die Vergehen des Diebstahls und des Betrugs enthielt. Gemäß § 160 StGB war wegen einer Verfehlung zur Verantwortung zu ziehen,

> „wer einen Diebstahl oder Betrug zum Nachteil sozialistischen Eigentums begeht, der unter Berücksichtigung aller Umstände der Tat, wie des Schadens, der Schuld des Täters und seiner Persönlichkeit geringfügig ist".

Demgegenüber hatte es im Entwurf (§ 150 StGB-E) geheißen:

> „Wer Sachen von verhältnismäßig geringfügigem Wert entwendet oder einen geringfügigen Betrug begeht, wird wegen einer Verfehlung zur Verantwortung gezogen."

---

70 *Griebe / Welzel*, a.a.O.

71 Diese Konstruktion ist unzutreffend, weil sie auf die Annahme des Besitzes und der Zueignung einer nur abstrakt dem Volumen nach bestimmten Teilmenge des in der Tanksäule befindlichen Kraftstoffs hinausläuft.

72 OG, Urteil vom 28.6.1972 – 2 Zst 20/72, NJ 1972, 647 ff.

73 *Griebe / Welzel*, a.a.O, 357.

74 A.a.O.

§ 161 StGB lautete:

> „Wer durch einen Diebstahl oder Betrug zum Nachteil sozialistischen Eigentums einen höheren Schaden verursacht, die Tat mit großer Intensität oder unter grober Mißachtung der Vertrauensstellung oder anderer erschwerender Umstände begeht, wird mit Freiheitsstrafe bis zu zwei Jahren oder mit Verurteilung auf Bewährung, Geldstrafe oder mit öffentlichem Tadel bestraft oder von einem gesellschaftlichen Organ der Rechtspflege zur Verantwortung gezogen."

Gegenüber dem Entwurf (§ 149 StGB-E) waren bei den Tatbestandsvoraussetzungen nur geringfügige, nicht substanzielle Änderungen in der Formulierung vorgenommen worden. Bei der Strafandrohung hatte der Entwurf nicht den öffentlichen Tadel oder die Verantwortung vor einem gesellschaftlichen Organ der Rechtspflege vorgesehen.

Im Vergleich zum einfachen Diebstahl und Betrug nach dem StEG wurde mit § 161 StGB die Höchststrafe von fünf auf zwei Jahre herabgesetzt. § 160 StGB wurde bis zur Aufhebung des StGB durch den Einigungsvertrag nicht geändert. § 161 StGB wurde bis zum 6. StÄG nicht geändert und mit diesem Gesetz aufgehoben.

§ 160 StGB wurde durch die Erste Durchführungsverordnung zum Einführungsgesetz des StGB – Verfolgung von Verfehlungen – (1. DVO) vom 1. Februar 1968[75] konkretisiert. Gemäß § 1 Abs. 2 der 1. DVO lag eine Eigentumsverfehlung vor, wenn die Tat unter Berücksichtigung aller Umstände, wie des Schadens, der Schuld des Täters und seiner Persönlichkeit, geringfügig war und der verursachte oder beabsichtigte Schaden den Betrag von 50,- M nicht wesentlich überstieg, wobei es sich in der Regel nur um eine erstmalige Tat handeln durfte. Durch Verordnung vom 14. Dezember 1988[76] wurde die Schadensgrenze auf 100,- M ohne den Zusatz „nicht wesentlich übersteigt" angehoben.

1. Schadenshöhe

Ein höherer Schaden im Sinne von § 161 StGB lag vor, wenn der Schaden nicht mehr geringfügig im Sinne von § 160 StGB war[77]. Bei dem Betrag von 50,- M handelte es sich um eine flexible Wertgrenze, die nach dem Wortlaut der 1. DVO geringfügig überschritten werden konnte[78]. Bei Schäden unterhalb

---

75 GBl. 1968 II, 89 f.

76 GBl. 1988 I, 347 ff.

77 *Rommel*, NJ 1969, 139.

78 Ursprünglich wurde angenommen, dass ein Betrag von 60,- M die absolute Obergrenze für die Annahme eines geringfügigen Schadens sei (*Rommel*, NJ 1969, 139). 1978 wies

der Wertgrenze konnte im Einzelfall die Geringfügigkeit verneint werden, so bei wichtigen oder seltenen Geräten[79]. Die Wertgrenze von 100,- M aufgrund der Verordnung vom 14. Dezember 1988 wurde dagegen als absolute Grenze gesehen, die nicht überschritten werden durfte[80].

Bei der Schadensberechnung im Rahmen der Abgrenzung der Verfehlungen von den Vergehen sowie der Prüfung einer schweren Schädigung sozialistischen Eigentums im Sinne des § 162 Abs. 1 Ziff. 1 StGB stellte die Rechtsprechung auf den Einzelhandelsverkaufspreis ab[81], während bei der Schadensersatzverurteilung bei Diebstahl von Erzeugnissen aus Industriebetrieben der Betriebs- oder Industrieabgabepreis, im Großhandel der Großhandelspreis und im Einzelhandel der Einzelhandelsverkaufspreis zugrunde gelegt wurde[82]. Bei gebrauchten Gegenständen war der Zeitwert maßgebend[83].

2. Erstmalige Tat

Auch wenn der Schaden unterhalb der Wertgrenze lag, konnte in der Regel eine Verfehlung nicht angenommen werden, wenn es sich nicht um eine erstmalige Tat handelte. Dies war der Fall, wenn der Täter wegen Diebstahls oder Betrugs von einem staatlichen Gericht verurteilt worden war und die ausgesprochene Maßnahme noch nicht im Strafregister getilgt war oder eine Ahndung einer Eigentumsstraftat bzw. Eigentumsverfehlung durch ein gesellschaftliches Gericht erfolgt war, die nicht länger als ein Jahr zurücklag (§ 62 KKO, § 61 SchKO) oder der Täter wegen einer Eigentumsverfehlung von einem ermächtigten Mitarbeiter einer Verkaufseinrichtung mit einem Geldbetrag, von einem Disziplinarbefugten mit einer Disziplinarmaßnahme oder von der Volkspolizei durch polizeiliche Strafverfügung mit einer Geldbuße zur Verantwortung gezogen worden war und die Anwendung der Maßnahme nicht länger als ein Jahr zurücklag[84]. Die Wiederholungsklausel sollte nicht zur Anwendung kommen,

---

Keil darauf hin, dass auch bei Schäden zwischen 60,- und 65,- M noch Geringfügigkeit vorliegen könne (*Keil*, DS 1978, 81). Später ging die Praxis noch weiter und wandte § 160 StGB bei Schäden bis zu 80,- M an (*Reuter / Teichler*, NJ 1989, 61).

79 *Rommel*, a.a.O.

80 *Reuter / Teichler*, a.a.O.

81 OG, Urteil vom 7.11.1975 – 2b Zst 28/75, NJ 1975, 58; *Präsidium des OG*, NJ 1975, 75.

82 *Präsidium des OG*, a.a.O.

83 *StGB-Kommentar*, § 160 Anm. 4.

84 *StGB-Kommentar*, § 160 Anm. 7; § 62 KKO; § 61 SchKO.

wenn neben einem sehr geringen Schaden auch die Tatintensität sehr gering und die Persönlichkeit des Täters überwiegend positiv war[85].

3. Große Intensität

Trotz geringen Schadens lag gemäß § 161 StGB ein Vergehen vor, wenn die Tat mit großer Intensität begangen wurde.

Das Merkmal der großen Intensität mit der Beifügung „wiederholt" fand sich auch in Regelungen der schweren Fälle der §§ 162 Abs. 1 Ziff. 3 und 181 Abs. 1 Ziff. 3 StGB. Nach der Rechtsprechung des OG waren an das Tatbestandsmerkmal der großen Intensität in § 161 StGB bzw. § 180 StGB, der dem § 161 StGB entsprechenden Vorschrift im Kapitel Straftaten gegen das persönliche und private Eigentum, dieselben Anforderungen zu stellen wie an das Tatbestandsmerkmal große Intensität in den §§ 162 Abs. 1 Ziff. 3 und 181 Abs. Ziff. 3 StGB[86]. Mit dem Begriff der großen Intensität befasste sich die Rechtsprechung überwiegend im Zusammenhang mit den §§ 162 Abs. 1 Ziff. 3 und 181 Abs. 1 Ziff. 3 StGB.

Den ersten Versuch einer allgemeinen Definition unternahm das BG Erfurt. Große Intensität sei bei besonders umfangreicher und gründlicher Tatvorbereitung, bei der Überwindung von Schwierigkeiten und Hindernissen durch physische Anstrengung, bei besonders rücksichtslosem gewaltsamen Vorgehen oder der Anwendung besonders raffinierter Mittel und Methoden gegeben[87].

„Gedankliche Grundlage"[88] der Subsumtion unter das Tatbestandsmerkmal „große Intensität" beim Diebstahl waren die in § 243 RStGB enthaltenen Tatbestandsmerkmale des schweren Diebstahls. Große Intensität wurde angenommen bei Diebstahl aus verschlossenen Räumen, Gebäuden, Transportbehältnissen, Personenkraftwagen, Erbrechen und Zerstören von Automaten[89], Verwendung von besonderen Mitteln, ohne die die Wegnahmehandlung nicht möglich war[90], Öffnen von Behältnissen mit Werkzeugen und Hilfsmitteln[91],

85 Ohne *Verfasserangabe*, NJ 1977, 149; *Rommel*, a.a.O., 142; *Keil*, DS 1978, 82.

86 OG, Urteil vom 30.3.1972 – 2 Zst 5/72, NJ 1972, 366 f.; OG, Urteil vom 12.7.1972 – 2 Zst 26/72, NJ 649 f.; Beschluss des Plenums des OG vom 3.10.1973 – PlB 1/73, NJ 73 Beilage zu Heft 6, 5.

87 BG Erfurt, Urteil vom 19.9.1969 – 2 BSB 181/69, NJ 1970, 658.

88 *Schlegel / Wittenbeck / Etzold*, NJ 1972, 752.

89 *Rommel*, NJ 1969, 141; OG, Urteil vom 12.7.1972 – 2 Zst 26/72, 649 f.

90 OG, Urteil vom 30.3.1972 – 2 Zst 5/72, NJ 1972, 366 f.: Verwendung einer mitgebrachten Leiter, um in eine fremde Wohnung einzudringen.

91 OG, Urteil vom 12.7.1972 – 2 Zst 26/72, NJ 1972, 649 ff.

Aufdrücken von verschlossenen Türen und Fenstern[92], Aufdrehen eines Schlosses und gewaltsames Hindurchzwängen durch ein Schutzgitter[93], Entfernung von Sicherungsschrauben, mit dem ein Elektromotor an ein landwirtschaftliches Aggregat angebracht war, mit einem Maulschlüssel[94], Auskundschaften der gegebenen Situation in einer Verkaufsstelle durch Ausnutzung eines freundschaftlichen Verhältnisses zur Verkaufsstellenleiterin[95] Die Entfernung einer losen Latte von einem hölzernen Lattenverschlag sollte hingegen nicht genügen[96].

Das BG Neubrandenburg bejahte große Intensität im Falle von Betrugshandlungen durch eine Friseuse einer PGH.

Die Angeklagte hatte die Originalleistungsbögen für die Abrechnung im Frisiersalon vernichtet und in erheblicher häuslicher Arbeit neue Leistungsbögen mit geringeren Einnahmen geschrieben und sich die Differenzbeträge angeeignet. Der erhebliche Aufwand geistiger Arbeit durch umfangreiche Berechnungen und Aufzeichnungen, die die Straftaten erst ermöglichen bzw. verschleiern sollten, stelle einen Fall großer Intensität dar[97].

Das OG nahm große Intensität bei Betrug in einem Fall an, in dem die Angeklagte in verschiedenen Filialen der Sparkasse Kunden beobachtet, sich Kontonummern und Adressen notiert und Unterschriften eingeprägt und daraufhin mit gefälschten Auszahlungsscheinen Gelder abgehoben hatte, da die Angeklagte sehr überlegt, planmäßig und raffiniert vorgegangen sei[98].

4. Grobe Missachtung der Vertrauensstellung und andere erschwerende Umstände

Grobe Missachtung der Vertrauensstellung setzte voraus, dass dem Täter zum Schutze und zur Sicherung des sozialistischen Eigentums eine besondere Verantwortung übertragen war. Dies wurde bei Kassierern, Boten und Briefträgern, Wächtern und Betriebsschutzangehörigen angenommen[99]. Die Vertrauensstellung musste nicht mit besonderen weitergehenden Befugnissen verbunden sein[100].

---

92 OG, Urteil vom 17.5.1972 – 2 Zst 13/72, NJ 1972, 617 ff.

93 OG, Urteil vom 25.4.1973 – 2 Zst 2/73, NJ 1973, 361 ff.

94 OG, Urteil vom 19.6.1973 – 2 Zst 5/73, NJ 1973, 488.

95 OG, Urteil vom 19.4.1973 – 2 ZMSt 1/73 NJ 1973, 329 f.

96 OG, Urteil vom 19.6.1973 – 2 Zst 5/73, NJ 1973, 488.

97 BG Neubrandenburg, Urteil vom 9.2.1972 – 2 BSB 17/72, NJ 1972, 336 f.

98 OG, Urteil vom 26.4.1972 – 2 Zst 7/72, NJ 1972, 488 f.

99 *Lehrbuch BT 1981*, S. 134.

100 *StGB-Kommentar*, § 161 Anm. 4.

Andere erschwerende Umstände sollten sich aus der Persönlichkeit des Täters ergeben können, ohne dass ein höherer Schaden, große Intensität, grober Missbrauch der Vertrauensstellung oder die Voraussetzungen des Rückfalls vorlagen. Sei der Täter bereits wegen einer Eigentumsverfehlung durch ein gesellschaftliches Gericht oder disziplinarisch zur Verantwortung gezogen worden und sei seine erneute Handlung Ausdruck seiner bisherigen Unbelehrbarkeit, könne dies als anderer erschwerender Umstand gewertet werden[101]. Weiter konnten die Tatmotivation und der Grad der Schuld, z.B. Diebstahl und Betrug, um Mittel für Alkoholmissbrauch zu erlangen, einen anderen erschwerenden Umstand darstellen. Ein solcher konnte sich auch aus der Art und Weise der Tatbegehung ergeben, so wenn Kinder zur Tat benutzt wurden[102].

VI. Vertrauensmissbrauch

Gemäß § 165 StGB machte sich strafbar,

> „wer die ihm mit einer Vertrauensstellung übertragene Verfügungs- oder Entscheidungsbefugnis mißbraucht, indem er gegen seinen Rechtspflichten eine Entscheidung oder Maßnahme trifft oder eine gebotene Entscheidung oder Maßnahme unterläßt und dadurch vorsätzlich einen bedeutenden wirtschaftlichen Schaden verursacht oder erhebliche persönliche Vorteile für sich oder andere erlangt.“

Die Strafdrohung lautete auf Freiheitsstrafe bis zu fünf Jahren oder Verurteilung auf Bewährung oder Geldstrafe. Gemäß § 165 Abs. 2 StGB betrug der Strafrahmen für den zwei bis zehn Jahre, der die Tat als Organisator einer Gruppe ausführte, die sich unter Ausnutzung ihrer beruflichen Tätigkeit oder zur wiederholten Begehung zusammengeschlossen hatte.

Gemäß § 165 Abs. 3 StGB war der Versuch strafbar. Im Entwurf (§ 152 StGB-E) war die Versuchsstrafbarkeit nur für die Alternative des Erlangens erheblicher persönlicher Vorteile vorgesehen. Der schwere Fall war – ohne wesentliche sachliche Abweichungen – etwas anders formuliert.

Gegenüber der nicht direkt vergleichbaren Vorschrift der Untreue nach dem StEG bzw. RStGB war beim einfachen Fall eine Verschärfung nicht gegeben. Für die schweren Fälle ergab sich bei der Strafobergrenze auch keine Änderung, aber es erhöhte sich die Strafuntergrenze von einem Jahr auf zwei Jahre.

Im Zuge der Einführung eines Untreuetatbestandes im Abschnitt 1 des 5. Kapitels durch das 1. StÄG wurde die Variante der Erlangung erheblicher persönlicher Vorteile aus § 165 StGB herausgenommen. Für den einfachen

---

101 *StGB-Kommentar*, § 161 Anm. 4.

102 *StGB-Kommentar*, § 161 Anm. 5.

Fall des Vertrauensmissbrauchs wurde die Höchststrafe von fünf auf zwei Jahre herabgesetzt. Der schwere Fall gemäß § 165 Abs. 2 StGB wurde um die Verursachung eines besonders schweren wirtschaftlichen Schadens erweitert. Einbezogen wurden jetzt auch die Gruppenbeteiligten. Bei ihnen konnte gemäß § 165 Abs. 3 StGB1974 die Bestrafung nach Abs. 1 erfolgen, wenn die Beteiligung an der Gruppe von untergeordneter Bedeutung war.

Durch das 3. StÄG wurde der Tatbestand des Vertrauensmissbrauchs neu gefasst. Der Täterkreis umfasste jetzt Personen, denen dauernd oder zeitweise eine Vertrauensstellung übertragen war. Die Tathandlung knüpft nicht mehr ausdrücklich an den Missbrauch einer übertragenen Verfügungs- oder Entscheidungsbefugnis an. Sie wurde definiert als das rechtspflichtwidrige Treffen von Entscheidungen oder Maßnahmen, das pflichtwidrige Unterlassen von Entscheidungen oder Maßnahmen oder des durch Irreführung oder in anderer Weise Bewirkens von Maßnahmen oder Entscheidungen[103]. Die Höchststrafe für den einfachen Fall wurde wieder auf fünf Jahre heraufgesetzt.

Nach der SED-internen Begründung zum 3. StÄG diente die

> „Veränderung der Tatbestände des Vertrauensmissbrauchs [...] dem wirksameren Schutz der sozialistischen Volkswirtschaft unter Berücksichtigung der zunehmenden Versuche von Wirtschaftsvertretern aus imperialistischen Staaten [...], Wirtschaftsfunktionäre der DDR, speziell Reisekader zu korrumpieren und zu wirtschaftsschädigenden Handlungen zu veranlassen. Deshalb soll der Personenkreis, der wegen Vertrauensmißbrauchs strafrechtlich zur Verantwortung gezogen werden kann, auf eine tatsächliche Vertrauensstellung erweitert werden."[104]

§ 165 Abs. 2 StGB1979 regelte entsprechend § 165 StGB1974 die schweren Fälle, wobei der Gruppenbegriff, wie auch bei § 162 Abs. 1 Ziff. 2 StGB1979[105], aufgegeben wurde. Stattdessen hieß es jetzt, wer „die Tat zusammen mit anderen ausführt, die sich unter Ausnutzung ihrer beruflichen Tätigkeit oder zur wiederholten Begehung zusammengeschlossen haben"[106].

---

103 „Wer eine ihm dauernd oder zeitweise übertragene Vertrauensstellung mißbraucht, indem er entgegen seinen Rechtspflichten Entscheidungen oder Maßnahmen trifft oder pflichtwidrig unterläßt oder durch Irreführung oder in anderer Weise Maßnahmen oder Entscheidungen bewirkt und dadurch vorsätzlich einen bedeutenden wirtschaftlichen Schaden verursacht, wird mit Freiheitsstrafe bis zu fünf Jahren oder mit Verurteilung auf Bewährung oder mit Geldstrafe bestraft."

104 Zitiert nach *Mollnau*, Dokumente S. 529.

105 S. 7. Kap. B) IX. 2.

106 § 165 Abs. 2 StGB1979: „Wer 1. durch die Tat einen besonders schweren wirtschaftlichen Schaden verursacht; 2. die Tat zusammen mit anderen ausführt, die sich unter Ausnutzung ihrer beruflichen Tätigkeit oder zur wiederholten Begehung zusammengeschlossen haben, wird mit Freiheitsstrafe von zwei bis zu zehn Jahren bestraft."

Für den Fall der untergeordneten Tatbeteiligung enthielt § 165 Abs. 3 StGB eine sprachliche Anpassung.

Durch das 5. StÄG wurde die Mindeststrafe für die schweren Fälle auf ein Jahr herabgesetzt.

Durch das 6. StÄG wurde der Tatbestand des Vertrauensmissbrauchs abgeschafft. Allerdings war er gemäß § 10 Satz 1 des 6. StÄG weiter anzuwenden auf Straftaten, die vor Inkrafttreten des 6. StÄG, also vor dem 1. Juli 1990, begangen und wegen derer vor dem 1. Juli 1990 Strafverfahren eingeleitet worden waren. Verfahren auf der Grundlage des § 10 des 6. StÄG wurden wegen verfassungsrechtlicher Bedenken ausgesetzt und vor der Wiedervereinigung nicht mehr aufgenommen. Schließlich mussten sich die bundesdeutschen Gerichte mit dieser Vorschrift auseinandersetzen[107]. Bei § 10 des 6. StÄG geht es nicht mehr um den Schutz des sozialistischen Eigentums durch die DDR, weshalb die Vorschrift hier nicht weiter behandelt wird.

1. Volkswirtschaft

Aus der systematischen Stellung des § 165 StGB im 2. Abschnitt des 5. Kapitels folgt, dass der Vertrauensmissbrauch bestimmte Handlungsweisen im Bereich der Volkswirtschaft erfasste. Unter den Begriff Volkswirtschaft fielen alle Betriebe und Einrichtungen der Produktion und Zirkulation (Industrie, Bauwirtschaft, Land- und Forstwirtschaft, Verkehr, Post- und Fernmeldewesen, Handel und sonstige Zweige, wie Projektierungsbetriebe), der dienstleistenden Wirtschaft, des Finanzwesens, der sozialen und kulturellen Bereiche, der staatlichen Verwaltung und der gesellschaftlichen Organisationen, also auch Privatbetriebe, soweit diese z.B. im Rahmen der Erzeugnisgruppe in das volkswirtschaftliche Planungs- und Bilanzierungssystem eingeordnet waren[108].

2. Täterkreis

Bei der Bestimmung des Kreises der möglichen Täter eines Vertrauensmissbrauchs orientierte sich die Rechtsprechung im wesentlichen an den möglichen Tätern des Missbrauchstatbestandes des § 266 RStGB, erfasste also in erster Linie leitende Wirtschaftsfunktionäre. Ob eine Vertrauensstellung vorlag, hing nicht allein von einer Funktionsbezeichnung ab, sondern war nach dem Umfang und Inhalt der dem Täter generell oder im Rahmen eines bestimmten

107 Dazu *Fahnenschmidt*, DDR-Funktionäre, S. 130 ff. m.w.N.

108 *Pasler*, NJ 1969, 208.

Auftrags obliegenden Aufgaben, Pflichten und Befugnisse zu bestimmen. Grundsätzlich war eine Vertrauensstellung bei solchen Personen gegeben, die selbst Entscheidungsbefugnisse zur Gestaltung ökonomischer Prozesse oder Verfügungsbefugnisse hinsichtlich des Einsatzes finanzieller und materieller Fonds hatten. Daran fehlte es, wenn es sich lediglich um die Ausführung einer eindeutig vorgegebenen Arbeitsaufgabe handelte, z.B. bei Meistern oder Brigadieren. Inhaber von Vertrauensstellungen waren Generaldirektoren von Kombinaten, Betriebs- und Fachdirektoren, Hauptbuchhalter, Vorsitzende sozialistischer Genossenschaften, Abteilungsleiter, Investverantwortliche, Leiter von Importausschüssen, Leiter von Gutachterausschüsse oder von Verhandlungskollektiven im Außenhandel, Gaststätten- und Verkaufsstellenleiter, wenn ihnen weitergehende Befugnisse übertragen worden waren[109].

3. Tathandlung

Zum Tatbestandsmerkmal des Missbrauchs führte das OG aus, dass dieses nicht mit dem Missbrauchstatbestand des § 266 RStGB identisch sei. Der „Mißbrauch einer Vertrauensstellung“ werde im Gesetz inhaltlich dahingehend bestimmt, dass der Täter „entgegen seinen Rechtspflichten eine Entscheidung oder Maßnahme trifft oder eine gebotene Entscheidung oder Maßnahme unterläßt“. Der Begriff des Missbrauchs sei also weiter gefasst als der des § 266 RStGB. Er umfasse z.B. auch eine solche Pflicht eines Inhabers einer Vertrauensstellung im Sinne des § 165 StGB, Verfügungen und Entscheidungen zu treffen, die auf eine Erhöhung der Effektivität der wirtschaftlichen Tätigkeit des betreffenden Betriebes gerichtet sind. Die vorsätzliche Verletzung dieser Pflicht erfülle den Tatbestand des Vertrauensmissbrauchs, wenn dadurch ein bedeutender wirtschaftlicher Schaden herbeigeführt werde oder erhebliche persönliche Vorteile für sich oder andere erlangt würden. Die Alternativen des § 266 RStGB – Treubruchs- und Missbrauchstatbestand – seien in den zum Schutze der Volkswirtschaft geschaffenen Tatbestand des § 165 StGB eingegangen[110, 111].

Buchholz / Seidel[112], systematisierten den Missbrauch von Entscheidungsbefugnissen wie folgt:

---

109 *StGB-Kommentar*, § 165 Anm. 3; ohne *Verfasserangabe*, OGI Sonderdruck Juni 1979, 53.

110 OG, Urteil vom 14.10.1968 – 2 Ust 15/68, NJ 1969, 56.

111 In dem zugrunde liegenden Fall hatte der Angeklagte, Komplementär einer Kommanditgesellschaft mit staatlicher Beteiligung, Fahrzeuge und Geräte von Familienangehörigen gemietet, anstatt sie zu kaufen, was wirtschaftlicher gewesen wäre.

112 *Buchholz / Seidel*, NJ 1971, 735.

- Ausnutzung von Entscheidungsbefugnissen, um Fehler oder Leitungsmängel prinzipieller Natur zu verdecken oder zu verschleiern oder um ungerechtfertigte ökonomische Vorteile für den Betrieb oder persönliche Vorteile zu erlangen

- Nichtwahrnehmung oder Nichtausführung von Entscheidungsrechten und –pflichten

aus Gleichgültigkeit, Missachtung moderner Erkenntnisse der Entscheidungsvorbereitung und -findung, Missachtung gesetzlicher Vorschriften

Auch bei Überschreitung übertragener Befugnisse wurde ein Missbrauch angenommen, wenn der Täter taugliches Subjekt des Vertrauensmissbrauchs war[113].

Die Neufassung des § 165 StGB durch das 3. StÄG spielte in der veröffentlichten Rechtsprechung keine Rolle.

4. Bedeutender wirtschaftlicher Schaden

a) Wirtschaftlicher Schaden

Der Begriff des wirtschaftlichen Schadens war nicht identisch mit dem der Schädigung sozialistischen Eigentums im 1. Abschnitt des 5. Kapitels[114]. Als wirtschaftliche Schäden wurden alle negativen Auswirkungen auf ökonomische Prozesse betrachtet, unabhängig davon, ob diese mit der Schmälerung der Vermögenssubstanz eines bestimmten Betriebes verbunden waren[115]. Schädigungen der Vermögenssubstanz waren in den Begriff des wirtschaftlichen Schadens eingeschlossen[116]. Es kam nicht darauf an, ob die negativen Auswirkungen auf den Ablauf ökonomischer Prozesse innerhalb eines Betriebes oder zwischen den Betrieben abliefen. Auch Nachteile für andere Betriebe oder für die Volkswirtschaft[117] und Störungen volkswirtschaftlicher Proportionen seien erfasst, so bei der Herausmanipulierung produktiver Fonds und ihre Verwendung für Zwecke der individuellen Konsumtion oder bei der Errichtung nicht geplanter und nicht bilanzierter Objekte[118]. Der unmittelbare Bezugspunkt für die Prüfung, ob ein wirtschaftlicher Schaden vorliege, müsse der Plan sein. Deshalb sei es unzulässig, die Effektivität einer Maßnahme „an sich" unab-

---

113 *Pasler*, NJ 1971, 386; *Buchholz / Seidel*, NJ 1971, 735.

114 *Lehrkommentar II*, § 165 Anm. 3.

115 *Lehrkommentar II*, § 165 Anm. 3.

116 *Lehrkommentar II*, § 165 Anm. 3; OG, Urteil vom 29.4.1971 – 2 Ust 8/71 NJ 1971, 399, 400; OG Urteil vom 30.8.1973 – 2 Zst 14/73, NJ 1973, 645 ff.

117 *Pasler*, a.a.O., 386 f.; *Buchholz / Seidel*, Fehlentscheidung, a.a.O., S. 134.

118 Errichtung eines betrieblichen Ferienheims mittels zweckwidriger Verwendung eines Fonds für die Werterhaltung von Wohngebäuden durch den Leiter eines VEB Kommunale Wohnungswirtschaft (Beispiel bei *Pasler*, a.a.O., 385).

hängig vom Plan zu betrachten[119]. Auch Störungen von Bilanzbeziehungen wurden als wirtschaftliche Schäden betrachtet[120]. Unter den Begriff des wirtschaftlichen Schadens fielen auch materiell nicht bezifferbare Schäden, die sich aus Pflichtverletzungen bei der notwendigen Einholung von Konkurrenzangeboten und Marktanalysen sowie aufgrund von Beeinträchtigungen eigener Forschungs- und Entwicklungsarbeiten zur Ablösung von NSW-Importen und bei Lizenzvergaben ergeben konnten[121]. Als wirtschaftliche Schäden galten weiter der Verlust von Märkten bei Vertrauensmissbrauch in Außenwirtschaftsbeziehungen und der Verlust von Zulieferertkapazitäten[122]. Ein durch betrügerische Manipulationen erlangter Kredit konnte für den kreditaufnehmenden Betrieb einen wirtschaftlichen Schaden darstellen, wenn sich die konkrete Verwendung des Kredits nachteilig auswirkte, z.B. wenn die Mittel über die Jahresendauszahlung in einer LPG in die individuelle Konsumtion flossen und aus dem Vermögen der LPG bezahlt werden mussten[123]. Allerdings sollte der Begriff des wirtschaftlichen Schadens insofern enger als der Begriff des Nachteils im Sinne der alten Untreue sein, als bloße Gefährdungen ökonomischer oder anderer materieller Prozesse nicht ausreichen sollten[124, 125].

Zusammenfassend kann gesagt werden, dass alle irgendwie gearteten negativen wirtschaftlichen Auswirkungen von Missbrauchshandlungen im Sinne von § 165 StGB als wirtschaftliche Schäden betrachtet wurden.

b) Bedeutender wirtschaftlicher Schaden

Anders als bei dem Begriff der schweren Schädigung bei den Eigentumsdelikten[126] wurden für den *bedeutenden* wirtschaftlichen Schaden keine betragsmäßigen Richtwerte angegeben, was bei nicht bezifferbaren Nachteilen ja auch unmöglich gewesen wäre. Aber auch bei bezifferbaren wirtschaftlichen Schäden wurde die Nennung von Orientierungsbeträgen abgelehnt. Ob ein wirtschaftlicher Schaden bedeutend sei, könne nur aus der *Komplexität des Einzelfalles* beantwortet werden. Der absolute Umfang des Schadens sei aber

119 *Pasler*, a.a.O., 386 f.

120 OG, Urteil vom 29.4.1971 – 2 Ust 8 / 71, NJ 1971, 400.

121 *Präsidium des OG*, OGI 1988, Heft 6, 16.

122 *Pasler*, a.a.O., 386; *Buchholz / Seidel*, Fehlentscheidung, S. 134 f.

123 OG, Urteil vom 23.6.1975 – 2 a Ust 8/75, NJ 1975, 610.

124 *Pasler*, NJ 1969, 208.

125 Im Hinblick auf die Offenheit des Begriffs des wirtschaftlichen Schadens, der ja gerade auch wirtschaftlich nicht bezifferbare Nachteile beinhalten sollte, dürfte diese Einschränkung kaum praktische Bedeutung erlangt haben.

126 S. 7. Kap. B) IX. 1. a).

ein wesentliches Kriterium. Es komme auch auf das Verhältnis des planwidrig eingesetzten Fonds zum Gesamtfonds des Betriebes an sowie auf das Verhältnis des ökonomischen Schadens zur wirtschaftlichen Gesamtsituation des Betriebes[127]. Für die Annahme eines bedeutenden wirtschaftlichen Schadens müsse eine eingetretene finanzielle Schädigung *beträchtlich* sein oder es müssten *wesentliche Störungen ökonomischer Prozesse* verursacht worden sein[128]. In einem Urteil zum Begriff des bedeutenden wirtschaftlichen Schadens in § 167 StGB[129] stellte das OG fest, dass ein solcher gegeben sei, wenn der bezifferbare wirtschaftliche Schaden mindestens 10.000,- M betrage oder nicht bezifferbare negative Auswirkungen beachtlichen Ausmaßes eingetreten seien[130]. Das muss aber für den Begriff des bedeutenden wirtschaftlichen Schadens in § 165 StGB nichts heißen.

Teilweise verneinte das OG bei bezifferbaren Schäden weit über 10.000,- M einen bedeutenden wirtschaftlichen Schaden.

So sah es in der zweckwidrigen Verwendung von ca. 15.000,- M aus einem Fonds für Öffentlichkeitsarbeit, aus dem nur Sachkosten (Kosten für Mieten, Werbeplakate usw.) bestritten werden durften, für Speisen und Getränke zu Repräsentationszwecken durch den Leiter eines technisch-kommerziellen Büros in der CSSR keinen bedeutenden wirtschaftlichen Schaden. Die Prüfung eines bedeutenden wirtschaftlichen Schadens erfordere die Aufdeckung und Beurteilung aller negativen Auswirkungen auf den Ablauf ökonomischer Prozesse bzw. anderer ökonomischer Beziehungen, Proportionen u.Ä. Ein bedeutender wirtschaftlicher Schaden könne demzufolge nicht allein mit dem Hinweis darauf als gegeben angesehen werden, dass ein bestimmter finanzieller Fonds überzogen bzw. zweckwidrig verwendet worden sei. Erforderlich sei, die gegebenen Fonds in ihrer konkreten ökonomischen Funktion zu beurteilen, um davon ausgehend Grad und Ausmaß ihrer Beeinträchtigung durch das Handeln des Täters richtig einschätzen zu können. Dabei sei zu beachten, dass § 165 StGB nicht jeden finanziellen Nachteil, sondern nur bedeutende wirtschaftliche Schäden als strafrechtlich relevant erfasse. Zwar habe der Angeklagte gegen die Finanzdisziplin verstoßen. Durch die unzulässige Verwendung von Mitteln aus dem Fonds „Öffentlichkeitsarbeit" seien dieser und andere betriebliche Fonds aber nicht in der Weise beeinträchtigt worden, dass die Finanzierung notwendiger betrieblicher Aufgaben nicht möglich gewesen wäre bzw. nur eingeschränkt hätte erfolgen können. Schließlich sei zu berücksichtigen, dass bei negativen ökonomischen Auswirkungen, die durch eine Vielzahl von Einzelhandlungen über einen längeren Zeitraum herbeigeführt wurden, nicht ohne weiteres von

---

127 *Pasler*, NJ 1971, 386.

128 *Präsidium des OG*, OGI 1988, Heft 6, 16 f.

129 „Wer unter vorsätzlicher Verletzung seiner beruflichen Pflichten oder durch unbefugten Umgang fahrlässig Produktionsmittel oder andere Sachen, die wirtschaftlichen Zwekken dienen, beschädigt, außer Betrieb setzt, verderben oder unbrauchbar werden läßt und dadurch bedeutende wirtschaftliche Schäden verursacht, [...]."

130 OG, Urteil vom 2.12.1987 – 2 OSJ 19/86, OGI 1987, Heft 2, 8 ff.

einem strafrechtlich relevanten bedeutenden wirtschaftlichen Schaden ausgegangen werden könne[131].

Mit der zuletzt genannten Erwägung lehnte das OG in einem Fall mit erheblichem Gesamtschaden im Sinne des eigentumsrechtlichen Schadensbegriffs, in dem der Angeklagte zudem noch, anders als in dem vorstehend angesprochenen Fall, mit Bereicherungsabsicht gehandelt hatte, einen bedeutenden wirtschaftlichen Schaden ab.

Der Angeklagte hatte über einen längeren Zeitraum durch zahlreiche Einzelhandlungen eine Vielzahl von Betrieben und Genossenschaften durch Nichtgewährung von Rechnungsrückerstattungen von jeweils bis zu 1.000,- M geschädigt. Insgesamt ging es um einen Betrag von über 70.000,- M. Der Angeklagte habe damit zwar dem sozialistischen Eigentum insgesamt schweren Schaden zugefügt, dieser stelle jedoch nicht zugleich einen bedeutenden wirtschaftlichen Schaden im Sinne des § 165 StGB dar. Dabei sei zu berücksichtigen, dass der den einzelnen Betrieben und Genossenschaften zugefügte Schaden nur jeweils einen kleinen Teil des Gesamtschadens ausmache. Der bloße Substanzverlust am sozialistischen Eigentum in einer bestimmten Höhe sei allein kein hinreichender Nachweis für die Verursachung eines bedeutenden wirtschaftlichen Schadens[132].

Die Rechtsprechung befasste sich mehrmals mit der Frage, unter welchen Voraussetzungen Gegenleistungen, die einem Betrieb im Zusammenhang mit der pflichtwidrigen Ausgabe von Mitteln zugeflossen waren, einen Schaden kompensieren konnten.

Um mit dem Mangel an Material, Arbeitskräften oder Kapazitäten von Reparaturbetrieben fertig zu werden und die Planerfüllung zu gewährleisten, sahen sich manche Wirtschaftsfunktionäre dazu veranlasst, illegale Methoden, wie die Zahlung von Schmiergeldern, anzuwenden. In diesen Fällen lehnte es das OG aus Gründen sozialistischer Moral ab, überhaupt zu prüfen, ob der dem Betrieb zugeflossene Nutzen sein Geld einschließlich der ungesetzlichen Zuwendungen wert gewesen war. Das in der sozialistischen Planwirtschaft bestehende Fondsprinzip gebiete, die im Produktionsprozess entstandenen Kosten exakt nach Art, Ort und Zeit ihrer Entstehung auszuweisen, weil nur auf diese Weise die Fondsrentabilität gemessen und entsprechende Maßnahmen zur Effektivierung getroffen werden könnten. Die eigenmächtige und leichtfertige Verausgabung von Geldern ohne jegliche Gegenleistung könne nicht mit der ökonomisch rentablen Verwendung anderer betrieblicher Mittel in Zusammenhang gebracht, geschweige denn dagegen „aufgerechnet" werden. Dabei müsse die Förderung rückständiger ideologischer Auffassungen

131 OG, Urteil vom 21.5.1985 – 2 OSK 8/85, OGI 1985, Heft 3, 7 ff.

132 OG, Urteil vom 26.10.1978 – 2 OSB 13/78, OGI 1979, Heft 1, 19 ff.

wie Bereicherungsstreben berücksichtigt werden[133]. Die Verwendung finanzieller Mittel einer PGH zur Zahlung von Schmiergeldern, um an dringend benötigtes Material heranzukommen, stelle einen groben Verstoß gegen das sozialistische Wirtschaftsrecht dar. Derartige Vergünstigungen seien geeignet, anarchische Tendenzen in die der sozialistischen Planwirtschaft eigenen Beziehungen der Warenproduzenten hineinzutragen, diese zu gefährden und rückständige Auffassungen wie Bereicherungsstreben wieder aufleben zu lassen[134].

Bei ungesetzlichen Leistungen an Feierabendbrigaden zeigte sich das OG großzügiger und ließ die Prüfung einer Schadenskompensation zu. Hier seien nur echte ökonomische negative Auswirkungen bedeutenden Umfangs relevant. Es müssten daher den tatsächlichen Ausgaben die Kosten gegenübergestellt werden, die für das fragliche Objekt nach den einschlägigen Regelungen angefallen wären[135].

Im Urteil vom 19. Dezember 1975 lehnte das OG allerdings noch den bereits beim Betrug angesprochenen „Objektlohneinwand“ ab, allerdings aus tatsächlichen, nicht aus rechtlichen Gründen.

Die Vorsitzende einer Genossenschaft hatte den Mitgliedern einer betriebsfremden Feierabendbrigade zusätzlich zum vereinbarten Lohn Mahlzeiten und Getränke zukommen lassen und die dadurch entstandenen Kosten durch falsche Abrechnung aus dem Lohnfonds finanziert. Gegen ihre Verurteilung wegen Vertrauensmissbrauchs wandte sie ein, dass ein höherer Objektlohn, also ein Pauschalpreis für das gesamte Bauobjekt, hätte vereinbart werden können. Davon hätten auch die Versorgungskosten hätten einbehalten werden können, ohne dass die vorgeschriebenen Investitionssummen überschritten worden wären. Demgegenüber vertrat das OG die Auffassung, bei der Vereinbarung eines Objektlohns bestehe der von der Angeklagten behauptete Spielraum nicht. Die Angeklagte hätte die Pflicht gehabt, die der Genossenschaft zur Verfügung gestellten Mittel sparsam und mit größtem Nutzen für die sozialistische Gesellschaft anzuwenden. Dies verlange auch bei der Zahlung von Objektlohn bestimmte Voraussetzungen zu beachten. Sie bestünden vor allem darin, vor Beginn der zusätzlichen Arbeit den Umfang der Leistungen möglichst exakt festzulegen, den Zeitaufwand für die Arbeitsleistungen auf der Grundlage gültiger Normen zu ermitteln

---

133 OG, Urteil vom 22.10.1970 – 2 Ust 18/70, NJ 1971, 113 ff.: Der Angeklagte war Abteilungsleiter in einem Braunkohlekombinat und hatte eine PGH veranlasst, Scheinrechnungen an das Kombinat zu stellen. Nach Zahlungseingang gab die PGH dem Angeklagten einen Teil des Rechnungsbetrages zurück, der damit eine Feierabendbrigade bezahlte, um dringend notwendige Reparaturarbeiten auszuführen. Dies war der Sinn der Übung. Bei der PGH verblieb ein „Gewinn“ in Höhe von etwa 100.000,- M.

134 OG, Urteil vom 29.4.1971 – 2 Ust 8/71, NJ 1971, 399 ff.

135 OG, Urteil vom 30.2.1975 – 2a Zst 5/75, OGSt 16, 66 ff.

und den Anteil der einzelnen Bürger an der Objektvergütungssumme nach den tatsächlich erbrachten Leistungen zu bestimmen[136, 137].

In seinem Urteil vom 27. Oktober 1977 wurde das OG großzügiger.

Es ging um den Werksdirektor eines VEB, der Produktionsarbeiten an die Mitglieder einer LPG übertragen hatte. Diesen hatte er 90.000,- M Jahresendprämie gezahlt. Weil dafür kein Fonds zur Verfügung stand, ließ er sich von der LPG fingierte Rechnungen für Transportkosten erteilen. Trotz des hohen Betrages lehnte das OG einen bedeutenden wirtschaftlichen Schaden ab. Der Angeklagte habe zwar grob gegen die Finanzdisziplin verstoßen und die Gesetzlichkeit missachtet, jedoch keinen bedeutenden wirtschaftlichen Schaden verursacht. Nicht jede die Finanzdisziplin verletzende Zahlung bringe bereits solche negativen Auswirkungen mit sich, die als bedeutender wirtschaftlicher Schaden zu beurteilen seien. Es sei nicht festgestellt, dass höhere Löhne und Prämien gezahlt wurden als an Werktätige der Belegschaft mit vergleichbaren Aufgaben. Durch die Manipulationen des Angeklagten sei zwar das Betriebsergebnis falsch ausgewiesen worden. Es sei aber nicht festgestellt, dass das falsch ausgewiesene Betriebsergebnis solche negativen Auswirkungen auf ökonomische Prozesse gehabt habe, dass diese einen bedeutenden wirtschaftlichen Schaden darstellten[138].

Diese Rechtsauffassung wurde in dem schon oben angesprochenen gemeinsamen Standpunkt des OG, des Generalstaatsanwalts, dem Ministeriums des Innern und des Ministeriums der Justiz vom 28. Oktober 1980[139] zur Verfolgung von Straftaten, die mit der Leistung zusätzlicher Arbeit zusammenhängen, bestätigt:

> „Diese Grundsätze für die Ermittlung des Schadens gelten auch für Fälle, in denen Leiter die Zahlung ungesetzlich überhöhter Vergütung für zusätzliche Arbeit veranlassen."

5. Erhebliche persönliche Vorteile

Zum Begriff der erheblichen persönlichen Vorteile, der mit dem 1. StÄG aus dem Tatbestand des Vertrauensmissbrauchs herausgenommen wurde, liegt kaum Rechtsprechung vor. Erfasst wurden auch Fälle, in denen auf dem Umweg über den Vorteil des Betriebes persönliche Vorteile erlangt wurden[140].

Mit der mittelbaren Erlangung von persönlichen Vorteilen befasste sich das OG in seinem Urteil vom 30. August 1973. Der Angeklagte, Hauptbuchhalter eines VEB, hatte den überplanmäßigen Verbrauch von Material als Lagerbestand buchen lassen.

---

136 OG, Urteil vom 19.12.1975 – 2b Ust 18/75, NJ 1986, 337 ff.

137 Das OG fingiert hier, dass der zulässige Objektlohn nicht höher sein konnte, als die Vergütung auf Stundenbasis.

138 OG, Urteil vom 27.10.1977 – OSK 16/77, OGI 1978, Heft 3, 48 ff.

139 S. 7. Kap. B) III. 5.

140 *Lehrkommentar II*, § 165 Anm. 4; *Pasler*, NJ 1971, 387.

Aufgrund der Falschbuchungen zahlte der Betrieb ungerechtfertigt Gehaltszuschläge in Höhe von 32.200,- M aus. Dem Angeklagten sei es neben der Verdeckung der Mängel im Betrieb nicht nur um erhebliche wirtschaftliche Vorteile für den Betrieb, sondern durch die Vortäuschung der Erfüllung des Gewinnplans um die ungerechtfertigte Zahlung von leistungsabhängigen Gehaltszuschlägen an sich und andere Betriebsangehörige gegangen. Das seien vermögensrechtliche Vorteile, die der Angeklagte für sich selbst und andere Mitarbeiter des Betriebes erwirkt habe[141].

Der Begriff der persönlichen Vorteile sollte in erster Linie materielle oder finanzielle Vorteile erfassen, sich aber nicht darin erschöpfen[142]. Welche nicht materiellen oder nicht finanziellen Vorteile gemeint sind, wird nicht ausgeführt. Wo die Grenze zwischen Nichterheblichkeit und Erheblichkeit liegen sollte, blieb im Dunkeln. Hier wurden weder Kriterien noch Beträge genannt[143].

6. Schwere Fälle

Im StGB-Kommentar heißt es, ein besonders schwerer wirtschaftlicher Schaden liege vor, wenn sowohl das Ausmaß des finanzielle Schadens, als auch der Grad und das Ausmaß der Beeinträchtigung wichtiger volkswirtschaftlicher Prozesse oder Proportionen besonders gravierend seien, z.B. bei dem durch Vertrauensmissbrauch eines leitenden Mitarbeiters im Außenhandel verursachten Verlust von Märkten für bestimmte Erzeugnisse[144]. Konkretere Erläuterungen lassen sich nicht finden. Veröffentlicht wurde nur eine Entscheidung, in der ein besonders schwerer wirtschaftlicher Schaden bejaht wurde.

Der Direktor eines VEB hatte falsche Angaben über die Erfüllung des Plans gemacht. Daraufhin flossen dem Betrieb ungerechtfertigte Mittel zu, die in Höhe von 33.000,- M zur Auszahlung an die Mitarbeiter des Betriebs verwendet wurden. Die Höhe der insgesamt dem Betrieb unberechtigt zugeflossenen Mittel ist dem veröffentlichten Urteilstext nicht zu entnehmen[145].

---

141 OG, Urteil vom 30.8.1973 – 2 Zst 14/73, NJ 1973, 645 ff.

142 *Pasler*, NJ 1971, 387.

143 Zum Begriff des erheblichen Schaden in § 176 StGB – Steuer- und Abgabenverkürzung – stellte das OG im Urteil vom 30.9.1968 – 2 Ust 19/68, NJ 1968, 700 ff., fest, dass ein solcher bei einem Betrag von 1.000,- M nicht vorliege, was aber für den Begriff des erheblichen Vorteils in § 165 StGB nichts heißen muss. Zum Begriff des erheblichen Vermögensschadens im schweren Fall der Untreue zum Nachteil persönlichen und privaten Eigentums gemäß § 182 Abs. 2 StGB heißt es im *StGB-Kommentar* nur, dass dieser nicht das Ausmaß einer schweren Schädigung im Sinne von § 181 Abs. 1 Ziff. 1 StGB (Verbrecherischer Diebstahl und Betrug zum Nachteil persönlichen oder privaten Eigentums) erreichen müsse; *StGB-Kommentar*, § 182 Anm. 4.

144 *StGB-Kommentar*, § 165 Anm. 7.

145 OG, Urteil vom 25.4.1975 – 2b Ust 47/74, NJ 1975, 491 f.

Arnold zitiert aus einem unveröffentlichten Referat des Präsidenten des OG Sarge einmal den Fall eines Betriebsdirektors eines Fleischkombinats, der durch Vertrauensmissbrauch einen Schaden von 500.000,- M verursacht hatte und zum anderen den eines Betriebsdirektors, der für einen Schaden von 39.000.000,- M verantwortlich war. Ein Grund für die Nichtveröffentlichung derartiger Entscheidungen sei wohl gewesen, dass solche Beispiele nicht an die Öffentlichkeit gelangen sollten, weil damit die erheblichen volkswirtschaftlichen Missstände publik geworden wären[146].

Zur anderen Variante des schweren Falles des Vertrauensmissbrauchs wird auf die Ausführungen zu § 162 Abs. 1 Ziff. 2 StGB verwiesen[147].

7. Strafbarkeitslücken

Im Vergleich zu § 266 RStGB und auch zu § 182 StGB wies § 165 StGB1968 drei Strafbarkeitslücken auf. Erstens waren Vorgänge außerhalb der Volkswirtschaft nicht erfasst, wobei es sich dabei eher theoretische Fälle gehandelt haben dürfte, da der Begriff der Volkswirtschaft sehr weit gezogen wurde. Die zweite Lücke bestand darin, dass die Erlangung nicht erheblicher persönlicher Vorteile durch Vertrauensmissbrauchshandlungen nicht strafbar war. Die dritte Lücke bestand für den Personenkreis, der nicht die Täterqualifikation des § 165 StGB erfüllte, wohl aber die des § 266 RStGB, bei Treubruchshandlungen, die sich nicht zugleich als Diebstahl oder Betrug darstellten[148].

VII. Untreue

Die genannten Strafbarkeitslücken dürften der Grund für die Einführung des Tatbestandes der Untreue zum Nachteil sozialistischen Eigentums durch das 1. StÄG gewesen sein. Zugegeben wurde dies nicht[149].

---

146 *Arnold*, Unternehmenskriminalität a.a.O., S. 96 f.

147 S.u. 7. Kap. B) IX. 2.

148 Vgl. OG, Urteil vom 20.9.1978 – 4 OSK 17/78, OGI 1979, Heft 1, 29 ff.

149 Die Begründung für die Einführung des § 161a StGB vor der Volkskammer fiel sehr allgemein aus: Um das sozialistische Eigentum noch wirkungsvoller zu schützen, z.B. dem Missbrauch der Verfügungsbefugnis über sozialistisches Eigentum für Veruntreuungen und ähnliche Maßnahmen entgegenzuwirken, bestehe das Anliegen des Änderungsgesetzes darin, die bisherigen Strafvorschriften weiter zu entwickeln. Der Straftatbestand Untreue zum Nachteil sozialistischen Eigentums solle deshalb in das StGB neu eingefügt werden (*Heusinger*, NJ 1975, 34). Nach Duft / Schlegel werde mit § 161a StGB der Schutz des sozialistischen Eigentums verstärkt, weil auf Veränderungen der Formen der Kriminalität zum Nachteil des sozialistischen Eigentums „differenzierter" reagiert werden könne. Für derartige Handlungen werde eine „spezielle strafrechtliche Verantwortlichkeit" begründet, aber „grundsätzlich" (?) die strafrechtliche Verantwortlichkeit im Bereich der Volkswirtschaft nicht erweitert. Mit dem Tatbestand des § 161a StGB werde es künftig besser möglich sein, Straftaten, die bisher unter

Gemäß § 161a Abs. 1 StGB machte sich strafbar,

> „wer die ihm durch Gesetz, Auftrag oder Vertrag eingeräumte Befugnis, über sozialistisches Eigentum zu verfügen, es zu verwalten oder in sonstiger Weise Vermögensinteressen des sozialistischen Eigentums wahrzunehmen, mißbraucht und dadurch zum Schaden des sozialistischen Eigentums sich oder anderen rechtswidrig Vermögensvorteile verschafft".

Die Strafdrohung lautete auf Geldstrafe, Verurteilung auf Bewährung oder Freiheitsstrafe bis zu zwei Jahren. Gemäß § 161a Abs. 2 StGB war der Versuch strafbar. Die Vorschrift wurde bis zum 6. StÄG nicht mehr geändert. Gegenüber dem StEG erfolgte hier eine Reduzierung der Höchststrafe von fünf Jahren auf zwei Jahre.

1. Täterkreis

Bei der Bestimmung des Täterkreises wurde, wie schon bei § 266 RStGB, differenziert.

Das Tatbestandsmerkmal „Befugnis über sozialistisches Eigentum zu verfügen" sei inhaltlich identisch mit dem Tatbestandsmerkmal „Verfügungsbefugnis" in § 165 StGB. Täter der Untreue zum Nachteil sozialistischen Eigentums, begangen durch Missbrauch der Befugnisse, über sozialistisches Eigentum zu verfügen, könnten daher nur Personen sein, die im gesellschaftlichen Reproduktionsprozess eine solche Stellung einnehmen, die der in § 165 StGB geforderten Vertrauensstellung entspreche[150].

Die Befugnis, sozialistisches Eigentum zu verwalten, setzte spezielle Rechte und Pflichten zu seiner ordnungsgemäßen Verwendung auf der Grundlage vorgegebener Ordnungen, Weisungen oder vertraglicher Festlegungen voraus[151]. Erfasst wurden hiervon Verkaufstellen- und Gaststättenleiter, selbständig disponierende Lagerverwalter, Fuhrparkleiter, Leiter von Vertragswerkstätten[152], Kommissionshändler, Materialwirtschaftler[153], Verkaufs- und Gaststät-

---

§ 165 StGB subsumiert worden seien, in ihrer eigentlichen Zielrichtung jedoch Eigentumsdelikte darstellten, als Untreue zu charakterisieren und damit den materiellen Gehalt der Straftat deutlicher zu machen (*Duft / Schlegel*, NJ 1975, 325).

150 OG, Urteil vom 26.10.1978 – 2 OSB 13/78, OGI 1979, Heft 1, 19 ff.; *StGB-Kommentar*, § 161a Anm. 3; *Biebl / Griebe*, NJ 1987, 220.

151 *Minx / Pasler*, NJ 1979, 485.

152 OG Urteil vom 20.9.1978 – 4 OSK 17/78, OGI 1979, Heft 1, 29 ff.

153 *Minx / Pasler*, a.a.O.

tenkräfte mit eigenem Haftungsbereich[154], also der Personenkreis, der nicht unter den § 165 StGB fiel.

Die allgemeine Pflicht aller Werktätigen gemäß § 106 Abs. 2 Buchst. b GBA das sozialistische Eigentum zu mehren und es vor Beschädigung und Verlust zu schützen, genügte nicht[155]. Personen mit eng begrenzten Befugnissen waren daher nicht vom Anwendungsbereich des § 161a StGB erfasst. So sei die Befugnis einer Verkäuferin in Bezug auf die ihr zum Verkauf zur Verfügung gestellten Waren oder die Befugnis eines bauleitenden Monteurs, Lohngelder entgegenzunehmen und an die Mitglieder der Brigade auszuzahlen, keine Verwaltungsbefugnis im Sinne von § 161a StGB[156].

Mit der Variante „in sonstiger Weise Vermögensinteressen des sozialistischen Eigentums wahrzunehmen", wurden Personen erfasst, die in der Regel keine Verfügungs- oder Verwaltungsbefugnisse in Bezug auf das sozialistische Eigentum innehatten, jedoch auf Grund eines Rechtsverhältnisses, einer Vertrauensstellung oder Ähnlichem verpflichtet waren, die Vermögensinteressen des sozialistischen Eigentums wahrzunehmen bzw. zu beachten, wie Gutachter im Zusammenhang mit der Vorbereitung wirtschaftlicher Entscheidungen, Leiter von Importausschüssen, Verhandlungskollektive und Mitarbeiter im Außenhandel, Revisoren, Wäger und Bauleiter[157].

2. Tathandlung

Ein Missbrauch der Befugnisse wurde angenommen, wenn der Täter entgegen den übertragenen Rechten und Pflichten zum Schutz des sozialistischen Eigentums, zur Erhaltung seiner Substanz, zur ordnungsgemäßen Verfügung über das Eigentum oder zur Gewährleistung einer exakten Rechenschaftslegung gehandelt hatte. Der Missbrauch konnte in der bewussten Nichtwahrnahme dieser Pflichten oder Duldung durch Angriffe auf das sozialistische Eigentum durch Dritte liegen. Wenn der Täter taugliches Subjekt der Untreue war, konnte auch die Überschreitung seiner Befugnisse einen Missbrauch darstellen[158].

---

154 *Duft / Schlegel*, NJ 1975, 325; *StGB-Kommentar*, § 161a Anm. 4; *Pompoes / Wittenbeck*, OGI 1977, Heft 1, 47.

155 *Pompoes / Wittenbeck*, a.a.O.

156 *StGB-Kommentar*,§ 161a Anm. 4; *Minx / Pasler*, a.a.O., 485.

157 *StGB-Kommentar*, § 161a Anm. 5; *Minx / Pasler*, a.a.O., 485 f.; *Pompes / Wittenbeck*, a.a.O.; *Präsidium des OG*, OGI 1988, Heft 6, 15 f.

158 *StGB-Kommentar*, § 161a Anm. 6.

Falls für Mitarbeiter in der Außenwirtschaft eine betriebliche Weisung bestand, bei ihrer Tätigkeit erhaltene Geschenke an den Betrieb herauszugeben, sollte die Verletzung dieser arbeitsrechtlichen Verpflichtung den Tatbestand der Untreue erfüllen[159]. Anders als beim Treubruchstatbestand des § 266 RStGB i.V.m. § 29 StEG, wo man bei Diebstahl, Unterschlagung oder Betrug durch untreuetaugliche Täter Tateinheit angenommen hatte, wurde in der Regel die Tatbestandsmäßigkeit des § 161a StGB verneint, wenn Diebstahl oder Betrug vorlag, weil es dann an einem unmittelbaren Zusammenhang zwischen dem Befugnismissbrauch und der Erlangung der Vermögensvorteile fehle[160].

3. Schaden

Das Merkmal der Verschaffung rechtswidriger Vermögensvorteile zum Schaden des sozialistischen Eigentums machte in der Regel keine Schwierigkeiten. Eine Gefährdung des sozialistischen Eigentums wurde, anders als bei § 266 RStGB, als nicht ausreichend angesehen[161]. Auch wurde „Schaden" im allgemeinen Sinne, also im Sinne einer Schädigung der Vermögenssubstanz verstanden[162] und nicht im Sinne des wirtschaftlichen Schadens beim Vertrauensmissbrauch.

In seinem Urteil 14. Mai 1982[163] ging das Kreisgericht Halle (Ost), ohne dies ausdrücklich auszusprechen, über den allgemeinen Schadensbegriff hinaus und erstreckte ihn auf die Arbeitszeit. Der Angeklagte war Leiter der Abteilung Projektierung in einem VEB und hatte während seiner Arbeitszeit an einem Privatprojekt gearbeitet und dabei auch Mitarbeiter seiner Abteilung einbezogen. Den entstandenen Schaden berechnete das Kreisgericht durch Multiplikation der geleisteten Stunden mit einem abstrakt ermittelten Betrag für die Stundenwertigkeit.

---

159 *Präsidium des OG*, a.a.O., 16.

160 *Minx / Pasler*, NJ 1979, 486; *Biebl / Griebe*, NJ 1987, 221; *Pompoes / Wittenbeck*, OGI 1977, Heft 1, 48; OG Urteil vom 11.2.1982 – 4 OSK 2/82, OGI 1982, Heft 2, 45 ff.; *Präsidium des OG*, OGI 1984, Heft 3, 7: dort heißt es sogar generell, wenn Diebstahl oder Betrug vorliege, sei nicht wegen Untreue zu bestrafen. Dagegen verurteilte das KrG Salzwedel den Leiter einer Einmann-Konsum-Verkaufsstelle, der Waren und Geld unterschlagen hatte, wegen Untreue; Urteil vom 10.6.1976 – S 35/76, DS 76, 345 ff.; anders auch das OG auch im Urteil vom 20.9.1978 – 4 OSK 17/78, OGI 1979, Heft 1, 29 ff., trotz Bejahung der Tatbestandsvoraussetzungen des Diebstahls Bestrafung wegen Untreue.

161 *StGB-Kommentar*, § 161a Anm. 7.

162 *StGB-Kommentar*, § 159 Anm. 3: „Der Vermögensschaden ergibt sich aus der saldierten Differenz zwischen der vor und der nach dem Wirksamwerden der erschlichenen Verfügung vorhanden gewesenen Vermögenswerte."

163 KrG Halle (Ost), Urteil vom 14.5.1982 – S 31/82, OGI 1982 Heft 5, 50 ff.

VIII. Missbrauch der Datenverarbeitung

Durch das 5. StÄG wurde mit § 161b StGB ein unserem § 263a StGB vergleichbarer Tatbestand in das Gesetz eingefügt:

> „Wer auf einen Datenverarbeitungsprozeß durch mißbräuchliche Verwendung von Daten oder Programmen oder in sonstiger Weise einwirkt oder das Ergebnis eines Datenverarbeitungsprozesses beeinflußt und dadurch das sozialistische Eigentum schädigt, um sich oder anderen rechtswidrig Vermögensvorteile zum Nachteil sozialistischen Eigentums zu verschaffen, wird mit Geldstrafe, Verurteilung auf Bewährung oder mit Freiheitsstrafe bis zu zwei Jahren bestraft.
>
> Der Versuch ist strafbar."

§ 161b StGB wurde als besondere Vorschrift zum Schutz des sozialistischen Eigentums durch das 6. StÄG abgeschafft. Mit § 161b StGB sollten die unterschiedlichen Formen missbräuchlicher Einwirkung auf Datenverarbeitungsprozesse mit eigenständigem rechtswidrigem Erstreben von Vermögensvorteilen zum Nachteil sozialistischen Eigentums unter Strafe gestellt werden. Es handele sich um eine dem Betrug bzw. der Untreue verwandte Straftat[164]. § 161b StGB war nur für einen kurzen Zeitraum in Kraft. Entscheidungen dazu wurden nicht veröffentlicht.

IX. Die schweren Fälle des § 162 StGB

§ 162 StGB war ursprünglich als Verbrechenstatbestand[165] mit einer Strafdrohung von zwei bis zu zehn Jahren Freiheitsstrafe ausgestaltet. Gegenüber den schweren Fällen nach dem StEG war damit eine Heraufsetzung der Mindeststrafe von einem Jahr Zuchthaus auf zwei Jahre Gefängnis verbunden. Er enthielt anfangs einen abschließenden Katalog schwerer Fälle, der durch das 1. StÄG mit der Einfügung des Wortes „insbesondere" auf unbenannte Fälle erweitert wurde. § 162 StGB galt zunächst nur für Diebstahl und Betrug und wurde mit Einführung der Untreue und des Missbrauchs der Datenverarbeitung zum Nachteil sozialistischen Eigentums jeweils auf diese Tatbestände erweitert. Durch das 5. StÄG wurde die Mindeststrafe auf ein Jahr Freiheitsstrafe herabgesetzt. Damit war § 162 StGB kein Verbrechenstatbestand mehr. Gemäß

164 *Buchholz / Pompoes*, NJ 1989, 54.

165 § 1 Abs. 3 Satz 2 StGB: „Verbrechen sind auch andere vorsätzlich begangene gesellschaftsgefährliche Straftaten gegen die Rechte und die Interessen der Bürger, das sozialistische Eigentum oder andere Rechte und Interessen der Gesellschaft, die eine schwerwiegende Mißachtung der sozialistischen Gesetzlichkeit darstellen und für die deshalb eine Freiheitsstrafe von mindestens zwei Jahren angedroht ist oder für die innerhalb des vorgesehenen Strafrahmens im Einzelfall eine Freiheitsstrafe von über zwei Jahren ausgesprochen wird."

§ 62 Abs. 3 StGB war es möglich von der Anwendung des § 162 StGB abzusehen, obgleich seine Tatbestandsvoraussetzungen vorlagen[166, 167]. Durch das 6. StÄG wurde § 162 StGB abgeschafft.

1. Schwere Schädigung

§ 162 Abs. 1 Ziff. 1 StGB erfasste den Fall der Verursachung einer schweren Schädigung des sozialistischen Eigentums. Die Vorschrift wurde bis zu ihrer Aufhebung mit dem 6. StÄG nicht geändert.

a) Schadenshöhe

§ 162 Abs. 1 Ziff. 1 StGB knüpfte an § 30 Abs. 1 StEG an und war ebenso wenig wie diese Vorschrift besonders bestimmt. Den ersten Versuch einer Konkretisierung unternahm der Lehrkommentar. Die Höhe des materiellen Schadens sei ein wichtiges Kriterium, aber auch die ideellen Auswirkungen der Tat könnten mitbestimmend sein. Hinsichtlich der Höhe des Schadens könne die Rechtsprechungspraxis des OG zum „schweren Fall" gemäß § 30 StEG Anwendung finden, wobei die unterschiedlichen Strafuntergrenzen zu berücksichtigen seien. Ferner sei der Stand der gesellschaftlichen Entwicklung zu dem Zeitpunkt zu beachten, in dem der Schaden verursacht wurde[168].

Das OG setzte sich, soweit ersichtlich, erstmals in seinem Urteil vom 16. März 1972 mit der Frage auseinander, wann eine schwere Schädigung des sozialistischen Eigentums gegeben ist. Die Höhe des tatsächlich verursachten materiellen Schadens sei ein wichtiges Kriterium. Daneben seien die Art und Weise der Tatbegehung, die Tatmotive, der Grad der Schuld und sonstige Auswirkungen zu berücksichtigen. Bei einem durch Betrug oder Diebstahl verursachten Schaden von etwa 10.000,- M sei grundsätzlich von einer schweren Schädigung des sozialistischen Eigentums auszugehen. Bei einem Schaden in dieser Höhe müssten schon außergewöhnliche in der Art und Weise der Tatbegehung und der Person des Angeklagten liegende Umstände vorhanden sein, um die Handlung gleichwohl nicht als Verbrechen beurteilen zu können[169]. Am 3. Oktober 1973 fasste das Plenum des OG den „Beschluss zur Erhöhung

---

166 § 62 Abs. 3 StGB: „Sieht das verletzte Gesetz wegen erschwerender Umstände eine Strafverschärfung vor, ist sie nicht anzuwenden, wenn sich unter Berücksichtigung der gesamten Umstände die Schwere der Tat nicht erhöht hat."

167 *StGB-Kommentar*, § 62 Anm. 7.

168 *Lehrkommentar II*, § 162 Anm. 1.

169 OG, Urteil vom 16.3.1972 – 2 Zst 4/72, NJ 1972, 270 f.271; so auch OG, Urteil vom 26.4.1972 – 2 Zst 7/72, NJ 1972, 488 f.; *Schlegel / Wittenbeck / Etzold*, NJ 1972, 753.

der Wirksamkeit der Rechtsprechung bei Straftaten gegen das sozialistische Eigentum", der diese Wertgrenze bestätigte. Darüber hinaus sei bei allen Straftaten mit Schäden über 7.000,- M zu prüfen, ob unter Berücksichtigung der „konkreten materiellen Auswirkungen der Tat" eine schwere Schädigung des sozialistischen Eigentums eingetreten sei[170].

Dieser Beschluss wurde am 18. Dezember 1974 aufgehoben[171]. An der Orientierungsgröße von 10.000,- M änderte sich in der Folgezeit nichts mehr[172].

Nach Pompoes / Wittenbeck stellte der Betrag von 10.000,- M eine elastische Wertgrenze dar, die sowohl die Annahme eines Verbrechens sowohl bei Schäden unter 10.000,- M ermöglichte, wie die Annahme eines Vergehens bei Schäden darüber. Mit dem Begriff „etwa" sollten geringe Abweichungen von der Wertgrenze erfasst werden[173].

Hinsichtlich der weiteren materiellen Auswirkungen, die bei einem Schaden ab 7.000,- M die Annahme einer schweren Schädigung rechtfertigen konnten, wurden auf der 13. Plenartagung des OG die Zerstörung oder Beschädigung von Sicherungsanlagen, Mobiliar und anderen Gegenständen, Wiederbeschaffungskosten genannt[174]. Hingegen dürften negative Persönlichkeitsmomente[175] und ideelle Auswirkungen und Auswirkungen, die nicht das sozialistische Eigentum betreffen, sondern etwa die materielle Interessiertheit des Kollektivs, z.B. bei Verlust von Prämien, oder Auswirkungen die zu Leitungsentscheidungen hinsichtlich der Arbeitsorganisation oder Warenbereitstellung, wie Sortimentsänderungen, führten, nicht berücksichtigt werden[176]. Von einem Teilnehmer der 13. Plenartagung wurde gefordert, auch Produktionsausfall und Folgeschäden unter die „weiteren materiellen Auswirkungen" zu fassen[177].

Die Untergrenze von 7.000,- M und die weitere Berücksichtigung sonstiger „materieller Auswirkungen" gab das OG im Jahre 1977 durch einen Aufsatz

---

170 PlB 1/73 – NJ 1973, Beilage zu Heft 6.

171 I PlB 3/74, NJ 1975, 73.

172 *Pompoes / Wittenbeck*, OGI 1977, Heft 1, 49; *Keil / Wittenbeck*, NJ 1979, 298; *Minx / Pasler*, NJ 1979, 486; *Biebl*, NJ 1984, 375.

173 *Pompoes / Wittenbeck*, a.a.O.

174 *Präsidium des OG*, NJ 1975, 72.

175 BG Karl-Marx-Stadt, Urteil vom 30.1.1976 – 2 BSB 14/76, NJ 1976, 594 f.; Beckert, NJ 1976, 595 f., *Wittenbeck*, DS 1975, 34.

176 *Präsidium des OG*, NJ 1975, 72.

177 *Griebe* zitiert nach Pompoes / Wittenbeck, NJ 1975, 77; dazu auch *Wittenbeck*, DS 1975, 34.

seiner Oberrichter Pompoes und Wittenbeck auf[178]: Seien durch die Tat zugleich weitere, über die Eigentumsschädigung hinausgehende, materielle Auswirkungen verursacht worden, so sei die tateinheitliche Anwendung der Bestimmungen über die vorsätzliche Beschädigung sozialistischen Eigentums (§§ 163, 164 StGB) und die Wirtschaftsschädigung (§§ 166, 167 StGB) zu prüfen. Damit entfalle die zweite Wertgrenze von 7.000,- M, die kaum praktisch geworden sei und sich nicht bewährt habe, weil die Definition des Begriffs „weitere materielle Auswirkungen" nicht mit einer für die Praxis erforderlichen Genauigkeit und Übersichtlichkeit hätte vorgenommen werden können[179].

Teilweise lehnte das OG auch in Fällen von Schäden deutlich über 10.000,- M die Anwendung des § 162 Abs. 1 Ziff. 1 StGB ab, wenn das Handeln des Täters nicht oder nicht vorrangig auf persönliche Bereicherung zielte oder wenn sein Vorsatz auf eine nur zeitweilige Schädigung des sozialistischen Eigentums gerichtet war[180].

b) Mehrere Einzeltaten

Die Rechtsfigur des Fortsetzungszusammenhangs war mit Inkrafttreten des StGB, das im Allgemeinen Teil die Vorschriften über die Bestrafung bei mehrfacher Gesetzesverletzung komplett neu geregelt hatte, für gegenstandslos erklärt worden[181]. Daraus wurde gefolgert, dass mehrere Einzeltaten mit Schäden von jeweils unter 10.000,- M, deren Gesamtsumme diesen Betrag aber übersteige, nicht nach § 162 Abs. 1 Ziff. 1 StGB bestraft werden könnten. Dies sei unbefriedigend und nur durch Beibehaltung des Fortsetzungszusammenhangs zu lösen. Der Sache nach entspreche dies auch der gerichtlichen Praxis, die ohne Verwendung des Ausdrucks „Fortsetzungszusammenhang" bei der Anwendung des § 162 Abs. 1 Ziff. 1 StGB mehrere Einzeltaten als eine Handlung werte und die Schäden aus den Einzelakten zusammenrechne[182, 183].

---

178 *Pompoes / Wittenbeck*, OGI 1977, Heft 1, 51.

179 *Pompoes / Wittenbeck*, OGI 1977, Heft 1, 51.

180 OG, Urteil vom 21.2.1980 – 4 OSK 3/80, NJ 80, 188 f.: zeitweilige Schädigung 15.000,- M; *Biebl*, NJ 1984, 375.

181 *Heilborn / Schlegel*, NJ 1968, 456 in Wiedergabe der Auffassung „der zentralen Rechtspflegeorgane"; *Lehrkommentar I*, § 64 Anm. 8.

182 *Richter / Pauli*, NJ 1974, 175 f.

183 Tatsächlich lagen den Entscheidungen OG vom 16.3.1972 – 2 Zst 4/72, NJ 1972, 270 f. 271 und vom 26.4.1972 – 2 Zst 7/72, NJ 1972, 488 f. jeweils solche Fallgestaltungen zugrunde, ohne dass das OG auf die Frage des Fortsetzungszusammenhangs eingegangen wäre.

Dem wurde entgegengehalten, dass der Tatbestand des § 162 Abs. 1 Ziff. 1 StGB ein erfolgsqualifiziertes Delikt sei, welches auch durch mehrere Handlungen verwirklicht werden könne[184]. Dieser Auffassung folgte das OG. Erstreckten sich die Handlungen jedoch über einen Zeitraum von mehr als fünf Jahren[185], so sei im Hinblick auf Verjährung zu prüfen, ob die länger als fünf Jahre zurückliegenden einzelnen Diebstahls- oder Betrugshandlungen zusammengenommen eine schwere Schädigung der jeweiligen Eigentumsart ergeben. Nur dann könne insoweit eine Bestrafung erfolgen, vorausgesetzt, dass die Handlungen nicht länger zurückliegen als die in § 82 Abs. 1 Ziff. 4 und 5 StGB bezeichneten Fristen der Strafverfolgungsverjährung[186]. Auf der 13. Plenartagung des OG erklärte das Präsidium des OG, dass das Institut des Fortsetzungszusammenhangs mit Inkrafttreten des StGB überholt und seine Wiedereinführung zum wirksamen Schutz des sozialistischen Eigentums nicht erforderlich sei. Ein wesentlicher Gesichtspunkt der neuen Bestimmungen im StGB über mehrfache Gesetzesverletzungen bestehe darin, dass das Gericht eine Hauptstrafe auszusprechen habe, die dem Charakter und der Schwere des gesamten strafrechtlichen Handelns angemessen sei. Damit sei eines der Hauptprobleme, das auf der Grundlage des RStGB zur Einführung des Fortsetzungszusammenhangs geführt habe, durch das Gesetz gelöst worden[187].

Der Tatbestand der schweren Schädigung sozialistischen Eigentums konnte auch durch mehrere unterschiedliche „Begehungsweisen", also Diebstahl, Betrug, Untreue oder Missbrauch der Datenverarbeitung begangen werden[188].

Wenn der Täter sowohl das sozialistische Eigentum als auch das private oder persönliche Eigentum geschädigt hatte, durfte eine Addition der Schadensbeträge dagegen nicht erfolgen. Die Einschätzung als schwere Schädigung müsse für die jeweilige Eigentumsform gesondert vorgenommen werden[189].

---

184 *Thielert*, NJ 1974, 205 f.; *Bein*, NJ 1974, 236 ff. und *Orschekowski / Manecke*, NJ 1974, 302 f.

185 Gemäß § 82 Abs. 1 Ziff. 2 StGB verjährten Vergehen mit einer Strafdrohung bis zu zwei Jahren Freiheitsstrafe in fünf Jahren.

186 OG, Urteil vom 6.6.1974 – 2 Zst 20/74, NJ 1974, 471 f. Gemäß § 82 Abs. Ziff. 4 StGB betrug die Verjährungsfrist für Straftaten mit Androhung einer Freiheitsstrafe bis zu zehn Jahren fünfzehn Jahre, gemäß § 82 Abs. 1 Ziff. 5 StGB bei Androhung einer schwereren Strafe als zehn Jahren Freiheitsstrafe fünfundzwangzig Jahre.

187 *Präsidium des OG*, NJ 1975, 72.

188 *StGB-Kommentar*, § 162 Anm. 2; *Körner / Biebl*, NJ 1989, 65 – letztere allerdings explizit nur in Bezug auf Schädigungen des persönlichen oder privaten Eigentums.

189 OG, Urteil vom 17.4.1975 – 2 b Zst 9/75, NJ 1975, 517 ff.; *Minx / Pasler*, NJ 1979, 486.

Die Konstruktion eines erfolgsqualifizierten Delikts, welches durch mehrere Einzeltaten begangen werden konnte, warf die Frage auf, ob bei sehr hohen durch mehrere Einzelhandlungen verursachten Schäden die gesetzliche Strafobergrenze gemäß § 64 Abs. 3 StGB[190] überschritten werden konnte. Ein ähnliches Problem hatte sich bereits beim VESchG gestellt und das OG hatte es dort mit zwei unterschiedlichen Begriffen des Fortsetzungszusammenhangs gelöst[191]. Das OG bejahte offenbar die Anwendung des § 64 Abs. 3 StGB auch in diesen Fällen. So heißt es im Beschluss zur Erhöhung der Wirksamkeit der Rechtsprechung bei Straftaten gegen das sozialistische Eigentum vom 3. Oktober 1973, dass bei außerordentlich hohen Schäden, verursacht durch mehrere Straftaten erforderlichenfalls gemäß § 64 Abs. 3 StGB die Strafobergrenze zu überschreiten sei[192, 193]. Weiter wurde diese Frage nicht behandelt.

c) Schadensberechnung

In einem Fall von Scheckreiterei hatte das Kreisgericht die einzelnen Überziehungsbeträge zusammengerechnet und war so zu einem Schaden zum Nachteil des sozialistischen Eigentums von fast 95.000,- M gekommen. Dies erklärte das OG für unzulässig. Die Berechnungsweise des Kreisgerichts gebe keinen Aufschluss über die reale Größe des dem sozialistischen Eigentums zugefügten Schadens und damit über den materiellen Gehalt der Tat sowie über die Tatschwere. Ein wesentlicher Gesichtspunkt dabei sei, dass der Täter eine zeitweilige Schädigung des sozialistischen Eigentums beabsichtigt habe. Der Umfang des dem sozialistischen Eigentums real zugefügten zeitweiligen Schadens und des vom Täter erlangten Vermögensvorteils hänge von der Höhe und der Dauer der im Tatzeitraum durch die jeweiligen Einzelhandlungen bewirkten rechtswidrigen Kreditierung ab. Im Ergebnis kam das OG auf einen Schaden von 8.000,- M[194].

---

190 „Erfordern bei einer Verurteilung wegen mehrerer Straftaten (Tatmehrheit) der Charakter und die Schwere des gesamten strafbaren Handelns eine schwerere Freiheitsstrafe, als es die höchste Obergrenze zuläßt, kann das Gericht diese überschreiten, jedoch nicht um mehr als die Hälfte. Das gesetzliche Höchstmaß darf nicht überschritten werden.“

191 S. 4. Kap. B) III. 3.

192 NJ Beilage 6/73, 2.

193 Im Urteil vom 14.3.1974 – 2 Zst 11/74, NJ 1974, 656 f. zog das OG bei einem solchen Sachverhalt diese Argumentation allerdings nicht heran, sondern stützte die Anwendbarkeit der Höchststrafe von fünfzehn Jahren auf § 44 StGB (Rückfall).

194 OG, Urteil vom 7.3.1974 – 2 Zst 5/74, NJ 1974, 306 ff.; *Pompoes / Wittenbeck*, OGI 1977, Heft 1, 44.

War bei mehrfach begangenen Eigentumsdelikten der Vorsatz des Täters von vornherein darauf gerichtet, sich die Geldbeträge nur für kurze Zeit rechtswidrig zuzueignen, so durften bei der Feststellung des Umfangs des Schadens die entwendeten Teilbeträge nicht formal zusammengerechnet werden[195].

Entsprechend entschied das OG, wenn durch betrügerische Handlungen Kreditmittel erlangt wurden. Dann durfte die Höhe der Kreditsumme nicht mit dem eingetretenen Schaden des sozialistischen Eigentums gleichgesetzt werden, wenn nur ein zeitweiliger Entzug von Kreditmitteln eingetreten und beabsichtigt war[196].

2. Tatbegehung durch Mehrere

Gemäß § 162 Abs. 1 Ziff. 2 StGB1968 war zu bestrafen, wer die Tat als Organisator oder Beteiligter einer Gruppe ausführte, die sich unter Ausnutzung ihrer beruflichen Tätigkeit oder zur wiederholten Begehung von Straftaten gegen das Eigentum zusammengeschlossen hatte. Nach § 162 Abs. 2 StGB1968 konnte die Tat nach § 161 StGB bestraft werden, wenn die Beteiligung an der Gruppe von untergeordneter Bedeutung war. In der Fassung des Entwurfs (§ 151 StGB-E) sollte die Ziff. 2. nur für den Organisator der Gruppe gelten[197]. Mit dem 1. StÄG wurde in Abs. 2 auch die Untreue eingefügt. Durch das 3. StÄG wurde Abs. 1 Ziff. 2. geändert. Sie lautete jetzt, wer „die Tat zusammen mit anderen ausführt, die sich unter Ausnutzung ihrer beruflichen Tätigkeit oder zur wiederholten Begehung von Straftaten gegen das Eigentum zusammengeschlossen haben“[198]. In Abs. 2 wurde „Beteiligung an einer Gruppe“ durch „Tatbeteiligung nach Abs. 1 Ziffer 2“ ersetzt.

195 OG, Urteil vom 14.3.1974 – 2 Zst 12/74, NJ 1974, 372 f.: Die Angeklagte war Lohnbuchhalterin und hatte aus finanziellen Schwierigkeiten mehrmals fingierte Eintragungen auf Lohnkonten vorgenommen und sich die Gelder angeeignet, diese aber teilweise zurückgezahlt.

196 OG Urteil vom 23.1.1975 – 2a Zst 61/74, OGSt 16, 45 ff.: In diesem Fall hatten der Vorsitzende und der Hauptbuchhalter einer LPG einen Kredit von Höhe von 66.300,- M erschlichen. Das OG lehnte eine schwere Schädigung des sozialistischen Eigentums ab.

197 „wer zur Tat eine Gruppe von Personen organisierte, die sich unter Ausnutzung ihrer beruflichen Tätigkeit oder zur fortgesetzten Begehung von Straftaten gegen das Eigentum zusammengeschlossen hat.“

198 Bereits mit der Einbeziehung von Gruppenbeteiligten in den Qualifikationstatbestand gab es keinen Grund mehr, an der Differenzierung von Organisatoren und sonstigen Beteiligten festzuhalten.

In der Literatur bemühte man sich, den noch aus dem VESchG bekannten Begriff der Gruppe, den das StGB auch in anderen Vorschriften[199] wieder aufgegriffen hatte, zu präzisieren und ihn von den einfachen Beteiligungsformen des § 22 StGB abheben. So wurden sozialpsychologische Überlegungen herangezogen, die in dem Versuch mündeten, den Gruppenbegriff über neue Wortschöpfungen wie „angestrebter höherer Nutzens- und Realisierungserwartung", die das OG auch vorübergehend übernahm, einzugrenzen[200]. Ein tatsächlicher Ertrag dieser Bemühungen war allerdings nicht erkennbar. Einigkeit bestand darin, dass bereits zwei Personen eine Gruppe bilden konnten[201].

Als Organisator wurde derjenige angesehen, der eine Gruppe zur Begehung von Straftaten bildet. Die Bildung umfasse sowohl die Werbung von Mitgliedern als auch die Festlegung der Verhaltensregeln und der Zielsetzung. Organisator sei auch, wer die Tätigkeit der Gruppe plant und die Aufgaben verteilt[202]. Eine Gruppe musste aber keinen Organisator haben und konnte auch vorliegen, wenn mehrere Täter gleichberechtigt zusammenwirkten[203].

Beteiligte einer Gruppe sollten nicht nur Mittäter, sondern auch Anstifter und Gehilfen sein können[204]. Nach anderer Auffassung[205] durfte der Anstifter nicht in den Begriff der Gruppe einbezogen werden. Sei ein Anstifter als „Inspirator" in die Gruppe integriert, so werde seine Anstiftungshandlung unter dem Gesichtspunkt der Gruppenzugehörigkeit bzw. seiner Eigenschaft als Organisator konsumiert[206]. Das OG entschied, dass auch ein Gehilfe Organisator sein könne, wenn sich sein Teil an Betrugshandlungen nur als Beihilfe darstelle, er jedoch die Gruppe organisiert, die Taten geplant und die Aufgaben verteilt habe[207].

---

199 §§ 89 Abs. 2, 92 Abs. 2 und 213 Abs. 3 StGB.

200 *Lischke / Keil / Seidel / Dettenborn*, NJ 70, 17; OG Urteil vom 7.6.1972 – 2 Zst 17/72, NJ 1972, 523 f.

201 *Seidel / Lupke*, NJ 1968, 496; OG, Urteil vom 7.6.1972 – 2 Zst 17/72, NJ 1972, 523; OG, Urteil vom 28.5.1972 – 2 Zst 20/72, NJ 1972, 647 ff.

202 *Lehrkommentar II*, § 162 Anm. 4; *Schlegel / Wittenbeck / Etzold*, NJ 1972, 753.

203 Vgl. OG Urteil vom 5.12.1973 – 2 Zst 39/73, NJ 74, 86 f.

204 *Lehrkommentar II*, § 162 Anm. 5; *Schlegel / Wittenbeck / Etzold*, a.a.O.; *Rommel*, NJ 1973, 474.

205 *Seide / Lupke*, a.a.O., 497 f. unter Bezugnahme auf die Ausführungen von *Römer / Schwarz*, StuR 1956, 381 zum VESchG.

206 *Seidel / Lupke*, a.a.O., 498.

207 OG, Urteil vom 28.6.1972 – 2 Zst 20/72, NJ 1972, 647 ff.

Die Beschränkung des Gruppenbegriffs auf Mittäter unter dem Gesichtspunkt, dass sich das Merkmal „Ausführung“ in § 22 StGB gerade nur auf Täter und Mittäter, nicht aber auf Anstifter und Gehilfen bezieht[208], wurde, anders als beim Rückfall gemäß § 162 Abs. 1 Ziff. 4 StGB[209], nicht in Erwägung gezogen.

In subjektiver Hinsicht war erforderlich, dass der Einzelne Kenntnis davon hatte, im Verband mit mehreren tätig zu werden und den gemeinsamen Plan in seinen groben Umrissen kannte. Dabei musste er auch wissen, dass sein eigener Tatbeitrag Teil des Gesamtplans war[210]. Gefordert wurde die Verständigung und das Vorgehen der Gruppenmitglieder nach einem gemeinsamen Plan, wobei die Verständigung auch konkludent erfolgen könne[211].

Bei Mittäterschaft sollte nicht zwangsläufig eine Gruppe vorliegen[212], was aber im Hinblick auf die aufgestellten Kriterien praktisch kaum vorstellbar ist. Der Gehilfe, der mit einem mit der Gruppe abgestimmten Tatbeitrag tätig wurde, wurde als Täter einer Gruppenstraftat gemäß § 162 Abs. 1 Ziff. 2 StGB bestraft[213]. Wusste der Gehilfe hingegen nicht, dass die Straftat von mehreren gemeinsam in Gruppenform begangen wurde, wurde er nur wegen Beihilfe nach § 22 StGB bestraft[214].

Für die Bejahung der Variante, „Ausnutzung ihrer beruflichen Tätigkeit“ genügte, wie sich aus dem Gesetzeswortlaut ergibt, bereits eine Tat. Die Ausnutzung der beruflichen Tätigkeit musste durch mindestens zwei Personen erfolgen. Beide mussten ihre berufliche Tätigkeit ausnutzen[215]. Zugehörigkeit

---

208 § 22 **(I)** „Als Täter ist strafrechtlich verantwortlich, wer eine Straftat selbst ausführt oder wer sie durch einen anderen, der für diese Tat selbst nicht verantwortlich ist, ausführen lässt.“ **(II)** „Als Teilnehmer an einer Straftat ist strafrechtlich verantwortlich, wer 1.vorsätzlich einen anderen zu der begangenen Straftat bestimmt (Anstiftung); 2. gemeinschaftlich mit anderen eine vorsätzliche Straftat ausführt (Mittäterschaft); 3. vorsätzlich einem anderen zu der begangenen Straftat Hilfe leistet oder wer dem Täter nach derTatausführung vorher zugesagte Hilfe leistet (Beihilfe).“

209 Im einzelnen s.u. 7. Kap. B) IX. 4. a).

210 *Seidel / Lupke*, a.a.O., 498.

211 *Schlegel / Wittenbeck / Etzold*, a.a.O.; OG, Urteil vom 12.7.1972 – 2 Zst 25/72, NJ 1973, 22 f.; *Rommel*, a.a.O.; BG Gera, Urteil vom 23.5.1972 – 2 BSB 82/72, NJ 1973, 548; OG, Beschluss 3.10.1973 – PlB 1/73 Beilage 6/73, II.1.1.2.

212 *Seidel / Lupke*, a.a.O.

213 *Seidel / Lupke*, NJ 1968, 498.

214 *Seidel / Lupke*, a.a.O.; *Lischke / Keil / Seidel / Dettenborn*, NJ 70, 19; OG, Urteil vom 28.6.1972 – 2 Zst 20/72, NJ 1972, 647 ff.

215 *Schlegel / Wittenbeck / Etzold*, NJ 72, 753; *Rommel*, NJ 1973, 474.

zum selben Betrieb war nicht erforderlich[216]; es mussten aber die konkreten beruflichen Aufgaben betroffen sein. Deshalb sollte es nicht genügen, wenn ein Angestellter dem Dieb beim Aufladen der Diebesbeute half[217]. Wer ohne Ausnutzung seiner beruflichen Tätigkeit einer Gruppe von Personen, die dieses Merkmal erfüllten, half, war nach § 162 Abs. 1 Ziff. 2 StGB zu bestrafen[218].

In den entsprechenden Fällen des § 165 StGB war es nicht erforderlich, dass alle Beteiligten die Subjekteigenschaft des § 165 StGB hatten[219].

Die Variante „zur wiederholten Begehung von Straftaten gegen das Eigentum" bereitete keine Schwierigkeiten. Mit „Eigentum" war nicht nur das sozialistische Eigentum, sondern auch das persönliche und private Eigentum gemeint[220]. Die Mitglieder der Gruppe mussten mit Wiederholungsvorsatz handeln. Allein die mehrfache Begehung von Diebstahl oder Betrug durch zwei oder mehr Beteiligte, ohne dass der Zusammenschluss mit dem Ziel der wiederholten Tatbegehung erfolgte, genügte nicht[221].

Im Schulungsmaterial zum 3. StÄG erläuterte das OG die Aufgabe des Gruppenbegriffs wortreich, aber substanzlos[222]. Abweichungen zur bis dahin praktizierten Rechtsanwendung sind nicht ersichtlich. Dabei hätte der neue

---

216 *Minx / Pasler*, NJ 1979, 486.

217 *Rommel*, a.a.O.

218 *Rommel*, a.a.O.

219 *StGB-Kommentar*, § 165 Anm. 7.

220 *Lehrkommentar II*, § 162 Anm. 3.

221 OG, Urteil vom 12.7.1972 – 2 Zst 25/72, NJ 1973, 22 f.

222 „Diese Änderung ergibt sich aus dem Anliegen des Gesetzes, in den einzelnen Tatbeständen des besonderen Teils des StGB die Formen des Zusammenwirkens mehrerer Straftäter entsprechend ihren differenzierten Erscheinungsformen tatbestandsspezifischer darzustellen. Das Zusammenwirken mehrerer Personen bei der Ausführung von Eigentumsstraftaten wirkt auch künftig erst straferschwerend, wenn es unter Ausnutzung beruflicher Tätigkeit oder mit dem Ziel erfolgt, wiederholt Straftaten gegen das Eigentum zu begehen. Die Ausführungen der Eigentumsstraftaten 'zusammen mit anderen' vollzieht sich in den Teilnahmeformen des § 22 StGB. Der Tatbestand ist erfüllt, wenn die Beteiligten in Kenntnis der Zielsetzung (Angriff gegen das Eigentum) und der Bedingung bzw. des Grundes ihres Zusammenwirkens (Ausnutzung beruflicher Tätigkeit bzw. zur wiederholten Tatbegehung) handeln. Die konkrete Art des Zusammenwirkens der Beteiligten wird überwiegend entweder durch die Ausnutzung der Berufstätigkeit oder durch andere Formen arbeitsteiligen Vorgehens bestimmt [...]. Damit gehen diese Formen der Ausführung der Straftaten 'zusammen mit anderen' insbesondere einer abgestimmten Beihilfe sowohl von ihrer Einordnung in die strafbare Handlung als auch von ihrem konkreten Realisierungsbeitrag über die einfache Beihilfe zur Eigentumsstraftat hinaus und alle Beteiligten eines solchen verbrecherischen Zusammenwirkens sind als Täter strafrechtlich zur Verantwortung zu ziehen." (Ohne *Verfasserangabe*, OGI Sonderdruck, Juni 1979, 50).

Gesetzeswortlaut „zusammen mit *anderen*“ dazu zwingen müssen, § 162 Abs. 1 Ziff. 3 StGB nur noch auf Zusammenschlüsse von mindestens drei Personen anzuwenden. Dennoch blieb auch insoweit alles beim Alten[223].

In seinem ersten veröffentlichten Urteil zum geänderten § 162 Abs. 1 Ziff. 2 StGB1979 blieb das OG dabei, dass mehrere Beteiligte der Gruppe ihre berufliche Tätigkeit ausgenutzt haben mussten[224]. Später vertrat es die Auffassung, dass die Ausnutzung der beruflichen Tätigkeit *eines* der am Zusammenschluss Beteiligten ausreiche[225], womit der Rahmen des möglichen Wortsinnes überschritten wurde.

In einem obiter dictum erweiterte das OG in seinem Urteil vom 23. Dezember 1980 den Anwendungsbereich des § 162 Abs. 1 Ziff. 2 StGB in der Variante der Ausnutzung beruflicher Tätigkeit in Überschreitung des möglichen Wortsinns auf die Ausnutzung beruflicher Kenntnisse und Fertigkeiten[226].

Da die Erfüllung der Tatbestandsmerkmale des § 162 Abs. 1 Ziffer 2 StGB auch bei ansonsten geringer Tatschwere zur Bejahung eines Verbrechens führte, wurde offenbar häufig auf § 62 Abs. 3 StGB zurückgegriffen. Dafür spricht jedenfalls die hohe Zahl entsprechender veröffentlichter Entscheidungen des OG[227].

Untergeordnete Bedeutung eines Beteiligten wurde angenommen, wenn der Tatbeitrag des Einzelnen von nicht erheblicher Schwere war und sich im Hinblick auf den körperlichen und geistigen Aufwand oder auch in seinen Auswirkungen deutlich von den Tatbeiträgen der Übrigen unterschied und im Verhältnis zur gesamten Gruppenstraftat für sich genommen geringfügig war[228].

---

223 OG, Urteil vom 12.5.1980 – 4 OSK 12/80, OGI 1980 Heft 5/80, 37: Anwendung des § 162 Abs. 1 Ziff. 2 StGB auf einen Zusammenschluss von zwei Personen. Darauf, dass dem der Wortsinn des Gesetzes entgegenstehen könnte, geht das OG nicht ein.

224 OG, Urteil vom 23.12.1980 – 4 OSB 6/80, OGI 1981, Heft 2, 35 ff.

225 *Präsidium des OG*, OGI 1984, Heft 3, 11.; so auch *Biebl*, DS 1984, 108.

226 OG, Urteil vom 23.12.1980 – 4 OSB 6/80, OGI 1982, Heft 2, 39.

227 OG, Urteil vom 5.12.1973 – 2 Zst 39/74, NJ 1974, 86; OG, Urteil vom 19.12.1973 – 2 Zst 44/73, NJ 1974, 120; OG, Urteil vom 21.3.1974 – 2 Zt 13/74, NJ 1974, 373; OG, Urteil vom 11.9.1975, NJ 1976, 27 f.

228 *Pompoes / Wittenbeck*, OGI 1977, Heft 1, 52.

3. Wiederholt mit großer Intensität bzw. mit besonders großer Intensität

Nach der ursprünglichen Fassung lag der schwere Fall des § 162 Abs. 1 Ziff. 3 StGB vor, wenn der Täter wiederholt mit großer Intensität gehandelt hatte. Mit dem 1. StÄG wurde ein weiteres Erfordernis eingefügt. Nunmehr musste der Täter wiederholt mit *besonders* großer Intensität gehandelt haben. Dies hatte folgenden Hintergrund: Bei der wiederholten Begehung von kleineren Diebstählen und Betrugstaten, die das Merkmal der großen Intensität erfüllten, wurde von den Gerichten häufig von der außergewöhnlichen Strafmilderung des § 62 Abs. 3 StGB Gebrauch gemacht[229]. Dies wurde als unbefriedigend angesehen[230]. Deshalb wurden in § 162 Abs. 1 Ziff. 3. die Anforderungen an die große Intensität mit der Einfügung des Wortes „besonders“ erhöht.

a) Große Intensität (StGB 1968)

Der Begriff der großen Intensität ist bereits zu § 161 StGB erläutert worden. Es war unzulässig, die „große Intensität“ auf das Merkmal „wiederholt“ zu beziehen. Allein die intensive Wiederholung von Straftaten sei nicht ausreichend. Bei den Einzeltaten müsse es sich vielmehr um solche handeln, die für sich genommen das Merkmal der „großen Intensität“ erfüllten[231].

Auch bei mehreren Straftaten gegen sozialistisches und persönliches Eigentum wandte das OG, anders als bei § 162 Abs. 1 Ziff. 1 StGB, § 162 Abs. 1 Ziff. 3 StGB an, weil das erschwerende Merkmal „mit großer Intensität“ sowohl in § 162 Abs. 1 Ziff. 3 StGB als auch in § 181 Abs. 1 Ziff. 3 StGB enthalten sei, die Strafdrohung in beiden Tatbeständen gleiche Sanktionen vorsehe, der

---

229 Beispiel: OG, Urteil vom 28.11.1973 – 2 Zst 37/73, DS 1974, 104 f.: Es ging um mehrere Diebstähle für die jeweils das Merkmal der großen Intensität erfüllt war. Die entwendeten Gegenstände waren von geringem Wert, die Wegnahme war nur durch Mittäter erfolgt. Bei dem Angeklagten lag keine verfestigte negative Einstellung zum sozialistischen Eigentum vor. Die Initiative ging nicht vom Angeklagten aus.

230 Keinesfalls dürften die Anforderungen so weit gefasst werden, dass in der Mehrzahl der wiederholten Begehungen eine Bestrafung wegen verbrecherischen Diebstahls erfolge, gleichzeitig aber über die außergewöhnliche Strafmilderung des § 62 Abs. 3 StGB eine Freiheitsstrafe unter zwei Jahren ausgesprochen werde. Es sei daher zu überlegen, den Begriff der großen Intensität in § 161 StGB anders zu definieren als in § 162 StGB (*Toeplitz*, NJ 1972, 745; *Schlegel / Wittenbeck / Etzold*, NJ 1972, 752).

231 BG Erfurt, Urteil vom 19.9.1969 – 2 BSB 181/69, NJ 1970, 657 f.; OG, Urteil vom 19.4.1973 – 2 ZMSt 1/73, NJ 1973, 329 f.; OG, Urteil vom 25.4.1973 – 2 Zst 2/73, OGSt. 15, 17 ff.; OG, Urteil vom 7.11.1973 – 2 Zst 33/74, NJ 1974, 54 ff.; OG, Urteil vom 17.4.1975 – 2 b Zst 9/75, NJ 1975, 517 ff.; zum Merkmal wiederholt mit besonders großer Intensität: BG Karl-Marx-Stadt, Urteil vom 30.1.1976 – 2 BSB 14/76, NJ 1976, 594 f.; OG, Urteil vom 19.12.1986 – 4 OSK 14/86, NJ 1988, 258 f.

Erschwerungsgrund in der wiederholten Tatbegehung liege und verwies schließlich auf § 63 StGB[232].

Der Wortlaut des § 162 StGB gibt für die Auslegung durch das OG nichts her. Aus der Überschrift des § 162 StGB ergibt sich, dass nur Taten zum Nachteil des sozialistischen Eigentums berücksichtigt werden durften. § 63 StGB ist zum vorliegenden Problem unergiebig[233]. Soweit das OG auf die Identität der Erschwerungsgründe und Sanktionen in den §§ 162 Abs. 1 Ziff. 3 und 181 Abs. 1 Ziff. 3 StGB hinweist, ist das ein Argument für eine (unzulässige) Analogie.

Lag die Tat von der Schadenshöhe her im Verfehlungsbereich und stellte sie sich nur deshalb als Vergehen dar, weil sie mit großer Intensität begangen worden war, durfte § 162 Abs. 1 Ziff. 3 StGB wegen des Verbots der doppelten Erschwerung nicht angewendet werden[234].

b) Besonders große Intensität (StGB 1974)

Für die „besonders große Intensität“ wurde gegenüber der „großen Intensität“ ein erheblicherer Aufwand an Mitteln und Methoden bei der Tatbegehung verlangt. Besonders große Intensität sei gegeben, wenn die Tat mit einem besonders hohen Aufwand an körperlicher Gewalt oder geistigen Hilfsmitteln ausgeführt wurde[235]. Die Gewalt müsse über den normalen körperlichen Einsatz hinausgehen und könne sich in Brutalität oder der Zerstörung des Hindernisses äußern. Das Zerschlagen von Fensterscheiben, Abreißen von Zaunlatten, Eindrücken einer Tür mit Schädigungen des Schlosses oder des Türrahmens sei nicht ausreichend[236]. Auch die Verwendung von Hilfsmitteln sollte für sich genommen noch keinen Fall der besonders großen Intensität begründen. So sei das Durchtrennen von Schlössern oder Haspen mit einem

---

232 OG, Urteil vom 12.7.1972 – 2 Zst 26/72, NJ 1972, 649 f.; zustimmend *Minx / Pasler*, NJ 1979, 487.

233 § 63 StGB: **(I)** „Bei mehrfacher Gesetzesverletzung sind alle Strafrechtsnormen anzuwenden, die den Charakter und die Schwere des gesamten strafbaren Handelns kennzeichnen.“ **(II)** „Eine mehrfache Gesetzesverletzung liegt vor, wenn der Täter durch eine Tat zugleich mehrere Strafrechtsnormen (Tateinheit) oder durch mehrere Taten verschiedene Strafrechtsnormen oder dieselbe Strafrechtsnorm mehrfach verletzt (Tatmehrheit).“

234 § 61 Abs. 3 StGB: „Legt das verletzte Gesetz fest, daß bestimmte Umstände die strafrechtliche Verantwortlichkeit begründen, mindern oder erhöhen, darf das Vorliegen eines solchen Umstandes nicht noch strafmildernd oder straferschwerend berücksichtigt werden.“; OG, Urteil vom 26.7.1972 – 2 Zst 32/72, NJ 1972, 651 ff.

235 OG, Urteil vom 17.4.1975 – 2 b Zst 9/75, NJ 1975, 517 ff.

236 *Beckert*, NJ 1976, 595 f.

Bolzenschneider nicht ausreichend, es sei denn die aufgewandte Energie war besonders groß[237]. Ebenso wurde das relativ einfache Öffnen einer Tür mit Sperrhaken oder Dietrich bei einem unkomplizierten Schloss für nicht ausreichend befunden, um einen Fall der besonders großen Intensität zu begründen[238]. Bei der Verwendung von Nachschlüsseln oder Dietrichen, die als Spezialwerkzeuge anzusehen waren und deren Beschaffung und Gebrauch bestimmte Fähigkeiten voraussetzte, wurde besonders große Intensität angenommen[239]. Wurden bei der Tat Werkzeuge benutzt, die den erheblichen Aufwand an körperlicher Gewalt verstärkten oder ihn ersetzten, so wurde ebenfalls besonders große Intensität bejaht[240]. Hatte der Täter mehrere Sicherungsanlagen überwunden, um an die Diebesbeute zu gelangen, und wiesen die Einzelaktionen isoliert betrachtet jeweils keine besonders große Intensität auf, so konnten sie nach der Rechtsprechung zusammengenommen das Merkmal der großen Intensität erfüllen[241].

Im Falle eines Betrugs bejahte das Stadtgericht Berlin besonders große Intensität, weil der Täter zur Tatbegehung besondere Kenntnisse, Fähigkeiten und Möglichkeiten eingesetzt hatte.

Der Angeklagte war in einem VEB in der Datenverarbeitung tätig und hatte die Buchungsanlage so manipuliert, dass über 60.000,- M auf sein Privatkonto überwiesen wurden. Bei Eigentumsstraftaten sei die Art und Weise der Sicherung des Eigentums von Bedeutung. Deshalb sei die Intensität der gegen das sozialistische Eigentum gerichteten Straftaten stets nicht nur ausgehend von dem für die Überwindung der Eigentumssicherung erforderlichen physischen Aufwand, sondern gleichermaßen unter dem Aspekt zu prüfen, welche Kenntnisse, Fähigkeiten und Möglichkeiten der Täter eingesetzt und genutzt habe, um sein gegen das sozialistische Eigentum gerichtetes

---

237 OG, Urteil vom 17.4.1975 – 2 b Zst 9/75, NJ 1975, 517 ff.

238 OG, Urteil vom 17.4.1975 – 2 b Zst 9/75, NJ 1975, 517 ff.; OG, Urteil vom 19.12.1986 – 4 OSK 14/86, NJ 1988, 258 f.

239 OG, Urteil vom 17.4.1975 – 2 b Zst 9/75, NJ 1975, 517 ff.; *Beckert*, NJ 1976, 594, f.; OG, Urteil vom 19.12.1986 – 4 OSK 14/86, NJ 1988, 258 f.; OG, Urteil vom 19.12.1986 – 4 OSK 14/86, NJ 1988, 258 f.; dagegen sollte in der Anfertigung von Nachschlüsseln für Postschließfächer keine besonders große Intensität liegen, weil es sich um eine relativ einfache Handwerksarbeit handele, die keiner besonderen Spezialkenntnisse bedürfe: *Biebl / Griebe*, NJ 1988, 277.

240 BG Karl-Marx-Stadt, Urteil vom 30.1.1976 – 2 BSB 14/76, NJ 1976, 594 f.: Verwendung einer Eisenstange, um die Tür eines stabilen Tresors zu verbiegen; *Beckert*, NJ 1976, 594: Verwendung grober Hilfsmittel wie Hammer, Meißel oder Brecheisen; OG, Urteil vom 19.12.1986 – 4 OSK 14/86, NJ 1988, 258 f.: Kuhfuß; *Minx / Pasler*, NJ 1979, 487: Schneidbrenner, Bohrmaschinen, chemische Mittel

241 BG Karl-Marx-Stadt, Urteil vom 30.1.1976 – 2 BSB 14/76, NJ 1976, 594 f.: Einschlagen eines Fensters, um in ein Gebäude einzudringen und gewaltsames Öffnen von Flur- und Schranktüren und Kassetten; OG, Urteil vom 6.4.1977 – 2a OSK 5/77, NJ 77, 378 ff.

Vorhaben zu realisieren. Der Grad der Intensität könne nicht allein nach dem konkreten Aufwand beurteilt werden. Relevant dafür seien vielmehr auch die in der Berufsausbildung und –ausübung sowie die im Zusammenhang mit der Wahrnehmung bestimmter Funktionen erworbenen Kenntnisse, Fähigkeiten, Fertigkeiten und Möglichkeiten, die dem Täter die Begehung der Straftat maßgeblich erleichtern[242].

Die Fälschung von Auszahlungsanweisungen zur Verdeckung von Unterschlagungen wurde für die Annahme einer besonders großen Intensität für nicht ausreichend befunden[243].

4. *Rückfall*

Gemäß § 162 Abs. 1 Ziff. 4 StGB1968 lag ein schwerer Fall vor, wenn der Täter die Tat ausführte, obwohl er bereits zweimal wegen Diebstahls oder Betruges zum Nachteil sozialistischen Eigentums oder persönlichen oder privaten Eigentums oder Hehlerei oder einmal wegen Raubes oder Erpressung mit Freiheitsstrafe bestraft war. Im Entwurf war der Rückfall etwas anders formuliert (§ 151 Abs. 1 Ziff. 3 StGB-E). Die einmalige Vorbestraftheit wegen Hehlerei sollte genügen.

Durch das 5. StÄG wurde § 162 Abs. 1 Ziff. 4 StGB aufgehoben, wobei dem Gesetzgeber ein Formfehler unterlief. Im Änderungsgesetz selbst steht zu der Ziff. 4 nichts, danach war sie also beizubehalten[244]. Dagegen kam sie in der Bekanntmachung der Neufassung des StGB nicht mehr vor[245]. Die Aufhebung der Ziff. 4 war im Zuge der Änderung der Rückfallvorschriften im Allgemeinen Teil des StGB gewollt[246] und im Änderungsgesetz offenbar aufgrund eines Redaktionsversehens unterblieben.

a) Anwendbarkeit auf Anstifter und Gehilfen

Im Lehrbuch zum Allgemeinen Teil des Strafrechts von 1976 wurde zur Erläuterung einer unzulässigen Analogie § 162 Abs. 1 Ziff. 4 StGB herangezogen. Da es dort heiße „wer die Tat ausführt […]" dürfe die Vorschrift nicht auf Gehilfen oder Anstifter angewendet werden. Der Begriff „Tatausführung"

242 Stadtgericht Berlin, Urteil vom 2.2.1978 – 104 BSB 8/78, NJ 1978, 365 f. mit zustimmender Anmerkung von *Beckert*.

243 *Biebl / Griebe*, NJ 1988, 278.

244 GBl. I 1988, 339.

245 GBl. I 1989, 60.

246 *Dähn / Buske / Biebl* führen dazu aus, mit der neuen Rückfallregelung in § 44 Abs. 1 StGB sei es möglich und notwendig geworden, eine Reihe spezieller Rückfallregelungen ersatzlos zu streichen. Dies betreffe u.a. § 162 Abs. 1 Ziff. 4 StGB *(Dähn / Buske / Biebl*, NJ 1989, 96).

habe einen durch § 22 Abs. 1 und 2 StGB[247] gesetzlich klar bestimmten Inhalt. Die klare und eindeutige gesetzliche Regelung verbiete eine an kriminalpolitischen Erwägungen orientierte Ausdehnung auf Gehilfen und Anstifter[248]. Dem widersprachen Keil / Pompoes für die Gruppentaten des § 162 Abs. 1 Ziff. 2 StGB, die auch von Teilnehmern begangen werden könnten[249], ohne in Erwägung zu ziehen, dass bereits die Erstreckung des Gruppenbegriffs auf Gehilfen und Anstifter Analogie sein könnte[250]. Noch weiter gingen Uhlmann / Klepzig: Das gesetzliche Tatbestandsmerkmal „wer die Tat ausführt […]" sei unbeachtlich. Die vom Lehrbuch vorgenommene Auslegung stehe den Aufgaben und Zielen des sozialistischen Strafrechts, insbesondere unter dem Gesichtspunkt der wirksamen Bekämpfung der Rückfallkriminalität, entgegen. Die richtige Anwendung der Rückfallbestimmungen bei Anstiftung und Beihilfe könne nur unter Berücksichtigung der Teilnahmeregelung in § 22 StGB, insbesondere § 22 Abs. 5 StGB, erfolgen[251, 252].

Aus dem Verbot der doppelten Strafverschärfung des § 61 Abs. 3 StGB[253] wurde gefolgert, dass die Anwendung des § 164 Abs. 1 Ziff. 4 StGB unzulässig war, wenn die Tat von ihrer materiellen Schwere her im Verfehlungsbereich lag und nur aufgrund des Umstands der Vorbestraftheit eine Verfehlung zu verneinen war[254]. Wenn sie aber aufgrund weiterer Merkmale des § 161 StGB wie große Intensität oder grobe Missachtung der Vertrauensstellung nicht als Verfehlung gewertet werden konnte, dann war auch hier § 162 Abs. 1 Ziff. 4 StGB anzuwenden[255].

Als Vorstrafen durften nur solche Strafen berücksichtigt werden, die noch nicht im Strafregister gelöscht waren bzw. die nicht tilgungsreif waren[256].

---

247 S. 7. Kap. Fn. 208.

248 *Lehrbuch AT 1976*, S. 150 f.; s. 7. Kap. B) IX. 2.

249 *Keil / Pompoes*, NJ 1977, 167.

250 S. 7. Kap. B) IX. 2.

251 *Uhlmann / Klepzig*, NJ 1980, 329 f.

252 § 22 Abs. 5 StGB: „Bestimmt das Gesetz, daß besondere persönliche Umstände die strafrechtliche Verantwortlichkeit erhöhen, vermindern oder ausschließen, gilt das nur für den Täter oder Teilnehmer, bei dem diese Umstände vorliegen."

253 S. 7. Kap. Fn. 234.

254 *Schlegel / Wittenbeck / Etzold*, NJ 1972, 754; OG, Urteil vom 1.7.1976 – 2a OSK 11/76, NJ 1976, 653 f.

255 *Schlegel / Wittenbeck / Etzold*, a.a.O.

256 *Lehrkommentar I*, § 44 Anm. 4.

b) Verhältnis zu den allgemeinen Rückfallvorschriften

Kompliziert wurde die Rechtsanwendung dadurch, dass der Allgemeine Teil mit § 44 StGB ebenfalls eine Rückfallregelung enthielt[257].

§ 44 Abs. 1 StGB1968 setzte zweimalige Vorbestraftheit wegen eines Verbrechens u.a. gegen das sozialistische, persönliche oder private Eigentum voraus. Bei erneuter Begehung eines derartigen Verbrechens oder vorsätzlichen Vergehens war bei einem Verbrechen auf Freiheitsstrafe nicht unter fünf Jahren, bei einem Vergehen auf Freiheitsstrafe von drei bis zehn Jahren zu erkennen. Weiter war erforderlich, dass der Charakter und die Schwere der gesamten strafbaren Handlung sowie die Persönlichkeit des Täters eine besonders nachhaltige Bestrafung erforderten. Im Hinblick auf das letztgenannte (materielle) Merkmal untersagte das OG die gleichzeitige Anwendung der außergewöhnlichen Strafmilderung gemäß § 62 Abs. 3 StGB[258], was nicht zu beanstanden ist[259]. Hatte sich nämlich durch erschwerende Umstände, hier die formellen Voraussetzungen des Rückfalls (zweimalige Vorbestraftheit und Wiederholungstat) die Schwere der Tat nicht erhöht (§ 63 Abs. 3 StGB), dann konnte nicht zugleich das materielle Merkmal des § 44 Abs. 1 StGB vorliegen.

Durch das 1. StÄG wurde § 44 StGB komplett neu gefasst und verschärft[260]. Das materielle Merkmal fiel weg. Die Vorschrift erfasste als jetzt auch Vorverurteilungen mit Freiheitsstrafe wegen Vergehen. Bei Verbrechen war nur eine Vorverurteilung erforderlich. Bei Vorverurteilung wegen Verbrechen und

---

257 § 44 StGB1968: **(I)** „Wer wegen Verbrechens gegen die Persönlichkeit, Jugend und Familie, das sozialistische, persönliche oder private Eigentum, die allgemeine Sicherheit oder die staatliche Ordnung bereits zweimal bestraft ist, wird, wenn er erneut ein derartiges Verbrechen oder vorsätzliches Vergehen begeht und der Charakter und die Schwere der gesamten strafbaren Handlung sowie die Persönlichkeit des Täters eine besonders nachhaltige Bestrafung erfordern, bei einem Verbrechen mit Freiheitsstrafe nicht unter fünf Jahren, bei einem Vergehen mit Freiheitsstrafe von drei bis zehn Jahren bestraft.“ **(II)** „Absatz 1 findet keine Anwendung, wenn bereits das verletzte Gesetz eine höhere Mindeststrafe vorsieht.“

258 Beschluss vom 3.10.1973 – PlB 1/73 I. 2. NJ Beilage 6/73, I. 2., S. 2.

259 Kritisch *Mäder*, Rückfall a.a.O., S. 159.

260 § 44 StGB1974: **(I)** „Wer wegen vorsätzlicher Vergehen bereits zweimal mit Freiheitsstrafe oder Arbeitserziehung oder wegen eines Verbrechens bestraft ist, wird, wenn er erneut eine vorsätzliche Straftat begeht, mit Freiheitsstrafe von einem Jahr bis zu fünf Jahren bestraft, soweit für diese Tat auch Freiheitsstrafe angedroht ist und das verletzte Gesetz keine höheren Strafen vorsieht.“ **(II)** „Wer bereits wegen eines Verbrechens gegen die Persönlichkeit, Jugend und Familie, das sozialistische, persönliche oder private Eigentum, die Volkswirtschaft, die allgemeine Sicherheit oder die staatliche Ordnung bestraft ist, wird, wenn er erneut ein derartiges Verbrechen begeht, mit Freiheitsstrafe nicht unter drei Jahren bestraft, soweit das verletzte Gesetz keine höhere Mindeststrafe vorsieht.“

Begehung eines erneuten Verbrechens wurde die Mindeststrafe allerdings auf drei Jahre herabgesetzt (§ 44 Abs. 2 StGB1974). Wegen des Wegfalls des materiellen Merkmals ließ das OG die außergewöhnliche Strafmilderung des § 62 Abs. 3 StGB jetzt zu[261].

Durch das 3. StÄG wurde Abs. 2 neu gefasst. Jetzt kam es nicht mehr auf die einschlägige Vorbestraftheit an[262].

Kriminalpolitisch stand hinter den ständigen Verschärfungen der allgemeinen Rückfallvorschriften die Vorstellung, dass bei Rückfalltätern harte Bestrafungen erforderlich seien[263]. Ein Wandel dieser Entwicklung erfolgte mit dem 5. StÄG. Die Anwendung des § 44 Abs. 1 StGB setzte jetzt voraus, dass die objektiven und subjektiven Umstände der Tat erkennen ließen, dass der Täter aus bisherigen Strafen keine Lehren gezogen hatte und deshalb eine nachhaltige Bestrafung erforderlich war. Durch einen neuen Abs. 3 wurde die Anwendung der Rückfallvorschriften bei Vergehen auf Jugendliche ausgeschlossen[264].

Beim Rückfall war sowohl § 44 StGB als auch § 162 Abs. 1 Ziff. 4 StGB zu prüfen und die jeweils strengste Rückfallvorschrift anzuwenden[265].

In einem zweiten Kassationsurteil nahm das Präsidium des OG grundsätzlich zum Verhältnis von § 162 Abs. 1 Ziff. 4 StGB zu § 44 StGB1968 Stellung und hob ein zuvor ergangenes Kassationsurteil des 2. Strafsenats, der die §§ 44 und 162 Abs. 1 Ziff. 4 StGB nebeneinander angewendet hatte, auf. Der 2. Senat hatte in dem Rückfalldiebstahl des Angeklagten ein Verbrechen gemäß § 162 Abs. 1 Ziff. 4 StGB gesehen und deswegen § 44 Abs. 1 StGB in der Verbrechensvariante angewendet. Dies erklärte das Präsidium des OG für unzulässig, weil damit eine unzulässige doppelte Strafverschärfung erfolgen würde. Sei

---

261 OG, Urteil vom 15.7.1976 – 2b OSK 18/76, NJ 1976, 528 f.

262 „Wer bereits wegen eines Verbrechens bestraft ist, wird, wenn er erneut ein Verbrechen begeht, mit Freiheitsstrafe nicht unter drei Jahren bestraft, soweit das verletzte Gesetz keine höhere Mindeststrafe vorsieht."

263 *Mäder*, a.a.O., S. 162.

264 § 44 Abs. 1 StGB1988: „Wer wegen vorsätzlicher Vergehen bereits zweimal mit Freiheitsstrafe oder wegen eines Verbrechens bestraft ist und erneut eine vorsätzliche Straftat begeht, wird, wenn die objektiven und subjektiven Umstände der Tat erkennen lassen, dass er aus bisherigen Strafen keine Lehren gezogen hat, und deshalb eine nachhaltige Bestrafung erforderlich ist, mit Freiheitsstrafe von einem Jahr bis zu fünf Jahren bestraft, soweit für diese Tat auch Freiheitsstrafe angedroht ist und das verletzte Gesetz keine höhere Strafe vorsieht." § 44 Abs. 3 StGB1988: „Eine Bestrafung wegen eines im jugendlichen Alter begangenen Vergehens begründet keine Strafverschärfung wegen Rückfalls."

265 OG, Urteil vom 15.7.1976 – 2b OSK 18/76, NJ 1976, 528; *Pompoes / Wittenbeck*, OGI 1977, Heft 1, 56 f.; *Präsidium des OG*, OGI 1984, Heft 3, 14 f.

der Täter zweimal wegen eines verbrecherischen Diebstahls oder Betrugs bestraft und führe er erneut einen Diebstahl oder Betrug aus und erfordere die Schwere der gesamten strafbaren Handlungen eine besonders nachhaltige Bestrafung, so könne § 44 Abs. 1 StGB nur in der Variante eines nunmehr begangenen Vergehens Anwendung finden. Eine andere Handhabung würde gegen die Grundsätze der sozialistischen Gerechtigkeit verstoßen[266]. Dies galt nicht, wenn der Täter nicht nur im Rückfall gehandelt, sondern zugleich weitere Merkmale des § 162 Abs. 1 StGB verwirklicht hatte, z.B. eine schwere Schädigung des sozialistischen Eigentums gegeben war[267].

5. Unbenannter Fall

Zum unbenannten schweren Fall des § 162 Abs. 1 StGB wurden keine Entscheidungen veröffentlicht und er wurde auch in der Literatur nicht angesprochen.

X. Beschädigung sozialistischen Eigentums

1. Grundtatbestand

§ 163 StGB regelte die vorsätzliche Beschädigung sozialistischen Eigentum:

> „Wer vorsätzlich und rechtswidrig Produktionsmittel oder andere Sachen, die sozialistisches Eigentum sind, zerstört, vernichtet, beschädigt oder unbrauchbar macht, wird von einem gesellschaftlichen Organ der Rechtspflege zur Verantwortung gezogen oder mit öffentlichem Tadel, Geldstrafe, Verurteilung auf Bewährung oder mit Freiheitsstrafe bis zu zwei Jahren bestraft.
>
> Der Versuch ist strafbar.“

Gegenüber dem Entwurf (§ 153 StGB-E) sind wesentliche Änderungen nicht festzustellen. Allerdings enthielt dieser mit § 153 Abs. 2 StGB-E eine Bestimmung über die Strafbarkeit der Gebrauchsentziehung von Produktionsmitteln, die wegen ihres wirtschaftsstrafrechtlichen Charakters im 2. Abschnitt des 5. Kapitels des StGB untergebracht wurde (Wirtschaftsschädigung, § 166 StGB). Die Vorschrift wurde bis zu ihrer Aufhebung durch das 6. StÄG nicht geändert. Eine Verschärfung im Strafmaß im Verhältnis zu § 303 RStGB erfolgte nicht.

---

266 OG Urteil vom 15.10.1969 – I Pr. – 15 – 7/69, OGSt. 11, 84 ff.; so auch BG Neubrandenburg, Urteil vom 11.5.1972 – Kass. S 5/72, NJ 1972, 429 f.; OG, Urteil vom 28.6.1972 – 2 Zst 23/72, NJ 1972, 619 f.; OG, Urteil vom 26.7.1972 – 2 Zst 32/72 – NJ 1972, 651; OG, Urteil vom 18.4.1974 – 2 Zst 22/74, NJ 1974, 406 f.; OG, Urteil vom 17.6.1976 – 2b OSK 13/76, NJ 1976, 526 f.

267 *Pompoes*, NJ 1976, 528.

Auch bei den Tatbestandsvoraussetzungen lagen Abweichungen zu § 303 RStGB, der nur die Fälle der Beschädigung und Zerstörung nannte, nicht vor. Die Hervorhebung der Produktionsmittel sollte die „Bedeutung des Schutzes des sozialistischen Eigentums an Produktionsmitteln für die weitere Entwicklung der sozialistischen Produktionsverhältnisse und den wissenschaftlich-technischen Fortschritt hervorheben“[268]. Da Produktionsmittel Sachen sind, hatte die Gesetzesformulierung keine juristische, sondern allein propagandistische Bedeutung.

Vernichten sei, ähnlich wie das Zerstören, eine solche Einwirkung auf die Sache, dass für deren Verwendungszweck eine nicht mehr aufhebbare Gebrauchstüchtigkeit eintritt. Im Unterschied zum Zerstören werde jedoch beim Vernichten die stoffliche Substanz der Sache aufgehoben, z.B. als Folge chemischer Prozesse. So sei das Auslaufenlassen von Benzin oder das Verflüchtigenlassen von Äther eine Vernichtung und keine Zerstörung[269]. Ohne dem Wortsinn Gewalt anzutun kann man auch die vorgenannten Handlungen unter das Merkmal der Zerstörung in § 303 RStGB subsumieren, so dass auch insoweit eine Erweiterung der Strafbarkeit gegenüber § 303 RStGB nicht gegeben ist[270]. Unbrauchbarmachen sei die Beeinträchtigung einer Sache, die solche Veränderungen bewirke, dass sie für den vorgesehenen Verwendungszweck nicht brauchbar ist, ohne dass ein Vernichten oder Zerstören vorliegt, z.B. Verunreinigung von Treibstoffen. Weiter würden mit dem Unbrauchbarmachen die Fälle erfasst, bei denen der Verwendungszweck einer Sache für den bestimmungsgemäßen Gebrauch eingeschränkt wird, ohne dass eine unmittelbar schädigende körperliche Einwirkung erfolge. Dies sei z.B. der Fall, wenn durch einen Eingriff in den Steuerungs- und Schaltmechanismus die Drehzahl einer Maschine eingeschränkt werde, Kurzschlüsse verursacht würden, bei denen nur die automatischen Sicherungen in Tätigkeit treten, die Energiezuführung zu einem Aggregat gestört bzw. reduziert wird, ein Messinstrument so eingestellt wird, dass es falsche Werte anzeigt, die Kette von einem Antriebsrad geworfen wird[271]. Die genannten Fälle kann man auch unter den Begriff des Beschädigens subsumieren[272].

268 *StGB-Kommentar*, § 163 Anm. 1.

269 *StGB-Kommentar*, § 163 Anm. 4.

270 Schönke-Schröder / *Stree*, Strafgesetzbuch, § 303 Rz. 7, verwendet der Ausdruck Vernichtung als Synonym für Zerstörung.

271 *StGB-Kommentar*, § 163 Anm. 5.

272 Schönke-Schröder / *Stree*, a.a.O., § 303 Rz. 8.

2. Schwere Fälle

Die verbrecherische Beschädigung sozialistischen Eigentums war in § 164 StGB geregelt:

> „Verbrecherische Beschädigung sozialistischen Eigentums wird mit Freiheitsstrafe von zwei bis zu acht Jahren bestraft. Eine verbrecherische Beschädigung begeht, wer
>
> 1. vorsätzlich eine schwere Schädigung des sozialistischen Eigentums verursacht;
>
> 2. durch die Tat vorsätzlich erhebliche Produktionsstörungen verursacht oder die lebenswichtige Versorgung der Bevölkerung gefährdet;
>
> 3. die Tat ausführt, obwohl er bereits zweimal wegen Beschädigung sozialistischen Eigentums, Sachbeschädigung oder wegen Rowdytums mit Freiheitsstrafe bestraft ist."

Die Vorschrift weicht sachlich vom Entwurf (§ 154 StGB-E) nicht ab.

Mit der schweren Sachbeschädigung des § 304 RStGB ist § 164 StGB nicht vergleichbar.

Mit dem 5. StÄG erhielt § 164 StGB eine neue Überschrift, nämlich „Schwere Fälle der Beschädigung sozialistischen Eigentums". Die Mindeststrafe wurde auf ein Jahr herabgesetzt. Die alte Ziff. 2 wurde in den in den Abschnitt Straftaten gegen die Volkswirtschaft transferiert und zwar in § 166 StGB[273]. Der Rückfall wurde als Ziff. 2 beibehalten und zwar wohl auch aufgrund eines Redaktionsversehens. Dafür sprechen jedenfalls der oben angesprochene Widerspruch zwischen Änderungsgesetz und Neubekanntmachung bei § 162 Abs. 1 Ziff. 4 StGB und der Umstand, dass in § 184 StGB, der Parallelvorschrift der schweren Sachbeschädigung zum Nachteil persönlichen oder privaten Eigentums der Rückfall gestrichen wurde. Ein Grund für die Beibehaltung des strafverschärfenden Rückfalls in § 164 StGB ist nicht ersichtlich. Durch das 6. StÄG wurde § 164 StGB aufgehoben. Entscheidungen wurden zu § 164 StGB nicht veröffentlicht.

---

273 § 166 StGB1988: **(I)** „Wer 1. Produktionsmittel oder andere Sachen, die wirtschaftlichen Zwecken dienen, zerstört, vernichtet, beschädigt, unbrauchbar macht oder in anderer Weise ihrem bestimmungsgemäßen Gebrauch entzieht 2. Daten oder Programme vernichtet, verändert, unterdrückt oder unbrauchbar macht oder die Steuerung technologischer Prozesse oder die Funktionsfähigkeit technischer Anlagen oder Geräte beeinträchtigt und dadurch vorsätzlich einen wirtschaftlichen Schaden verursacht, wird von einem gesellschaftlichen Organ der Rechtspflege zur Verantwortung gezogen oder mit öffentlichem Tadel, Geldstrafe, Verurteilung auf Bewährung oder mit Freiheitsstrafe bis zu zwei Jahren bestraft." **(II)** „Wer durch die Tat vorsätzlich erhebliche Produktionsstörungen oder eine schwere Schädigung der Volkswirtschaft verursacht, wird mit Freiheitsstrafe von einem Jahr bis zu acht Jahren bestraft."

Für die schwere Schädigung galten die zu § 162 Abs. 1 Ziff. 1 StGB entwikkelten Wertkriterien. Die schwere Schädigung sollte auch das Ergebnis einer wiederholten Handlung sein können[274].

Eine Produktionsstörung sei dann erheblich, wenn durch sie der Produktionsablauf im Betrieb oder Betriebsteil empfindlich gestört oder gehemmt werde. Im Einzelfall sei es erforderlich, den gesamten Komplex der Auswirkungen der Beschädigungshandlung auf die Kontinuität des Produktionsablaufs, auf die Erfüllung der Produktions- und anderer Pläne einzuschätzen[275]. Eine Gefährdung der lebenswichtigen Versorgung der Bevölkerung liege vor, wenn die Beschädigungshandlung Prozesse beeinträchtige, die für die Bevölkerung unmittelbar lebenswichtig seien, z.B. die Versorgung von Kleinkindern mit Milch oder der Bevölkerung mit Gas oder Strom[276].

Zum Rückfall wird auf die Ausführungen zu § 162 Abs. 1 Ziff. 4 StGB verwiesen.

XI. Wirtschafts- und Entwicklungsrisiko

Die im Abschnitt „Straftaten gegen die Volkswirtschaft" untergebrachte Vorschrift des § 169 StGB – Wirtschafts- und Entwicklungsrisiko – galt ausdrücklich auch auf die Fälle der Beschädigung sozialistischen Eigentums (§§ 163, 164 StGB) und natürlich für den Vertrauensmissbrauch. Gemäß § 169 StGB lag eine Straftat nach den §§ 163 bis 168 StGB nicht vor, wenn die Handlung vorgenommen wurde, um einen bedeutenden wirtschaftlichen Nutzen herbeizuführen oder einen bedeutenden wirtschaftlichen Schaden abzuwenden und der Handelnde nach verantwortungsbewusster Prüfung aller die Handlung betreffenden Umstände die eingetretenen wirtschaftlichen Nachteile für wenig wahrscheinlich oder aber für wesentlich geringer als den vorgesehenen wirtschaftlichen Nutzen halten durfte (Wirtschaftsrisiko). Weiter lag eine Straftat nicht vor, wenn im Rahmen staatlich angeordneter, bestätigter oder sonst im Verantwortungsbereich des Handelnden liegender Forschungs- und Entwicklungsarbeiten oder technisch-ökonomischer Experimente, die unter Beachtung des Standes der wissenschaftlichen Erkenntnisse sowie verantwortungsbewusster Prüfung aller die Handlung betreffenden Umstände vorgenommen wurden, wirtschaftliche Nachteile eingetreten waren (Forschungs-

274 *StGB-Kommentar*, § 164 Anm. 2.

275 *StGB-Kommentar*, § 164 Anm. 3.

276 *StGB-Kommentar*, § 164 Anm. 4.

und Entwicklungsrisiko). Durch das 5. StÄG wurde § 169 StGB neu formuliert[277]. Die Bezugnahme auf die §§ 163 bis 168 StGB fiel weg[278].

Mit § 169 StGB bezweckte der Gesetzgeber, der im Hinblick auf den wissenschaftlich-technischen Fortschritt vor allem für leitende Wirtschaftsfunktionäre gegebenen Notwendigkeit in Risikosituationen Entscheidungen zu treffen, durch einen besonderen Rechtfertigungsgrund, Rechnung zu tragen. Der Mut zum Risiko sollte gefördert werden[279]. Entscheidungen zu § 169 StGB wurden nicht veröffentlicht. Im StGB Kommentar ist lediglich ein unveröffentlichtes Urteil zitiert, in dem das OG die Rechtfertigung von Schmiergeldzahlungen über § 169 StGB abgelehnt hatte[280]. In der Praxis spielte § 169 StGB offenbar keine Rolle[281].

XII. Strafzumessungsfragen

Anders als das RStGB enthielt das StGB detaillierte Vorschriften über die Strafzumessung. Zentrale Bestimmung war § 61 StGB, der eine Vielzahl von Strafzumessungskriterien aufführte[282]. § 61 Abs. 2 StGB setzte das OG in

---

277 „Eine Straftat liegt nicht vor, wenn 1. die Handlung begangen wird, um einen bedeutenden wirtschaftlichen Nutzen zu erzielen oder einen bedeutenden wirtschaftlichen Schaden abzuwenden, und der Handelnde nach verantwortungsbewußter Prüfung der konkreten Handlungserfordernisse und -bedingungen den eingetretenen wirtschaftlichen Schaden für wenig wahrscheinlich oder für wesentlich geringer als den vorgesehenen wirtschaftlichen Nutzen halten durfte (Wirtschaftsrisiko); 2. der Handelnde in seinem Verantwortungsbereich zur Erzielung neuer wissenschaftlich-technischer Leistungen und Ergebnisse Forschungs- oder Entwicklungsarbeiten oder technisch-ökonomische Experimente durchführte und trotz der Beachtung des wissenschaftlich-technischen Entwicklungsstandes und verantwortungsbewußter Abwägung der Entscheidungserfordernisse und –bedingungen einen wirtschaftlichen Schaden verursachte (Forschungs- und Entwicklungsrisiko).“

278 Nach *Arnold* sollte mit dem Wegfall der Bezugnahme auf die §§ 163 bis 168 StGB eine Ausdehnung des Anwendungsbereichs des § 169 StGB „auf alle Bereiche des gesellschaftlichen Lebens, in denen schöpferische Leistungen zu erbringen waren“, beabsichtigt gewesen sein (*Arnold*, Unternehmenskriminalität a.a.O., S. 92 unter Verweis internes Schulungsmaterial des Ministerrats der DDR / Ministerium der Justiz).

279 *StGB-Kommentar* § 169 Anm. 1.

280 *StGB-Kommentar*, § 169 Anm. 7; OG, Urteil vom 5.11.1970 – 2 Ust 17/70.

281 So *Arnold*, Unternehmenskriminalität a.a.O., S. 90, der den Grund dafür in den hohen Anforderungen der Vorschrift sieht.

282 § 61 Abs. 2 StGB: „Art und Maß der Strafe sind innerhalb des gesetzlichen Strafrahmens unter Berücksichtigung der objektiven und subjektiven Umstände der Tat, wie Art und Weise ihrer Begehung, ihrer Folgen, der Art und Schwere der Schuld des Täters, zu bestimmen. Dabei sind auch die Persönlichkeit des Täters, sein gesellschaftliches Verhalten vor und nach der Tat zu berücksichtigen, soweit diese über die Schwere der Tat und die Fähigkeit und Bereitschaft des Täters Aufschluss geben, künftig seiner

Bezug zum Begriff der Tatschwere. Diese werde gebildet einmal aus den Umständen, die die objektive Schädlichkeit der Handlung bestimmen (Art und Weise der Tatbegehung, Intensität, Folgen, Umstände aus dem Bereich der Täterpersönlichkeit, Ursachen und Bedingungen, die in die objektive Schädlichkeit eingehen) und zum anderen aus den Umständen, die den Grad der Schuld bestimmen (Ausmaß der Folgen, Einstellungen, Motive, Intensität des Täterwillens, Umstände der Persönlichkeit, Ursachen und Bedingungen, die in die Schuld eingehen)[283]. Bei Eigentumsdelikten werde die Tatschwere wesentlich von der Höhe des dem sozialistischen oder persönlichen Eigentum zugefügten Schaden bestimmt[284]. Andererseits war die Schadenshöhe nicht das allein entscheidende Kriterium für die Strafzumessung. Insbesondere bei Wiederholungstätern wurden auch bei geringen Schäden höhere Strafen ausgesprochen[285]. Unter den Voraussetzungen des Rückfalls gemäß § 44 StGB oder § 162 Abs. 1 Ziff. 4 StGB waren ohnehin besondere Strafrahmen gegeben. Aufgrund des hohen gleich bleibenden Anteils der Eigentumskriminalität an der Gesamtkriminalität[286], befasste sich das OG wiederholt im Form von allgemeinen Leitungsmaterialien mit Strafzumessungsfragen bei Eigentumsverletzungen und orientierte die Gerichte auf eine harte Bestrafung bei schweren Schäden, Rückfall- und Wiederholungstätern und solchen Tätern, die ein „den gesellschaftlichen Normen widersprechendes Leben" führten[287, 288].

Verantwortung gegenüber der sozialistischen Gesellschaft nachzukommen. Es ist insbesondere zu prüfen, inwieweit der Täter aus bereits erfolgten Bestrafungen richtige Lehren gezogen hat. Bei der Festsetzung der Strafe hat das Gericht sowohl die zugunsten als auch zuungunsten des Täters vorliegende Umstände allseitig zu würdigen."

283 *Präsidium des OG*, NJ 1970, 268.

284 OG, Urteil vom 3.5.1972 – 2 Zst 11 u. 12/71, NJ 1972, 395 f.

285 § 39 Abs. 2 Satz 2 StGB: „Sie [die Freiheitsstrafe] wird auch gegen Täter angewandt, deren Tat zwar weniger schwerwiegend ist, die aber aus bisherigen Strafen keine Lehren gezogen haben."

286 *Buchholz*, Dokumentenband S. 787 f.

287 § 39 Abs. 2 Satz 1 StGB: „Die Freiheitsstrafe kann auch gegen Personen angewandt werden, die ein Vergehen begangen und damit besonders schädliche Folgen herbeigeführt oder in anderer Weise eine schwerwiegende Missachtung der gesellschaftlichen Disziplin zum Ausdruck gebracht haben."

288 *Toeplitz*, NJ 1972, 743 ff.; OG, Beschluss vom 3.10.1973 – PlB 1/73, NJ 1973, Beilage 6; *Toeplitz*, NJ 1974, 382; *Keil / Wittenbeck*, NJ 1979, 299; *Pompoes / Wittenbeck*, OGI 1977, Heft 1, 57.

1. Schadenshöhe als maßgebendes Kriterium für die Strafzumessung

a) Übergabe an die gesellschaftlichen Gerichte

Materielle Voraussetzung für die Abgabe von Verfahren an die gesellschaftlichen Gerichte war gemäß § 28 Abs. 1 Satz 1 StGB, dass im Hinblick auf die eingetretenen Folgen und die Schuld des Täters die Handlung nicht erheblich gesellschaftswidrig war und unter Berücksichtigung der Tat und der Persönlichkeit des Täters eine wirksame erzieherische Einwirkung durch das gesellschaftliche Organ der Rechtspflege zu erwarten war[289]. Das OG zog zur Prüfung der erheblichen Gesellschaftswidrigkeit den Begriff der Tatschwere heran. Sei die Tatschwere einer Verfehlung nicht wesentlich überschritten, habe in der Regel die Übergabe ein gesellschaftliches Gericht zu erfolgen, wenn nicht andere objektive oder subjektive Umstände die Tatschwere wesentlich erhöht hätten[290]. Die Obergrenze für die Abgabe an die gesellschaftlichen Gerichte bewegte sich bei 500,- M[291].

b) Strafen ohne Freiheitsentzug

Gemäß § 30 Abs. 1 StGB waren Strafen ohne Freiheitsentzug – Verurteilung auf Bewährung (§ 33 StGB), Geldstrafe als Hauptstrafe (§ 36 StGB) und öffentlicher Tadel (§ 37 StGB) – unter Berücksichtigung der Schwere der Tat und der Schuld des Täters gegenüber Personen anzuwenden, die ein Vergehen aus Undiszipliniertheit, Pflichtvergessenheit, ungefestigtem Verantwortungsbewusstsein oder Unachtsamkeit oder wegen besonderer persönlicher Schwierigkeiten begangen hatten. Nach oben hin wurde der Anwendungsbereich der Strafen ohne Freiheitsentzug durch § 39 Abs. 2 StGB abgrenzt, wonach u.a. auf Freiheitsstrafe erkannt werden konnte, wenn mit einem Vergehen besonders schädliche Folgen herbeigeführt worden waren. Mit Urteil vom 16. März 1972[292] entschied das OG, dass bei einem dem sozialistischen Eigentum durch Betrug oder Diebstahl zugefügten Schaden von 3.000,- M in der Regel von der Herbeiführung besonders schädlicher Folgen auszugehen sei. Bei einem Schaden in solcher Höhe müssten schon besondere, in der Person des Ange-

---

289 In formeller Hinsicht setzte die Übergabe an die gesellschaftlichen Gerichte voraus, dass der Sachverhalt vollständig aufgeklärt war und der Täter seine Rechtsverletzung zugegeben hatte (§ 28 Abs. 1 Satz 2 StGB).

290 OG, Urteil vom 3.5.1972 – 2 Zst 11 u. 12/71, NJ 1972, 395 f.

291 *Lehrkommentar I*, § 28 Anm. 3. b: 500,- M; *Schumann*, NJ 1972, 258: Übergabepraxis im Jahr 1972 bis 400,- M; OG, Urteil vom 19.3.1980 – 4 OSK 5/80, NJ 1983, 218: Schaden von 600,- M.

292 OG, Urteil vom 16.3.1972 – 2 Zst 2/72, NJ 1972, 268 f.

klagten und seiner Straftat liegende Umstände vorhanden sein, um eine Strafe ohne Freiheitsentzug zu rechtfertigen.

Im Beschluss zur Erhöhung der Wirksamkeit der Rechtsprechung bei Straftaten gegen das sozialistische Eigentum vom 3. Oktober 1973[293] bestätigte das Plenum des OG die Grenze für Anwendung von Strafen ohne Freiheitsentzug und Freiheitsstrafen für die Fälle, in denen die Tatschwere vor allem durch die Höhe des Schadens bestimmt wurde, mit 3.000,- M. Dabei handele es sich um keine absolute Grenze, sondern um einen Erfahrungswert, der einer sinnvollen Handhabung bedürfe. So könnten auch bei geringeren Schäden Freiheitsstrafen angewendet werden, wenn der Täter etwa vielfach, raffiniert oder rücksichtslos gehandelt habe, aber auch bei höheren Schäden Strafen ohne Freiheitsentzug ausgesprochen werden, wenn andere Kriterien der Strafzumessung, als das der Schadenssumme, es erforderten.

In der Folgezeit wurden Strafen ohne Freiheitsentzug bei Schäden von etwa 5.000,- bis 6.000,- M nur in wenigen Ausnahmefällen ausgesprochen[294].

Auf der 12. Plenartagung des OG vom 15. Juni 1979 erklärte das Präsidium des OG, dass die Wertgrenze in Höhe von 3.000,- M als Orientierungshilfe für die Abgrenzung der Strafen mit und ohne Freiheitsentzug in der Rechtsprechung des OG aufgegeben worden sei. Die fortschreitende gesellschaftliche Entwicklung habe für die Strafzumessung bei Eigentumsdelikten neue Probleme aufgeworfen, die mit einer wertmäßigen Orientierung nicht lösbar seien. Eine wertorientierte Strafzumessungspraxis stehe der sich aus dem Beschluss des Sekretariats des ZK der SED vom 3. Mai 1978 ergebenden Forderung nach noch besserer Differenzierung unter Berücksichtigung der gesellschaftlichen Zusammenhänge und Ausschöpfung aller gesetzlichen Möglichkeiten entgegen[295].

aa) Öffentlicher Tadel

Voraussetzung für den Ausspruch eines öffentlichen Tadels war gemäß § 37 Abs. 1 StGB, dass das Vergehen keine erheblichen schädlichen Auswirkungen hatte oder wenn es zwar zu einem größeren Schäden führte, der Täter jedoch sonst ein verantwortungsbewusstes Verhalten zeigte und seine Schuld gering war.

---

293 PlB 1/73 – NJ 1973, Beilage 6.

294 *Tenner*, NJ 1974, 139 f.; OG, Urteil vom 6.6.1974 – 2 Zst 20/74, NJ 1974, 471 f.: Verurteilung auf Bewährung bei Schaden von 6.000,- M im Hinblick auf die besonderen persönlichen Umstände.

295 *Präsidium des OG*, OGI 1979, Heft 4, 16.

Bei den Vergehen gegen das sozialistische Eigentum spielte der öffentliche Tadel praktisch keine Rolle. Hierzu wurde nur eine Entscheidung veröffentlicht. Danach war die Anwendung des öffentlichen Tadels nur zulässig, wenn es sich um Delikte mit geringer Gesellschaftswidrigkeit handelte. Der öffentliche Tadel könne dann die richtige Maßnahme sein, wenn der mit dem Eigentumsdelikt verursachte Schaden nur wenig über der in § 1 der Verfehlungsverordnung bezeichneten Grenze von 50,- M liege und die Beratung vor einem gesellschaftlichen Gericht nicht möglich oder aus anderen, auch in der Person des Täters liegenden Gründen nicht zweckmäßig sei[296].

bb) Geldstrafe als Hauptstrafe

Die Geldstrafe sollte den Täter durch einen empfindlichen Eingriff in seine persönlichen Vermögensinteressen zur Achtung der sozialistischen Gesetzlichkeit und der Rechte der Bürger erziehen (§ 36 Abs. 1 Satz 1 StGB). Bei ihrer Anwendung und Bemessung waren die wirtschaftlichen Verhältnisse des Täters und die durch die Straftat begründeten Schadensersatzverpflichtungen zu berücksichtigen (§ 36 Abs. 1 Satz 2 StGB). Die zulässige Höhe der Geldstrafe betrug zunächst 50,- M bis 10.000,- M und konnte bei Straftaten, die auf erheblicher Gewinnsucht beruhten, bis auf 100.000,- M heraufgesetzt werden (§ 36 Abs. 2 StGB). Durch das 3. StÄG wurde die reguläre Obergrenze der Geldstrafe auf 100.000,- M angehoben, für den Fall der erheblichen Gewinnsucht auf 500.000,- M.

Im Verhältnis zur Verurteilung auf Bewährung, die mit einer Geldstrafe als Zusatzstrafe verbunden werden konnte (§ 33 Abs. 5 StGB), galt die Geldstrafe zunächst als weniger schwere Strafe[297]. Bezogen auf den Strafzumessungsaspekt der ursprünglichen Orientierungsgrenze von 3.000,- M hatte dies zur Folge, dass die Geldstrafe im oberen Bereich unterhalb dieser Grenze nicht zur Anwendung kam[298]. Im Jahre 1979 wies Keil darauf hin, dass der Hauptanwendungsbereich der Geldstrafe bei Eigentumsstraftaten bei Schäden zwischen 50,- und 500,- M liege. Sie könne auch bei weit darüber hinausge-

296 OG, Urteil vom 19.9.1973 – 2 Zst 24/73, NJ 1974, 24 f.

297 *StGB-Kommentar*, § 36 Anm. 3.

298 *Schumann*, NJ 1972, 259; BG Halle, Urteil vom 27.9.1971 – 2 BSB 209/71, NJ 1972, 300 f. m. zust. Anm. *Pompoes*: Bei einem Schaden von 3.230,85 M sei Geldstrafe nicht ausreichend, im Hinblick auf die Persönlichkeit des Täters im konkreten Fall Verurteilung auf Bewährung noch zulässig.

henden Schadenssummen als Hauptstrafe in Betracht kommen[299]. In seinem „Standpunkt zur Anwendung der Geldstrafe durch die Gerichte der DDR bei strafbaren Handlungen“ vom 22. Oktober 1979[300], grenzte das Kollegium für Strafrecht des OG den Anwendungsbereich der Geldstrafe nach oben nur von der Freiheitsstrafe ab.

Hinsichtlich der Höhe der Geldstrafe vertrat Schumann[301] die Auffassung, dass das entscheidende Kriterium die Tatschwere, insbesondere die Höhe des verursachten oder beabsichtigten Schadens sei. Abweichungen nach oben oder unten sollten unter Berücksichtigung der Einkommens- und Vermögensverhältnisse des Täters vorgenommen werden. Demgegenüber setzte sich die Auffassung durch, dass die Geldstrafe in der Regel deutlich über der Höhe des durch die Eigentumsstraftat verursachten Schadens liegen sollte und gegebenenfalls ein Mehrfaches des verursachten Schadens betragen könne[302].

cc) Verurteilung auf Bewährung

Die Verurteilung auf Bewährung war nach oben hin durch die Freiheitsstrafe abgegrenzt. Nach Aufgabe der Orientierungsgröße von 3.000,- M wurden Verurteilungen auf Bewährung auch bei erheblich höheren Schäden, die annähernd den Bereich einer schweren Schädigung im Sinne des § 162 Abs. 1 Ziff. 1 StGB erreichten, ausgesprochen[303].

c) Freiheitsstrafe

Wenn die vorstehend dargestellten Voraussetzungen für Strafen ohne Freiheitsentzug nicht mehr gegeben waren, war auf Freiheitsstrafe zu erkennen. Bei Einführung der Orientierungsgrenze von 3.000,- M wurden bei Schäden in dieser Höhe Freiheitsstrafen ab einem Jahr ausgesprochen. In den schweren

---

299 *Keil*, OGI 1979, Heft 2, 4; dagegen soll der Hauptanwendungsbereich der Geldstrafe im Jahre 1979 nach *Arnold / Matthies*, NJ 1979, 124, bei Schadenssummen zwischen 500,- bis 1500,- M gelegen haben.

300 OGI 1979, Heft 7, 3.

301 *Schumann*, Strafzumessung, NJ 1972, 259.

302 BG Gera, Urteil vom 3.12.1971 – Kass. S 20/71, NJ 1972, 337 f.; *Keil*, OGI 1979, Heft 2/79, 4; Standpunkt des Kollegiums für Strafrecht des OG vom 22.10.1979, OGI 1979, Heft 7, 8; *Wittenbeck / Schröder*, NJ 1980, 17.

303 OG; Urteil vom 21.5.1980 – 4 OSK 10/80, DS 1981, 49 ff.: Betrug, Schaden 9.000,- M Verurteilung auf Bewährung; OG, Urteil vom 30.8.1984 – 4 OSK 12/84, OGI 1984, Heft 5, 45 ff.: Betrug, Schaden 7.000,- M, Verurteilung auf Bewährung mit einer Zusatzgeldstrafe von 5.000,- M; OG Urteil vom 10.10.1985 – 4 OSK 10/85, OGI 1985, Heft 6, 12 ff.: mehrfacher Diebstahl, Schaden 9.000,- M. Verurteilung auf Bewährung.

Fällen bildeten die dort geregelten Mindeststrafen die Untergrenze. Bei wesentlich höheren Schäden wurden langjährige Freiheitsstrafen bis zur Ausschöpfung des gesetzlichen Strafrahmens verhängt[304]. In Fällen des Vertrauensmissbrauchs wurde erheblich großzügiger verfahren, wenn die Täter, ohne die Absicht sich persönlich zu bereichern, im vermeintlichen Interesse des volkseigenen Betriebes gehandelt hatten[305].

2. *Strafzumessung in sonstigen Fällen*

Insbesondere bei vorbestraften Tätern oder bei Hinzutreten sonstiger belastender Umstände[306] wurden auch bei geringen Schäden[307] Freiheitsstrafen ausgesprochen. So forderte das OG im Rahmen einer Zurückverweisung, einen nicht vorbestraften Angeklagten, der bei dem Versuch in eine Kaufhalle einzubrechen, um Zigaretten und Lebensmittel zu stehlen, gestellt worden war, im

---

304 OG, Urteil vom 16.3.1972 – 2 Zst 2/72, NJ 1972, 268 f.: 3.000,- M Schaden: ein Jahr; OG, Urteil vom 16.3.1972 – 2 Zst 3/72, NJ 1972, 269 f.: 6.150,- M Schaden: ein Jahr und zehn Monate; OG, Urteil vom 16.3.1972 – 2 Zst 4/72, NJ 1972, 270 f.: Schaden 10.000,- M: zwei Jahre; BG Neubrandenburg, Urteil vom 9.2.1972 – 2 BSB 17/72, NJ 1972, 336 f.: 12.000,- M Schaden: drei Jahre; OG, Urteil vom 28.8.1973, 2 Zst 18/73, NJ 1973, 644 ff.: 5.000,- M Schaden: ein Jahr und acht Monate; OG, vom 20.6.1974 – 7 Zst 38/74, NJ 1974, 624 f.: 6.000,- M Schaden: ein Jahr und sechs Monate; OG, Urteil vom 9.1.1975 – 2b Zst 70/74, NJ 1975, 337 f.: 15.000,- M Schaden: zwei Jahre; OG, Urteil vom 20.9.1978 – 4 OSK 17/78, OGI 1979, Heft 1, 19 ff.: 67.000,- M Schaden: sechs Jahre; OG, Urteil vom 26.10.1978 – 2 OSB 13/73, OGI 1979, Heft 1, 19 ff.: Schaden 141.000,- M: zehn Jahre.

305 OG, Urteil vom 22.10.1970 – 2 Ust 18/70, NJ 1971, 113 ff.: Schaden 100.000,- M: drei Jahre; OG, Urteil vom 29.4.1971 – 2 Ust 8/71, NJ 1971, 399 ff.: Schaden 23.000,- M: Verteilung auf Bewährung mit Androhung von einem Jahr und sechs Monaten Freiheitsstrafe.

306 § 39 Abs. 2 StGB: „Die Freiheitsstrafe kann auch gegen Personen angewandt werden, die ein Vergehen begangen und damit besonders schädliche Folgen herbeigeführt oder in anderer Weise eine schwerwiegende Mißachtung der gesellschaftlichen Disziplin zum Ausdruck gebracht haben. Sie wird auch gegen Täter angewandt, deren Tat zwar weniger schwerwiegend ist, die aber aus bisherigen Strafen keine Lehren gezogen haben.“

307 OG Urteil vom 30.3.1972 – 2 Zst 5/72, NJ 1972, 366 f.: mehrere kleine Diebstähle. Das OG bejahte eine schwerwiegende Mißachtung der gesellschaftlichen Disziplin: acht Monate Freiheitsstrafe; OG Urteil vom 28.6.1972 – 2 Zst 32/72, NJ 1972, 651 f.: Der mehrfach einschlägig vorbestrafte Angeklagte hatte Handschuhe im Wert von 30,- M gestohlen. Wegen des Verbots der doppelten Erschwerung – der Schaden lag an sich im Verfehlungsbereich – verneinte das OG die Voraussetzungen des Rückfalls und sprach eine Freiheitsstrafe von zehn Monaten aus; Stadtgericht von Groß-Berlin, Urteil vom 9.5.1972 – 104 BSB 78/72, NJ 1973, 244: Diebstahl von zwei Schachteln Zigaretten in einer Kaufhalle, Wert 12,- M. Der Angeklagte war vorbestraft: drei Monate Freiheitsstrafe; OG Urteil vom 17.8.1973 – 2 Zst 13/73, NJ 1973, 643 f.: Kaufhallendiebstahl eines vorbestraften Angeklagten, Schaden 47,- M: zehn Monate Freiheitsstrafe.

Hinblick auf dessen „asoziale“ Lebensweise – Arbeitsbummelei, negative Einstellung zum Lernen in der POS und im Lehrbetrieb – zu einer Freiheitsstrafe zu verurteilen[308]. Andererseits könne allein aus dem Umstand der erneuten Straffälligkeit nicht der Schluss gezogen werden, dass ein Straftäter aus der Vorstrafe keine Lehre gezogen habe, was gemäß § 39 Abs. 2 Satz 2 StGB die Konsequenz der Freiheitsstrafe nach sich gezogen hätte. Handele es sich bei dem Angeklagten um einen Menschen mit nicht genügend gefestigtem Verantwortungsbewusstsein, dann bestehe die Möglichkeit des Ausspruchs einer erneuten Verurteilung auf Bewährung[309].

Bei Rückfalltätern im Sinne der §§ 44, 162 Abs. 1 Ziff. 4 StGB waren zwingend auch bei geringeren Schäden Freiheitsstrafen zu verhängen. Die einzige Möglichkeit den Mindestfreiheitsstrafen der §§ 44 und 162 Abs. 1 Ziff. 4 StGB auszuweichen, bot § 62 Abs. 3 StGB, der auf § 44 StGB erst ab dem 1. StÄG anwendbar war[310]. Bei nicht sehr hohen Schäden bewegten sich die Freiheitsstrafen an der unteren Grenze der von den Rückfallvorschriften vorgesehenen Strafrahmen. Bei hohen Schäden wurde die Strafrahmen der Rückfallvorschriften ausgeschöpft[311].

C) Verhältnis zu den Bestimmungen zum Schutz des persönlichen und privaten Eigentums

Die Strafvorschriften zum Schutz des persönlichen und privaten Eigentums stimmten in ihren tatbestandlichen Voraussetzungen und Rechtsfolgen, ausgenommen natürlich die Eigentumsart, mit denen zum Schutz des sozialistischen Eigentums im StGB1968 weitgehend überein. Eine Abweichung bestand darin,

---

308 OG, Urteil vom 28.9.1978 – 4 OSK 14/78, OGI 1979, Heft 1, 40 ff.

309 OG, Urteil vom 26.4.1972 – 2 Zst 8/72, NJ 1972, 396 f.: Kraftstoffdiebstahl, Schaden 75,- M.

310 S. 7. Kap. IX. 4. b).

311 OG, Urteil vom 16.1.1969 – 2 Zst 14/68, NJ 1969, 284 ff.: Rückfall gemäß § 162 Abs. 1 Ziff. 4 StGB, Schaden 1.100,- M: Freiheitsstrafe sollte bei zwei Jahren und sechs Monaten liegen; OG, Urteil vom 21.6.1973 – 2 Zst 6/73, NJ 1973, 455, Diebstahl im Rückfall, Schaden 209,- M: zwei Jahre und vier Monate Freiheitsstrafe; OG, Urteil vom 18.4.1974 – 2 Zst 22/74, NJ 1974, 406 f., Einbruchdiebstahl, Schaden 2.500,- M, Rückfall gemäß § 44 StGB: Freiheitsstrafe sollte bei fünf Jahren liegen; OG, Urteil vom 14.3.1974 – 2 Zst 11/74, NJ 1974, 656 f.: Scheckbetrug, Schaden 60.000,- M, Rückfall gemäß § 44 StGB: Freiheitsstrafe dürfe nicht wesentlich unter der Obergrenze von 15 Jahren liegen.; OG, Urteil vom 20.9.1978 – 4 OSK 13/78, OGI 1979, Heft 2, 29 ff.: mehrfacher Betrug im Rückfall während einer Bewährungszeit, Schaden 8.850,- M: Freiheitsstrafe sollte etwa zwei Jahren und sechs Monate betragen.

dass das Kapitel „Straftaten gegen das persönliche und private Eigentum" mit § 182 StGB von Anfang an eine Regelung zur Untreue enthielt[312].

Die Grundtatbestände der §§ 163 (Beschädigung sozialistischen Eigentums) und 183 (Sachbeschädigung) StGB wichen noch insofern geringfügig voneinander ab, als in § 163 StGB von Produktionsmitteln oder anderen Sachen, die sozialistisches Eigentum sind, in § 183 StGB nur von fremden Sachen die Rede war, worin aber kein sachlicher Unterschied lag.

Ein Unterschied war bei der verbrecherischen Beschädigung sozialistischen Eigentums bzw. der Sachbeschädigung gegeben. § 184 StGB kannte eine dem § 164 Satz 2 Ziff. 2 StGB entsprechende Regelung des vorsätzlichen Verursachens erheblicher Produktionsstörungen oder Gefährdung der lebenswichtigen Versorgung der Bevölkerung nicht.

Durch das 1. StÄG erfolgte insofern eine Angleichung, als mit § 161a StGB eine Vorschrift über die Untreue zum Nachteil sozialistischen Eigentums in das Gesetz aufgenommen wurde. Der Wortlaut des § 161a StGB stimmte aber mit § 182 StGB nicht überein. Während in § 161a StGB als Tathandlungen der Missbrauch der Befugnis über sozialistisches Eigentum zu verfügen oder es zu verwalten oder in sonstiger Weise Vermögensinteressen des sozialistischen Eigentums wahrzunehmen aufgeführt waren, war in § 182 StGB nur vom Missbrauch der Verwaltungsbefugnisse die Rede. Unter § 182 StGB wurden allerdings auch missbräuchliche Verfügungen gefasst[313]. Nach § 161a StGB setzte das vollendete Delikt die Vorteilsverschaffung voraus, während bei § 182 StGB der Missbrauch der Verwaltungsbefugnis in Bereicherungsabsicht genügte. Dies wurde weitgehend durch die Strafbarkeit des Versuchs in § 161a StGB kompensiert. Der Begriff des Schadens in § 161a StGB sollte mit dem des Nachteils in § 182 StGB identisch sein[314].

Durch das 1. StÄG wurde § 181 StGB, der die schweren Fälle des verbrecherischen Diebstahls und Betrugs zum Nachteil persönlichen oder privaten Eigentums regelte, entsprechend § 162 StGB geändert. Auch dort war nunmehr für den Fall der wiederholten Tatbegehung wiederholtes Handeln mit besonders

---

312 **(I)** „Wer die ihm kraft Gesetzes, staatlichen Auftrages oder Vertrages eingeräumte Befugnis, persönliches oder privates Eigentum anderer zu verwalten, zu deren Nachteil mißbraucht, um sich oder andere zu bereichern, wird mit Geldstrafe, Verurteilung auf Bewährung oder mit Freiheitsstrafe bis zu zwei Jahren bestraft." **(II)** „Wer durch die Untreue einen erheblichen Vermögensschaden verursacht oder die Tat unter anderen erschwerenden Umständen begeht, wird mit Freiheitsstrafe von einem Jahr bis zu fünf Jahren bestraft."

313 *StGB-Kommentar*, § 182 Anm. 2.

314 *StGB-Kommentar*, § 182 Anm. 2.

großer Intensität erforderlich (§ 181 Abs. 1 Ziff. 3 StGB). Die schweren Fälle der Untreue wurden nicht in § 181 StGB einbezogen. Es blieb bei der Regelung des § 182 Abs. 2 StGB. Auch wurde in § 181 StGB, anders als bei § 162 Abs. 1 StGB, das Wort „insbesondere“ nicht eingefügt.

Durch das 3. StÄG wurde § 181 Abs. 1 Ziff. 2 StGB entsprechend § 162 Abs. 1 Ziff. 2 StGB angepasst. Die Worte „als Organisator oder Beteiligter einer Gruppe“ wurden durch die Worte „zusammen mit anderen“ ersetzt. Entsprechend wurde in § 181 Abs. 2 StGB die Worte „Beteiligung an einer Gruppe“ durch die Worte „Tatbeteiligung nach Absatz 1 Ziffer 2“ ersetzt.

Eigentumsvergehen gegenüber Angehörigen konnten nur auf Antrag des Geschädigten verfolgt werden, sofern kein öffentliches Interesse an der Strafverfolgung bestand (§ 2 Abs. 1 StGB1968). Durch das 5. StÄG wurde der Katalog der Antragsdelikte aus § 2 StGB herausgenommen. Zugleich wurde das Antragserfordernis in § 180 StGB, der dem § 161 StGB entsprechenden Vorschrift, im Abschnitt der Straftaten zum Schutz des persönlichen und privaten Eigentums, sachlich unverändert übertragen. Ebenso wurde bei der einfachen Sachbeschädigung verfahren (§ 183 StGB). Eine entsprechende Regelung erfolgte bei der Untreue nicht. Das bis dahin bestehende Antragserfordernis[315] fiel damit weg.

Durch das 5. StÄG wurde mit § 180a StGB eine Vorschrift über den Missbrauch der Datenverarbeitung zum Nachteil persönlichen oder privaten Eigentums, die dem § 161b StGB entsprach, eingeführt. In § 181 StGB, der bis dahin die verbrecherischen Fälle des Diebstahls und des Betrugs zum Nachteil persönlichem und privatem Eigentum regelte, wurde der Missbrauch der Datenverarbeitung einbezogen. Entsprechend § 162 StGB wurde die Mindeststrafe auf ein Jahr herabgesetzt. Der Rückfall (§ 181 Abs. 1 Ziff. 4. StGB) fiel weg, ebenso bei der schweren Sachbeschädigung.

Die Unterschiede bei den Tatbestandsvoraussetzungen und Strafdrohungen waren minimal und beruhten nicht auf der Absicht, den Schutz des persönlichen und privaten Eigentums schwächer auszugestalten, als den des sozialistischen Eigentums. Ursprünglich waren unterschiedliche Strafandrohungen aber diskutiert worden[316]. Im Jahre 1969 bestätigte Heilborn die in den Tatbeständen und Strafandrohungen des StGB zum Ausdruck gekommene Gleichwertigkeit von sozialistischem und persönlichem und privaten Eigentum[317]. Die

---

315 *StGB-Kommentar*, § 2 Anm. 1.

316 *Buchholz / Schwarz / Griebe*, NJ 1961, 483 .

317 „Die Bestimmungen, die das Volkseigentum schützen oder das gesamtgesellschaftliche Eigentum, das genossenschaftliche Eigentum, sind wörtlich dieselben wie die, die das

Literatur widmete sich dem Schutz des persönlichen und privaten Eigentums kaum. Die Kommentierung zum 6. Kapitel des StGB im StGB-Kommentar umfasst einschließlich Gesetzestext keine fünf Seiten. Im wesentlichen wird auf die Kommentierung zu den §§ 157 ff. StGB (immerhin 23 Seiten) verwiesen. Körner / Biebl behandelten im Jahre 1989 in einem längeren Aufsatz den Schutz des persönlichen Eigentums ohne dabei von der Rechtsprechung zur Strafbarkeit von Angriffen gegen das sozialistische Eigentum abzuweichen[318].

D) Die Irrtumsregelung des § 157 Abs. 3 StGB

§ 157 Abs. 3 StGB enthielt eine besondere Regelung für den Irrtum über die Eigentumsart:

> „Irrte sich der Täter zur Zeit der Tat über die Art des Eigentums, so wird er nach der Bestimmung bestraft, die durch seine Handlung objektiv verletzt worden ist."

Nach den Vorschriften des Allgemeinen Teils hätte ein Täter, der persönlichens oder privates Eigentum angreifen wollte, tatsächlich aber sozialistisches Eigentum angegriffen hatte, nur wegen untauglichen Versuchs bestraft werden können[319]. Dieser durch die Aufspaltung des Eigentumsschutzes auf mehrere Eigentumsarten bedingten und schon beim VESchG sowie beim StEG gegebenen und als unbefriedigend empfundenen Situation sollte § 157 Abs. 3 StGB abhelfen.

Bereits 1961 hatten Buchholz / Schwarz / Griebe eine besondere Irrtumsregelung vorgeschlagen. Mit dem neuen Strafgesetzbuch, das keine Vorschriften zum Schutz des Eigentums schlechthin mehr kennen würde, sei eine klare Regelung für den Fall des Irrtums über die Eigentumsart notwendig. Sie könne besagen, dass der Täter bei einem Angriff auf das sozialistische Eigentum in der irrigen Annahme persönliches oder privates Eigentum anzugreifen ebenfalls nach den Bestimmungen zum Schutze des sozialistischen Eigentums zu bestrafen sei, nur dürfe die Strafe nach Art und Maß nicht schwerer sein als bei Angriffen auf das Eigentum der Bürger[320]. Hintergrund war, dass zum damaligen Zeitpunkt unterschiedliche Strafrahmen für das sozialistische Eigentum

---

private und persönliche Eigentum schützen. Die Strafdrohungen sind genau die gleichen, so daß der Gedanke der Wertigkeit von diesem Aspekt her bei uns nicht gestellt wird, daß es nicht so schlimm sei, wenn man persönliches Eigentum stiehlt oder dass es schlimmer sei, wenn man Volkseigentum stiehlt." *Heilborn* in Plat, ZStW Bd. 82, 1970, 95.

318 *Körner / Biebl*, NJ 1989, 62 ff.

319 Vgl. *StGB-Kommentar*, § 21 Anm. 1; § 11 StGB.

320 *Buchholz / Schwarz / Griebe*, NJ 1961, 483.

einerseits und das persönliche bzw. private Eigentum andererseits vorgesehen waren[321]. Als Buchholz im Jahre 1964 für die Straftaten gegen das sozialistische Eigentum und das persönliche und private Eigentum die gleichen Strafrahmen vorschlug, erklärte er, dass damit eine besondere Irrtumsregelung überflüssig sei, stellte dies aber zugleich unter einen Vorbehalt[322]. Im Entwurf des StGB war eine besondere Irrtumsregelung nicht vorgesehen.

Problematisiert worden ist die Vorschrift nie. Dennoch konnte sie Fragen aufwerfen.

Zu Schwierigkeiten im Hinblick auf das Schuldprinzip (§ 5 StGB) konnte es beim Irrtum über die Eigentumsart kommen, wenn die jeweiligen Tatbestandsvoraussetzungen und Strafdrohungen nicht übereinstimmten.

Derartige Fälle sind zwar bei der Untreue eher theoretischer Natur, weil der mögliche Täter einer Untreue in der Regel wusste, welches Eigentum er zu betreuen hatte, in den Fällen der §§ 162 (unbenannter Fall) und 181 sowie §§ 164 und 184 StGB aber auch praktisch vorstellbar. Hatte der Täter in der Absicht persönliches Eigentum zu beschädigen, vorsätzlich erhebliche Produktionsstörungen verursacht, tatsächlich aber sozialistisches Eigentum angegriffen, so hätte er nach wortgetreuer Anwendung des § 157 Abs. 3 StGB gemäß § 164 StGB1968 wegen verbrecherischer Beschädigung sozialistischen Eigentums bestraft werden müssen, obwohl sich sein Vorsatz nur auf eine einfache Sachbeschädigung nach § 183 StGB bezog.

Fraglich ist in diesem Zusammenhang weiter, ob das StGB überhaupt Schutz für jegliches Eigentum gewährleistete. War dies nicht der Fall, dann konnte sich die Frage stellen, wie zu verfahren war, wenn ein Täter sozialistisches Eigentum angegriffen hatte und dabei der irrigen Annahme war, es handele

321 *Buchholz*, Diebstahl S. 445 f: Aufgrund des „Riesenwerte“ erfassenden sozialistischen Eigentums ergäben sich ganz andere Schädigungsmöglichkeiten als beim persönlichen und privaten Eigentum. Es sei daher erforderlich, bei Straftaten gegen das sozialistische Eigentum ein höheres Strafmaximum vorzusehen als bei Straftaten gegen das persönliche und private Eigentum. In diese Richtung gehe auch der Entwurf des StGB.

322 Man müsse sich im Klaren sein, dass zwei im übrigen gleich lautende Tatbestände für sozialistisches und für persönliches bzw. privates Eigentum insofern eine spezifische Irrtumsproblematik aufwiesen, als bei Diskrepanz zwischen objektiver Angriffsrichtung und Vorstellung des Täters infolge Irrtums und mangels Vorsatzes unmittelbar der eine noch der andere Tatbestand erfüllt wäre. Man könne sich im Wege der Auslegung helfen, da sachlich unzweifelhaft sei, dass jeder Angriff auf sozialistisches und persönliches bzw. privates Eigentum strafgesetzlich erfasst werden solle. Dennoch bliebe zu überlegen, ob das der Eindeutigkeit halber nicht auch im Gesetz ausdrücklich gesagt werden sollte. *Buchholz*, NJ 1964, 530.

sich um strafrechtlich nicht geschütztes Eigentum. Auch hier wäre es zu Problemen im Hinblick auf das Schuldprinzip gekommen.

Offenbar ging der Gesetzgeber mit dem Schutz der drei Eigentumsarten – sozialistisches Eigentum, persönliches Eigentum und privates Eigentum – davon aus, alle Eigentumsarten erfasst zu haben. Ob ihm das gelungen ist, steht auf einem anderen Blatt. Bereits definitionstechnisch war die Aufspaltung des Eigentumsschutzes auf drei positiv bestimmte Eigentumsarten verfehlt.

Die Begriffe des persönlichen und privaten Eigentums wurden im StGB nicht definiert, waren aber bei seinem Inkrafttreten bereits geläufig. Schon im Entwurf des AStGB war vom persönlichen und privaten Eigentum die Rede. Ausgangspunkt dieser Begriffsbildung waren nicht juristische, sondern politökonomische Erwägungen[323]. Unter persönlichem Eigentum wurde das Eigentum verstanden, welches der Befriedigung der persönlichen Bedürfnisse der Menschen dient[324]. Unter privatem Eigentum wurde das Eigentum der einfachen Warenproduzenten, der Klein- und Mittelbauern, Handwerker und Kleinhändler und das privatkapitalistische Eigentum, welches dem Kapitalisten die Aneignung des von den Lohnarbeitern geschaffenen Produkts ermögliche, verstanden[325]. Privates Eigentum war somit das Eigentum, welches der privaten wirtschaftlichen Betätigung diente.

Ob es nichtsozialistisches Eigentum gab, welches weder der Befriedigung der persönlichen Bedürfnisse der Bürger noch ihrer privatwirtschaftlichen Betätigung diente, wurde nie diskutiert. Vielmehr wurde alles nichtsozialistische Eigentum als persönliches oder privates Eigentum behandelt. Zum Eigentum der Kirchen, die nicht als demokratische Organisationen im Sinne von § 157 Abs. 1 Satz 1 StGB betrachtet wurden, das somit nicht als sozialistisches Eigentum galt, und das schließlich nicht der persönlichen Bedürfnisbefriedigung ihrer Eigentümer (der Kirchen) und, jedenfalls in der Regel, auch nicht ihrer privaten wirtschaftlichen Betätigung diente, hieß es lapidar, dieses sei „über" die §§ 177 ff. StGB geschützt[326]. In dieser Formulierung klingt an, dass

---

323 *Dornberger*, NJ 1952, 20.

324 *Löwenthal*, DS 1958, 81; Art. 11 Abs. 1 Satz Verfassung1968: „Das persönliche Eigentum dient der Befriedigung der materiellen und kulturellen Bedürfnisse der Bürger." § 22 ZGB Abs. 2: „Das persönliche Eigentum dient der Befriedigung der materiellen und kulturellen Bedürfnisse der Bürger und ihrer Entwicklung zu sozialistischen Persönlichkeiten."

325 *Dornberger*, NJ 1952, 20; *Löwenthal*, DS 1958, 80.

326 *StGB-Kommentar*, § 157 Anm. 5.

man sich durchaus bewusst war, dass das persönliche und private Eigentum streng genommen nicht das gesamte nichtsozialistische Eigentums erfasste

Unmissverständlich war dagegen die alte Systematik, die den allgemeinen Eigentumsschutz kannte und davon das sozialistische Eigentum ausnahm. Eindeutig wäre es auch gewesen, wenn man dem sozialistischen Eigentum das nichtsozialistische Eigentum entgegengestellt hätte.

.

DRITTER TEIL:
ZUSAMMENFASSUNG UND WÜRDIGUNG

8. Kapitel:
Zusammenfassung

Die gesellschaftlichen Bedingungen in der SBZ und in der DDR erforderten zu keiner Zeit ein Sonderstrafrecht zum Schutz des sozialistischen Eigentums. Eigentumsdelikte haben keine im engeren Sinne politischen Hintergründe. Die Täter wollen sich bereichern und verfolgen keine politischen Ziele.

Die Entstehung dieses Sonderstrafrechts hatte ideologische Gründe. Ideologische Auffassungen können im Einzelfall der Wirklichkeit entsprechen. Auf die Theorie Stalins, dass Angriffe gegen das Volkseigentum bzw. das sozialistische Eigentum den Staatsverbrechen gleichstünden und deshalb wie solche zu bestrafen seien, trifft das nicht zu, weder in ihren Grundannahmen noch in ihren kriminalpolitischen Folgerungen. Jedenfalls ließ sich die SBZ/DDR zunächst von dieser Ideologie leiten, deren Ansprüche durch Ausschöpfung der einschlägigen Strafrahmen des RStGB nicht verwirklicht werden konnten, und deshalb zwangsläufig zu einem Gesetz wie dem VESchG führen mussten, welches im Strafmaß keine Wünsche der Partei und ihres Justizapparats offen ließ. Indessen kollidierte schon bald die Ideologie mit der Realität. Das VESchG erwies sich bei Bagatelldelikten als undurchführbar. Die SED hatte bei Einführung dieses Gesetzes auf seine abschreckende Wirkung vertraut und sich kaum vorgestellt, auf seiner Grundlage monatlich mehr als tausend Menschen, davon zum großen Teil Arbeiter, in die Zuchthäuser schicken zu müssen. Gerade dieser Umstand war der entscheidende Grund für die Einschränkung des Anwendungsbereichs des VESchG. Es war ein Sieg der Realität über die Ideologie. Die strafprozessual inkorrekte Einstellung wegen Geringfügigkeit wurde zugelassen und in mehreren Schritten erweitert. Durch die Urteile des OG vom 27. August 1953 und vom 1. September 1953 und die Richtlinie Nr. 3 des OG wurde ein halbwegs verträglicher Umgang mit dem VESchG möglich. Mit der zunächst auf pragmatische Gründe zurückzuführenden teilweisen Rücknahme der extrem harten Strafpolitik begann ein kriminalpolitischer Wandel und eine Entideologisierung des Strafrechts zum Schutze des sozialistischen Eigentums[1]. Die letzten evident ideologisch begründeten Entschei-

1 „Erst sehr spät haben wir die notwendigen Konsequenzen aus jenen Mißstimmungen in der Bevölkerung gezogen und klar herausgestellt, daß die Bekämpfung der Bagatellsachen in erster Linie eine Sache der erzieherischen und bewußtseinsbildenden Tätigkeit der gesellschaftlichen Organe sein muß, und daß erst in zweiter Linie die Täter zur strafrechtlichen Verantwortung zu ziehen sind. Die Schärfe der Gesetze muß sich gegen besonders raffiniert vorgehende und besonders verwerflich handelnde Schädlinge an

dungen waren die des OG zur Anwendung des VESchG auf sowjetisches und volksdemokratisches Eigentum[2] und des BG Neubrandenburg zur schweren Sachbeschädigung[3]. Schon im StEG ist eine Sonderstellung des sozialistischen Eigentums substanziell nicht mehr zu erkennen. Die schweren Fälle waren zwar abweichend vom RStGB, und zwar „moderner" im Sinne einer Abkehr von seiner Kasuistik, ausgestaltet, aber nicht mit höheren Strafdrohungen versehen. Markanter Punkt für die Orientierung der Gerichte auf Entideologisierung der Rechtsanwendung ist der Beschluss des Staatsrates vom 30. Januar 1961 über die weitere Entwicklung der Rechtspflege, in dem von der Rechtsprechung die genaue Beachtung des gesetzlichen Tatbestandes gefordert wird[4]. Das Urteil des OG zur Sachbeschädigung von gesellschaftlichem Eigentum[5] und die damit verbundene Ablehnung der vorgenannten Entscheidung des BG Neubrandenburg ist Ausdruck der Abkehr von einer ideologisch geprägten Rechtsfindung. Die im Rahmen von Strafzumessungsbetrachtungen immer noch fortlebende Theorie von der erhöhten Schutzbedürftigkeit des sozialistischen Eigentums wurde nach der Kritik von Buchholz aufgegeben. Nach der Entideologisierung des strafrechtlichen Eigentumsschutzes im Sinne der Aufgabe der Theorie von der besonderen Schutzbedürftigkeit des sozialistischen Eigentums bestand für die Aufspaltung des Eigentumsschutzes im StGB aus juristischer Sicht kein Grund mehr. Aus politökonomischen Gründen, insofern natürlich auch ideologisch bedingt, hielt man jedoch die Aufrechterhaltung der Aufspaltung des Eigentumsschutzes für unumgänglich. Weiterhin spielten propagandistische Gründe eine Rolle[6]. Mit der juristisch überflüssigen Aufrechterhaltung der Aufspaltung des Eigentumsschutzes handelte sich die DDR diverse rechtliche Komplikationen ein, so die Probleme, die beim Irrtum über die Eigentumsart auftreten konnten, und die Wertungswidersprüche bei den schweren Fällen, die man bei der schweren

der Entfaltung unserer Friedenswirtschaft und gegen die Feinde unserer demokratischen Ordnung richten." *Fechner*, Kurs, NJ 1953, 382.

2 OG, Urteil vom 30.9.1955 – 3 Ust II 87/55, NJ 1955, 733.

3 BG Neubrandenburg, Urteil vom 5.10.1959 – 2 BSB 184/59, NJ 1960, 106 f.

4 GBl. I 1961, 3.

5 OG, Urteil vom 23.8.1966 – 2 Zst 6/66, NJ 1966, 765 f.

6 „Unbeschadet vieler Formübereinstimmungen, besonders für Diebstahl, Betrug usw., soll an der auch im geltenden Recht verankerten strafgesetzlichen Differenzierung zwischen den Eigentumsdelikten, die sozialistisches Eigentum betreffen, und solchen, die persönliches Eigentum berühren, festgehalten werden. Die Angriffsrichtung ist verschieden; der objektive Charakter des sozialistischen Eigentums einerseits und des persönlichen und privaten Eigentums andererseits ist unterschiedlich; auch erzieherische Gründe sprechen dafür." (Buchholz, NJ 1964, 530).

Schädigung sozialistischen Eigentums hinnahm[7], beim wiederholten Handeln mit großer bzw. besonders großer Intensität dagegen im Wege der Analogie aus der Welt schaffte[8].

Der Einfluss der SED auf die Rechtsentwicklung in der DDR war bis zur Wende im Herbst 1989 zweifellos gesichert. Im übrigen konnten im Rahmen dieser Arbeit unmittelbare Einflussnahmen der Partei in konkrete Verfahren nicht festgestellt werden, ausgenommen die Einschränkung des Anwendungsbereichs der VESchG im Zuge des „neuen Kurses". Dahingehende Erkenntnisse waren auch im Hinblick auf die Beschränkung der Untersuchung auf das in der DDR veröffentlichte Material auch nicht zu erwarten. Die zahlreichen Verrisse von Urteilen von Kreisgerichten in den fünfziger Jahren in NJ und DS durch Vertreter von Justizverwaltung und Staatsanwaltschaft sind zumindest ein Indiz dafür, dass die Richter in der DDR in Strafverfahren wegen Angriffen auf das sozialistische Eigentum in der Regel jedenfalls sachlich unabhängig entschieden.

War der Einfluss der Rechtswissenschaft, misst man ihn an der Zahl der Veröffentlichungen zu dem hier behandelten Rechtsgebiet, zunächst minimal, so änderte sich dies vorübergehend nach dem XX. Parteitag der KPdSU. Jetzt konnten Rechtswissenschaftler in den juristischen Zeitschriften publizieren und dort auch heftige Kritik an Gesetzgebung und Rechtsprechung unterbringen. Diese Tauwetterperiode wurde aber bereits mit der staats- und rechtswissenschaftlichen Konferenz der SED in Potsdam-Babelsberg am 2./3. April 1958 beendet, wo von den Rechtswissenschaftlern die Unterordnung unter die Beschlüsse der Partei verlangt wurde[9]. Immerhin konnten in der Folgezeit noch juristische Streitfragen ohne größere politische Bedeutung in der NJ diskutiert werden. Durch den Rechtspflegeerlass erlangte das OG so etwas wie eine Monopolstellung im Rechtswesen. Rechtswissenschaftler erhielten immer weniger die Gelegenheit, in den einzigen beiden juristischen Fachzeitschriften, der NJ und der StuR[10], zu publizieren. An der Klärung dogmatischer Grundfragen, jedenfalls zum hier behandelten Rechtsgebiet, war man nicht mehr interessiert. In der StuR wurde ab Inkrafttreten des StGB nichts mehr zum strafrechtlichen Schutz des sozialistischen Eigentums veröffentlicht. Die dazu in der NJ seit dieser Zeit veröffentlichten Aufsätze hatten eher Anleitungscha-

---

7 S. 7. Kap. bei Fn. 189.

8 S. 7. Kap. bei Fn. 232.

9 *Ulbricht*, Staatslehre a.a.O., S. 649; im einzelnen *Schöneburg*, NJ 1990, 5 ff.

10 Von der für Laienrichter bestimmten DS konnte man ohnehin nicht erwarten, ein Forum für juristische Auseinandersetzungen zu sein.

rakter, auch wenn sie nicht, wie die meisten, aus der Feder von Richtern des OG stammten. Die Rechtsprechung des OG trug zur Aufhellung grundsätzlicher Probleme auch nichts mehr bei. Wenn in Grundsatzurteilen, Standpunkten oder Aufsätzen von Richtern des OG von der bisherigen Rechtsprechung abgewichen wurde, befand man es nicht mehr für nötig, dies juristisch zu begründen. Es ging vielmehr darum, den Untergerichten detaillierte Vorgaben dafür zu geben, wie sie mit bestimmten Problemen praktisch umzugehen hatten. Dabei hätte doch beispielsweise der Schadensbegriff beim Betrug im Hinblick die Rechtsprechung zu den Schmiergeldfällen und den bei falschen Abrechungen im Rahmen von Feierabendarbeit auftretenden Problemen einer dogmatischen Aufarbeitung bedurft. Die Lektüre der veröffentlichten Literatur und Rechtsprechung zum hier behandelten Teilgebiet des Strafrechts der DDR ab den siebziger Jahren vermittelt einen geradezu monolithischen Eindruck von Rechtswissenschaft und Rechtsprechung der DDR, der der Wirklichkeit kaum entsprochen haben dürfte[11].

11 Buchholz schreibt über „scharfe, jedoch damals nicht publizierbare Kritik" an Bestimmungen des 5. StÄG (*Buchholz*, NJ 1990, 107).

9. Kapitel: Unrechtsstaatliches oder normales Strafrecht?

„Unrechtsstaat“ ist zunächst einmal ein Schlagwort in der politischen Auseinandersetzung zwischen den Gegnern der DDR und denjenigen, die an ihr noch gute Haare lassen[1]. Ein rationaler Diskurs, der voraussetzen würde, sich zuerst über einen Allgemeinbegriff des Unrechtsstaates zu verständigen, ist auf dieser Ebene offenbar erst gar nicht beabsichtigt. Man redet lieber aneinander vorbei[2]. Bei der rechtswissenschaftlichen Beschäftigung mit der DDR liegen die Dinge anders. Ganz gleich, ob man den Begriff des Unrechtsstaates als Rechtsbegriff betrachtet[3], oder, weil an die juristische Feststellung, ob ein Staat ein Unrechtsstaat ist, keine Rechtsfolgen geknüpft werden, als ein politisches Wert- bzw. Unwerturteil[4], geht man von einem allgemeinen Begriff des Unrechtsstaates aus. Dabei darf nicht übersehen werden, dass das gewünschte Ergebnis bereits in die Definition – eine verbindliche gibt es nicht – einfließen kann. Insofern unterscheiden sich politische und rechtswissenschaftliche Bewertung nur graduell. Immerhin ist die rechtswissenschaftliche Beurteilung differenzierter und transparenter.

Es wird konzediert, dass es in Unrechtsstaaten Bereiche geben kann, die nicht durch Unrechtsstaatlichkeit geprägt sind[5]. Ob der Begriff Unrechtsstaat dann überhaupt sinnvoll ist, kann man in Frage stellen, weil mit einem dahingehenden Urteil nicht mehr Erkenntnisgewinn verbunden ist, als mit der Feststellung

---

1 Soweit von einem politischen Kampf*begriff* (*Eisenhardt*, JoJZG 2009, 45) die Rede ist, was dem üblichen Sprachgebrauch entspricht, kann dies über den Unterschied zwischen Ausdruck und Begriff, als etwas Gedachtem, dem Ergebnis einer Abstraktion (*Ulfig*, Lexikon S. 55), hinwegtäuschen. Die Argumentationen derjenigen, die die DDR im Rahmen der politischen Diskussion als Unrechtsstaat bezeichnen, sind denn auch nicht syllogistisch. Man führt bestimmte Tatsachen an, die das System der DDR kennzeichneten und folgert daraus, dass die DDR ein Unrechtsstaat war (so Marianne Birthler, FAZ vom 16.5.2009).

2 So wurde der Ministerpräsident von Mecklenburg-Vorpommern, Erwin Sellering, für seine Äußerung, „Ich verwahre mich dagegen, die DDR als totalen Unrechtsstaat zu verdammen, in dem es nicht das kleinste bisschen Gutes gab“ (FAZ vom 22.3.2009), die doch impliziert, dass die DDR ein Unrechtsstaat, nur eben kein totaler, war, heftig attackiert (Birthler, FAZ vom 16.5.2009). Der Politiker der Partei Die Linke, Bodo Ramelow, erklärte, er lehne die Verwendung des Begriffs (wohl besser des Ausdrucks) „Unrechtsstaat“ ab (Südthüringische Zeitung vom 26.2.2009).

3 So wohl *Sendler*, ZRP 1993, 2.

4 *Eisenhardt*, a.a.O.

5 *Sendler*, NJ 1991, 380; *Eisenhardt*, a.a.O.

der Unrechtsstaatlichkeit von Teilen seines Systems[6]. Auf jeden Fall sinnvoll die Frage nach der Unrechtsstaatlichkeit für ein bestimmtes Teilgebiet einer Rechtsordnung.

Der Unrechtsstaat wird definiert als ein Staat, in dem keine Rechtsstaatlichkeit herrscht, insbesondere aber in dem die Verwirklichung von Recht auf Dauer nicht angestrebt und nicht erreicht wird und in dem die Menschenrechte und Grundfreiheiten grob missachtet werden. Außerdem seien in solchen Staaten die Gesetze „Wachs in den Händen der Partei und die Worte der Gesetze nur Fassade". Der Unrechtsstaat schiebe Gesetze, wenn es opportun ist, als lästige Versatzstücke bei Bedarf einfach beiseite. Recht werde nach Gutdünken und damit willkürlich angewandt[7].

Überträgt man diese Kriterien auf ein Teilgebiet einer Rechtsordnung, so ist nach dem Inhalt ihrer Gesetze und deren Anwendung zu fragen. Allerdings kann diese Betrachtungsweise zu kurz greifen. Gesetze und Gesetzesanwendung müssen nicht gleich gegen die Menschenrechte oder die Grundrechte verstoßen, um das Verdikt unrechtsstaatlich zu verdienen. Für große Teile des umfassenden Spitzelwesens der Stasi dürfte dies zutreffen. Es erscheint daher sinnvoll über die genannten Kriterien hinaus zu fragen, ob und inwieweit das Strafrecht der DDR zum Schutz des sozialistischen Eigentums pathologische[8] Züge aufwies.

Für den Zeitraum bis zum Inkrafttreten des VESchG können keine abschließenden Feststellungen getroffen werden. Die einschlägigen Strafbestimmungen des RStGB waren keine Unrechtsgesetze. Das gilt auch für die schweren Fälle der §§ 263 und 266 RStGB. Diese trugen zwar die Handschrift der Nationalsozialisten, waren aber gleichwohl mit den Grundsätzen eines rechtsstaatlichen Strafrechts nicht unvereinbar. „Wohl des Volkes" wurde in der nationalsozialistischen Rechtsprechung mit „Gemeinwohl" gleichgesetzt[9]. Die Einführung von Qualifikationen mit dem Merkmal „Schädigung des Gemeinwohls" widerspricht weder den Grundrechten, noch den Menschenrechten noch allgemeinen Gerechtigkeitsvorstellungen[10]. Anderes gilt für die Ausle-

---

6 Vielmehr besteht dann die Gefahr, Unterschiede zwischen verschiedenen für unrechtsstaatlich befundenen Regimes zu verwischen. *Sendler*, ZRP 1993, 4 und *Eisenhardt*, a.a.O., 53, treten allerdings der Gleichsetzung von NS-Staat und DDR entgegen.

7 *Sendler*, NJ 1991, 379 ff.; *ders.*, ZRP 1993, 1 ff.; *Eisenhardt*, a.a.O., 45 f.

8 *Vormbaum*, Strafrechtsgeschichte, S. 256 ff.

9 *Schönke*, Strafgesetzbuch, § 266 Anm. IX 1. b).

10 § 304 StGB-BRD kennt immerhin die gemeinschädliche Sachbeschädigung, die sich allerdings auf konkrete, den Interessen der Allgemeinheit dienende Gegenstände bezieht.

gung der §§ 263 Abs.. 4 Satz 1 und 266 Abs. 2 Satz 2 RStGB durch das OG, wonach eine Schädigung des Wohles des Volkes *immer* gegeben war, wenn sich die Tat gegen Volkseigentum richtete. Diese Auslegung, die die der Nationalsozialisten noch übertraf, musste bei geringfügigen Schäden zwangsläufig zu unverhältnismäßig hohen Strafen führen, und wurde damit allgemeinen Gerechtigkeitsanforderungen nicht mehr gerecht. Im übrigen sind die Klagen der Justizverwaltung über die zu milde Strafpraxis der Untergerichte bei der Ahndung von Angriffen gegen das gesellschaftliche Eigentum eher ein Indiz dafür, dass die Strafrahmen des RStGB im Allgemeinen nicht exzessiv angewendet wurden.

Das VESchG ist durch Kriminalisierung und Pönalisierung gekennzeichnet.

Mit der Einführung des Tatbestandes des sonstigen Beiseiteschaffens von gesellschaftlichem Eigentum durch das VESchG, unter den praktisch alle dieses Eigentum nachteilig berührenden Handlungen, in welcher Form es auch immer verkörpert war, gefasst werden konnten, erfolgte eine Ausdehnung des Strafbarkeitsbereichs bei den Eigentumsdelikten, die man sich weitergehend nicht hätte vorstellen können. Mit dem sonstigen Beiseiteschaffen waren die Tatbestände des Diebstahls, der Unterschlagung, und des Betrugs überflüssig geworden. Die Untreue hätte man nur noch für die Begründung eines schweren Falles gebraucht. Immerhin wurde durch den Tatbestand des sonstigen Beiseiteschaffens von gesellschaftlichem Eigentum Verhalten, das bis dahin schon zivilrechtlich rechtswidrig war (§§ 812 ff. BGB), unter Strafe gestellt. Insofern wird man unter dem Aspekt exzessiver Kriminalisierung die Vorschrift nicht als unrechtsstaatlich qualifizieren können[11].

Der Tatbestand des sonstigen Beiseiteschaffens von gesellschaftlichem Eigentum schien weiterhin evident dem Bestimmtheitsgrundsatz zu widersprechen, wie dies auch in der DDR-Literatur offen ausgesprochen wurde[12]. Eine Tathandlungsbeschreibung, wie bei Diebstahl, Unterschlagung, Betrug und Untreue fehlt. Andererseits können Erfolgsdelikte auf eine Tathandlungsbeschreibung verzichten. Eine solche gibt es etwa beim Totschlag oder der Körperverletzung in der Variante der Gesundheitsbeschädigung unseres StGB auch nicht. In seinem Urteil vom 24. Februar 1956[13] führte das OG aus, dass in § 1 Abs. 1 VESchG dem Diebstahl und der Unterschlagung das „sonstige

11 In einer auf dem Bereicherungsstreben des Einzelnen aufgebauten Wettbewerbsgesellschaft ist freilich ein Tatbestand, wie der des sonstigen Beiseiteschaffens bzw. der Bereicherung, wie es im AStGB-E hieß, unvorstellbar.

12 S. 4. Kap. B) II. 2.

13 OG, Urteil vom 24.2.1956 – 3 Ust II 10/56, NJ 1956, 250,251.

Beseiteschaffen" gleichgestellt sei. Diebstahl und Unterschlagung seien nur beispielhaft aufgeführt. Das „sonstige Beiseiteschaffen" umfasse *alle rechtswidrigen Angriffe* gegen das Volkseigentum. Das ist zwar uferlos, aber in seiner Uferlosigkeit schon wieder präzise. Insofern kann man verblüffenderweise sagen, dass der Tatbestand des sonstigen Beiseiteschaffens von gesellschaftlichem Eigentum bestimmt war.

Der Tatbestand der Nichtanzeige von in Vorbereitung befindlichen oder begangenen Angriffen gegen das gesellschaftliche Eigentum gemäß § 4 VESchG, stellte bis dahin nicht rechtswidriges und nicht strafbares Verhalten unter Strafe stellte. Er bezweckte die Verhinderung künftiger und die Aufklärung begangener Straftaten gegen das gesellschaftliche Eigentum. Dies war zunächst einmal weder verfassungs- noch menschenrechtswidrig. Sein Mittel, die Unterdrucksetzung und Kriminalisierung des gesamten Umfeldes des Täters, war in Deutschland bei begangenen Verbrechen ein strafrechtliches Novum[14] und verstieß, soweit Familienangehörige erfasst wurden, gegen den verfassungsrechtlichen Schutz von Ehe und Familie[15]. Im übrigen handelte es sich in der Variante der Verletzung der Anzeigepflicht für begangene Verbrechen um eine für totalitäre bzw. diktatorische Regimes typische[16] und damit pathologische Vorschrift. Dasselbe gilt für § 4 VESchG in der Variante der Anzeigepflicht für in Vorbereitung befindliche Verbrechen. Die Fälle des § 3 VESchG sind dabei auszuklammern, da es nicht den Grundsätzen eines rechtsstaatlichen Strafrechts widerspricht, für geplante schwere Verbrechen Anzeigepflichten zu statuieren[17].

Bei § 3 VESchG ist die wieder die Frage hinreichender Bestimmtheit zu stellen. Die Variante der Verursachung eines besonders großen Schadens genügte sicherlich nicht den Ansprüchen größtmöglicher Bestimmtheit. Andererseits ist aus der Sicht des bundesdeutschen StGB, das sich ähnlicher Begrif-

---

14 § 139 RStGB stellte nur die Nichtanzeige *geplanter* schwerer Verbrechen wie Hochverrat, Landesverrat, Wehrmittelbeschädigung, Verbrechen wider das Leben, Münzverbrechen, Raub, Menschenraub oder gemeingefährlichen Verbrechen unter Strafe. Persönliche Begünstigung durch Unterlassen war nach dem RStGB nur bei Bestehen einer besonderen Rechtspflicht strafbar (*Schönke*, StGB, § 257 Anm. III.3.). So ist es auch heute bei der Strafvereitelung (Schönke-Schröder / *Stree*, StGB, § 258 Rz. 19).

15 Art. 30 Abs. 1 Verf.1949: „Ehe und Familie bilden die Grundlage des Gemeinschaftslebens. Sie stehen unter dem Schutz des Staates." Ein Zeugnisverweigerungsrecht für Ehegatten und Verwandte war nach § 46 StPO1952 für den Fall des Bestehens einer strafgesetzlichen Anzeigepflicht nicht gegeben.

16 *Maurach / Schroeder / Maiwald*, BT/2, § 98 Rz. 3.

17 § 138 StGB-BRD.

fe bedient[18], in diesem Punkt nicht der Vorwurf der rechtsstaatswidrigen Unbestimmtheit zu erheben. Bei uns gilt die Verwendung von Allgemeinbegriffen als unbedenklich, solange sich mit Hilfe der üblichen Auslegungsmethoden oder auf Grund eine gefestigten Rechtsprechung eine zuverlässige Auslegung und Anwendung der Norm gewinnen lässt. Bestimmtheit wird so durch Bestimmbarkeit ersetzt[19]. Für die zweite Variante des § 3 VESchG – Betroffensein von Werten, welche für eine besonders bestimmte Aufgabe bestimmt waren – gilt dasselbe. Mit der dritten Variante – Vorliegen anderer besonders erschwerender Umstände – führte der Gesetzgeber einen unbenannten Fall ein. Dies ist wiederum aus der Sicht der Regelbeispieltechnik des bundesdeutschen StGB[20] nicht zu beanstanden[21].

Schon wegen seiner hohen Strafdrohungen und seines Denunziationstatbestandes war das VESchG ein Unrechtsgesetz, jedenfalls war es pathologisch. Die hohen Mindeststrafen sollten und mussten bei Bagatelldelikten zwangsläufig zu extrem unverhältnismäßig harten Strafen führen. Bereits die in der DDR verbindliche Proklamation Nr. 3 des Alliierten Kontrollrats vom 20. Oktober 1945 enthielt das Verbot, „Strafen zu verhängen, die gegen das gerechte Maß oder die Menschlichkeit verstoßen"[22]. Weiter stellen überhöhte Strafen eine Verletzung des Verbots grausamer, unmenschlicher oder erniedrigender Strafen gemäß Art. 5 der Allgemeinen Erklärung der Menschenrechte von 10. Dezember 1948 dar. Wenn Werkentin die Urteilspraxis in der Anfangsphase des VESchG als terroristisch bezeichnet[23], so kann man ihm darin nur insoweit widersprechen, als die Schuld dafür nicht die Gerichte traf, sondern im Gesetz angelegt war. Selbst Buchholz, der noch heute zur DDR steht, bezeichnete das VESchG als die schrecklichste Gesetzgebung, die es je in der DDR gab[24].

Schon kurze Zeit nach Inkrafttreten des VESchG setzte mit den Urteilen des OG vom 27. August 1953 und vom 1. September 1953 und der Richtlinie Nr. 3 die Tendenz der Dekriminalisierung ein, von der die weitere Entwicklung des

18 § 263 Abs. 3 Ziff. 2 StGB-BRD – Herbeiführung eines Vermögensverlustes großen Ausmaßes.

19 Vgl. Schönke-Schröder / *Eser*, Strafgesetzbuch, § 1 Rz. 20.

20 Schönke-Schröder / *Eser*, Strafgesetzbuch, § 243 Rz. 42a.

21 Bei § 3 VESchG kann nur insoweit von Regelbeispieltechnik nicht gesprochen werden, als bei Vorliegen der Merkmale der ersten beiden Varianten die Annahme eines besonders schweren Falles nicht ausnahmsweise abgelehnt werden konnte (vgl. Schönke-Schröder / *Eser*, StGB, § 243 Rz. 42).

22 Amtsblatt des Alliierten Kontrollrats 1945, S. 22.

23 *Werkentin*, Ulbricht S. 72.

24 *Buchholz*, Osten S. 259.

strafrechtlichen Schutzes des sozialistischen Eigentums geprägt ist. Durch die Beschränkung der Anwendung des VESchG auf schwere Angriffe gegen das gesellschaftliche Eigentum fielen die Tatbestände des sonstigen Beiseiteschaffens und der Verletzung der Anzeigepflicht für die nicht schweren Angriffe auf das gesellschaftliche Eigentum weg.

Ob die Anwendung des VESchG und auch die des RStGB auf Angriffe gegen das sozialistische Eigentum nach Einschlagung des neuen Kurses als pathologisch zu werten ist, konnte aufgrund des der Untersuchung zugrunde gelegten Materials nicht abschließend geklärt werden. Die Richtlinie Nr. 3 verhinderte jedenfalls, dass das VESchG jetzt bei geringfügigen Verstößen gegen das gesellschaftliche Eigentum angewendet wurde. Unverhältnismäßig hohe Zuchthausstrafen konnten und sollten bei Bagatelldelikten nicht mehr verhängt werden. Wenn das VESchG aber erst mal anwendbar war, dann eröffnete es immer noch die Möglichkeit zur Verhängung von unverhältnismäßig hohen Strafen, gerade in den Fällen der §§ 2, 3 VESchG. Immerhin legt der Umstand, dass die Gerichte das VESchG überwiegend nicht mehr anwendeten und dafür von der Justizverwaltung oft gescholten wurden, die Vermutung nahe, dass man sich auch bei Anwendung des VESchG im unteren Bereich der Strafrahmen bewegte.

Mit den Urteilen vom 27. August 1953 und 1. September 1953 und der Richtlinie Nr. 3 setzte sich das OG über die anerkannten Auslegungsmethoden hinweg. Aus juristischer Sicht wäre die Aufhebung oder Änderung des VESchG unumgänglich gewesen. Sie scheiterte jedoch an der Sowjetischen Kontrollkommission. In der formal inkorrekten Einschränkung des Anwendungsbereichs des VESchG kann man das willkürliche Beiseiteschieben eines Gesetzes im Sinne von Sendler und Eisenhardt sehen. Dies jedoch als unrechtsstaatlichen Akt zu betrachten, wäre verfehlt, weil dadurch mehr materielle Gerechtigkeit hergestellt wurde.

Die Abgrenzung des Anwendungsbereichs des VESchG vom RStGB durch die Richtlinie Nr. 3 war ebenfalls unter dem Gesichtspunkt des Bestimmtheitsgebots problematisch, jedoch aus der Sicht der bundesdeutschen Praxis nicht zu beanstanden. Man konnte man der Richtlinie Nr. 3 und Rechtsprechung des OG entnehmen, dass normalerweise bei einem Schaden ab etwa 1.000,- M ohne Hinzutreten weiterer Umstände das VESchG anzuwenden war. Weiter mussten sich Partei- und Staatsfunktionäre auch bei unter dieser Summe liegenden Schäden darauf einrichten, nach dem VESchG verurteilt zu werden[25].

Das StEG brachte durch den Wegfall der Tatbestände des sonstigen Beiseiteschaffens von gesellschaftlichem Eigentum und der Verletzung der Anzeigepflicht eine weitere Dekriminalisierung. Mit der weitgehenden Anpassung der Strafrahmen an die des RStGB und durch die Einführung der neuen Strafarten der bedingten Verurteilung und des öffentlichen Tadels war gegenüber den Strafrahmen des VESchG eine bedeutende Depönalisierung verbunden, die durch die nachfolgende Übertragung der strafrechtlichen Behandlung von geringfügigen Angriffen auf das sozialistische Eigentum auf die Konflikt- und Schiedskommissionen verstärkt wurde. Weiter wurden bis 1964 die Orientierungsgrößen für Schadensbeträge, ab denen eine schwere Schädigung gesellschaftlichen Eigentums angenommen wurde, und diejenigen, ab denen Freiheitsstrafen ausgesprochen wurden, angehoben.

Der Begriff der schweren Schädigung gesellschaftlichen Eigentums im StEG wurde durch die Rechtsprechung des OG konkretisiert. Nicht in seiner Formulierung, aber in seiner Struktur entspricht § 30 StEG der Regelbeispieltechnik des bundesdeutschen StGB. Vier „Regelbeispiele" sind ausdrücklich aufgeführt. Aus der Verwendung des Wortes „insbesondere" vor den Beispielen a bis c folgt, dass auch nicht im Gesetz ausdrücklich geregelte Fälle schwere Fälle darstellen konnten. § 30 Abs. 3 StEG ermöglichte es, trotz Vorliegens der Voraussetzungen des Abs. 2, die Annahme eines schweren Falles zu verneinen, wenn unter Berücksichtigung der gesamten Umstände eine erhöhte Gefährdung des gesellschaftlichen Eigentums nicht eingetreten war.

Mit Inkrafttreten des StGB erfolgte trotz neuer Gesetzesformulierungen bei den Grundtatbeständen Diebstahl, Unterschlagung, Betrug und Sachbeschädigung keine Ausdehnung des Strafbarkeitsbereichs. Indem das StGB die geringfügigen Fälle des Diebstahls und des Betrugs nicht mehr als Straftaten, sondern nur noch als Verfehlungen behandelte, machte es einen weiteren Schritt der Dekriminalisierung.

Mit dem Vertrauensmissbrauch war gegenüber der Untreue gemäß §§ 29 StEG, 266 RStGB eine Dekriminalisierung verbunden, soweit Vorgänge

---

25 Über die Gründe dafür, dass Kreisgerichte bei Angriffen gegen das gesellschaftliche Eigentum mit hohen Schäden und gehobenen gesellschaftlichen Stellungen der Täter – noch einmal erwähnt sei hier nur der Fall der Bürgermeisters, der 10.000,- M veruntreute – das RStGB anwendeten (4. Kap. Fn. 55), kann man nur spekulieren. Vermutlich gab es in der Richterschaft eine breite Ablehnung gegen das VESchG aufgrund seiner hohen Strafdrohungen. Sie sind aber nicht in der Unbestimmtheit der Rechtsprechung des OG und der Richtlinie Nr. 3 zu suchen.

außerhalb der Volkswirtschaft, Handlungen von Personen, die die Täterqualifikationen des § 165 StGB nicht erfüllten und die Erlangung nicht erheblicher persönlicher Vorteile nicht erfasst wurden. Soweit Schäden außerhalb des eigenen Betriebes einbezogen wurden[26], erfolgte mit § 165 StGB dagegen eine Ausdehnung des Strafbarkeitsbereichs. Als rechtsstaatswidrige Kriminalisierung kann diese nicht gesehen werden. Aufgrund ihrer Wirtschaftsordnung, der zentralen Planwirtschaft, war der DDR ein legitimes Bedürfnis, Missbrauchshandlungen im Sinne des § 165 StGB, durch die wirtschäftliche Schäden in anderen Betrieben oder der Volkswirtschaft verursacht wurden, unter Strafe zu stellen, nicht abzusprechen.

Weiter stellt sich beim Vertrauensmissbrauch die Frage hinreichender Bestimmtheit und zwar auf der Schadensseite[27]. Zum Begriff des *wirtschaftlichen* Schadens gelten die zum sonstigen Beiseiteschaffen angestellten Überlegungen entsprechend. Das OG hat diesen so weit ausgelegt, dass er schon wieder bestimmt war.

Von dem Merkmal *bedeutend* kann man das nicht mehr sagen. Schon weil der Begriff des wirtschaftlichen Schadens auch nicht bezifferbare wirtschaftliche Nachteile umfassen sollte, war die Angabe von Orientierungswerten jedenfalls insoweit von vornherein unmöglich. Auch bei bezifferbaren Schäden wurden keine Orientierungswerte angegeben. Stattdessen stellte man auf den Grad und das Ausmaß der Beeinträchtigung der jeweiligen Planaufgabe und das Verhältnis des Schadens zur Gesamtsituation des Betriebes ab[28]. Auch dieses Verhältnis wurde, was bei bezifferbaren Schäden möglich gewesen wäre, nicht näher (etwa bruchteilsmäßig) bestimmt. Der Verweis darauf, dass die Frage, ob ein Schaden bedeutend ist, unter Beachtung der *Komplexität* des konkreten Falles zu beantworten sei[29], stellt geradezu die Kapitulation vor dem Versuch, den Begriff des bedeutenden wirtschaftlichen Schadens in einer dem Bestimmtheitsgebot genügenden Weise zu präzisieren, dar. Komplexität wird hier zum Synonym für Unbestimmtheit. Zwar ist anzuerkennen, dass das OG über das Merkmal „bedeutend“ bei wirtschaftlichen Schäden (auch in höheren finanziellen Größenordnungen) ohne nennenswerte Folgen zu einer Verneinung des Tatbestandes des Vertrauensmissbrauchs gelangte und für einzelne Fallgestaltungen auch konkrete Abgrenzungskriterien entwickelte[30]. Eine zu-

26 *StGB-Kommentar*, § 165 Anm. 5.

27 Vgl. *Arnold*, Unternehmenskriminalität a.a.O., S. 117.

28 Vgl. *StGB-Kommentar*, § 165 Anm. 5.

29 *Buchholz / Seidel*, Fehlentscheidung S. 135.

30 S. 7. Kap. B) VI. 4. b).

mindest ideelle Grenz*linie* zwischen bedeutenden und nicht bedeutenden wirtschaftlichen Schäden ließ aber das Gesetz nicht erkennen und die Rechtsprechung des OG auch nicht. Hier bestand vielmehr ein breiter Streifen rechtlichen Niemandslandes, wo unvorhersehbar war, wie die Folgen einer Missbrauchshandlung im Sinne des § 165 StGB von den Gerichten gewertet werden würden.

Was sich der Gesetzgeber bei den erheblichen persönlichen Vorteilen in § 165 StGB1968 gedacht hatte, konnte nicht aufgeklärt werden. Für die Feststellung der Erheblichkeit die Abgrenzungskriterien zwischen Verfehlungen und Vergehen beim Diebstahl und Betrug zugrunde zu legen, erscheint aus systematischen Gründen fragwürdig, da bei dem in § 165 StGB zugleich genannten bedeutenden wirtschaftlichen Schaden weitaus mehr zusammenkommen musste, als ein Schaden von 50,- bzw. 100,- M. Sollte hier nicht eine „komplexe Betrachtungsweise" maßgebend gewesen sein, wäre die Frage, was erhebliche persönliche Vorteile sind, ohne weiteres einer dem Bestimmtheitsgrundsatz standhaltenden Konkretisierung durch die Rechtsprechung zugänglich gewesen[31].

Der schwere Fall des Vertrauensmissbrauchs in der Variante der Verursachung eines besonders schweren wirtschaftlichen Schadens genügte als Potenzierung des bereits unbestimmten Begriffs des bedeutenden wirtschaftlichen Schadens erst recht nicht dem Bestimmtheitsgebot. Die Herausarbeitung von zumindest in etwa klaren Abgrenzungskriterien war schon aufgrund der Begriffsbildung des bedeutenden wirtschaftlichen Schadens unmöglich.

Die Auslegung des § 165 StGB durch das OG wurde rechtsstaatlichen Anforderungen nicht gerecht, wobei eine solchen genügende Konkretisierung sicher möglich gewesen wäre. Andererseits lassen jedenfalls die zu § 165 StGB veröffentlichten Entscheidungen eine willkürliche oder missbräuchliche Handhabung der Vorschrift nicht erkennen. Der Umgang mit § 165 StGB ist daher als rechtsstaatlich defizitär[32], nicht aber als unrechtsstaatlich zu qualifizieren.

Die Wiedereinführung der Untreue zum Nachteil sozialistischen Eigentums stellt wieder eine Ausdehnung des Strafbarkeitsbereichs dar, die sich jedoch aufgrund der Lückenhaftigkeit des § 165 StGB im Untreuebereich als notwendig erwiesen hatte und keinesfalls als rechtsstaatlich bedenklich gewertet werden kann. § 161a StGB war bei Untreuehandlungen erheblich enger als

31 *Buchholz / Seidel* a.a.O. wollten allerdings auch für die erheblichen persönlichen Vorteile die für den bedeutenden wirtschaftlichen Schaden entwickelten „Kriterien" heranziehen.

32 Vgl. Arnold, Unternehmenskriminalität a.a.O., S. 117.

§ 266 RStGB, weil er nur auf die Verschaffung von Vermögensvorteilen gerichtete Handlungen erfasste.

Mit der Schaffung des Tatbestandes des Missbrauchs der Datenverarbeitung trug die DDR der Tatsache Rechnung, dass mit der Entwicklung der Computertechnologie neue Möglichkeiten der Kriminalität entstanden waren, denen mit den bis dahin geltenden Bestimmungen nicht wirksam begegnet werden konnte.

Der Begriff der schweren Schädigung in § 162 Abs. 1 Ziff. 1 StGB ist unter dem Aspekt des Bestimmtheitsgebots nicht zu beanstanden. Dies gilt auch für das Merkmal der großen Intensität bzw. besonders großen Intensität. Dieses war zwar unbestimmter als die Fälle des § 243 Abs. 1 Ziff. 1 und 2 StGB-BRD. Im Ergebnis tut dies nichts zur Sache, da unter § 243 StGB-BRD auch unbenannte Fälle subsumiert werden können. Es ist der Rechtsprechung durchaus gelungen, klare Abgrenzungskriterien für die große Intensität und die besondes große Intensität zu entwickeln.

Mit dem StGB war gegenüber dem StEG insofern eine Depönalisierung verbunden, als die Höchststrafen für die einfachen Fälle, ausgenommen den Vertrauensmissbrauch, auf zwei Jahre herabgesetzt wurden. Andererseits wurden die Mindeststrafen für die schweren Fälle auf zwei Jahre angehoben. Die Möglichkeit bei fehlender Erhöhung der Tatschwere trotz Vorliegens der formellen Voraussetzungen eines schweren Falles die Qualifikation nicht zur Anwendung zu bringen[33], wurde durchaus genutzt, war aber wohl kein ausreichendes Korrektiv[34]. Eine Verbesserung erfolgte hier mit der Herabsetzung der Mindeststrafe für die schweren Fälle auf ein Jahr durch das 5. StÄG. Gegen den Depönalisierungstrend verlief die (nicht spezifisch die Eigentumsdelikte betreffende) stetige Verschärfung der allgemeinen Rückfallbestimmungen des § 44 StGB, die erst mit dem 5. StÄG teilweise zurückgenommen wurde, und die Überdehnung der schweren Fälle des § 162 StGB das OG[35].

Die Übertragung der Ahndung von kleinen Ladendiebstählen auf Mitarbeiter des sozialistischen Einzelhandels entsprach sicherlich nicht rechtsstaatlichen Grundsätzen, weil dadurch das Opfer zugleich die Rolle des Richters erhielt, kann aber wegen ihrer unbedeutenden Auswirkungen nicht als unrechtsstaatlich gewertet werden.

33 § 62 Abs. 3 StGB.

34 Vgl. die Mindeststrafen der §§ 243, 244, 244a, 263 Abs. 2 und 5 StGB-BRD.

35 S. 7. Kap. B) IX. 2.

Im übrigen können die Bestimmungen zum Schutze des sozialistischen Eigentums im StEG und im StGB keinesfalls als grundrechts- menschenrechtswidrig oder sonst gegen rechtsstaatliche Grundsätze verstoßend bezeichnet werden. Spätestens mit dem StEG hatte die DDR beim Schutz des sozialistischen Eigentums zu einem normalen Strafrecht zurückgefunden.

Verstöße gegen das Rückwirkungsverbot bei der Rechtssetzung und Rechtsanwendung konnten nicht festgestellt werden[36].

Die Strafgesetze zum Schutz des sozialistischen Eigentums dienten grundsätzlich[37] dazu, Rechtsverletzungen, wie sie auch in Rechtsstaaten, strafbar sind, unter Strafe zu stellen. Das war zweifellos legitim. Es ging nicht darum, Handlungen solcher Menschen zu bestrafen, die von den Menschenrechten und Grundfreiheiten Gebrauch machten.

Beim strafrechtlichen Schutz des sozialistischen Eigentums hielten sich die Gerichte der SBZ/DDR überwiegend an die Gesetze. Die Rechtsanwendungs- und Strafzumessungspraxis bei Anwendung des StEG und des StGB kann keinesfalls als grundrechts-, menschenrechtswidrig oder pathologisch bezeichnet werden, wenngleich in schweren Fällen sicher härter bestraft wurde als bei uns. Die festgestellten Verstöße gegen das Analogieverbot, nämlich die Anwendung des VESchG auf sowjetisches Eigentum und die Überdehnungen des § 162 StGB[38], fallen im hier diskutierten Rahmen nicht ins Gewicht. Dergleichen kommt auch in Rechtsstaaten vor[39].

---

36 Die Behauptung, Hilde Benjamin habe die Gerichte dazu aufgefordert, vor Inkrafttreten begangene Straftaten gegen das gesellschaftliche Eigentum nach dem VESchG abzuurteilen und damit zur Rechtsbeugung aufgerufen (so *Dobrinski*, HuG 3/03 S. 55), ist unzutreffend. Tatsächlich hatte sie eine Freiheitsstrafe von sechs Monaten für Diebstahl von Volkseigentum bei Anwendung des RStGB, das ja bei Diebstahl einen Strafrahmen bis zu fünf Jahren Gefängnisstrafe vorsah, mit Blick auf das zwischenzeitlich in Kraft getretene VESchG gerügt (*Benjamin*, NJ 1953, 63).

37 Ausgenommen § 4 VESchG.

38 7. Kap. B) IX. 2.

39 Für die bundesdeutsche Praxis verweisen *Hassemer / Kargl* darauf, dass Entscheidungen, die sich auf der Wortlautgrenze des Gesetzes bewegen, normalerweise auf das Problem einer möglichen Verletzung des Analogieverbots erst gar nicht eingehen (in: Kindhäuser-Neumann-Paeffgen, Strafgesetzbuch, § 1 Rzn 90 ff. mit Beispielen aus der Rechtsprechung des BGH). Das OG hat das Analogieproblem in den genannten Entscheidungen und Anleitungsmaterialien auch nie angesprochen.

10. Kapitel: Schluss

Nach der ideologisch aufgeheizten Anfangsphase, die im VESchG ihren unrühmlichen Höhepunkt gefunden hatte, kehrte die DDR beim Schutz des sozialistischen Eigentums zu einem normalen Strafrecht zurück und betrieb im Bereich der Bagatellkriminalität Dekriminalisierung und Depönalisierung.

Bei unterschiedlichen Formulierungen stimmten bis zum 6. StÄG die Tatbestände des Diebstahls, der Unterschlagung, des Betrugs und der Sachbeschädigung mit unseren entsprechenden Tatbeständen überein. Die Tatbestandsformulierung des Betrugs des StGB der DDR war der unseres § 263 StGB sprachlich und sachlich überlegen. Es wäre zu bedenken gewesen, diese im Zuge der Wiedervereinigung zu übernehmen.

Bei der Untreue war der Strafbarkeitsbereich nach dem Recht der DDR sogar enger als nach dem der Bundesrepublik. Mit einer Ersetzung unserer noch aus nationalsozialistischer Zeit stammenden Fassung des § 266 Abs. 1 StGB durch die Formulierungen der §§ 161a, 182 StGB wäre jedoch eine kriminalpolitisch unbefriedigende Einschränkung des Strafbarkeitsbereichs auf Bereicherungshandlungen verbunden gewesen. Der Vertrauensmissbrauch, der auch durch untreueartige Handlungen ohne Bereicherungsabsicht verursachte Schäden umfasste, konnte aus den genannten Gründen kein Vorbild für die Bundesrepublik sein.

Den Verfehlungen, die durch das 6. StäG unberührt blieben und erst mit dem Einigungsvertrag abgeschafft wurden, und im übrigen der Möglichkeit, geringfügige Eigentumsvergehen durch die gesellschaftlichen Gerichte zu ahnden, stehen in der Bundesrepublik die prozessualen Lösungen der §§ 153, 153a StPO gegenüber. Die Kategorie der Verfehlungen kann nicht isoliert, sondern nur in Verbindung mit den nach dem Recht der DDR dafür vorgesehenen Reaktionsmöglichkeiten gesehen werden. Die Einrichtung von Konfliktkommissionen in bundesdeutschen Unternehmen wäre wegen der unterschiedlichen gesellschaftlichen Verhältnisse nicht sinnvoll und ohne weiteres auch kaum möglich. Zudem treten bei Eigentumsverletzungen von Arbeitnehmern die strafrechtlichen Konsequenzen gegenüber den arbeitsrechtlichen Folgen in den Hintergrund. Bereits der Verdacht eines Bagatelldiebstahls rechtfertigt auch bei langjähriger Betriebszugehörigkeit eine außerordentliche Kündigung. Bei den Schiedskommissionen, die ihre Entsprechungen in den Schiedsstellen und Schiedsämtern der Länder finden könnten, bestehen diese Bedenken nicht. Es ist aber zweifelhaft, ob dort ausreichende Professionalität gewährleistet werden könnte. Die Höhe des Schadens muss sich nicht unbedingt proportional zum Schwierigkeitsgrad der mit dem Fall verbundenen Rechtsfragen verhalten. Auch würden wohl die Kapazitäten dieser Institutionen überschritten werden, wenn jeder kleine Ladendiebstahl von ihnen bearbeitet werden müsste. Die Erwägung, Mitarbeiter von Einzelhandelsgeschäften zu ermächtigen, Straf- oder Bußgelder von Ladendieben zu erheben, kommt aus den genannten rechtsstaatlichen Erwägungen nicht in Betracht. Bliebe noch die polizeiliche Strafverfügung, also so etwas wie ein Bußgeldbescheid. Gegenüber der derzeitigen immer noch umstrittenen[1] prozessualen Lösung über die §§ 153, 153a StPO wären damit wohl auch keine grundlegenden Verbesserungen verbunden. Das Verfehlungskonzept der DDR ist auf die Bundesrepublik nicht übertragbar[2]. Entsprechendes gilt aus den genannten Gründen auch für die Übertragung der Ahndung von sonstigen leichten Eigentumsvergehen auf Schiedsstellen oder ähnliche Einrichtungen.

Bei der Regelung der schweren Fälle zeigt sich im Strafrecht der DDR dieselbe Tendenz wie in unserem StGB: Weg von abschließend aufgeführten bestimmt formulierten Qualifikationsfällen, hin zu Regelbeispielkatalogen mit, was ihre Bestimmtheit anbelangt, von den Idealvorstellungen eines rechtsstaatlich-liberalen Strafrechts teilweise weit entfernten Regelbeispielen. In letzterer Hinsicht ging das StGB der DDR mit der Verwendung der Qualifikationen der schweren Schädigung für alle schweren Fälle und derm wiederholten Handeln mit (besonders) großer Intensität allerdings noch weiter als unser StGB.

War auch das Strafrecht der DDR zum Schutz des sozialistischen Eigentums bzw. das Eigentumsstrafrecht überhaupt zuletzt lange nicht mehr unrechtsstaatlich bzw. pathologisch, so gab es doch nur wenig, was erhaltenswert gewesen wäre: die Formulierung des Betrugstatbestandes. Diese hatte allerdings die Volkskammer selbst schon vor der Wiedervereinigung mit 6. StÄG beseitigt.

---

1 Löwe-Rosenberg / *Beulke*, Strafprozessordnung, § 153 Rz. 5 u. § 153a Rzn 11 ff.

2 Vgl. *Buchholz*, NJ 1997, 239.

ANHANG

Rechtsquellen

A) Volkseigentumsschutzgesetz[1]

Zum Schutze des staatlichen und genossenschaftlichen Eigentums, das die ökonomische Basis des Aufbaues des Sozialismus in der Deutschen Demokratischen Republik darstellt, und zum Schutze des Eigentums gesellschaftlicher Organisationen hat die Volkskammer der Deutschen Demokratischen Republik das nachstehende Gesetz beschlossen:

§ 1
(1) Diebstahl, Unterschlagung oder ein sonstiges Beiseiteschaffen von staatlichem oder genossenschaftlichem Eigentum oder von Eigentum gesellschaftlicher Organisationen werden mit Zuchthaus von einem bis zu fünf Jahren bestraft.
(2) Ebenso wird der Betrug zum Nachteil von staatlichem oder genossenschaftlichem Eigentum oder von Eigentum gesellschaftlicher Organisationen bestraft.

§ 2
(1) Urkundenfälschung oder Untreue zum Nachteil von staatlichem oder genossenschaftlichem Eigentum oder von Eigentum gesellschaftlicher Organisationen wird mit Zuchthaus von drei bis fünfzehn Jahren bestraft.
(2) Auf die gleichen Strafen ist zu erkennen, wenn
a) der Täter wegen eines Verbrechens gegen gesellschaftliches Eigentum vorbestraft ist,
b) die Verbrechen des § 1 durch eine Gruppe von Personen oder mehrfach begangen worden sind,
c) die Verbrechen des § 1 unter Anwendung von Gewalt oder Diebeswerkzeugen begangen worden sind.

§ 3
Ist durch ein Verbrechen nach § 1 oder § 2 ein besonders großer Schaden verursacht oder sind dadurch Werte betroffen, welche für eine besonders wichtige Aufgabe bestimmt waren, oder liegen andere besonders erschwerende Umstände vor, so ist auf Zuchthaus von zehn bis fünfundzwanzig Jahren und Vermögenseinziehung zu erkennen.

§ 4
Wer es unterläßt, ein ihm glaubwürdig bekanntgewordenes, in Vorbereitung befindliches oder begangenes Verbrechen nach § 2 oder § 3 der Volkspolizei, den Organen der Staatssicherheit oder dem Staatsanwalt anzuzeigen, wird mit Gefängnis von sechs Monaten bis zu drei Jahren bestraft.

§ 5
Für Verfahren wegen Verbrechen nach §§ 2 und 3 dieses Gesetzes sind die Bezirksgerichte zuständig.

---

1 Gesetz zum Schutze des Volkseigentums und anderen gesellschaftlichen Eigentums vom 2.10.1952 (GBl. 1952, 982).

§ 6
Das Gesetz tritt mit seiner Verkündung in Kraft.

Berlin, den 2. Oktober 1952

B) Richtlinie Nr. 3[2]

1.
Das Gesetz zum Schutze des Volkseigentums und anderen gesellschaftlichen Eigentums vom 2. Oktober 1952 ist nur auf schwere Angriffe gegen gesellschaftliches Eigentum anzuwenden.

Ob ein schwerer Angriff gegen gesellschaftliches Eigentum vorliegt, beurteilt sich nach den objektiven und subjektiven Umständen der Tat und ihrem gesellschaftlichen Zusammenhang. Dabei sind vor allem der eingetretene oder mögliche Schaden und die sonst zu erwartenden Folgen, insbesondere die drohende Schmälerung des Vertrauens der Werktätigen zu den staatlichen Einrichtungen und zu ihren gesellschaftlichen Organisationen, sowie die in der Person des Täters liegenden Umstände, namentlich seine gesellschaftliche Stellung, zu berücksichtigen.

2.
Liegt kein schwerer Angriff gegen gesellschaftliches Eigentum vor, so kommen die sonstigen dem Schutz des Eigentums und des Vermögens dienenden Strafbestimmungen, insbesondere die §§ 242 ff. 246, 259 bis 261, 263, 266, 267 und 370 Ziff. 5 StGB sowie der Forst- und Feldstrafgesetze zur Anwendung.

3.
Eine „Gruppe“ im Sinne des § 2 Abs. 2 Buchst. b VESchG liegt dann vor, wenn sich zwei oder mehrere Personen vor oder bei Begehung der Tat zu ihrer gemeinsamen Durchführung verabredet und zusammengeschlossen haben.

4.
Eine Bestrafung wegen mehrfachen Begehens nach § 2 Abs. 2 Buchst. b VESchG hat zur Voraussetzung, daß auf die einzelnen Handlungen, die zur Begründung des mehrfachen Begehens dienen § 1 des Gesetzes anzuwenden ist. Da das Gesetz in § 2 Abs. 2 Buchst. b die mehrfache Begehung durch eine eindeutige Bestimmung regelt, ist es unzulässig, durch die Annahme eines Fortsetzungszusammenhanges die Anwendung dieser Vorschrift auszuschließen.

In Fällen des § 2 Abs. 2 Buchst. b VESchG ist für eine Anwendung des § 74 StGB kein Raum. Es ist vielmehr nur eine dem Strafrahmen des § 2 Abs. 1 VESchG zu entnehmende Strafe festzusetzen.

Neben einer Bestrafung aus § 1 oder § 2 Abs. 2 Buchst. b VESchG ist die Bestrafung wegen minderschwerer Angriffe gegen gesellschaftliches Eigentum bei Tatmehrheit nach dem Strafgesetzbuch oder anderen Strafgesetzen möglich.

---

2 Richtlinie des Plenums des Obersten Gerichts für die Anwendung des Gesetzes zum Schutze des Volkseigentums und anderen gesellschaftlichen Eigentums vom 2. Oktober 1952 – Richtlinie Nr. 3 vom 28. Oktober 1953 – R Pl 6/53 (NJ 1953, 688).

5.
Mehrere weniger schwere Angriffe gegen gesellschaftliches Eigentum können sich als ein fortgesetztes Verbrechen gegen § 1 VESchG darstellen, wenn nicht mindestens zwei Teilhandlungen so schwerwiegend sind, daß jede von ihnen die Anwendung des Volkseigentumsschutzgesetzes erfordert und damit die Bestrafung nach § 2 Abs. 2 Buchst. b des Gesetzes notwendig ist.

6.
Eine Bestrafung nach § 2 Abs. 2 Buchst. a VESchG ist nur möglich, wenn die vorausgegangene Bestrafung aufgrund des Volkseigentumsschutzgesetzes erfolgt ist. Auch in diesen Fällen ist zu prüfen, ob die Anwendung des Volkseigentumsschutzgesetzes auf die der Verurteilung zugrunde liegende Handlung nach den Gesichtspunkten dieser Richtlinie gerechtfertigt war, wenn die Bestrafung vor dem 11. Juni 1953 erfolgt ist.

C) Strafrechtsergänzungsgesetz (Auszug)[3]

Verbrechen gegen gesellschaftliches Eigentum

§ 28
Gesellschaftliches Eigentum im Sinne der nachfolgenden Bestimmungen ist Eigentum des Arbeiter- und-Bauern-Staates (Volkseigentum), Eigentum sozialistischer Genossenschaften und Eigentum demokratischer Parteien und Organisationen.

§ 29
(1) Wer durch Diebstahl (§ 242 StGB), Unterschlagung (§ 246 StGB), Betrug (§ 263 StGB) oder Untreue (§ 266 StGB) gesellschaftliches Eigentum angreift, wird mit Gefängnis oder öffentlichem Tadel bestraft. Daneben kann auf Geldstrafe erkannt werden.
(2) Der Versuch ist strafbar.

§ 30
(1) In schweren Fällen von Straftaten gegen § 29 ist die Strafe Zuchthaus bis zu zehn Jahren. Daneben kann auf Geldstrafe erkannt werden.
(2) Ein schwerer Fall liegt, soweit er sich nicht schon aus der schweren Schädigung des gesellschaftlichen Eigentums ergibt, insbesondere vor,
a) wenn die Tat unter grober Verletzung der sich aus einer verantwortlichen Stellung ergebenden Pflichten begangen wurde,
b) wenn an der Tat mehrere mitwirken, welche sich zur fortgesetzten Begehung von Straftaten gegen gesellschaftliches Eigentum verbunden haben,
c) wenn der Täter zweimal wegen der in § 29 genannten Straftaten gegen gesellschaftliches Eigentum mit Freiheitsstrafe bestraft ist und die Strafen noch nicht getilgt sind.
(3) Ein schwerer Fall liegt nicht vor, wenn zwar die Voraussetzungen des Absatzes 2 gegeben sind, jedoch unter Berücksichtigung der gesamten Umstände eine erhöhte Gefährdung des gesellschaftlichen Eigentums nicht eingetreten ist.

§ 31
(1) Das Gesetz vom 2. Oktober 1952 zum Schutze des Volkseigentums und anderen gesellschaftlichen Eigentums (GBl. S. 982) tritt gleichzeitig außer Kraft.

---

3 Gesetz zur Ergänzung des Strafgesetzbuches – Strafrechtsergänzungsgesetz –. Vom 11. Dezember 1957 (GBl. 1957 I, 643).

(2) Die §§ 242 bis 245, 246, 263, 264 und 266 des Strafgesetzbuches sind für die Bestrafung von Straftaten gegen gesellschaftliches Eigentum nicht mehr anwendbar. Als schwerer Diebstahl im Sinne der §§ 258 und 261 des Strafgesetzbuches gilt auch ein schwerer Fall von Diebstahl von § 30 dieses Gesetzes.

D) Synoptische Darstellung der Strafbestimmungen zum Schutze des sozialistischen Eigentums und zum Schutze des persönlichen und privaten Eigentums im StGB

Straftaten gegen das sozialistische Eigentum	**Straftaten gegen das persönliche und private Eigentum**
StGB 1968	
§ 157	
Begriff des sozialistischen Eigentums	
(1) Als sozialistisches Eigentum im Sinne dieses Gesetzes wird das Vermögen der Deutschen Demokratischen Republik, ihrer Organe, Einrichtungen und Betriebe (Volkseigentum), das Vermögen sozialistischer Genossenschaften sowie das Vermögen demokratischer Parteien und Organisationen geschützt. Ebenso unterliegt das Vermögen sozialistischer Staaten, ihrer Organe, Einrichtungen und Betriebe dem Schutz des Gesetzes.	
(2) Vermögen von Betrieben mit staatlicher Beteiligung, Vermögen, das Rechtsträgern von sozialistischem Eigentum oder sozialistischen Genossenschaften zur Verwaltung oder Nutzung übergeben wurde, wird wie sozialistisches Eigentum geschützt.	
(3) Irrte sich der Täter zu Zeit der Tat über die Art des Eigentums, so wird er nach der Bestimmung bestraft, die durch seine Handlung objektiv verletzt worden ist.	

§ 158

Diebstahl sozialistischen Eigentums

(1) Wer Sachen wegnimmt, die sozialistisches Eigentum sind, um sie sich oder anderen rechtswidrig zuzueignen, oder wer solche ihm übergebene oder auf andere Weise in seinen Besitz gelangte Sachen sich oder anderen rechtswidrig zueignet, wird wegen Diebstahls zum Nachteil sozialistischen Eigentums zur Verantwortung gezogen.

(2) Der Versuch ist strafbar.

§ 177

Diebstahl persönlichen oder privaten Eigentums

[wortgleich bis auf die Eigentumsart]

§ 159

Betrug zum Nachteil sozialistischen Eigentums

(1) Wer einen anderen durch Täuschung zu einer Vermögensverfügung veranlaßt, die das sozialistische Eigentum schädigt, um sich oder anderen rechtswidrig Vermögensvorteile zu verschaffen, wird wegen Betruges zum Nachteil sozialistischen Eigentums zur Verantwortung gezogen.

(2) Der Versuch ist strafbar.

§ 178

Betrug zum Nachteil persönlichen oder privaten Eigentums

[wortgleich bis auf die Eigentumsart]

§ 160

Verfehlung zum Nachteil sozialistischen Eigentums

Wer einen Diebstahl oder Betrug zum Nachteil sozialistischen Eigentums begeht, der unter Berücksichtigung aller Umstände der Tat, wie des Schadens, der Schuld des Täters und seiner Persönlichkeit geringfügig ist, wird wegen einer Verfehlung zur Verantwortung gezogen.

§ 179

Verfehlung zum Nachteil persönlichen oder privaten Eigentums

[wortgleich bis auf die Eigentumsart]

§ 161

Bestrafung von Vergehen zum Nachteil sozialistischen Eigentums

Wer durch einen Diebstahl oder Betrug zum Nachteil sozialistischen Eigentums einen höheren Schaden verursacht, die Tat mit großer Intensität oder unter grober

§ 180

Bestrafung von Vergehen zum Nachteil persönlichen oder privaten Eigentums

[wortgleich bis auf die Eigentumsart]

Mißachtung der Vertrauensstellung oder anderer erschwerender Umstände begeht, wird mit Freiheitsstrafe bis zu zwei Jahren oder mit Verurteilung auf Bewährung, Geldstrafe oder mit öffentlichem Tadel bestraft oder von einem gesellschaftlichen Organ der Rechtspflege zur Verantwortung gezogen.

[Antragsdelikt gemäß § 2 Abs. 1 StGB]

§ 162

Bestrafung von verbrecherischem Diebstahl und Betrug zum Nachteil sozialistischen Eigentums

(1) Verbrecherischer Diebstahl oder Betrug wird mit Freiheitsstrafe von zwei bis zu zehn Jahren bestraft. Einen verbrecherischen Diebstahl oder Betrug begeht, wer

1. eine schwere Schädigung des sozialistischen Eigentums verursacht;
2. die Tat als Organisator oder Beteiligter einer Gruppe ausführt, die sich unter Ausnutzung ihrer beruflichen Tätigkeit oder zur wiederholten Begehung von Straftaten gegen das Eigentum zusammengeschlossen hat;
3. wiederholt mit großer Intensität handelt;
4. die Tat ausführt, obwohl er bereits zweimal wegen Diebstahls oder Betruges zum Nachteil sozialistischen oder persönlichen oder privaten Eigentums oder Hehlerei oder einmal wegen Raubes oder Erpressung mit Freiheitsstrafe bestraft ist.

(2) Ist die Beteiligung an einer Gruppe von untergeordneter Bedeutung, kann die Bestrafung nach § 161 erfolgen.

§ 181

Bestrafung von verbrecherischem Diebstahl und Betrug zum Nachteil persönlichen oder privaten Eigentums

[wortgleich bis auf die Eigentumsart]

[Verweis auf § 180]

[fehlt]

§ 182

Untreue

(1) Wer die ihm kraft Gesetzes, staatlichen Auftrages oder Vertrages eingeräumte Befugnis, persönliches oder privates Eigentum anderer zu verwalten, zu deren Nachteil mißbraucht, um sich oder andere zu bereichern, wird mit

Geldstrafe, Verurteilung auf Bewährung oder mit Freiheitsstrafe bis zu zwei Jahren bestraft.
(2) Wer durch die Untreue einen erheblichen Vermögensschaden verursacht oder die Tat unter anderen erschwerenden Umständen begeht, wird mit Freiheitsstrafe von einem Jahr bis zu fünf Jahren bestraft.

§ 163

Vorsätzliche Beschädigung sozialistischen Eigentums

(1) Wer vorsätzlich und rechtswidrig Produktionsmittel oder andere Sachen, die sozialistisches Eigentums sind, zerstört, vernichtet, beschädigt oder unbrauchbar macht, wird von einem gesellschaftlichen Organ der Rechtspflege zur Verantwortung gezogen oder mit öffentlichem Tadel, Geldstrafe, Verurteilung auf Bewährung oder mit Freiheitsstrafe bis zu zwei Jahren bestraft.

(2) Der Versuch ist strafbar.

§ 183

Vorsätzliche Sachbeschädigung

„fremde Sachen“ [– sonst wortgleich bis auf die Eigentumsart]

[Antragsdelikt gemäß § 2 Abs. 1 StGB]

§ 164

Verbrecherische Beschädigung sozialistischen Eigentums

Verbrecherische Beschädigung sozialistischen Eigentums wird mit Freiheitsstrafe von zwei bis zu acht Jahren bestraft. Eine verbrecherische Beschädigung begeht, wer
1. vorsätzlich eine schwere Schädigung des sozialistischen Eigentums verursacht;
2. durch die Tat vorsätzlich erhebliche Produktionsstörungen verursacht oder die lebenswichtige Versorgung der Bevölkerung gefährdet;
3. die Tat ausführt, obwohl er bereits zweimal wegen Beschädigung sozialistischen Eigentums, Sachbeschädigung oder wegen Rowdytums mit Freiheitsstrafe bestraft ist.

§ 184

Verbrecherische Sachbeschädigung

Verbrecherische Sachbeschädigung wird mit Freiheitsstrafe von zwei bis zu acht Jahren bestraft. Eine verbrecherische Sachbeschädigung begeht, wer,

1. vorsätzlich einen schweren Schaden verursacht,
[fehlt]

[wortgleich, aber hier Ziff. 2]

Änderungen durch das 1. StÄG

§ 161a	§ 182
Untreue zum Nachteil sozialistischen Eigentums	Untreue
(1) Wer die ihm durch Gesetz, Auftrag oder Vertrag eingeräumte Befugnis, über sozialistisches Eigentum zu verfügen oder es zu verwalten oder in sonstiger Weise Vermögensinteressen des sozialistischen Eigentums wahrzunehmen, mißbraucht und dadurch zum Schaden des sozialistischen Eigentums sich oder anderen rechtswidrig Vermögensvorteile verschafft, wird mit Geldstrafe, Verurteilung auf Bewährung oder mit Freiheitsstrafe bestraft.	[Unverändert]
(2) Der Versuch ist strafbar.	
§ 162	§ 181
Bestrafung von Verbrechen zum Nachteil sozialistischen Eigentum	Bestrafung von verbrecherischem Diebstahl und Betrug zum Nachteil persönlichen oder privaten Eigentums
Schwere Fälle des Diebstahls, Betrugs oder der Untreue zum Nachteil sozialistischen Eigentums werden mit Freiheitsstrafe von zwei bis zu zehn Jahren bestraft. Diebstahl, Betrug oder Untreue zum Nachteil sozialistischen Eigentums in schweren Fällen begeht *insbesondere*, wer	[In Abs. 1 Satz 1 keine Änderung gegenüber der Fassung von 1968. Keine Hereinnahme der Untreue.]
[...]	
3. wiederholt mit besonders großer Intensität handelt.	[wortgleich übernommen]

Änderungen durch das 3. StÄG

§ 162 Abs. 1 Ziff. 2	§ 181 Abs. 1 Ziff. 2
[...]	
2. die Tat zusammen mit anderen ausführt, die sich unter Ausnutzung ihrer beruflichen Tätigkeit oder zur wiederholten Begehung von Straftaten gegen das sozialistische Eigentum zusammengeschlossen haben;	[wortgleich]

§ 162 Abs. 2

Ist die Tatbeteiligung nach Absatz 1 Ziffer 2 von untergeordneter Bedeutung, kann die Bestrafung nach §§ 161 oder 161a erfolgen.

§ 181 Abs. 2

[wortgleich – Verweis auf § 180]

Änderungen durch das 5. StÄG

§ 161

Bestrafung von Vergehen zum Nachteil sozialistischen Eigentums

keine Änderung

§ 180

Bestrafung von Vergehen zum Nachteil persönlichen oder privaten Eigentums

Abs. 2 (neu):
Ist die Tat gegenüber einem Angehörigen begangen, tritt die Verfolgung auf dessen Antrag ein.

§ 161b

Mißbrauch der Datenverarbeitung zum Nachteil sozialistischen Eigentums

(1) Wer auf einen Datenverarbeitungsprozeß durch mißbräuchliche Verwendung von Daten oder Programmen oder in sonstiger Weise einwirkt oder das Ergebnis eines Datenverarbeitungsprozesses beeinflußt und dadurch das sozialistische Eigentum schädigt, um sich oder anderen rechtswidrig Vermögensvorteile zum Nachteil sozialistischen Eigentums zu verschaffen, wird mit Geldstrafe, Verurteilung auf Bewährung oder mit Freiheitsstrafe bestraft.

(2) Der Versuch ist strafbar.

§ 180a

Mißbrauch der Datenverarbeitung zum Nachteil persönlichen oder privaten Eigentums

[wortgleich bis auf die Eigentumsart]

§ 162

Bestrafung von schweren Fällen des Diebstahls, des Betrugs, der Untreue und des Mißbrauchs der Datenverarbeitung zum Nachteil sozialistischen Eigentums. Schwere Fälle des Diebstahls, Betrugs, der Untreue oder des Mißbrauchs der Datenverarbeitung zum Nachteil sozialistischen Eigentums werden mit Freiheitsstrafe von einem Jahr bis zu zehn Jahren bestraft. Diebstahl, Betrug, Untreue oder

§ 181

Bestrafung von schweren Fällen des Diebstahls, des Betrugs und des Mißbrauchs der Datenverarbeitung zum Nachteil persönlichen oder privaten Eigentums

[Untreue fehlt, sonst wortgleich bis auf die Eigentumsart]

Mißbrauch der Datenverarbeitung zum Nachteil sozialistischen Eigentums im schweren Falle begeht insbesondere, [...]

[keine Änderungen bei Ziff. 1. bis 3., Ziff. 4 ist weggefallen]

§ 164

Schwere Fälle der Beschädigung sozialistischen Eigentums

Schwere Fälle der Beschädigung sozialistischen Eigentums werden mit Freiheitsstrafe von einem Jahr bis zu acht Jahren bestraft. Einen schweren Fall der Beschädigung begeht, wer

1. vorsätzlich eine schwere Schädigung des sozialistischen Eigentums verursacht;
2. die Tat ausführt, obwohl er bereits zweimal wegen Beschädigung des sozialistischen Eigentums, Sachbeschädigung oder wegen Rowdytums mit Freiheitsstrafe bestraft ist.

§ 184

Bestrafung von schweren Fällen der Sachbeschädigung

Schwere Fälle der Sachbeschädigung werden mit Freiheitsstrafe von einem Jahr bis zu acht Jahren bestraft. Sachbeschädigung im schweren Fall begeht, wer vorsätzlich einen schweren Schaden verursacht.

E) Vertrauensmissbrauch

StGB 1968

§ 165

Vertrauensmißbrauch

(1) Wer die ihm mit einer Vertrauensstellung übertragene Verfügungs- oder Entscheidungsbefugnis mißbraucht, indem er entgegen seinen Rechtspflichten eine Entscheidung oder Maßnahme trifft oder eine gebotene Entscheidung oder Maßnahme unterläßt und dadurch vorsätzlich einen bedeutenden wirtschaftlichen Schaden verursacht oder erhebliche persönliche Vorteile für sich oder andere erlangt, wird mit Freiheitsstrafe bis zu fünf Jahren oder mit Verurteilung auf Bewährung oder mit Geldstrafe bestraft.

(2) Wer die Tat als Organisator einer Gruppe ausführt, die sich unter Ausnutzung ihrer beruflichen Tätigkeit oder zur wiederholten Begehung zusammengeschlossen hat, wird mit Freiheitsstrafe von zwei bis zu zehn Jahren bestraft.

(3) Der Versuch ist strafbar.

1. StÄG

§ 165

Vertrauensmißbrauch

(1) Wer die ihm mit einer Vertrauensstellung übertragene Verfügungs- oder Entscheidungsbefugnis mißbraucht, indem er entgegen seinen Rechtspflichten eine Entscheidung oder Maßnahme trifft oder eine gebotene Entscheidung oder Maßnahme unterläßt und dadurch vorsätzlich einen bedeutenden wirtschaftlichen Schaden verursacht, wird mit Freiheitsstrafe bis zu zwei Jahren oder mit Verurteilung auf Bewährung oder mit Geldstrafe bestraft.

(2) Wer durch die Tat einen besonders schweren wirtschaftlichen Schaden verursacht oder die Tat als Organisator oder Beteiligter einer Gruppe ausführt, die sich unter Ausnutzung ihrer beruflichen Tätigkeit oder zur wiederholten Begehung zusammengeschlossen hat, wird mit Freiheitsstrafe von zwei bis zu zehn Jahren bestraft.

(3) Ist die Beteiligung an einer Gruppe von untergeordneter Bedeutung, kann die Bestrafung nach Absatz 1 erfolgen.

(4) Der Versuch ist strafbar.

3. StÄG

§ 165 StGB

Vertrauensmißbrauch

(1) Wer eine ihm dauernd oder zeitweise übertragene Vertrauensstellung mißbraucht, indem er entgegen seinen Rechtspflichten Entscheidungen oder Maßnahmen trifft oder pflichtwidrig unterläßt oder durch Irreführung oder in anderer Weise Maßnahmen oder Entscheidungen bewirkt und dadurch vorsätzlich einen bedeutenden wirtschaftlichen Schaden verursacht, wird mit Freiheitsstrafe bis zu fünf Jahren oder mit Verurteilung auf Bewährung oder mit Geldstrafe bestraft.

(2) Wer

1. durch die Tat einen besondes schweren wirtschaftlichen Schaden verursacht;

2. die Tat zusammen mit anderen ausführt, die sich unter Ausnutzung ihrer beruflichen Tätigkeit oder zur wiederholten Begehung zusammengeschlossen haben,

wird mit Freiheitsstrafe von zwei bis zu zehn Jahren bestraft.

(3) Ist die Tatbeteiligung nach Absatz 2 Ziffer 2 von untergeordneter Bedeutung, kann die Bestrafung nach Absatz 1 erfolgen.

(4) Der Versuch ist strafbar.

5. StÄG

§ 165 Abs. 2 letzter Halbsatz:

„wird mit Freiheitsstrafe von einem Jahr bis zu zehn Jahren bestraft bestraft."

Rechtsquellenverzeichnis[1]

Verordnung über die Bestrafung von Verstößen gegen die Wirtschaftsordnung (Wirtschaftsstrafverordnung). Vom 23. September 1948; in: ZVOBl. 1948, 439.

Verfassung der Deutschen Demokratischen Republik vom 7. Oktober 1949; in: GBl. 1949, 5.

Einführungsgesetz zum Gesetz über das Verfahren in Strafsachen der Deutschen Demokratischen Republik (Strafprozeßordnung). Vom 2. Oktober 1952; in: GBl. 1952, 995.

Gesetz über das Verfahren in Strafsachen in der Deutschen Demokratischen Republik (Strafprozeßordnung). Vom 2. Oktober 1952; in: GBl. 1952, 996.

Gesetz über die Verfassung der Gerichte der Deutschen Demokratischen Republik (Gerichtsverfassungsgesetz). Vom 2. Oktober 1952; in: GBl. 1952, 983.

Gesetz zum Schutze des Volkseigentums und anderen gesellschaftlichen Eigentums. Vom 2. Oktober 1952; in: GBl. 1952, 982.

Richtlinie des Plenums des Obersten Gerichts für die Anwendung des Gesetzes zum Schutze des Volkseigentums und anderen gesellschaftlichen Eigentums vom 2. Oktober 1952. – Richtlinie Nr. 3 vom 28. Oktober 1953 – R PL 6/53; in: NJ 1953, 686–688.

Gesetz zur Ergänzung des Strafgesetzbuches – Strafrechtsergänzungsgesetz –. Vom 11. Dezember 1957; in: GBl. 1957 I, 643.

Gesetzbuch der Arbeit vom 12. April 1961; in: GBl. I 1961, 27.

Erlaß des Staatsrates der Deutschen Demokratischen Republik über die grundsätzlichen Aufgaben und die Arbeitsweise der Organe der Rechtspflege. Vom 4. April 1963; in: GBl. I 1963, 21.

Gesetz über die Verfassung der Gerichte der Deutschen Demokratischen Republik. (Gerichtsverfassungsgesetz). Vom 17. April 1963; in: GBl. I 1963, 45.

Einführungsgesetz zum Strafgesetzbuch und zur Strafprozessordnung der Deutschen Demokratischen Republik vom 12. Januar 1968; in: GBl. I 1968, 97.

Strafgesetzbuch der Deutschen Demokratischen Republik – StGB – vom 12. Januar 1968; in: GBl. I 1968, 1.

Strafprozeßordnung der Deutschen Demokratischen Republik – StPO – vom 12. Januar 1968; in: GBl. 1968 I, 49.

Verfassung der Deutschen Demokratischen Republik. Vom 6. April 1968; in: GBl. I 1968, 192.

---

1 Hier nicht aufgeführte, insbesondere nur einmal zitierte Rechtsquellen sind in den Fußnoten nachgewiesen.

Erlaß des Staatsrates der Deutschen Demokratischen Republik über die Wahl und Tätigkeit der Konfliktkommissionen – Konfliktkommissionsordnung – vom 4. Oktober 1968; in: GBl. I 1968, 287.

Erlaß des Staatsrates der Deutschen Demokratischen Republik über die Wahl und Tätigkeit der Schiedskommissionen – Schiedskommissionsordnung – vom 4. Oktober 1968; in: GBl. I 1968, 299.

Gesetz über die Verfassung der Gerichte der Deutschen Demokratischen Republik – Gerichtsverfassungsgesetz – vom 27. September 1974; in: GBl. I 1974, 457.

Gesetz zur Änderung und Ergänzung der Verfassung der Deutschen Demokratischen Republik. Vom 7. Oktober 1974; in: GBl. I 1974, 425.

Gesetz zur Änderung des Strafgesetzbuches, des Anpassungsgesetzes und des Gesetzes zur Bekämpfung von Ordnungswidrigkeiten vom 19. Dezember 1974 [1. Strafrechtsänderungsgesetz]; in: GBl. I 1974, 591.

Zivilgesetzbuch der Deutschen Demokratischen Republik vom 19. Juni 1975; in: GBl. I 1975, 465.

Gesetz zur Änderung und Ergänzung straf- und verfahrensrechtlicher Bestimmungen und des Gesetzes zur Bekämpfung von Ordnungswidrigkeiten (3. Strafrechtsänderungsgesetz) vom 28. Juni 1979; in: GBl. I 1979, 139.

Gesetz zur Änderung Ergänzung des Strafgesetzbuches, des Zollgesetzes, des Gesetzes zur Bekämpfung von Ordnungswidrigkeiten, des Strafregistergesetzes, des Devisengesetzes, des Kulturschutzgesetzes, des Luftfahrtgesetzes und des Gesetzes über das Post- und Fernmeldewesen (5. Strafrechtsänderungsgesetz) vom 14. Dezember 1988; in: GBl. I 1988, 335.

Gesetz zur Änderung und Ergänzung des Strafgesetzbuches, der Strafprozeßordnung, des Einführungsgesetzes zum Strafgesetzbuch und zur Strafprozeßordnung, des Gesetzes zur Bekämpfung von Ordnungswidrigkeiten, des Strafregistergesetzes, des Strafvollzugsgesetzes und des Paßgesetzes (6. Strafrechtsänderungsgesetz) vom 29. Juni 1990; in: GBl. I, 526.

Literatur- und Quellenverzeichnis[1]

ANDERS, Helmut: s.b. Benjamin, Hilde: *Rechtspflege 1945–1949*.

ARNOLD, Anna-Maria, und Heinz Matthias: Zur wirksamen Anwendung der Geldstrafe; in: NJ 1979, 123–126.

ARNOLD, Jörg: Die *Normalität* des Strafrechts der DDR. Band 1. Gesammelte Beiträge und Dokumente unter Mitarbeit von Birte E. Keppler, Volker Kreft, Martin Kühl, Siegfried Lammich und Detlef Mäder. Freiburg im Breisgau 1995.

ARNOLD, Jörg: Normales *Strafrecht* der DDR. In: Arnold, Normalität, S. 1–22.

ARNOLD, Jörg: „*Unternehmenskriminalität*" und Strafrecht in der DDR; in: Arnold, Normalität, S. 79–124.

BECKER, Max: s.b. Benjamin, Hilde: *Entwicklungsprozeß*.

BECKERT, Rudi: Anmerkung zum Urteil des BG Karl-Marx-Stadt vom 30.1.1976 – 2 BSB 14/76; in: NJ 1976, 595–596.

BECKERT, Rudi: Anmerkung zum Urteil des Stadtgerichts Berlin vom 2.2.1978 – 104 BSB 8/78; in: NJ 1978, 366–367.

BECKERT, Rudi: Die erste und letzte *Instanz*. Goldbach, 1995.

BEIN, Horst: Fortsetzungszusammenhang und mehrfache Gesetzesverletzung; in: NJ 1974, 236–238.

BENJAMIN, Hilde: *Volksrichter* – Träger einer demokratischen Justiz; in: Fechner, Demokratisierung, S. 163–190.

BENJAMIN, Hilde: Volkseigentum ist unantastbar; in: NJ 1953, 61–63.

BENJAMIN, Hilde: Unsere Justiz – ein wirksames Instrument bei der Durchführung des neuen Kurses; in: NJ 1953, 477–480.

BENJAMIN, Hilde: Die sozialistische Gesetzlichkeit strikt verwirklichen!; in: NJ 1956, 228–230.

---

1 Mehrere Beiträge eines Verfassers sind in der Reihenfolge ihres Erscheinungsdatums aufgeführt. Bei Beiträgen von mehreren Verfassern sind der Name bzw. die Namen des bzw. der Mitverfasser im Literaturverzeichnis an ihrer alphabetischen Stelle mit einem Hinweis auf den zuerst genannten Verfasser aufgeführt. Bei mehreren Beiträgen von mehreren Verfassern ist ein sinntragendes Wort im Titel des Werkes hervorgehoben und bei dem bzw. den Namen des bzw. der Mitverfasser genannt.
Falls nichts anderes angegeben ist, gilt folgende Zitierweise:
– Selbständige Veröffentlichungen sind mit dem Namen des Verfassers – bei mehreren Verfassern deren durch Schrägstriche getrennten Namen – und dem hervorgehobenen Teil des Titels zitiert.
– Veröffentlichungen in Sammelwerken sind mit dem Namen des Verfassers bzw. der Verfasser, dem hervorgehobenen Teil des Titels und dem Zusatz „a.a.O." zitiert.
– Zeitschriftenaufsätze sind mit dem Namen des Verfassers bzw. der durch Schrägstriche getrennten Namen der Verfasser und der Jahrgangs- bzw. Band- und der Seitenzahl der Zeitschrift zitiert.

Benjamin, Hilde: Zu einem Entwurf zur Ergänzung des Strafgesetzbuchs; in: NJ 1956, 321–324.

Benjamin, Hilde: Die dialektische Einheit von Gesetzlichkeit und Parteilichkeit durchsetzen. Durchsetzung des demokratischen Zentralismus durch engere Zusammenarbeit zwischen den örtlichen Organen der Staatsmacht und den Justizorganen; in: NJ 1958, 365–368.

Benjamin, Hilde: Vom IV. zum V. Parteitag der Sozialistischen Einheitspartei Deutschlands; in: NJ 1958, 437–439.

Benjamin, Hilde, Max Becker, Kurt Görner, und Wolfgang Schriewer: Der *Entwicklungsprozeß d*es sozialistischen Strafrechts in der DDR; in: StuR 1969, 1112–1132, 1278–1287, 1835–1854.

Benjamin, Hilde: Zur Leitung der Rechtsprechung der DDR aus historischer Sicht; in: StuR 1975, 47–69.

Benjamin: Zur Geschichte der *Rechtspflege* der DDR 1945–1949. Verfasst von einem Autorenkollektiv bestehend aus Hilde Benjamin (Leitung), Helmut Anders, und Kurt Görner unter Mitarbeit von Hiltrud Kamin und Rita Sokolow. Berlin 1976. Zitierweise: Benjamin, *Rechtspflege 1945–1949.*

Benjamin: Zur Geschichte der *Rechtspflege* der DDR *1949–1961.* Verfasst von einem Autorenkollektiv bestehend aus Hilde Benjamin (Leitung), Hiltrud Kamin, Rita Sokolow und Kurt Görner unter Mitarbeit von Karl-Heinz Beyer, Gustav-Adolph Lübchen, Helmut Schmidt, und Heinz Tunger. Berlin 1980. Zitierweise: Benjamin, *Rechtspflege 1949–1961.*

Benjamin: Zur Geschichte der *Rechtspflege* der DDR *1961–1971.* Verfasst von einem Autorenkollektiv bestehend aus Hilde Benjamin (Leitung), Hiltrud Kamin, Rita Sokolow, Kurt Görner, und Frank Heimberger unter Mitarbeit von Karl-Heinz Beyer, Petra Gängel, Ulrich Roehl, und Manfred Zaddach. Berlin 1986.
Zitierweise: Benjamin, *Rechtspflege 1961–1971.*

Benjamin, Michael: Verbrechen und Klassenkampf. Bericht über eine Tagung der Abteilung Strafrecht des Deutschen Instituts für Rechtswissenschaft; in: NJ 1956, 717–719.

Benjamin, Michael: Die Rolle der Konfliktkommissionen bei der Bekämpfung geringfügiger Verletzungen der Strafgesetze; in: NJ 1961, 336–340.

Berger, Götz: Die Lehre von der Handlung unter besonderer Berücksichtigung strafrechtlicher Probleme; in: NJ 1953, 481–483.

Beyer, Karl-Heinz: s.b. Benjamin, Hilde: *Rechtspflege 1949–1961.*

Beyer, Karl-Heinz: s. auch b. Benjamin, Hilde: *Rechtspflege 1961–1971.*

Beyer, Karl-Heinz: s. auch b. Schmidt, Helmut.

Beyer, Karl-Heinz: s. auch b. Schwarz, Gert.

Biebl, Rudolf, und Rudolf Hiller: Zur Anwendung der neuen Strafarten in der Rechtsprechung; in: NJ 1958, 235–239.

Biebl, Rudolf: Der Schutz des sozialistischen Eigentums – wichtiges Anliegen der Rechtsprechung der Gerichte; in: DS 1984, 105–110.

Biebl, Rudolf: Differenzierte Strafzumessung bei Straftaten gegen das sozialistische Eigentum; in: NJ 1984, 375–377.

Biebl, Rudolf, und Walter Griebe: Voraussetzungen der Anwendung des Tatbestands der *Untreue* zum Nachteil sozialistischen Eigentums; in: NJ 1987, 220–222.

Biebl, Rudolf, und Walter Griebe: Zum Handeln mit besonders großer *Intensität* bei Eigentumsdelikten; in: NJ 1988, 276–278.

Biebl, Rudolf: s. auch b. Dähn, Ulrich.

Biebl, Rudolf: s.auch b. Körner, Gerhard.

Blüthner, Heinz: s.b. Rutsch, Helmut.

Böhme, Fritz: Zur Rechtsprechung bei Angriffen auf das Volkseigentum; in: NJ 1954, 75–77.

Böhme, Fritz: Die Arbeit der Justiz wird vom Ministerium angeleitet und kontrolliert; in: DS 1954, Heft 6, 1–5.

Böhme, Waltraud, Marlene Dehlsen, Andrée Fischer, Herbert Jansen, Gerhard König, Margot Lange, Renate Polit, und Gertrud Schütz (Herausgeber und Redaktion): Kleines politisches Wörterbuch. Autoren: U. Abraham u.a. 2. Auflage. Berlin 1973 Zitierweise: *Politisches Wörterbuch.*

Braune, Kurt: Der Schutz des gesellschaftlichen Eigentums in der Deutschen Demokratischen Republik; in: StuR 1953, 250–262.

Buchholz, Erich: Können neben dem VESchG die Vorschriften über Amtsunterschlagung tateinheitlich angewendet werden? In: NJ 1957, 55–56.

Buchholz, Erich: Grundfragen der gesetzlichen Neuregelung der Bekämpfung der gegen das sozialistische Eigentum und die sozialistische Wirtschaft gerichteten Straftaten; in: NJ 1960, 360–367.

Buchholz, Erich, und Gert Schwarz: Zum *Objekt* der Verbrechen gegen das sozialistische Eigentum und die sozialistische Wirtschaft; in: NJ 1960, 645–650.

Buchholz, Erich, und Gert Schwarz: Nochmals: Zum Objekt der *Verbrechen* gegen das sozialistische Eigentum und die Planwirtschaft; in: NJ 1961, 413–416.

Buchholz, Erich, Gert Schwarz, und Walter Griebe: Zur Neuregelung der Bekämpfung der Straftaten gegen das sozialistische Eigentum und die *Planwirtschaft*; in: NJ 1961, 478–483, 533–537.

Buchholz, Erich: Das neue ökonomische System der Planung und Leitung der Volkswirtschaft und einige Probleme der Gestaltung des Wirtschaftsstrafrechts; in: NJ 1963, 726–731.

Buchholz, Erich: Der *Diebstahl* und seine Bekämpfung in der Deutschen Demokratischen Republik. Berlin 1963.

Buchholz, Erich: Die künftige Bekämpfung der Eigentumsdelikte; in: NJ 1964, 530–534.

Buchholz, Erich: Zum schweren Fall gemäß § 30 StEG und zum Tatbestand der Untreue; in: NJ 1965, 54–56.

Buchholz, Erich: Diebstahl oder Betrug? In: NJ 1969, 309–310.

Buchholz, Erich, und Dietmar Seidel: *Aufgaben* des sozialistischen Strafrechts bei der Bekämpfung von Straftaten im Bereich der Volkswirtschaft; in: NJ 1971, 731–736.

Buchholz, Erich, und Dietmar Seidel: Wirtschaftliche *Fehlentscheidung* oder Straftat?. Die vorbeugende Bekämpfung der Straftaten gegen die Volkswirtschaft als gesamtgesellschaftliche Aufgabe. Berlin 1971.

Buchholz, Erich, und Herbert Pompoes: Neue strafrechtliche Regelungen zum Schutz der Volkswirtschaft und des Eigentums; in: NJ 1989, 54–57.

Buchholz, Erich: Zum Gesetzentwurf für eine Strafrechtsänderung (6. StÄG); in: NJ 1990, 106–107.

Buchholz, Erich: Nochmals: Ordnungsunrecht oder Kriminalunrecht? In: NJ 1997, 239.

Buchholz, Erich: Strafrecht im *Osten*. Ein Abriss über die Geschichte des Strafrechts der DDR. Berlin 2008.

Buchholz, Erich: Strafrecht im Osten. Ein Abriss über die Geschichte des Strafrechts der DDR. *Dokumentenband*. Berlin 2009.

Buchholz, Erich: s.b. Sektion Rechtswissenschaft der Humboldt-Universität zu Berlin und Akademie für Staats und Rechtswissenschaft der DDR, Potsdam-Babelsberg. Lehrbuch BT 1981.

Buhr, Manfred: s.b. Klaus, Manfred.

Buske, Adolf: s.b. Dähn, Ulrich.

Chef der Deutslchen Volkspolizei: Formale Anwendung des Gesetzes zum Schutze des Volkseigentums und anderen gesellschaftlichen Eigentums, vom 13.5.1953; in: SAPMO, DY 30/IV 2/13 409. Zitierweise: Chef VP, Anwendung.

Dähn, Ulrich, Adolf Buske, und Rudolf Biebl: Vervollkommnung des Systems der Maßnahmen strafrechtlicher Verantwortung durch das 5. StÄG; in: NJ 1989, 95–97.

Dähn, Ulrich: s.b. Sektion Rechtswissenschaft der Humboldt-Universität zu Berlin und Akademie für Staats und Rechtswissenschaft der DDDR, Potsdam-Babelsberg. Lehrbuch BT 1981.

Dehlsen, Marlene: s.b. Böhme, Waltraud.

Dettenborn, Harry: s.b. Lischke, Hans.

Dobrinski, Reinhard: Raubzug gegen das eigene Volk. Wirtschaftpolitische Verfolgungen in der DDR und ihre juristischen Grundlagen; in: HuG, Heft 43 (3/03), 55–59.

Dornberger, Gerhard: Die verschiedenen Eigentumsarten und Eigentumsformen und das Eigentumsrecht in der Deutschen Demokratischen Republik; in: NJ 1952, 16–21.

Duft, Heinz, und Joachim Schlegel: Differenzierte Ausgestaltung der Straftatbestände zum Schutze des sozialistischen Eigentums und der Volkswirtschaft; in: NJ 1975, 323–327.

Duft, H.: s.b. Ministerium der Justiz und Akademie für Staats- und Rechtswissenschaft der DDR, Potsdam-Babelsberg. Kommentar zum Strafgesetzbuch.

Engels, Friedrich: Herrn Eugen Dührings Umwälzung der Wissenschaft („*Anti-Dühring*"): in: Karl Marx. Friedrich Engels. Werke. Band 20. Berlin 1962, S. 1–303.

Engels, Friedrich: Brief an Franz Mehring vom 14. Juli 1893; in: Karl Marx. Friedrich Engels. Werke. Band 39. Berlin 1968, S. 96–100.

Engels, Friedrich: s.b. Marx, Karl. *Manifest*.

Eisenhardt, Ulrich: War die DDR ein Unrechtsstaat? In: JoJZG 2009, 45–53.

Erler, Heinz: Anmerkung zum Urteil des Obersten Gerichts vom 15.11.1960 – 2 Zz 18/60; in: NJ 1961, 105–106.

Eser, Albin: s.b. Schönke-Schröder.

Etzold, Fritz: s.b. Schlegel, Joachim. Eigentum.

Fahnenschmidt, Willi: *DDR-Funktionäre* vor Gericht. Die Strafverfolgung wegen Amtsmißbrauch und Korruption im letzten Jahr der DDR und nach der Vereinigung. Berlin 2000.

Fechner, Max (Herausgeber): Beiträge zur *Demokratisierung* der Justiz. Berlin 1948.

Fechner, Max: Über die Schwerpunkte der Rechtsprechung in Strafsachen; in: NJ 1953, 225–231.

Fechner, Max: Der neue Kurs der Regierung und die Aufgaben der Justiz; in: NJ 1953, 381–385.

Fischer, Andrée: s.b. Böhme, Waltraud.

Frenzel, Lucie: Zur Bedeutung des XXII. Parteitages der KPdSU und des 14. Plenums des SED für die Strafgesetzgebung der DDR; in: NJ 1962, 91–94.

Fricke, Karl Wilhelm: s.b. Spittmann, Ilse.

Fritzsche, Hans, und Erich Hübner: Bemerkungen zum Urteil des OG vom 6. Januar 1956; in: NJ 1956, 502–503.

Gängel, Petra: s.b. Benjamin, Hilde: *Rechtspflege 1961–1971*.

Gerats, Hans, John Lekschas, und Joachim Renneberg (Gesamtbearbeitung und Redaktion): Lehrbuch des Strafrechts der Deutschen Demokratischen Republik. Allgemeiner Teil. Autoren: Erich Buchholz u.a. Berlin 1957. Zitierweise: *Lehrbuch AT 1957*.

Görner, Kurt: Zur Differenzierung der Straftaten in der DDR; in: NJ 1962, 347–348.

Görner, Kurt: s.b. Benjamin, Hilde: *Entwicklungsprozeß*.

Görner, Kurt: s.b. Benjamin, Hilde: *Rechtspflege 1945–1949*.

Görner, Kurt: s.b. Benjamin, Hilde: *Rechtspflege 1949–1961*.

Görner, Kurt: s.b. Benjamin, Hilde: *Rechtspflege 1961–1971*.

Griebe, Walter, und Lothar Welzel: Zur rechtlichen Qualifizierung von *Eigentumsdelikten* als Diebstahl und Betrug; in: NJ 1974, 351–357.

Griebe, Walter, und Achim Marko: Der Schutz der *Spareinlagen* der Bürger aus zivil- und strafrechtlicher Sicht; in: NJ 1986, 142–145.

Haney, Gerhard: s.b.: Institut für Theorie des Staates und des Rechts der Akademie der Wissenschaften der DDR. Staats- und Rechtstheorie.

Griebe, Walter: s.b. Biebl, Rudolf: *Untreue*.

Griebe, Walter: s. auch b. Biebl, Rudolf: *Intensität*.

Griebe, Walter: s. auch b. Buchholz, Erich: *Planwirtschaft*.

Haid, Bruno, und Horst Rose: Zu einigen aktuellen Fragen des sozialistischen Eigentums; in: NJ 1955, 712–719.

Haße, Irina: Zum Anliegen des 6. Strafrechtsänderungsgesetzes; in: DS 1990, 187–190.

Heilborn, Hans, und Joachim Schlegel: Einige Fragen der Rechtsanwendung nach dem neuen StGB; in: NJ 1968, 456–458.

Heilborn, Hans: s. auch b. Ministerium der Justiz und Deutsche Akademie für Staats- und Rechtswissenschaften „Walter Ulbricht“. Lehrkommentar I.

HEILBORN, Hans: s. auch b. Ministerium der Justiz und Deutsche Akademie für Staats- und Rechtswissenschaften „Walter Ulbricht". *Lehrkommentar II.*

HEILBORN, H.: s. auch b. Ministerium der Justiz und Akademie für Staats- und Rechtswissenschaft der DDR, Potsdam-Babelsberg. *Kommentar zum Strafgesetzbuch.*

HEILBORN, Hans: s. auch b. Plat, Wolfgang.

HEIMBERGER, Frank: s.b. Benjamin, Hilde: *Rechtspflege 1961–1971.*

HEUSINGER, Hans-Joachim: Gesetzesänderungen auf dem Gebiet des Strafrechts – ein Beitrag zur weiteren Festigung der sozialistischen Gesetzlichkeit; in: NJ 1975, 33–34.

HERRMANN, Jürgen: Zu den Voraussetzungen des *Betrugstatbestand*es (§ 159 StGB); in: NJ 1969, 214–215.

HILDEBRAND, Horst: Die Ursachen der *Kriminalität* – zur Diskussion in der Sowjetzone; in: Jahrbuch für Ostrecht 1963, Band IV: 1. Halbjahresheft, 29–42.

HILLER, Rudolf: s.b. Biebl, Rudolf.

HÜBNER, Erich: Verbrechen gegen das gesellschaftliche, persönliche und private *Eigentum*. Materialien zum Strafrecht. Besonderer Teil. Heft 3. Berlin 1955.

HÜBNER, Erich: s.b.: Fritzsche, Hans.

HUGOT, Heinz: Schützt das gesellschaftliche Eigentum; in: DS 1956, 33–37.

INSTITUT FÜR THEORIE DES STAATES UND DES RECHTS DER AKADEMIE DER WISSENSCHAFTEN DER DDR (Herausgeber): Marxistisch-leninistische allgemeine Theorie des Staates und des Rechts. Band 4. Das sozialistische Recht. Verfasst von einem sowjetischen Autorenkollektiv. Autoren: N.G. Alexandrow u.a. Berlin 1976. Zitierweise: *Theorie des Staates und des Rechts.*

INSTITUT FÜR THEORIE DES STAATES UND DES RECHTS DER AKADEMIE DER WISSENSCHAFTEN DER DDR (Herausgeber): Marxistisch-leninistische Staats- und Rechtstheorie. Lehrbuch. Gesamtbearbeitung und verantwortliche Redaktion: Gerhard Haney, Karl A. Mollnau, Karl-Heinz Schöneburg, Traute Schönrath, Gerhard Schüßler, und Wolfgang Weichelt. Autoren: Günther Baranowski u.a.. 2. Auflage. Berlin 1975. Zitierweise: *Staats- und Rechtstheorie.*

JANSEN, Herbert: s.b. Böhme, Waltraud.

JUDICK, Günter, und Kurt Steinhaus: *Stalin* bewältigen. Düsseldorf 1989.

KAMIN, Hiltrud: s.b. Benjamin, Hilde: *Rechtspflege 1945–1949.*

KAMIN, Hiltrud: s.b. Benjamin, Hilde: *Rechtspflege 1949–1961.*

KAMIN, Hiltrud: s.b. Benjamin, Hilde: *Rechtspflege 1961–1971.*

KEIL, Helmut, und Herbert Pompoes: Sozialistisches Strafrecht und *Strafrechtswissenschaft*; in: NJ 1977, 165–167.

KEIL, Helmut: Verfehlungen und Straftaten gegen das sozialistische Eigentum wirkungsvoll bekämpfen; in: DS 1978, 80–84.

KEIL, Helmut: Anwendung der Geldstrafe als Hauptstrafe bei Eigentumsdelikten; in: OGI 1979, Heft 2, 2–7.

KEIL, Helmut, und Siegfried Wittenbeck: Die gesellschaftliche *Wirksamkeit* der Rechtsprechung zum Schutz des sozialistischen Eigentums erhöhen; in: NJ 1979, 297–300.

Keil, Helmut: s. auch b. Lischke, Hans.

Kellner, Horst: Zum Anspruch des Bankkunden gegen die Bank im Falle der Leistung an unberechtigte Dritte; in: NJ 1965, 216–217.

Kermann, Ekkehard: Fragen der Anwendung des VESchG und der WStVO; in: NJ 1956, 120.

Kermann, Ekkehard: Nochmals zur Frage des Objekts der Hehlerei; in: NJ 1957, 99–101.

Kerst, Heinz: s.b. Rutsch, Helmut.

Kiessling, Günther: Anmerkung zum Urteil des BG Karl-Marx-Stadt vom 14.3.1958 – 2 BSB 101/58; in: NJ 1958, 758.

Kindhäuser-Neumann-Paeffgen: *Strafgesetzbuch.* Kommentar. Herausgeber: Urs Kindhäuser, Ulfried Neumann und Hans-Ullrich Paeffgen. Autoren: Hans-Jörg Albrecht u.a. 2. Auflage. Baden-Baden 2005. Zitierweise: Kindhäuser-Neumann-Paeffgen / *Bearbeiter.*

Klaus, Georg und Manfred Buhr: *Philosophisches Wörterbuch.* Gesamtleitung und Redaktion: Georg Klaus und Manfred Buhr. Verfasst von einem Autorenkollektiv. Autoren: Karlheinz Barck u.a. Titel der bundesdeutschen Ausgabe: Marxistisch-leninistisches Wörterbuch der Philosophie. Nachdruck der 7. Auflage. Reinbeck bei Hamburg 1972. Zitierweise: *Philosophisches Wörterbuch.*

Kleine, Helene: Anmerkung zum Urteil des Stadtgerichts von Groß-Berlin vom 20.6.1955 – (102a) II 25/55; in: NJ 1956, 30.

Klepzig, Heinz: s.b. Uhlmann, Ulrich.

Klotsch, Helmut: s.b. Melzer, Helmut.

König, Gerhard: s.b. Böhme, Waltraud.

Körner, Gerhard, und Rudolf Biebl: Schutz des persönlichen *Eigentum*s – ein wichtiges Anliegen der Rechtsprechung, in: NJ 1989, 62–66.

Kröger, Herbert: Die II. Parteikonferenz der Sozialistischen Einheitspartei Deutschlands – der Beginn einer neuen Etappe in der Entwicklung von Staat und Recht in der Deutschen Demokratischen Republik; in: NJ 1952, 337–340.

Kudernatsch, Reinhold: Scheckrecht und Scheckbetrug; in: NJ 1971, 514–518.

Kudernatsch, Reinhold: Geltendmachung von Schadenersatzansprüchen der Kreditinstitute und der Deutschen Post bei Scheckbetrügereien; in: NJ 1972, 224–227.

Kühl, Martin: Die strafrechtswissenschaftliche Diskussion in der DDR in Zeitschriften und Entscheidungssammlungen des Obersten Gerichts; in: Arnold, Normalität, S. 37–61.

Krutzsch, Walter: Die Bedeutung *d*es Strafrechtsänderungsgesetzes; in: NJ 1957, 790–794.

Kuschel, Heinz: Abgrenzung der Vorbereitungshandlung vom Versuch beim Diebstahl; in: NJ 1969, 143–144.

Lange, Margot: s.b. Böhme, Waltraud.

Lange, Richard: Das *Strafgesetzbuch* für das Deutsche Reich in der Fassung des Thüringischen Anwendungsgesetzes vom 1. November 1945 mit strafrechtlichen Einzelgesetzen. 2. Auflage, Weimar 1948.

Lehmann, Hubert: s.b. Peckermann, Horst.

Lehrmann, Friedrich: s.b. Steinwachs, Hermann.

Leipziger Kommentar. *Strafgesetzbuch*. Herausgegeben von Heinrich Wilhelm Laufhütte, Ruth Rissing-van Saan, und Klaus Tiedemann. 12. Auflage. Erster Band. Berlin 2007. Zitierweise: LK-*Bearbeiter*.

Lekschas, John: Bemerkungen zur Behandlung fahrlässig begangener Verbrechen; in: NJ 1952, 351–356.

Lekschas, John, und Joachim Renneberg: Über die Prinzipien der *Strafzumessung*; in: NJ 1953, 762–769.

Lekschas, John, und Joachim Renneberg: *Lehren* des XXII. Parteitages der KPdSU für die Entwicklung des sozialistischen Strafrechts der DDR; in: NJ 1962, 76–91.

Lekschas, John, und Joachim Renneberg: Zur Überwindung von *Dogmatismus* und Sektierertum in der Strafrechtswissenschaft; in: NJ 1962, 500–505.

Lekschas, John (Leiter des Autorenkollektivs): Strafrecht der DDR. Lehrbuch. Autoren: John Lekschas u.a. Berlin 1988. Zitierweise: *Lehrbuch AT 1988*.

Lekschas, John: s.b. Gerats, Hans.

Lekschas, John: s. auch b. Sektion Rechtswissenschaft der Humboldt-Universität zu Berlin und Akademie für Staats- und Rechtswissenschaften der DDR, Potsdam-Babelsberg. *Lehrbuch AT 1976*.

Leymann, Julius, und Siegfried Petzold: Zum Wesen der sozialistischen Gesetzlichkeit in der Deutschen Demokratischen Republik; in: StuR 1959, 691–705.

Lischke, Hans, Helmut Keil, Dietmar Seidel, und Harry Dettenborn: Zum *Gruppenbegriff* im StGB und zu seiner Anwendung in speziellen Tatbeständen; in: NJ 1970, 15–22.

Löwe-Rosenberg: Die *Strafprozessordnung* und das Gerichtsverfassungsgesetz. Großkommentar. Herausgegeben von Volker Erb, Robert Esser, Ulrich Franke, Kirsten Graalmann-Scheerer, Hans Hilger und Alexander Ignor. 26. Auflage. Fünfter Band. §§ 151–212b. Bearbeiter: Werner Beulke u.a. Berlin 2008. Zitierweise: Löwe-Rosenberg / *Bearbeiter*.

Löwenthal, Heinrich: Anmerkung zum Beschluss des Obersten Gerichts vom 21.4.1953 – 2 Wst III 15/53; in: NJ 1953, 414.

Löwenthal, Heinrich: Anmerkung zum Urteil des Kammergerichts vom 18.6.1956 – Zst II Pl. 2/56; in: NJ 1957, 190–191.

Löwenthal, Heinrich: Der Schutz des gesellschaftlichen, privaten und persönlichen Eigentums; in: DS 1958, 79–83.

Lübchen, Gustav-Adolph: s.b. Benjamin, Hilde: *Rechtspflege 1949–1961*.

Lupke, Max: s.b. Seidel, Dietmar.

Lutzke, Arno: Widersprüche und Kriminalität in der sozialistischen Gesellschaft; in: NJ 1962, 339–342.

Mäder, Detlef: *Rückfall* im Strafgesetzbuch der DDR; in: Arnold, *Normalität*, S. 153–186.

Maiwald, Manfred: s.b. Maurach, Reinhart.

Manecke, Kurt, und Hans Sahre: Hehlerei und Sachbegünstigung nach dem Volkseigentumsschutzgesetz; in: StuR 1957, 486–496.

MANECKE, Kurt: s. auch b. Orschekowski, Walter.

MARKO, Achim: s.b. Griebe, Walter.

MARX, Karl, und Friedrich Engels: *Manifest* der Kommunistischen Partei; in: Karl Marx. Friedrich Engels. Werke Band 4. Berlin 1964, S. 459–493.

MARX, Karl: *Kritik* des Gothaer Programms; in: Karl Marx. Friedrich Engels. Werke Band 19. Berlin 1962, S. 11–32.

MARX, Karl: Das *Kapital*. Erstes Buch. Der Produktionsprozeß des Kapitals; in: Karl Marx. Friedrich Engels. Werke Band 23. Berlin 1962.

MATHES, Regina: *Volksrichter* – Schöffen – Kollektive. Zur Laienmitwirkung an der staatlichen Strafrechtspflege der SBZ/DDR. Frankfurt am Main, Berlin, Bern, New York, Paris, Wien 1999.

MATTHIAS, Heinz: s.b. Arnold, Anna-Maria.

MAURACH, Reinhart: Strafrecht. Besonderer Teil. Teilband 2. Straftaten gegen Gemeinschaftswerte. Ein Lehrbuch. Begründet von Reinhart Maurach, fortgeführt von Friedrich-Christian Schröder und Manfred Maiwald. 7. Auflage, Heidelberg 1991. Zitierweise: *Maurach / Schroeder / Maiwald*, BT/2.

MELSHEIMER, Ernst, Hans Nathan, und Wolfgang Weiss: Neue *Rechtsprinzipien* als Ausdruck der neuen demokratischen Ordnung; in: Fechner, Demokratisierung, S. 95–149.

MELSHEIMER, Ernst: Bemerkungen zum „Gesetz zum Schutze des Volkseigentums und anderen gesellschaftlichen Eigentums vom 12.5.1953; in: SAPMO, DY 30/IV 2/13 409.

MELSHEIMER, Ernst: Das Strafrechtsergänzungsgesetz – ein Gesetz der sozialistischen Demokratie; in: NJ 1958, 41–49.

MELSHEIMER, Ernst: Die Aufgaben der Staatsanwaltschaft nach dem V. Parteitag; in: NJ 1958, 511–513.

MELSHEIMER, Ernst: Sozialistische Gesetzlichkeit im Strafverfahren; in: NJ 1956, 289–296.

MELZER, Helmut, und Helmut Klotsch: Zu einigen Grundfragen des sozialistischen Strafrechts und der Strafrechtswissenschaft; in: NJ 1962, 208–217.

MINISTERIUM DER JUSTIZ DER DEUTSCHEN DEMOKRATISCHEN REPUBLIK (Herausgeber): Strafgesetzbuch und andere Strafgesetze. Textausgabe mit Anmerkungen und Sachregister. Berlin *1951*. Zitierweise: *StGB 1951*.

MINISTERIUM DER JUSTIZ UND DEUTSCHE AKADEMIE FÜR STAATS- UND RECHTSWISSENSCHAFTEN „WALTER ULBRICHT“ (Herausgeber): Strafrecht der Deutschen Demokratischen Republik. Lehrkommentar zum Strafgesetzbuch. Band I. Gesamtleitung: Hans Heilborn, Helmut Schmidt und Hans Weber. Autoren: Joachim Renneberg u.a. 2. Auflage. Berlin 1970. Zitierweise: *Lehrkommentar I*.

MINISTERIUM DER JUSTIZ UND DEUTSCHE AKADEMIE FÜR STAATS- UND RECHTSWISSENSCHAFTEN „WALTER ULBRICHT“ (Herausgeber): Strafrecht der Deutschen Demokratischen Republik. Lehrkommentar zum Strafgesetzbuch. Band II. Gesamtleitung: Hans Heilborn, Helmut Schmidt und Hans Weber. Autoren: Joachim Renneberg u.a. 2. Auflage. Berlin 1970. Zitierweise: *Lehrkommentar II*.

MINISTERIUM DER JUSTIZ UND AKADEMIE FÜR STAATS- UND RECHTSWISSENSCHAFTEN DER DDR, POTSDAM-BABELSBERG (Herausgeber): Strafrecht der Deutschen Demokratischen Republik. Kommentar zum Strafgesetzbuch. Gesamtredaktion:

H. Duft, H. Heilborn, R. Müller, U. Pruss, J. Schlegel, G. Teichler und H. Weber. Autoren: M. Amboß u.a. 5. Auflage. Berlin 1987. Zitierweise: *StGB-Kommentar*.

MINX, Jost, und Josef Pasler: Rechtliche Beurteilung von Straftaten gegen das sozialistische Eigentum; in: NJ 1979, 485–487.

MOLLNAU; Karl A.: Recht und Juristen im Spiegel der Beschlüsse des *Politbüros* und des Sekretariats des Zentralkomitees der SED; in: Heinz Mohnhaupt (Herausgeber): Normdurchsetzung in osteuropäischen Nachkriegsgesellschaften (1944–1989). Einführung in die Rechtsentwicklung mit Quellendokumentation. Band 5. Deutsche Demokratische Republik (1958–1989). 1. Halbband. Frankfurt am Main 2003.

MOLLNAU; Karl A.: *Dokumente*; in: Heinz Mohnhaupt (Herausgeber): Normdurchsetzung in osteuropäischen Nachkriegsgesellschaften (1944–1989). Einführung in die Rechtsentwicklung mit Quellendokumentation. Band 5. Deutsche Demokratische Republik (1958–1989). 2. Halbband. Frankfurt am Main 2004.

MOLLNAU, Karl A.: s. auch b. Institut für Theorie des Staates und des Rechts der Akademie der Wissenschaften der DDR.: *Staats- und Rechtstheorie*.

MÜLLER, Frohmut, und Kurt Wünsche: Zum Charakter und zur Rolle der *Leitungsentscheidungen* des Obersten Gerichts; in: StuR 1984, 409–417.

MÜLLER, R.: s.b. Ministerium der Justiz und Akademie für Staats- und Rechtswissenschaft der DDR, Potsdam-Babelsberg. *StGB-Kommentar*.

NATHAN, Hans: s.b. Melsheimer, Ernst.

NEUMANN, Ulfried: s.b.: Kindhäuser-Neumann-Paeffgen.

NJ-REDAKTION: Anmerkung zum Aufsatz von Götz Berger: Die Lehre von der Handlung unter besonderer Berücksichtigung strafrechtlicher Probleme; in: NJ 1953, 483.

OHNE VERFASSSERANGABE: Arbeitstagung des Ministeriums der Justiz der Deutschen Demokratischen Republik; in: NJ 1951, 162–166.

OHNE VERFASSERANGABE: Bericht über die Tätigkeit der *Justizorgane* im Kampfe gegen die feindl. Tätigkeit (aus dem Jahre 1953 ohne genaue Datumsangabe); in: SAPMO, DY 30/IV 2/13 409.

OHNE VERFASSERANGABE: Schlußfolgerungen aus der 3. Parteikonferenz der SED für die Arbeit der Justizorgane. Bericht über eine Tagung im Ministerium der Justiz; in: NJ 1956, 259–261.

OHNE VERFASSERANGABE: Dokument des Kollegiums des Ministeriums der Justiz zur Auswertung der 3. Parteikonferenz der SED für die Arbeit der Justizorgane; in: NJ 1956, 261–263.

OHNE VERFASSERANGABE: Erste Aussprache über das Strafrechtsergänzungsgesetz; in: NJ 1958, 78–82.

OHNE VERFASSERANGABE: Grundsätze zum Erlaß des Staatsrates der DDR über die grundsätzlichen Aufgaben und die Arbeitsweise der Rechtspflege; in: NJ 1962, 754–758.

OHNE VERFASSERANGABE: Dogmatische Auffassungen in der Strafrechtswissenschaft und -praxis überwinden; in: NJ 1962, 425–428.

OHNE VERFASSERANGABE: Zur Auswertung der 4. Plenartagung des Obersten Gerichts über die Bekämpfung und Verhütung von Rechtsverletzungen im sozialistischen Handel; in: NJ 1965, 45–49.

OHNE VERFASSERANGABE: Das neue Strafrecht der Deutschen Demokratischen Republik. Entwurf des StGB und der StPO. Gedruckte Ausgabe mit Vorwort. Ohne Angabe eines Herausgebers. Erscheinungsjahr vermutlich 1967. Fundort: Universitätsbibliothek Leipzig. Signatur: 31 PO 4276 N 481. Zitierweise: *StGB-E.*

OHNE VERFASSERANGABE: Bericht über die 26. Plenartagung des Obersten Gerichts; in: NJ 1970, 264–266.

OHNE VERFASSERANGABE: Fragen und Antworten. Wann ist eine Eigentumsverfehlung im Einzelhandel vollendet? – Wann ist die Voraussetzung der Erstmaligkeit der Tat bei Eigentumsverfehlungen gegeben? In: NJ 1977, 149.

OHNE VERFASSERANGABE: Erläuterungen zum Gesetz zur Änderung und Ergänzung straf- und strafverfahrensrechtlicher Bestimmungen (3. Strafrechtsänderungsgesetz). OGI Sonderdruck. Juni 1979.

ORLOWSKI, P.E.: Die Rolle der sozialistischen Gesetzlichkeit beim Aufbau des Kommunismus; in: NJ 1954, 613–618.

ORSCHEKOWSKI, Walter: Zum Begriff der Gruppe nach § 2 Abs. 2 Buchstabe b Volkseigentumschutzgesetz; in: StuR 1955, 669–683.

ORSCHEKOWSKI, Walter: Zum Begriff „Anwendung von Diebeswerkzeugen“ nach § 2 Abs. 2 Buchst. c VESchG; in: NJ 1956, 456–459.

ORSCHEKOWSKI, Walter: Zum Tatbestand des „sonstigen Beiseiteschaffens“ nach § 1 Abs. 1 VESchG; in: NJ 1957, 231–233.

ORSCHEKOWSKI, Walter, und Kurt Manecke: Schutz des sozialistischen Eigentums vor schweren Schädigungen bei mehrfachen Gesetzesverletzungen; in: NJ 1974, 302–303.

PAEFFGEN, Hans-Ullrich: s.b. Kindhäuser-Neumann-Paeffgen.

PASLER, Josef: Vertrauensmißbrauch als Straftat gegen die Volkswirtschaft; in: NJ 1969, 207–209.

PASLER, Josef: Effektiver Schutz der Volkswirtschaft durch richtige Anwendung des Tatbestands des Vertrauensmißbrauchs; in: NJ 1971, 383–387.

PASLER, Josef: s.b. Minx, Jost.

PAULI, Horst: s.b. Richter, Fritz.

PECKERMANN, Horst, und Hubert Lehmann: Probleme der Rechtsprechung bei der Bekämpfung der Kriminalität im Bereich des Binnenhandels; in: NJ 1964, 679–686.

PECKERMANN, Horst: Anmerkung zum Urteil des Bezirksgerichts Frankfurt (Oder) vom 25.8.1970 – II BSB 188/70; in: NJ 1971, 85.

PERRON, Walter: s.b. *Schönke-Schröder*.

PETZOLD, Siegfried: s.b. Leymann, Ulrich.

PFIFFERLING, Werner: Über die Tätigkeit der Kommission II im Bezirk Magdeburg; in: NJ 1955, 752–754.

PLAT, Wolfgang: Probleme des Strafrechts der DDR. Gespräch mit Hans Heilborn, Hauptabteilungsleiter (Strafrecht und Strafgesetzgebung) im Ministerium für Justiz und Peter Przybylski, Leiter der Gruppe Öffentlichkeitsarbeit beim Generalstaatsanwalt der DDR; in: ZStW Band 82. 1970, 74–107.

POLIT, Renate: s.b. Böhme, Waltraud.

Pompoes, Herbert: Anmerkung zum Urteil des Bezirksgerichts Halle vom 27.9.1971 – 2 BSB 209/71; in: NJ 1972, 301.

Pompoes, Herbert, und Siegfried Wittenbeck: Bericht über die *13. Plenartagung* des Obersten Gerichts; in: NJ 1975, 76–82.

Pompoes, Herbert: Anmerkung zum Urteil des Obersten Gerichts vom 17. Juni 1976 – 2 b OSK 13/76; in: NJ 1976, 527–528.

Pompoes, Herbert, und Siegfried Wittenbeck: Zu einigen Fragen der Rechtsprechung zum Schutz des sozialistischen *Eigentums*; in: OGI 1977, Heft 1, 41–64.

Pompoes, Herbert: s. auch b. Buchholz, Erich: *Regelungen.*

Pompoes, Herbert: s. auch b.: Keil, Helmut.

Präsidium des Obersten Gerichts: Probleme der Strafzumessung. Bericht des Präsidiums des Obersten Gerichts an die Plenartagung des Obersten Gerichts vom 19. März 1969 (Auszug). Materialien der 22. Plenartagung des Obersten Gerichts; in: NJ 1970, 264–271.

Präsidium des Obersten Gerichts: Erhöhung der Wirksamkeit der Rechtsprechung bei Straftaten gegen das sozialistische Eigentum. Bericht des Präsidiums des Obersten Gerichts vom 18. Dezember 1974 über die Umsetzung der 8. Plenartagung des Obersten Gerichts. Materialien der 13. Plenartagung des Obersten Gerichts; in: NJ 1975, 71–76.

Präsidium des Obersten Gerichts: Bericht des Präsidiums an die 12. Plenartagung des Obersten Gerichts vom 15. Juni 1979 zur Verantwortung der Gerichte beim Schutz des sozialistischen Eigentums (Auszüge); in: OGI 1979, Heft 4, 3–28.

Präsidium des Obersten Gerichts: Der Schutz des sozialistischen Eigentums – ein wichtiges Anliegen der Rechtsprechung der Gerichte. Bericht des Präsidiums an die 8. Plenartagung des Obersten Gerichts am 18. April 1984; in: OGI 1984, Heft 3, 2–22.

Präsidium des Obersten Gerichts: Die Wirksamkeit der Rechtsprechung der Gerichte zum Schutz des sozialistischen Eigentums unter besonderer Berücksichtigung der Volkswirtschaft. Bericht des Präsidiums an die 7. Plenartagung des Obersten Gerichts am 19. Oktober 1988 (Auszug); in: OGI 1988 Heft 6, 3–22.

Pruss, U.: s.b. Ministerium der Justiz und Akademie für Staats- und Rechtswissenschaft der DDR, Potsdam-Babelsberg. *Kommentar zum Strafgesetzbuch.*

Przybylski, Peter: Anmerkung zum Urteil des Bezirksgerichts Neubrandenburg vom 5. Oktober 1959 – 2 BSB 184/59; in: NJ 1960, 107–108.

Przybylski, Peter: s.b. Plat, Wolfgang.

Renneberg, Joachim: Bemerkungen zum Schuldproblem; in: NJ 1952, 484–487.

Renneberg, Joachim: s.b. Gerats, Hans.

Renneberg, Joachim: s.b. Lekschas, John. *Strafzumessung.*

Renneberg, Joachim: s.b. Lekschas, John. *Lehren.*

Renneberg, Joachim: s.b. Lekschas, John. *Dogmatismus.*

Renneberg, Joachim: s.b. Sektion Rechtswissenschaft der Humboldt-Universität zu Berlin und Akademie für Staats- und Rechtswissenschaften der DDR, Potsdam-Babelsberg. *Lehrbuch AT 1976.*

Reuter, Heinrich: Das Gesetz zum Schutze des Volkseigentums und die gerichtliche Praxis; in: NJ 1953, 231–233.

Reuter, Lothar, und Gert Teichler; Stärkere Differenzierung im unteren Grenzbereich des Strafrechts; in: NJ 1989, 58–61.

Richter, Fritz, und Horst Pauli: Zum Schutz des sozialistischen Eigentums vor schweren Schädigungen durch mehrfache Gesetzesverletzung; in: NJ 1974, 175–176.

Riedel, Georg: s.b. Thielert, Bodo.

Riemann, Tord: s.b. Sorgenicht, Klaus.

Rodewald, Wolfgang, und Willi Schmidt: Vorschläge zur Vereinfachung und Vereinheitlichung der Strafrechtsnormen gegen Eigentumsdelikte; in: NJ 1959, 56–57.

Roehl, Ulrich: s.b. Benjamin, Hilde: *Rechtspflege 1961–1971.*

Römer, Axel und Gert Schwarz: Zum Begriff der Gruppe nach § 2 Abs. 2 Buchst. b VESchG. Bemerkungen zu dem Artikel von Orschekowski in Staat und Recht, 1955, Heft 4; in: StuR 1956, 378–389.

Rommel, Gerhard: Exakte Ermittlung des Schadens bei Untreue; in: NJ 1967, 527–530.

Rommel, Gerhard: Kriterien für die Abgrenzung der Eigentumsverfehlungen von Straftaten; in: NJ 1969, 138–143.

Rommel, Gerhard: Probleme des Zusammenschlusses zur Gruppe bei Straftaten gegen das sozialistische Eigentum; in: NJ 1973, 474–477.

Rose, Horst: s.b. Haid, Bruno.

Rottleuthner, Hubert (Herausgeber). *Steuerung* der Justiz in der DDR. Einflußnahme der Politik auf Richter, Staatsanwälte und Rechtsanwälte. Köln 1994.

Rottleuthner, Hubert: Zur Steuerung der *Justiz* in der DDR; in: Rottleuthner, Steuerung, S. 9–66.

Rutsch, Helmut, Heinz Blüthner, und Heinz Kerst: Zur Verantwortung und zu den Aufgaben der Strafrechtswissenschaft; in: NJ 1962, 476–480.

Säcker – *Vermögensrecht.* Kommentar zu §§ 1 bis 21 Vermögensgesetz. Herausgegeben von Franz Jürgen Säcker und bearbeitet von Jan Busche u.a. München 1995. Zitierweise: *Bearbeiter*, Vermögensrecht.

Sahre, Hans: s.b. Manecke, Kurt.

Schlegel, Joachim, Siegfried Wittenbeck, und Fritz Etzold: Schutz des sozialistischen *Eigentums* – eine wichtige Aufgabe der Gerichte; in: NJ 1972, 746–755.

Schlegel, Joachim: s. auch b.: Duft, Heinz.

Schlegel, Joachim: s. auch b.: Heilborn, Hans.

Schlegel, J: s. auch b. Ministerium der Justiz und Akademie für Staats- und Rechtswissenschaft der DDR, Potsdam-Babelsberg. *StGB-Kommentar.*

Schmidt, Helmut: Gedanken zur einer Neuregelung zum Schutze des gesellschaftlichen Eigentums; in: NJ 1957, 361–363.

Schmidt, Helmut, und Karl-Heinz Beyer: Der Stand der Arbeiten am sozialistischen Strafgesetzbuch; in: NJ 1960, 310–316.

Schmidt, Helmut: s.auch b. Benjamin, Hilde: *Rechtspflege 1949–1961.*

SCHMIDT, Helmut: s. auch b. Ministerium der Justiz und Deutsche Akademie für Staats- und Rechtswissenschaften „Walter Ulbricht". *Lehrkommentar I.*

SCHMIDT, Helmut: s. auch b. Ministerium der Justiz und Deutsche Akademie für Staats- und Rechtswissenschaften „Walter Ulbricht". *Lehrkommentar II.*

SCHMIDT, Willi: s.b. Rodewald, Wolfgang.

SCHÖNEBURG, Karl-Heinz: Die Babelsberger Konferenz des Jahres 1958: Dialektik von Ziel, Inhalt und Wirkungsgeschichte, in: NJ 1990, 5–8.

SCHÖNEBURG, Karl-Heinz: s. auch b. Institut für Theorie des Staates und des Rechts der Akademie der Wissenschaften der DDR. *Staats- und Rechtstheorie.*

SCHÖNKE, Adolf: *Strafgesetzbuch* für das Deutsche Reich. Kommentar. 2. Auflage, Berlin 1944.

SCHÖNKE-SCHRÖDER – *Strafgesetzbuch.* Kommentar. Begründet von Adolf Schönke, fortgeführt von Horst Schröder. 27. neu bearbeitete Auflage von Theodor Lenckner, Albin Eser, Walter Stree, Jörg Eisele, Günter Heine, Walter Perron und Detlev Sternberg-Lieben unter Mitarbeit von Ulrike Schittenhelm. 27. Auflage. München 2006. Zitierweise: Schönke-Schröder / *Bearbeiter.*

SCHÖNRATH, Traute: s.b.: Institut für Theorie des Staates und des Rechts der Akademie der Wissenschaften der DDR. *Staats- und Rechtstheorie.*

SCHOLZ, Rudi, und Walter Werling: Behandlung des in der ehemaligen DDR belegenen *Grundbesitz*es von Berechtigten außerhalb dieses Gebietes. Schriftenreihe des Bundesamtes zur Regelung offener Vermögensfragen. Heft 1. Berlin 1991.

SCHRIEWER, Wolfgang: s.b. Benjamin, Hilde: *Entwicklungsprozeß.*

SCHROEDER, Friedrich-Christian: s.b. Maurach, Reinhart.

SCHRÖDER, Rolf: s.b. Wittenbeck, Siegfried.

SCHÜSSLER, Gerhard: s.b.: Institut für Theorie des Staates und des Rechts der Akademie der Wissenschaften der DDR. *Staats- und Rechtstheorie.*

SCHÜTZ, Gertrud: s.b. Böhme, Waltraud.

SCHULLER, Wolfgang: Geschichte und Struktur des politischen *Strafrecht*s der DDR bis 1968. Ebelsbach 1980.

SCHULZ, Eberhard: Über die Anwendbarkeit des § 243 Abs. 2 StGB bei Angriffen auf das gesellschaftliche Eigentum; in: NJ 1956, 444–445.

SCHUMANN, Fritz: Probleme der Strafzumessung bei Eigentumsdelikten; in: NJ 1972, 257–259 .

SCHUMANN, Fritz: Zum Charakter von Sparkassenbüchern, die zum Freizügigkeitsverkehr zugelassen sind; in: NJ 1973, 175–176.

SCHUMANN, Kurt: Zum Begriff des Fortsetzungszusammenhangs und der Gruppe im VESchG; in: NJ 1956, 119.

SCHWARZ, Gert, und Karl-Heinz Beyer: Die Anwendung der Normen des StEG zum Schutz des gesellschaftlichen Eigentums; in: NJ 1958, 736–738, 769–772.

SCHWARZ, Gert: s. auch b. Buchholz, Erich: *Objekt.*

SCHWARZ, Gert: s. auch b. Buchholz, Erich: *Verbrechen.*

SCHWARZ, Gert: s. auch b. Buchholz, Erich: *Planwirtschaft.*

SCHWARZ, Gert: s. auch b. Römer, Axel.

SEIDEL, Dietmar, und Max Lupke: Zum Begriff „*Gruppe*" im neuen StGB; in: NJ 1968, 496–498

SEIDEL, Dietmar: s. auch b. Buchholz, Erich: *Aufgaben.*

SEIDEL, Dietmar: s. auch b. Buchholz, Erich: *Fehlentscheidung.*

SEIDEL, Dietmar: s. auch b. Lischke, Hans.

SEKTION RECHTSWISSENSCHAFT DER HUMBOLDT-UNIVERSITÄT ZU BERLIN UND AKADEMIE FÜR STAATS- UND RECHTSWISSENSCHAFT DER DDR, POTSDAM-BABELSBERG (Herausgeber): Strafrecht. Allgemeiner Teil. Lehrbuch. Gesamtbearbeitung und Redaktion: John Lekschas, und Joachim Renneberg. Autoren: Erich Buchholz u.a. Berlin 1976. Zitierweise: *Lehrbuch AT 1976.*

SEKTION RECHTSWISSENSCHAFT DER HUMBOLDT-UNIVERSITÄT ZU BERLIN UND AKADEMIE FÜR STAATS- UND RECHTSWISSENSCHAFT DER DDR, POTSDAM-BABELSBERG (Herausgeber): Strafrecht. Besonderer Teil. Lehrbuch. Gesamtbearbeitung und Redaktion: Erich Buchholz, Ulrich Dähn, und Hans Weber. Autoren: Paul Abisch u.a. Berlin 1981. Zitierweise: *Lehrbuch BT 1981.*

SEMLER, Wolfgang: s.b. Sorgenicht, Klaus.

SENDLER, Horst: Über Rechtsstaat, Unrechtsstaat und anderes – Das Editorial der Herausgeber im Meinungsstreit; in: NJ 1991, 379–382.

SENDLER, Horst: Die DDR ein Unrechtsstaat – ja oder nein? In: ZRP 1993, 1–5.

SKUPPIN, Heinz, und Rudolf Winkler: Ursachen der Verbrechen gegen das Volkseigentum und Methoden ihrer Bekämpfung; in: NJ 1955, 729–730.

SOKOLOW, Rita: s.b. Benjamin, Hilde: *Rechtspflege 1945–1949.*

SOKOLOW, Rita: s. auch b. Benjamin, Hilde: *Rechtspflege 1949–1961.*

SOKOLOW, Rita: s. auch b. Benjamin, Hilde: *Rechtspflege 1961–1971.*

SORGENICHT, Klaus, Wolfgang Weichelt, Tord Riemann, und Hans-Joachim Semler (Herausgeber): *Verfassung* der Deutschen Demokratischen Republik. Dokumente. Kommentar. Autoren: Reiner Arlt u.a.. Band 2. Berlin 1969.

SPITTMANN, Ilse, und Karl Wilhelm Fricke (Herausgeber): 17. Juni 1953. *Arbeiteraufstand* in der DDR. 2. Auflage. Köln 1982.

STAATSVERLAG DER DEUTSCHEN DEMOKRATISCHEN REPUBLIK (Herausgeber): *Rechtslexikon.* Verfasst von einem Autorenkollektiv. Redaktionskommission: Ronald Brachmann, Marianne Brietzke, Gustav-Adolf Lübchen, Karl A. Mollnau, Erika Nast und Tord Riemann. Autoren: Ronald Brachmann u.a. Berlin 1988. Zitierweise: *Rechtslexikon.*

STALIN, Josef: Über die wirtschaftliche Lage des *Sowjetunion* und die Politik der Partei. Referat über die Arbeit des Plenums des ZK der KPdSU(B) vor dem Aktiv der Leningrader Organisation, 13. April 1926; in: J.W. Stalin. Werke. Band 8. 2. Auflage. Dortmund 1976. S. 103–131.

STALIN, Josef: Die Ergebnisse des ersten *Fünfjahrplan*s. Bericht auf dem vereinigten Plenum des ZK und der ZKK der KPdSI (B) am 7. Januar 1933; in: Josef Stalin. Fragen des Leninismus. Moskau 1947. S. 439–480.

STEINHAUS, Kurt: s.b.: Judick, Günter.

STEINWACHS, Hermann, und Friedrich Lehrmann: Die *Aktion' 72* zur Verstaatlichung von Betrieben in der ehemaligen DDR. Schriftenreihe des Bundesamtes zur Regelung offener Vermögensfragen. Heft 2. Berlin 1992.

STILLER, Gerhard: Wesen, Aufgaben und Entwicklung des Strafrechts der DDR; in: NJ 1962, 705–770.

STREE, Walter: s.b. Schönke-Schröder.

STREIT, Josef: Zur Entwicklung der Rechtspflege in der Deutschen Demokratischen Republik; in: NJ 1978, 238–240, 282–283, 370–372, 414–416, 510–512, NJ 1979, 50–52.

SUCH, Heinz: Das Volkseigentum; in: NJ 1949, 125–129, 156–161.

TEICHLER, Gert: s.b. Reuter, Lothar.

TEICHLER, G.: s.b. Ministerium der Justiz und Akademie für Staats- und Rechtswissenschaft der DDR, Potsdam-Babelsberg. *StGB-Kommentar.*

TENNER, Günther: Zur Beurteilung der Höhe des Schadens für die Strafzumessung bei Straftaten gegen das sozialistische Eigentum; in: NJ 1974, 139–140.

THIELERT, Bodo, und Georg Riedel: Kriterien für die Anwendung des schweren Falles bei Straftaten gegen das gesellschaftliche Eigentum; in: NJ 1964, 698–701.

THIELERT, Bodo: Zur Beurteilung der schweren Schädigung sozialistischen Eigentums durch mehrfache Gesetzesverletzung; in: NJ 1974, 205–206.

TOEPLITZ, Heinrich: Zur Strafpolitik bei Straftaten gegen das gesellschaftliche Eigentum; in: NJ 1972, 743–746.

TOEPLITZ, Heinrich: Die Aufgaben der Rechtsprechung im 25. Jahr der DDR; in: NJ 1974, 381–385.

TOEPLITZ, Heinrich: Zur Entwicklung des Obersten Gerichts als Leitungsorgan; in: NJ 1979, 392–394.

TROCH, Joachim: Bemerkungen zum Objekt der Hehlerei; in: NJ 1956, 303–305.

TUNGER, Heinz: s.b. Benjamin, Hilde: *Rechtspflege 1949–1961.*

UHLMANN, Ulrich, und Heinz Klepzig: Anwendung von Rückfallbestimmungen auf Anstifter und Gehilfen; in: NJ 1980, 320–324.

ULBRICHT, Walter: Die *Entwicklung* des deutschen volksdemokratischen Staates 1945–1958. Berlin 1958.

ULBRICHT, Walter: *Grundfragen* der staatlichen Entwicklung. Aus dem Referat auf der 33. Tagung des Zentralkomitees der Sozialistischen Einheitspartei Deutschlands, 16. bis 19. Oktober 1957; in: Ulbricht, Entwicklung, S. 510–539.

ULBRICHT: Walter: Die *Staatslehre* des Marxismus-Leninismus und ihre Anwendung in Deutschland. Referat und Schlußwort auf der staats- und rechtswissenschaftlichen Konferenz der Sozialistischen Einheitspartei Deutschlands in Babelsberg, 2. und 3. April 1958; in: Ulbricht, Entwicklung, S. 601–681.

ULBRICHT, Walter: Wie verwirklicht sich die sozialistische Demokratie? In: NJ 1962, 393–394.

ULFIG, Alexander: *Lexikon* der philosophischen Begriffe. Eltville 1993.

VORMBAUM, Thomas: Einführung in die moderne *Strafrechtsgeschichte.* Berlin, Heidelberg 2009.

WEBER, Hans: Für die Überwindung des Dogmatismus in der Strafrechtswissenschaft; in: NJ 1962, 376–383.

WEBER, Hans: s. auch b. Ministerium der Justiz und Deutsche Akademie für Staats- und Rechtswissenschaften „Walter Ulbricht". *Lehrkommentar I.*

WEBER, Hans: s. auch b. Ministerium der Justiz und Deutsche Akademie für Staats- und Rechtswissenschaften „Walter Ulbricht". *Lehrkommentar II.*

WEBER, H.: s. auch b. Ministerium der Justiz und Akademie für Staats- und Rechtswissenschaft der DDR, Potsdam-Babelsberg. *StGB-Kommentar.*

WEBER, Hans: s. auch b. Sektion Rechtswissenschaft der Humboldt-Universität zu Berlin und Akademie für Staats und Rechtswissenschaft der DDDR, Potsdam-Babelsberg. *Lehrbuch BT 1981.*

WEBER, Hermann: Die *DDR* 1945–1990. 4. Auflage. München 2006.

WEICHELT, Wolfgang: s.b. Institut für Theorie des Staates und des Rechts der Akademie der Wissenschaften der DDR. *Staats- und Rechtstheorie.*

WEICHELT, Wolfgang: s.b. Sorgenicht, Klaus.

WEINREICH, Bettina: Strafjustiz und *Politisierung* in SBZ und DDR bis 1961. Frankfurt am Main, Berlin, Bern, New York, Paris, Wien. 2005.

WEISS, Wolfgang: Das Gesetz über die Kassation rechtskräftiger Urteile in Strafsachen; in: NJ 1947, 213–215.

WEISS, Wolfgang: Die Aufgaben der Justiz bei der strafrechtlichen Bekämpfung von Angriffen gegen das Volkseigentum; in: NJ 1948, 131–136.

WEISS, Wolfgang: Einheitliches Verfahrensrecht für die Sowjetische Besatzungszone; in: NJ 1948, 215–218.

WEISS, Wolfgang: s. auch b. Melsheimer, Ernst.

WELZEL, Lothar: s.b. Griebe, Walter.

WENTKER, Hermann: Justiz in der *SBZ/DDR* 1945–1953. Transformation und Rolle ihrer zentralen Institutionen. München 2001.

WERKENTIN, Falco: Politische Strafjustiz in der Ära *Ulbricht.* Berlin 1995.

WERKENTIN, Falco: Strafjustiz im politischen System der DDR: *Fundstücke* zur Steuerungs- und Eingriffspraxis des zentralen Parteiapparates der SED; in: Rottleuthner, Steuerung, S. 93–133.

WERLING, Walter: s.b. Scholz, Rudi.

WINKLER, Rudolf: s.b. Skuppin, Heinz.

WITTENBECK, Siegfried: Schutz des sozialistischen Eigentums durch wirksamere Rechtsprechung; in: DS 1975, 33–39.

WITTENBECK, Siegfried und Rolf Schröder: Die Anwendung der Geldstrafe als Haupt- und Zusatzstrafe; in: NJ 1980, 15–18.

WITTENBECK, Siegfried: s. auch b.: Keil, Helmut.

WITTENBECK, Siegfried: s. auch b. Pompoes, Herbert. *13. Plenartagung.*

WITTENBECK, Siegfried: s. auch b. Pompoes, Herbert. *Eigentum.*

WITTENBECK, Siegfried: s. auch b. Schlegel, Joachim.

Wolff, Fritz: „Staat und Recht“ – eine Hilfe für die juristische Praxis; in: NJ 1953, 517–519.

Wünsche, Kurt: s.b. Müller, Frohmut.

Zaddach, Manfred: s.b. Benjamin, Hilde: *Rechtspflege 1961–197*.

Juristische Zeitgeschichte

Herausgeber: Prof. Dr. Dr. Thomas Vormbaum, FernUniversität in Hagen

Abteilung 1: Allgemeine Reihe

1 *Thomas Vormbaum (Hrsg.):* Die Sozialdemokratie und die Entstehung des Bürgerlichen Gesetzbuchs. Quellen aus der sozialdemokratischen Partei und Presse (1997)
2 *Heiko Ahlbrecht:* Geschichte der völkerrechtlichen Strafgerichtsbarkeit im 20. Jahrhundert (1999)
3 *Dominik Westerkamp:* Pressefreiheit und Zensur im Sachsen des Vormärz (1999)
4 *Wolfgang Naucke:* Über die Zerbrechlichkeit des rechtsstaatlichen Strafrechts. Gesammelte Aufsätze zur Strafrechtsgeschichte (2000)
5 *Jörg Ernst August Waldow:* Der strafrechtliche Ehrenschutz in der NS-Zeit (2000)
6 *Bernhard Diestelkamp:* Rechtsgeschichte als Zeitgeschichte. Beiträge zur Rechtsgeschichte des 20. Jahrhunderts (2001)
7 *Michael Damnitz:* Bürgerliches Recht zwischen Staat und Kirche. Mitwirkung der Zentrumspartei am Bürgerlichen Gesetzbuch (2001)
8 *Massimo Nobili:* Die freie richterliche Überzeugungsbildung. Reformdiskussion und Gesetzgebung in Italien, Frankreich und Deutschland seit dem Ausgang des 18. Jahrhunderts (2001)
9 *Diemut Majer:* Nationalsozialismus im Lichte der Juristischen Zeitgeschichte (2002)
10 *Bianca Vieregge:* Die Gerichtsbarkeit einer „Elite". Nationalsozialistische Rechtsprechung am Beispiel der SS- und Polizeigerichtsbarkeit (2002)
11 *Norbert Berthold Wagner:* Die deutschen Schutzgebiete (2002)
12 *Miloš Vec:* Die Spur des Täters. Methoden der Identifikation in der Kriminalistik (1879–1933), (2002)
13 *Christian Amann:* Ordentliche Jugendgerichtsbarkeit und Justizalltag im OLG-Bezirk Hamm von 1939 bis 1945 (2003)
14 *Günter Gribbohm:* Das Reichskriegsgericht (2004)
15 *Martin M. Arnold:* Pressefreiheit und Zensur im Baden des Vormärz. Im Spannungsfeld zwischen Bundestreue und Liberalismus (2003)
16 *Ettore Dezza:* Beiträge zur Geschichte des modernen italienischen Strafrechts (2004)
17 *Thomas Vormbaum (Hrsg.):* „Euthanasie" vor Gericht. Die Anklageschrift des Generalstaatsanwalts beim OLG Frankfurt/M. gegen Werner Heyde u. a. vom 22. Mai 1962 (2005)
18 *Kai Cornelius:* Vom spurlosen Verschwindenlassen zur Benachrichtigungspflicht bei Festnahmen (2006)
19 *Kristina Brümmer-Pauly:* Desertion im Recht des Nationalsozialismus (2006)
20 *Hanns-Jürgen Wiegand:* Direktdemokratische Elemente in der deutschen Verfassungsgeschichte (2006)
21 *Hans-Peter Marutschke (Hrsg.):* Beiträge zur modernen japanischen Rechtsgeschichte (2006)

Abteilung 2: Forum Juristische Zeitgeschichte

1 *Franz-Josef Düwell / Thomas Vormbaum (Hrsg.):* Themen juristischer Zeitgeschichte (1) – Schwerpunktthema: Recht und Nationalsozialismus (1998)
2 *Karl-Heinz Keldungs:* Das Sondergericht Duisburg 1943–1945 (1998)
3 *Franz-Josef Düwell / Thomas Vormbaum (Hrsg.):* Themen juristischer Zeitgeschichte (2) – Schwerpunktthema: Recht und Juristen in der Revolution von 1848/49 (1998)
4 *Thomas Vormbaum:* Beiträge zur juristischen Zeitgeschichte (1999)
5 *Franz-Josef Düwell / Thomas Vormbaum:* Themen juristischer Zeitgeschichte (3), (1999)
6 *Thomas Vormbaum (Hrsg.):* Themen juristischer Zeitgeschichte (4), (2000)
7 *Frank Roeser:* Das Sondergericht Essen 1942–1945 (2000)
8 *Heinz Müller-Dietz:* Recht und Nationalsozialismus – Gesammelte Beiträge (2000)
9 *Franz-Josef Düwell (Hrsg.):* Licht und Schatten. Der 9. November in der deutschen Geschichte und Rechtsgeschichte – Symposium der Arnold-Freymuth-Gesellschaft, Hamm (2000)
10 *Bernd-Rüdiger Kern / Klaus-Peter Schroeder (Hrsg.):* Eduard von Simson (1810–1899). „Chorführer der Deutschen" und erster Präsident des Reichsgerichts (2001)
11 *Norbert Haase / Bert Pampel (Hrsg.):* Die Waldheimer „Prozesse" – fünfzig Jahre danach. Dokumentation der Tagung der Stiftung Sächsische Gedenkstätten am 28. und 29. September in Waldheim (2001)
12 *Wolfgang Form (Hrsg.):* Literatur- und Urteilsverzeichnis zum politischen NS-Strafrecht (2001)
13 *Sabine Hain:* Die Individualverfassungsbeschwerde nach Bundesrecht (2002)
14 *Gerhard Pauli / Thomas Vormbaum (Hrsg.):* Justiz und Nationalsozialismus – Kontinuität und Diskontinuität. Fachtagung in der Justizakademie des Landes NRW, Recklinghausen, am 19. und 20. November 2001 (2003)
15 *Mario Da Passano (Hrsg.):* Europäische Strafkolonien im 19. Jahrhundert. Internationaler Kongreß des Dipartimento di Storia der Universität Sassari und des Parco nazionale di Asinara, Porto Torres, 25. Mai 2001 (2006)
16 *Sylvia Kesper-Biermann / Petra Overath (Hrsg.):* Die Internationalisierung von Strafrechtswissenschaft und Kriminalpolitik (1870–1930). Deutschland im Vergleich (2007)
17 *Hermann Weber (Hrsg.):* Literatur, Recht und Musik. Tagung im Nordkolleg Rendsburg vom 16. bis 18. September 2005 (2007)
18 *Hermann Weber (Hrsg.):* Literatur, Recht und (bildende) Kunst. Tagung im Nordkolleg Rendsburg vom 21. bis 23. September 2007 (2008)
19 *Francisco Muñoz Conde / Thomas Vormbaum (Hrsg.):* Transformation von Diktaturen in Demokratien und Aufarbeitung der Vergangenheit (2010)

Abteilung 3: Beiträge zur modernen deutschen Strafgesetzgebung Materialien zu einem historischen Kommentar

1 *Thomas Vormbaum / Jürgen Welp (Hrsg.):* Das Strafgesetzbuch seit 1870. Sammlung der Änderungen und Neubekanntmachungen; Vier Textbände (1999–2002) und drei Supplementbände (2005, 2006)

2 *Christian Müller:* Das Gewohnheitsverbrechergesetz vom 24. November 1933. Kriminalpolitik als Rassenpolitik (1998)
3 *Maria Meyer-Höger:* Der Jugendarrest. Entstehung und Weiterentwicklung einer Sanktion (1998)
4 *Kirsten Gieseler:* Unterlassene Hilfeleistung – § 323c StGB. Reformdiskussion und Gesetzgebung seit 1870. (1999)
5 *Robert Weber:* Die Entwicklung des Nebenstrafrechts 1871–1914 (1999)
6 *Frank Nobis:* Die Strafprozeßgesetzgebung der späten Weimarer Republik (2000)
7 *Karsten Felske:* Kriminelle und terroristische Vereinigungen – §§ 129, 129a StGB (2002)
8 *Ralf Baumgarten:* Zweikampf – §§ 201–210 a.F. StGB (2003)
9 *Felix Prinz:* Diebstahl – §§ 242 ff. StGB (2003)
10 *Werner Schubert / Thomas Vormbaum (Hrsg.):* Entstehung des Strafgesetzbuchs. Kommissionsprotokolle und Entwürfe. Band 1: 1869 (2002); Band 2: 1870 (2004)
11 *Lars Bernhard:* Falsche Verdächtigung (§§ 164, 165 StGB) und Vortäuschen einer Straftat (§ 145d StGB), (2003)
12 *Frank Korn:* Körperverletzungsdelikte – §§ 223 ff., 340 StGB. Reformdiskussion und Gesetzgebung von 1870 bis 1933 (2003)
13 *Christian Gröning:* Körperverletzungsdelikte – §§ 223 ff., 340 StGB. Reformdiskussion und Gesetzgebung seit 1933 (2004)
14 *Sabine Putzke:* Die Strafbarkeit der Abtreibung in der Kaiserzeit und in der Weimarer Zeit. Eine Analyse der Reformdiskussion und der Straftatbestände in den Reformentwürfen (1908–1931), (2003)
15 *Eckard Voßiek:* Strafbare Veröffentlichung amtlicher Schriftstücke (§ 353d Nr. 3 StGB). Gesetzgebung und Rechtsanwendung seit 1851 (2004)
16 *Stefan Lindenberg:* Brandstiftungsdelikte – §§ 306 ff. StGB. Reformdiskussion und Gesetzgebung seit 1870 (2004)
17 *Ninette Barreneche†:* Materialien zu einer Strafrechtsgeschichte der Münchener Räterepublik 1918/1919 (2004)
18 *Carsten Thiel:* Rechtsbeugung – § 339 StGB. Reformdiskussion und Gesetzgebung seit 1870 (2005)
19 *Vera Große-Vehne:* Tötung auf Verlangen (§ 216 StGB), „Euthanasie“ und Sterbehilfe. Reformdiskussion und Gesetzgebung seit 1870 (2005)
20 *Thomas Vormbaum / Kathrin Rentrop (Hrsg.):* Reform des Strafgesetzbuchs. Sammlung der Reformentwürfe. Band 1: 1909 bis 1919. Band 2: 1922 bis 1939. Band 3: 1959 bis 1996 (2008)
21 *Dietmar Prechtel:* Urkundendelikte (§§ 267 ff. StGB). Reformdiskussion und Gesetzgebung seit 1870 (2005)
22 *Ilya Hartmann:* Prostitution, Kuppelei, Zuhälterei. Reformdiskussion und Gesetzgebung seit 1870 (2006)
23 *Ralf Seemann:* Strafbare Vereitelung von Gläubigerrechten (§§ 283 ff., 288 StGB). Reformdiskussion und Gesetzgebung seit 1870 (2006)
24 *Andrea Hartmann:* Majestätsbeleidigung (§§ 94 ff. StGB a.F.) und Verunglimpfung des Staatsoberhauptes (§ 90 StGB). Reformdiskussion und Gesetzgebung seit dem 19. Jahrhundert (2006)
25 *Christina Rampf:* Hausfriedensbruch (§ 123 StGB). Reformdiskussion und Gesetzgebung seit 1870 (2006)

26 *Christian Schäfer:* „Widernatürliche Unzucht“ (§§ 175, 175a, 175b, 182, a.F. StGB). Reformdiskussion und Gesetzgebung seit 1945 (2006)
27 *Kathrin Rentrop:* Untreue und Unterschlagung (§§ 266 und 246 StGB). Reformdiskussion und Gesetzgebung seit dem 19. Jahrhundert (2007)
28 *Martin Asholt:* Straßenverkehrsstrafrecht. Reformdiskussion und Gesetzgebung seit dem Ausgang des 19. Jahrhunderts (2007)
29 *Katharina Linka:* Mord und Totschlag (§§ 211–213 StGB). Reformdiskussion und Gesetzgebung seit 1870 (2008)
30 *Juliane Sophia Dettmar:* Legalität und Opportunität im Strafprozess. Reformdiskussion und Gesetzgebung von 1877 bis 1933 (2008)
31 *Jürgen Durynek:* Korruptionsdelikte (§§ 331 ff. StGB). Reformdiskussion und Gesetzgebung seit dem 19. Jahrhundert (2008)
32 *Judith Weber*: Das sächsische Strafrecht im 19. Jahrhundert bis zum Reichsstrafgesetzbuch (2009)
33 *Denis Matthies*: Exemplifikationen und Regelbeispiele. Eine Untersuchung zum 100-jährigen Beitrag von Adolf Wach zur „Legislativen Technik“ (2009)
34 *Benedikt Rohrßen*: Von der „Anreizung zum Klassenkampf“ zur „Volksverhetzung“ (§ 130 StGB). Reformdiskussion und Gesetzgebung seit dem 19. Jahrhundert (2009)
35 *Friederike Goltsche:* Der Entwurf eines Allgemeinen Deutschen Strafgesetzbuches von 1922 (Entwurf Radbruch) (2010)
36 *Tarig Elobied:* Die Entwicklung des Strafbefehlsverfahrens von 1846 bis in die Gegenwart (2010)
37 *Christina Müting:* Sexuelle Nötigung; Vergewaltigung (§ 177 StGB) (2010)
38 *Nadeschda Wilkitzki:* Entstehung des Gesetzes über Internationale Rechtshilfe in Strafsachen (IRG) (2010)
39 *André Brambring:* Kindestötung (§ 217 a.F. StGB). Reformdiskussion und Gesetzgebung seit 1870 (2010)

Abteilung 4: Leben und Werk. Biographien und Werkanalysen

1 *Mario A. Cattaneo:* Karl Grolmans strafrechtlicher Humanismus (1998)
2 *Gerit Thulfaut:* Kriminalpolitik und Strafrechtstheorie bei Edmund Mezger (2000)
3 *Adolf Laufs:* Persönlichkeit und Recht. Gesammelte Aufsätze (2001)
4 *Hanno Durth:* Der Kampf gegen das Unrecht. Gustav Radbruchs Theorie eines Kulturverfassungsrechts (2001)
5 *Volker Tausch:* Max Güde (1902–1984). Generalbundesanwalt und Rechtspolitiker (2002)
6 *Bernd Schmalhausen:* Josef Neuberger (1902–1977). Ein Leben für eine menschliche Justiz (2002)
7 *Wolf Christian von Arnswald:* Savigny als Strafrechtspraktiker. Ministerium für die Gesetzesrevision (1842–1848), (2003)
8 *Thilo Ramm:* Ferdinand Lassalle. Der Revolutionär und das Recht (2004)
9 *Martin D. Klein:* Demokratisches Denken bei Gustav Radbruch (2007)
10 *Francisco Muñoz Conde:* Edmund Mezger – Beiträge zu einem Juristenleben (2007)

11 *Whitney R. Harris:* Tyrannen vor Gericht. Das Verfahren gegen die deutschen Hauptkriegsverbrecher nach dem Zweiten Weltkrieg in Nürnberg 1945–1946 (2008)
12 *Eric Hilgendorf (Hrsg.):* Die deutschsprachige Strafrechtswissenschaft in Selbstdarstellungen (2010)
13 *Tamara Cipolla:* Friedrich Karl von Strombeck. Leben und Werk – Unter besonderer Berücksichtigung des Entwurfes eines Strafgesetzbuches für ein Norddeutsches Staatsgebiet (2010)
14 *Karoline Peters:* J. D. H. Temme und das preußische Strafverfahren in der Mitte des 19. Jahrhunderts (2010)

Abteilung 5: Juristisches Zeitgeschehen Rechtspolitik und Justiz aus zeitgenössischer Perspektive

Mitherausgegeben von Gisela Friedrichsen („Der Spiegel“) und RA Prof. Dr. Franz Salditt

1 *Diether Posser:* Anwalt im Kalten Krieg. Ein Stück deutscher Geschichte in politischen Prozessen 1951–1968. 3. Auflage (1999)
2 *Jörg Arnold (Hrsg.):* Strafrechtliche Auseinandersetzung mit Systemvergangenheit am Beispiel der DDR (2000)
3 *Thomas Vormbaum (Hrsg.):* Vichy vor Gericht: Der Papon-Prozeß (2000)
4 *Heiko Ahlbrecht / Kai Ambos (Hrsg.):* Der Fall Pinochet(s). Auslieferung wegen staatsverstärkter Kriminalität? (1999)
5 *Oliver Franz:* Ausgehverbot für Jugendliche („Juvenile Curfew“) in den USA. Reformdiskussion und Gesetzgebung seit dem 19. Jahrhundert (2000)
6 *Gabriele Zwiehoff (Hrsg.):* „Großer Lauschangriff“. Die Entstehung des Gesetzes zur Änderung des Grundgesetzes vom 26. März 1998 und des Gesetzes zur Änderung der Strafprozeßordnung vom 4. Mai 1998 in der Presseberichterstattung 1997/98 (2000)
7 *Mario A. Cattaneo:* Strafrechtstotalitarismus. Terrorismus und Willkür (2001)
8 *Gisela Friedrichsen / Gerhard Mauz:* Er oder sie? Der Strafprozeß Böttcher/Weimar. Prozeßberichte 1987 bis 1999 (2001)
9 *Heribert Prantl / Thomas Vormbaum (Hrsg.):* Juristisches Zeitgeschehen 2000 in der Süddeutschen Zeitung (2001)
10 *Helmut Kreicker:* Art. 7 EMRK und die Gewalttaten an der deutsch-deutschen Grenze (2002)
11 *Heribert Prantl / Thomas Vormbaum (Hrsg.):* Juristisches Zeitgeschehen 2001 in der Süddeutschen Zeitung (2002)
12 *Henning Floto:* Der Rechtsstatus des Johanniterordens. Eine rechtsgeschichtliche und rechtsdogmatische Untersuchung zum Rechtsstatus der Balley Brandenburg des ritterlichen Ordens St. Johannis vom Spital zu Jerusalem (2003)
13 *Heribert Prantl / Thomas Vormbaum (Hrsg.):* Juristisches Zeitgeschehen 2002 in der Süddeutschen Zeitung (2003)
14 *Kai Ambos / Jörg Arnold (Hrsg.):* Der Irak-Krieg und das Völkerrecht (2004)
15 *Heribert Prantl / Thomas Vormbaum (Hrsg.)*: Juristisches Zeitgeschehen 2003 in der Süddeutschen Zeitung (2004)
16 *Sascha Rolf Lüder:* Völkerrechtliche Verantwortlichkeit bei Teilnahme an „Peace-keeping“-Missionen der Vereinten Nationen (2004)

17 *Heribert Prantl / Thomas Vormbaum (Hrsg.)*: Juristisches Zeitgeschehen 2004 in der Süddeutschen Zeitung (2005)
18 *Christian Haumann:* Die „gewichtende Arbeitsweise" der Finanzverwaltung. Eine Untersuchung über die Aufgabenerfüllung der Finanzverwaltung bei der Festsetzung der Veranlagungssteuern (2008)

Abteilung 6: Recht in der Kunst

Mitherausgegeben von Prof. Dr. Gunter Reiß

1 *Heinz Müller-Dietz:* Recht und Kriminalität im literarischen Widerschein. Gesammelte Aufsätze (1999)
2 *Klaus Lüderssen (Hrsg.):* »Die wahre Liberalität ist Anerkennung«. Goethe und die Juris prudenz (1999)
3 *Bertolt Brecht:* Die Dreigroschenoper (1928) / Dreigroschenroman (1934). Mit Kommentaren von Iring Fetscher und Bodo Plachta (2001)
4 *Annette von Droste-Hülshoff:* Die Judenbuche (1842) / Die Vergeltung (1841). Mit Kommentaren von Heinz Holzhauer und Winfried Woesler (2000)
5 *Theodor Fontane:* Unterm Birnbaum (1885). Mit Kommentaren von Hugo Aust und Klaus Lüderssen (2001)
6 *Heinrich von Kleist:* Michael Kohlhaas (1810). Mit Kommentaren von Wolfgang Naucke und Joachim Linder (2000)
7 *Anja Sya:* Literatur und juristisches Erkenntnisinteresse. Joachim Maass' Roman „Der Fall Gouffé" und sein Verhältnis zu der historischen Vorlage (2001)
8 *Heiner Mückenberger:* Theodor Storm – Dichter und Richter. Eine rechtsgeschichtliche Lebensbeschreibung (2001)
9 *Hermann Weber (Hrsg.):* Annäherung an das Thema „Recht und Literatur". Recht, Literatur und Kunst in der NJW (1), (2002)
10 *Hermann Weber (Hrsg.):* Juristen als Dichter. Recht, Literatur und Kunst in der NJW (2), (2002)
11 *Hermann Weber (Hrsg.):* Prozesse und Rechtsstreitigkeiten um Recht, Literatur und Kunst. Recht, Literatur und Kunst in der NJW (3), (2002)
12 *Klaus Lüderssen:* Produktive Spiegelungen. 2., erweiterte Auflage (2002)
13 *Lion Feuchtwanger:* Erfolg. Drei Jahre Geschichte einer Provinz. Roman (1929). Mit Kommentaren von Theo Rasehorn und Ernst Ribbat (2002)
14 *Jakob Wassermann:* Der Fall Maurizius. Roman (1928). Mit Kommentaren von Thomas Vormbaum und Regina Schäfer (2003)
15 *Hermann Weber (Hrsg.):* Recht, Staat und Politik im Bild der Dichtung. Recht, Literatur und Kunst in der Neuen Juristischen Wochenschrift (4), (2003)
16 *Hermann Weber (Hrsg.):* Reale und fiktive Kriminalfälle als Gegenstand der Literatur. Recht, Literatur und Kunst in der Neuen Juristischen Wochenschrift (5), (2003)
17 *Karl Kraus:* Sittlichkeit und Kriminalität. (1908). Mit Kommentaren von Helmut Arntzen und Heinz Müller-Dietz (2004)
18 *Hermann Weber (Hrsg.):* Dichter als Juristen. Recht, Literatur und Kunst in der Neuen Juristischen Wochenschrift (6), (2004)
19 *Hermann Weber (Hrsg.):* Recht und Juristen im Bild der Literatur. Recht, Literatur und Kunst in der Neuen Juristischen Wochenschrift (7), (2005)

20 *Heinrich von Kleist:* Der zerbrochne Krug. Ein Lustspiel (1811). Mit Kommentaren von Michael Walter und Regina Schäfer (2005)

21 *Francisco Muñoz Conde / Marta Muñoz Aunión:* „Das Urteil von Nürnberg". Juristischer und filmwissenschaftlicher Kommentar zum Film von Stanley Kramer (1961), (2006)

22 *Fjodor Dostojewski:* Aufzeichnungen aus einem Totenhaus (1860). Mit Kommentaren von Heinz Müller-Dietz und Dunja Brötz (2005)

23 *Thomas Vormbaum (Hrsg.):* Anton Matthias Sprickmann. Dichter und Jurist. Mit Kommentaren von Walter Gödden, Jörg Löffler und Thomas Vormbaum (2006)

24 *Friedrich Schiller:* Verbrecher aus Infamie (1786). Mit Kommentaren von Heinz Müller-Dietz und Martin Huber (2006)

25 *Franz Kafka:* Der Proceß. Roman (1925). Mit Kommentaren von Detlef Kremer und Jörg Tenckhoff (2006)

26 *Heinrich Heine:* Deutschland. Ein Wintermährchen. Geschrieben im Januar 1844. Mit Kommentaren von Winfried Woesler und Thomas Vormbaum (2006)

27 *Thomas Vormbaum (Hrsg.):* Recht, Rechtswissenschaft und Juristen im Werk Heinrich Heines (2006)

28 *Heinz Müller-Dietz:* Recht und Kriminalität in literarischen Spiegelungen (2007)

29 *Alexander Puschkin:* Pique Dame (1834). Mit Kommentaren von Barbara Aufschnaiter/Dunja Brötz und Friedrich-Christian Schroeder (2007)

30 *Georg Büchner:* Danton's Tod. Dramatische Bilder aus Frankreichs Schreckensherrschaft. Mit Kommentaren von Sven Kramer und Bodo Pieroth (2007)

31 *Daniel Halft:* Die Szene wird zum Tribunal! Eine Studie zu den Beziehungen von Recht und Literatur am Beispiel des Schauspiels „Cyankali" von Friedrich Wolf (2007)

32 *Erich Wulffen:* Kriminalpsychologie und Psychopathologie in Schillers Räubern (1907). Herausgegeben von Jürgen Seul (2007)

33 *Klaus Lüderssen:* Produktive Spiegelungen: Recht in Literatur, Theater und Film. Band II (2007)

34 *Albert Camus:* Der Fall. Roman (1956). Mit Kommentaren von Brigitte Sändig und Sven Grotendiek (2008)

35 *Thomas Vormbaum (Hrsg.):* Pest, Folter und Schandsäule. Der Mailänder Prozess wegen „Pestschmierereien" in Rechtskritik und Literatur. Mit Kommentaren von Ezequiel Malarino und Helmut C. Jacobs (2008)

36 *E.T.A. Hoffmann:* Das Fräulein von Scuderi - Erzählung aus dem Zeitalter Ludwigs des Vierzehnten (1819). Mit Kommentaren von Heinz Müller-Dietz und Marion Bönnighausen (2010)

37 *Leonardo Sciascia:* Der Tag der Eule. Mit Kommentaren von Gisela Schlüter und Daniele Negri (2010)

Abteilung 7: Beiträge zur Anwaltsgeschichte

Mitherausgegeben von Gerhard Jungfer, Dr. Tilmann Krach
und Prof. Dr. Hinrich Rüping

1 *Babette Tondorf:* Strafverteidigung in der Frühphase des reformierten Strafprozesses. Das Hochverratsverfahren gegen die badischen Aufständischen Gustav Struve und Karl Blind (1848/49), (2006)
2 *Hinrich Rüping:* Rechtsanwälte im Bezirk Celle während des Nationalsozialismus (2007)

Abteilung 8: Judaica

1 *Hannes Ludyga:* Philipp Auerbach (1906–1952). „Staatskommissar für rassisch, religiös und politisch Verfolgte" (2005)
2 *Thomas Vormbaum:* Der Judeneid im 19. Jahrhundert, vornehmlich in Preußen. Ein Beitrag zur juristischen Zeitgeschichte (2006)
3 *Hannes Ludyga:* Die Rechtsstellung der Juden in Bayern von 1819 bis 1918. Studie im Spiegel der Verhandlungen der Kammer der Abgeordneten des bayerischen Landtags (2007)

Kolibri 360 GmbH
Ferdinand-Jühlke-Straße 7
99095 Erfurt, Deutschland
produktsicherheit@kolibri360.de